权威·前沿·原创

皮书系列为
"十二五""十三五""十四五"时期国家重点出版物出版专项规划项目

B

BLUE BOOK

智 库 成 果 出 版 与 传 播 平 台

重庆蓝皮书

BLUE BOOK OF CHONGQING

重庆经济社会发展报告（2023）

ANNUAL REPORT ON ECONOMIC AND SOCIAL DEVELOPMENT
OF CHONGQING (2023)

重庆社会科学院
重庆市人民政府发展研究中心
主　编／刘嗣方
副主编／王　胜　蒋朋桥　吴昌凡　朱高云

社会科学文献出版社
SOCIAL SCIENCES ACADEMIC PRESS (CHINA)

图书在版编目（CIP）数据

重庆经济社会发展报告.2023／刘嗣方主编.--北
京：社会科学文献出版社，2023.1
（重庆蓝皮书）
ISBN 978-7-5228-1201-4

Ⅰ.①重…　Ⅱ.①刘…　Ⅲ.①区域经济发展-研究报
告-重庆-2023　Ⅳ.①F127.719

中国版本图书馆 CIP 数据核字（2022）第 232574 号

重庆蓝皮书
重庆经济社会发展报告（2023）

主　　编／刘嗣方
副 主 编／王　胜　蒋朋桥　吴昌凡　朱高云

出 版 人／王利民
组稿编辑／梁艳玲
责任编辑／张　媛
责任印制／王京美

出　　版／社会科学文献出版社·皮书出版分社（010）59367127
　　　　　地址：北京市北三环中路甲 29 号院华龙大厦　邮编：100029
　　　　　网址：www.ssap.com.cn
发　　行／社会科学文献出版社（010）59367028
印　　装／三河市东方印刷有限公司

规　　格／开　本：787mm×1092mm　1/16
　　　　　印　张：29.75　字　数：447 千字
版　　次／2023 年 1 月第 1 版　2023 年 1 月第 1 次印刷
书　　号／ISBN 978-7-5228-1201-4
定　　价／249.00 元

读者服务电话：4008918866

《重庆经济社会发展报告（2023）》
编辑委员会

序
在新时代新征程上
全面推进中国式现代化重庆实践

刘嗣方

重庆社会科学院党组书记、院长

2022 年，承上启下、继往开来，在党和国家历史上具有里程碑意义。

在全党全国各族人民迈上全面建设社会主义现代化国家新征程、向第二个百年奋斗目标进军的关键时刻，举世瞩目的党的二十大胜利召开。大会选举产生了以习近平同志为核心的新一届中央领导集体，这是人民的选择、历史的选择、时代的选择，是党心所向、民心所盼、众望所归。"两个确立"是我们党在新时代取得的重大政治成果，是全党全军全国各族人民的高度共识和共同意志，是我们应对一切不确定性的最大确定性、最大底气、最大保证，是我们做好各项工作最根本的政治遵循。

党的二十大报告明确提出，从现在起，我们党的中心任务就是团结带领全国各族人民全面建成社会主义主义现代化强国、实现第二个百年奋斗目标，以中国式现代化全面推进中华民族伟大复兴。中国式现代化，是中国共产党领导的社会主义现代化，既有各国现代化的共同特征，更有基于本国国情的中国特色。中国式现代化是新时代历史性变革、创新性发展的标志性成果，是世界现代化和人类文明发展最具代表性的新形态。中国式现代化的中国特色、本质要求和推进建设的重大原则，是对我国社会主义现代化建设长期探索和实践的科学总结，是对世界现代化理论的重大丰富和发展。在以习近平同志为核心的党中央坚强领导下，在习近平新时代中国特色社会主义思想科学指引下，中国式现代化必将创造新的伟大奇迹，中华民族必将夺取新的伟大胜利。

习近平总书记高度重视重庆发展，关心厚爱重庆人民，对重庆作出系列重要指示批示要求，为重庆各项事业发展把脉定向，提供了政治指引、根本遵循、动力之源。党的十九大以来，重庆紧紧围绕进一步把习近平总书记殷殷嘱托全面落实在重庆大地上这条主线，牢记嘱托、感恩奋进，在思想上不断深化新的认识，在实践中不断创造新的经验，在成效上不断实现新的突破，让习近平新时代中国特色社会主义思想在巴渝大地彰显出强大的真理力量和实践伟力。我们更加深刻地感悟到，习近平总书记每到重庆发展关键时刻都亲自提出明确要求、指引前进方向，习近平总书记掌舵领航是重庆攻坚克难、行稳致远的最大主心骨、最可靠保证。在习近平总书记的亲切关怀和党中央的坚强领导下，重庆人民与全国人民一道正满怀信心为全面建设社会主义现代化国家而团结奋斗。

2022年也是重庆发展进程中极其关键的一年，站在"两个百年"交汇、"两个大局"交织、"两个五年"交接的历史新起点，重庆不负时代、奋楫扬帆、破浪前行。

这一年，市第六次党代会圆满召开，全面总结了过去五年的各项工作，精心描绘了未来发展的美好蓝图，科学制定了新征程的重庆行动方案和路线图。这一年，中央对重庆市委主要负责同志职务进行了调整，这充分体现了以习近平同志为核心的党中央对重庆工作的关心关怀、对重庆领导班子建设的高度重视。这一年，重庆全面学习把握落实党的二十大精神，把稳定宏观经济大盘作为首要任务，统筹疫情防控和经济社会发展，深入贯彻新发展理念，持续推进高质量发展，深化供给侧结构性改革，加快产业转型升级步伐，高质量发展之路越走越宽广。克服多重超预期冲击的不利影响，全市经济顶住压力总体平稳并恢复向好，主要经济指标保持在合理区间，发展质效稳步提升，增长动力持续改善，就业物价总体稳定，社会民生有力有效，积极因素逐渐累积增多，社会大局保持和谐稳定。以大数据智能化为引领的创新驱动发展深入推进，成功举办第五届智博会，"智造重镇""智慧名城"

建设取得突破；基础设施建设全面提档升级，美丽乡村展现新面貌，城市功能品质持续提升；深层次改革、高水平开放纵深推进，深度融入共建"一带一路"和长江经济带发展，中新互联互通项目、重庆自由贸易试验区和两江新区、西部（重庆）科学城、重庆高新区、重庆经开区等国家级开放平台能级不断提升，内陆开放高地建设实现新的突破；"一区两群"区域协调发展格局提速构建，主城都市区龙头带动作用不断增强，渝东北三峡库区城镇群生态优先、绿色发展步伐加快，渝东南武陵山区城镇群文旅融合、城乡协同发展有力有效；长江上游重要生态屏障更加牢固，山清水秀美丽之地建设迈出坚实步伐，在推进长江经济带绿色发展中发挥的示范作用更加明显；成渝地区双城经济圈建设全面成势，成渝中线高铁等标志性重大项目顺利实施，带动全国高质量发展的重要增长极和新的动力源特征初显；就业、教育、医疗、住房、养老、社保等民生工作扎实推动，群众急难愁盼问题得到有效解决，办好民生实事机制持续完善，重庆老百姓获得感、幸福感、安全感明显增强。

令我们记忆犹新的是，面对百年变局和世纪疫情相互交织，面对一系列重大困难挑战，重庆人民在市委、市政府的团结带领下，沉着应对、攻坚克难，不畏艰险、勇往直前，拧成一股绳、汇成一股劲，众志成城斗高温、战山火、抗疫情，经受住了一场场不同寻常的严峻考验，取得了一个个来之不易的胜利成果，用敢于担当续写了新时代"英雄之城"的气壮山河，用不畏艰险弘扬了新时代"红岩精神"的强大力量。虽然重庆发展在现阶段还面临不少困难和挑战，但是我们仍处于重要的战略机遇期，机遇大于挑战，经济形势前景广阔。新时代新征程里新重庆将创造更加美好的明天、更加灿烂的未来。

2023年是全面贯彻党的二十大精神的开局之年，重庆牢记"三个务必"，奋力走上新的赶考之路。

在新时代新征程上实现重庆新发展、开创重庆新气象、作出重庆新贡献，必须把全市工作放到中国式现代化的宏大背景中谋划和推动。我们将坚定不移沿着习近平总书记指引的方向奋勇前进，深入学习宣传贯彻党的二十大精神，深刻把握"两个确立"的决定性意义，自觉增强"四个意识"、坚定"四个自信"、做到"两个维护"，始终坚持以人民为中心的发展思想，时刻牢记"国之大者"，坚持"两点"定位，聚焦"两地""两高"目标，紧扣发挥"三个作用"，围绕成渝地区双城经济圈建设和西部陆海新通道建设，从全局谋划一域、以一域服务全局，以改革创新的思维和办法推动各项工作，系统谋划重要抓手、重大改革、重大政策、工作机制，更高水平、更高标准、更高要求抓实各项工作，全面推动二十大精神在全市落地生根、开花结果。

面对开创新时代新征程新重庆美好未来的新部署新要求和当前严峻复杂的国内外形势，重庆必须在科学谋划新思路新战略新举措中应变局、育新机、开新局。要坚持稳字当头、稳中求进，完整、准确、全面贯彻新发展理念，积极服务和融入构建新发展格局，着力推动高质量发展，更好统筹疫情防控和经济社会发展，更好统筹发展和安全，全面深化改革开放，把实施扩大内需战略同深化供给侧结构性改革有机结合起来，充分激发内生动力、增强发展活力、提振市场信心，推动经济实现质的有效提升和量的合理增长，为书写中国式现代化重庆新篇章开好局起好步。

时代浪潮奔腾向前，使命重托催人奋发。我们将更加坚定自觉地紧跟总书记、奋进新征程、建功新时代，进一步弘扬伟大建党精神和红岩精神，增强历史自信、把握历史主动，守正创新、担当实干，团结奋斗、砥砺奋进，向着新的奋斗目标出发，以优异成绩为推进中国式现代化贡献重庆智慧和力量。

摘　要

　　《重庆经济社会发展报告（2023）》以深入学习宣传贯彻党的二十大精神为主题，以更好地把习近平总书记殷殷嘱托全面落实在重庆大地上为主线，以贯彻落实市第六次党代会部署要求和市委六届二次全会精神为重点，以奋力书写社会主义现代化新重庆建设新篇章为统领，紧扣新时代新征程开好局起好步，围绕三项重大任务和六大目标，组织专家学者进行研究和探讨。大致采取总分的篇章结构安排，总报告对2022年重庆经济运行态势及特点进行分析，对未来面临的问题和挑战进行研判，提出针对性政策建议。分报告主要围绕推动高质量发展、创造高品质生活、建设内陆开放高地、建设山清水秀美丽之地、推动成渝地区双城经济圈建设等进行分析研判和建言咨政。

　　2022年，重庆全面落实习近平总书记对重庆所作重要讲话和系列重要指示批示精神，认真贯彻落实党中央、国务院决策部署，高效统筹疫情防控和经济社会发展，统筹发展和安全，有效实施稳经济一揽子政策措施，有力应对疫情波动、市场信心恢复不足、资源要素供给压力增大、产业链供应链稳定性受到挑战等不利因素影响，经济运行总体平稳符合预期。2023年，重庆将坚持稳进增效、除险清患、改革求变、惠民有感工作导向，着力推进经济企稳恢复提振，深入推动产业高端化智能化绿色化发展，强化创新驱动、提升新旧动能转换能力，全方位推进成渝地区双城经济圈建设、西部陆海新通道建设和"一区两群"协调发展，深入推动乡村振兴，积极扩大有效需求，防范化解各类重大风险，持续增进民生福祉、提高人民生活品质，为书写重庆全面建设社会主义现代化新篇章打基础、起好步。

关键词： 经济运行　社会建设　山清水秀美丽之地　重庆

Abstract

In order to deeply study and implement the spirit of the 20th CPC National Congress, and carry out Xi Jinping's important instructions to Chongqing, Annual Report (2023) on Economic and Socia Development of Chongqing, organizes experts and to research and discuss on the socialist modernization of Chongqing. It is a collection of comprehensive, original and farsighted research reports concerning major theoretical and practical issues in economic, social, cultural, ecological fields of Chongqing. It studies and judges the problems and challenges faced in the future, and puts forward policy recommendations. The sub report mainly focuses on promoting high-quality development, creating high-quality life, building an inland open highland, building a beautiful place with beautiful mountains and rivers, and promoting the construction of Chengdu Chongqing double city economic circle.

In 2022, Chongqing has fully implemented the important speeches and a series of important instructions and instructions made by the General Secretary Xi Jinping to Chongqing, earnestly implemented the decisions and plans of the CPC Central Committee and The State Council, coordinated the prevention and control of the epidemic with economic and social development, effectively implemented a package of policies and measures to stabilize the economy, effectively addressed adverse factors such as fluctuations in the epidemic, lack of market confidence, increasing pressure on the supply of resources and factors, and challenges to the stability of industrial and supply chains. In 2023, Chongqing will further promote the high-end, intelligent and green development of industries, strengthen innovation drive, improve the ability to transform new and old drivers, comprehensively promote the construction of Chengdu Chongqing double city economic circle and the coordinated development of one district and two clusters, deeply promote rural revitalization, actively expand effective demand, and lay a foundation for writing a new chapter of Chongqing's comprehensive construction of socialist modernization.

Keywords: Economic Operation; Social Construction; A Land of Beautiful Mountains and Rivers; Chongqing

目 录 ⟍⟋

Ⅰ 总报告

Ⅱ 高质量发展篇

Ⅲ 高品质生活篇

Ⅳ 内陆开放高地篇

皮书数据库阅读**使用指南**

总 报 告

B.1

2022年重庆经济运行态势分析与2023年发展形势展望

重庆社会科学院　重庆市人民政府发展研究中心*

摘　要： 2022年，重庆全面落实习近平总书记对重庆所作重要讲话和系列重要指示批示精神，认真贯彻落实党中央、国务院决策部署，有效统筹疫情防控和经济社会发展，统筹发展与安全，有效实施稳经济一揽子政策措施，有力应对前所未有的疫情冲击、市场信心恢复不足、资源要素供给压力增大、产业链供应链稳定性受到挑战等不利因素影响，经济运行总体平稳符合预期。2023年，重庆将深入推动产业高端化智能化绿色化发展，强化创新驱动、提升新旧动能转换能力，全方位推进成渝地区双城经济圈建设和"一区两群"协调发展，深入推动乡村振兴，积极扩大有效需求，为扎实推

* 执笔人：刘嗣方、吴安、彭劲松、詹懿、程凯。刘嗣方，重庆社会科学院党组书记、院长；吴安，重庆社会科学院研究员，研究方向为产业经济、区域经济；彭劲松，重庆社会科学院研究员，研究方向为区域经济、产业经济；詹懿，博士，重庆社会科学院副研究员，研究方向为产业经济；程凯，博士，重庆社会科学院助理研究员，研究方向为产业经济、国际贸易。

进新时代新征程社会主义现代化新重庆建议，开好局、起好步。

关键词： 经济运行　稳经济　稳增长　重庆

2022年，面对复杂严峻的国际环境和国内、市内疫情带来的严重冲击，重庆全面落实习近平总书记对重庆所作重要讲话和系列重要指示批示精神，认真贯彻落实党中央、国务院决策部署，坚持稳中求进工作总基调，扎实推动重庆市第六次党代会精神落地见效，深入贯彻落实市委六届二次全会部署要求，立足新发展阶段，完整、准确、全面贯彻新发展理念，积极融入和服务新发展格局，坚持以供给侧结构性改革为主线，有效统筹疫情防控和经济社会发展，统筹发展和安全，着力应对多重超预期因素影响，有效实施稳经济一揽子政策措施，全力以赴稳增长，加快构建现代化产业体系，大力推动产业高端化智能化绿色化发展，加快建设具有全国影响力的科技创新中心，全面推进乡村振兴，纵深推进成渝地区双城经济圈建设，持续推进"一区两群"协调发展，深入推动高水平改革开放，高质量发展态势持续向好，经济运行总体平稳符合预期。下一阶段，重庆市将以全面贯彻落实党的二十大精神为动力，全面落实"疫情要防住、经济要稳住、发展要安全"的要求，持续扩大内需，持续深化供给侧结构性改革，提振信心、引导预期，改革求变、稳中求进，加快经济恢复提振，进一步巩固拓展高质量发展良好态势。

一　2022年重庆经济运行态势及特点分析

（一）产业稳定增长，新动能积蓄成势

2022年前三季度全市实现地区生产总值20835.06亿元①，居全国第16

---

① 本报告未经注明的数据均来源于重庆市统计局、重庆海关等公布数据和学习强国转载的相关报道。

位；同比增长 3.1%，略高于全国平均增速；名义增速为 4.4%，比全国平均水平低 1.7 个百分点，因产业结构所致，重庆在能源和原材料价格上涨中处于不利地位，地区生产总值缩减指数仅为 101.29，低于全国的 103.11。在三次产业中，第二产业对经济增长的贡献最大。从可比价格看，三次产业增加值同比分别增长 3.7%、3.8%、2.5%，第二产业对经济增长的贡献率高达 47.9%，第三产业在疫情冲击下回稳，对经济增长的贡献率为 43.8%；从价值实现看，三次产业增加值名义增速分别为 2.5%、6.2%、3.4%，第二产业在现价增量中的贡献率高达 55.1%，第三产业则为 41%。从运行轨迹看，受疫情多点散发和极端气候影响，按可比价计算的地区生产总值累计增速逐季下滑；现价计算的地区生产总值增速在第三季度有一定回升，第一、第二、第三季度名义增速分别为 6.7%、3%、3.9%。重庆市 9 月各项经济指标回升幅度较大，但第四季度将受疫情的冲击。

1. 第一产业稳定增长，产业振兴纵深推进

统筹推进乡村振兴，把乡村振兴作为经济增长的重要引擎，围绕"五个振兴""四个持续"，以推进种业振兴保障粮食安全与重要农产品供给，统筹特色产业发展，提升农业综合效益和竞争力，推动第一产业在与第二、第三产业的融合发展中稳步增长。前三季度，第一产业增加值增速比地区生产总值增速高 0.6 个百分点；农林牧渔业总产值 2075.49 亿元，同比增长 4.2%。农林牧渔产品结构不断调整，粮食产量稳定增长，蔬菜保供能力持续增强、畜牧业增速较快。全市夏粮播种面积同比增长 0.4%，产量同比增长 1.1%；前三季度蔬菜播种面积同比增长 1.4%、产量同比增长 2.7%，猪牛羊禽肉产量同比增长 6.7%，禽蛋产量同比增长 5.8%。种子供给能力增强，市内杂交水稻制种面积同比增长 62.1%，稻种产量可满足来年 500 万亩水稻用种。①

纵深推进乡村产业振兴。在乡村振兴领域部署了 36 个市级重大项目，总投资 552.6 亿元、年度计划投资 134.9 亿元，前三季度完成投资 122.2 亿元，占年度计划的 90.6%。围绕农产品供给和柑橘、柠檬、榨菜、生猪、

---

① 《重庆日报》2022 年 9 月 7 日。

中药材等特色产业集群发展，年度计划投资 63.4 亿元，投资进度超时序，前三季度全市中草药材产量 35 万吨、同比增长 13.8%，园林水果产量 320.3 万吨、同比增长 9.9%，猪肉产量 104.8 万吨、同比增长 9.4%。地方特色产业牵引作用日益凸显，前三季度全市涪陵榨菜产业总产值 113.95 亿元，完成年度目标的 87.7%，有力带动种植业、服务业的发展；巫山脆李依托农业科技进步大力提高果品品质，核心区产值 12.8 亿元，同比增长 54.2%；黔江鸡杂全产业链截至 8 月综合收入 18 亿元，带动原料产业发展。

在持续巩固拓展脱贫攻坚成果的基础上，以产业振兴为重心强化稳岗就业帮扶，着力构建农民持续增收长效机制，城乡居民收入差距进一步缩小。前三季度全市农村常住居民人均可支配收入 14727 元，居全国第 11 位；同比增长 7.5%，居全国第 3 位，比全国平均水平高 3.2 个百分点，比重庆城镇居民人均可支配收入增速高 1.9 个百分点，其中工资性收入是农民增收主渠道，同比增长 7.5%，占可支配收入的 40.89%；转移净收入增速最快，达 7.8%，占可支配收入的 29.53%。常住居民城乡收入比由上年同期的 2.48∶1 进一步缩小到 2.44∶1。农村居民人均生活消费支出 11301 元，同比增长 5.7%，居全国第 17 位，比全国平均水平高 1.4 个百分点，其中生活用品及服务、交通和通信支出同比分别增长 9.7%、9.5%。农村居民消费倾向有所下降，由上年同期的 78.03% 下降到 76.74%，比全国平均水平低 4.74 个百分点；边际消费倾向由上年同期的 93.8% 下降到 59.49%，比全国平均水平低 22.54 个百分点。

2. 工业经济回稳，新动能持续增强

以大数据智能化引领创新驱动发展，坚持高端化智能化绿色化发展方向，围绕国家重要先进制造业中心建设，突出支柱产业提质增效、战略性新兴产业发展壮大、产业链供应链现代化水平提升，大力推动智能化改造，加快建设具有全国影响力的科技创新中心，召开重庆市推动产业绿色发展会议、推出全面振作工业经济六大专项行动、出台智能网联新能源汽车产业集群发展规划等，持续蓄积发展的新兴动能。

前三季度，工业增加值同比增长 3.3%，在地区生产总值现价增量中的

贡献率为38.52%。规上工业增加值同比增长4.0%，与上年同期相比前三季度累计增速出现逐季下滑的态势，不同的是月度有较大起伏。第一季度增速最快，3月为单月最高；第二季度受疫情影响，产业链供应链受到冲击，整体增速大幅下滑，但逐月抬高；第三季度受疫情冲击和因极端高温天气而限电的影响，8月规上工业增加值同比下滑18.2%，居全国倒数第2位，1~8月工业增加值累计增速由1~7月的6.0%下降到2.7%，由居全国第13位下滑至第24位，9月全市工业企业加大力度抓生产、抢进度，规上工业增加值增速回升到13.1%，居全国第3位（见图1）。在39个大类行业中，有24个行业增加值同比增长，其中有11个大类行业增速比上半年有所回升；受房地产业下滑影响，建材类产业出现较大下滑，非金属矿物制品业、黑色金属冶炼和压延加工业增加值同比下降8.1%、5.8%。

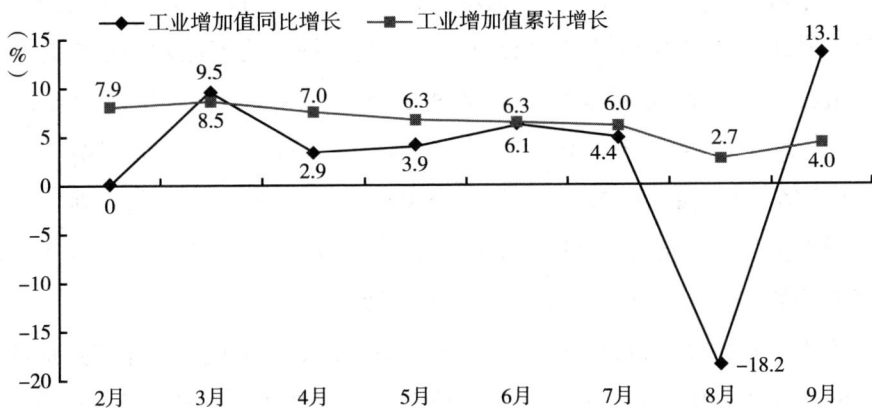

图1　2022年重庆市规模以上工业增加值分月增速

注：无2月当月增速数据。

新发展动能进一步增强。前三季度，战略性新兴产业增加值同比增长7.7%，分别比规上工业增加值、地区生产总值增速高3.7个、4.6个百分点。智能网联新能源汽车产业加速发展，出台《重庆市建设世界级智能网联新能源汽车产业集群发展规划（2022—2030年）》，强化新能源汽车产业链招商，深化与华为、宁德时代的合作，加速新能源汽车产业发展，前三季度整车产量 23.79 万辆、同比增长 146.1%，长安已形成覆盖低、中、高端的新能源汽车产品体系，自主品牌新能源汽车销量 15.63 万辆（含市内外）、同比增长 117.85%；赛力斯已转型为一家以新能源汽车为核心业务的科技型制造企业，前三季度新能源汽车产量 9.46 万辆、同比增长 274.52%，其中高端品牌问界系列产量达 5.26 万辆、同比增长 972.59%，实现营业收入同比增长 101.96%，其中第三季度实现营业收入同比增长 163.39%，主要源于第三季度问界系列产品。医药产业强化创新发展，出台《重庆市加快生物医药产业发展若干措施》，围绕创新资源集聚、提升临床转化能力、加强创新产品研发等七个方面提出了 23 项支持措施，持续强化产业支撑平台建设，加大高端产能和供应链上游生产项目引进力度和市级重大项目推进力度，重庆国际生物城、重庆高新区等加速集聚生物医药创新主体，创新水平、产品附加值显著提升，增加值增速为 7%，比全国高 11.3 个百分点，比上半年累计增速回落 11.4 个百分点。数字化、绿色化产品发展动能足，集成电路圆片、液晶显示模组、服务机器人、工业机器人分别同比增长 11.3%、24.1%、41.1%、38.9%，影像投影仪、新能源汽车分别增长 17.4 倍、1.5 倍。专精特新"小巨人"孵化培育加力，国家级专精特新"小巨人"增至 257 家，接近 2025 年 300 家的目标，其中 2022 年新增 139 家，居西部地区第 1 位、全国第 11 位，是此前总数的 1.2 倍。

传统产业通过高新技术改造提升不断激发发展新动能。汽车产业加速电动化网联化智能化发展，对工业经济拉动力显著提升。长安、赛力斯等龙头企业，强化自主创新、打造智能工厂、推动品牌向上，加速向数字化、新能源转型，前三季度全市新能源汽车产量占汽车产量的比重达 15.43%，比上年同期提高 7.81 个百分点，带动汽车产业高端化智能化绿色化发展，汽车单价大幅提升，增加值同比增速达 10.8%，比全国高 3.9 个百分点，比上半年提升 1.7 个百分点，拉动全市规上工业增长 1.6 个百分点，其中 9 月同比增速高达 32.5%，比全国高 8.8 个百分点，拉动规上工业增长 4.8 个百分点。有色金属冶炼和压延加工业、化学原料和化学制品制造业加速向新材料方向升级，前三季度增加值分别同比增长 23.6%、7.9%，分别比全国高

19.3个、2.9个百分点。电气机械和器材制造业得益于电力装备智能化和新能源产业发展需求,不断激发增长新动能,前三季度增加值同比增长12.7%,比全国高1.3个百分点。

加强能源保障,能源工业发展提速。加大陕煤入渝力度,"疆电入渝"取得重大突破,在电力紧张的7~8月陕煤集团供煤251.39万吨,同比增长39.9%;"疆电入渝"配套400万千瓦煤电工程9月底开工。强化本地电力工业产能释放,第三季度发电量同比增长15.62%,其中火力发电量同比增长48.44%,前三季度能源工业增加值同比增长12%,其中电力、热力生产和供应业增加值同比增长15.5%,比全国高10.1个百分点。

工业经济效益有所下滑,前三季度累计实现利润1165.9亿元,同比下降4.8%,比上半年回落9.2个百分点,营业收入利润率5.67%,比上年同期下降0.63个百分点;营业收入成本率86.13%,比上年同期提高1.04个百分点。资产负债状况继续改善,资产负债率55.68%,比上年同期降低0.24个百分点。

3. 服务业稳进提质,新兴产业引领作用凸显

2022年以来,针对疫情影响,出台《支持服务业等困难行业纾困恢复十条措施》等一揽子稳定服务业发展的政策措施;紧抓服务业对外开放、国际消费中心城市培育建设机遇,围绕加快建设西部金融中心、中国软件名城、内陆国际物流枢纽、国际知名文化旅游目的地、国家工业设计示范城市、国家服务外包示范城市,综合施策,推动服务业稳进提质,展现较强韧性。前三季度,服务业增加值同比增长2.5%,仅比上半年回落0.3个百分点。

新兴服务业引领发展。以新兴产业为主的其他服务业增速较快,前三季度增加值同比增长4.5%,比第三产业增速高2.0个百分点。生产性新兴服务业继续保持快速增长,1~8月,信息传输、软件和信息技术服务业,租赁和商务服务业,科学研究和技术服务业分别同比增长4.4%、5.5%、9.2%(见图2),高于规上服务业1.6%的增速,分别比上半年变动-3.1个、0.8个、-3.6个百分点,合计实现营业收入1864.89亿元,拉动规上服务业营业收入增长 3 个百分点，其中，互联网、电信业保持高位增长，规上互联网平台、互联网数据服务营业收入同比分别增长 87.9%、55.2%，比全国平均水平高 69.4 个、33.2 个百分点；电信业务总量同比增长 26.3%。生活性新兴服务业恢复势头明显，文化、体育和娱乐业营业收入同比增长 9.1%，其中体育场馆管理、健身休闲活动、休闲观光活动、文化活动服务等均保持 15% 以上的增速。

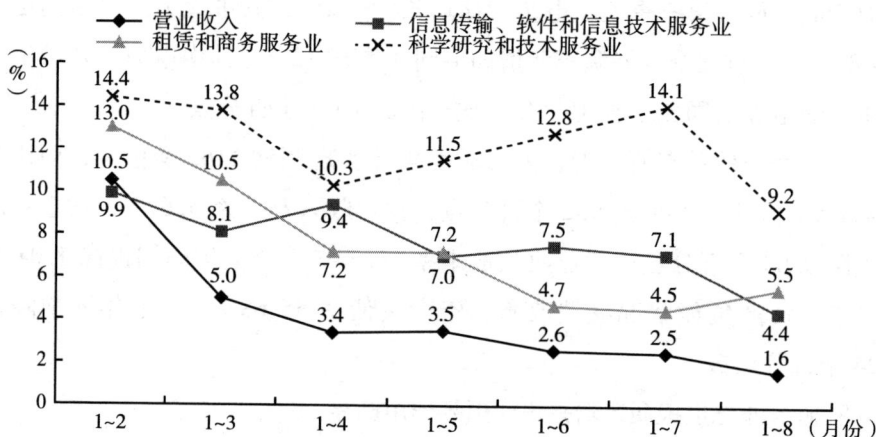

图 2　2022 年重庆市规模以上服务业营业收入分月累计增速

商贸流通业和金融业运行平稳。前三季度，批发和零售业实现增加值 2056.78 亿元，同比增长 2.6%，比上半年提高 0.2 个百分点；批发业、零售业销售额同比分别增长 11.2%、5.1%。住宿和餐饮业实现增加值 400.41 亿元，同比增长 1.3%，比上半年提高 1.8 个百分点；住宿业、餐饮业分别实现营业额 255.68 亿元、1498.26 亿元，分别同比增长 2.1%、4.9%。交通运输、仓储和邮政业实现增加值 786.98 亿元，同比下降 0.1%，比上半年回落 0.6 个百分点；铁路、水路货运量同比分别增长 10.9%、2.5%。发放中小微企业定向授信贷款，强化制造业中长期贷款服务，提升企业获贷便利度，增加值同比增长 2.5%，比上半年提升 0.6 个百分点；9 月末，人民币存款、贷款余额同比增长 9%、6.5%，分别比 6 月末增速提高 2.1 个、1.4 个百分点，其中住户存款、非金融企业存款分别同比增长 10.8%、10.1%，均比6月末增速提高2.1个百分点；前三季度，保险保费收入、赔付支出分别同比增长3.2%、14.5%，比上半年回落1.6个、4.9个百分点，比上半年增速快的是财产险收入，由4.5%提高到6.3%。

房地产业下滑明显。前三季度房地产业增加值同比下降3.2%，跌幅比上半年扩大1.3个百分点。房地产销售面积、销售额分别同比下降20.4%、38.2%，跌幅分别比上半年扩大4.5个、3个百分点，均价明显下降；施工面积、新开工面积分别同比下降14.6%、53.1%，跌幅分别比上半年扩大3个、8个百分点，这将继续影响房地产业恢复增长，并对建材、相关消费品行业形成向下挤压。

（二）三大需求走势分化，出口拉动作用凸显

1. 投资平稳增长，重点领域支撑拉动作用明显

围绕扩大有效投资，积极抓好项目储备、强化产业链招商，加强政策对接、争取国家项目；抓好基础设施投资放量，深入实施抓项目稳投资专项行动，聚焦乡村振兴、成渝地区双城经济圈、"两新一重"、城市更新、民生补短板等领域布局推进一批重大项目。前三季度，固定资产投资同比增长3.3%，止住了累计同比增速逐月走低态势（见图3）。

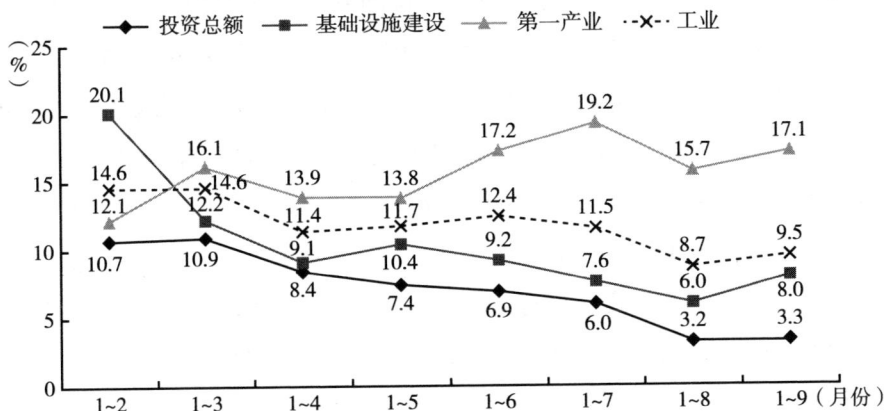

图3 2022年重庆固定资产投资分月累计增速

通过"智博会"、"西洽会"、全球线上推介会等形式，围绕产业链招商引资力度加大。前三季度累计签约招商项目 2364 个，签约合同额 14322.3 亿元、到位资金 3578.9 亿元，分别完成年度目标的 77.4%、85.2%。通过"智博会"签约重大招商项目 70 个，合同投资额达 2121.1 亿元，涉及新能源、软件信息、电子、装备、生物医药、新材料等领域，其中签约智能网联新能源汽车领域的项目 18 个，合同投资额达 833 亿元。通过西洽会签约重大项目 66 个，合同投资额达 2228.5 亿元，涉及智能制造、生物制药、新材料、新能源、生态环保等领域，100 亿级项目 9 个。

重大项目牵引有力。前三季度，全市重大项目完成投资 3042.5 亿元，同比增长 42.8 亿元，完成年度计划的 82.8%，为重庆市经济回升向好提供了强力支撑。将渝昆高速铁路等 45 个"双城记"项目纳入 2022 年市级重大项目，前三季度共完成投资 342.5 亿元，其中两江亚欧汽车零部件等 11 个项目已超额完成年度计划投资，为唱好"双城记"、共建经济圈注入新动能。

基础设施建设托底拉动作用凸显。全市抢抓国家适度超前开展基础设施建设、扩大专项债券使用范围、新增政策性金融贷款等政策机遇，推动基础设施项目全面提速建设，前三季度基础设施建设同比增长 8%，拉动全市投资增长 2.4 个百分点，是稳投资增长的主要支撑力量，其中 10 亿元以上重大基础设施项目投资同比增长 17.6%，拉动基础设施投资增长 8.4 个百分点。专项债和政策性开发性金融工具协同发力，完成的投资拉动全市投资增长 1.6 个百分点。新基建投资加速，信息基础设施、融合基础设施完成年度投资计划的 103.8%、118.3%，中科曙光先进计算中心、华为 AI 算力中心等智能中枢核心能力平台加速建设，石柱算力数据中心等 3 个项目纳入 2022 年第三批专项债支持范围。

第一、第二产业投资支撑有力。乡村振兴重大市级项目拉动第一产业投资继续保持较快增长，同比增长 17.1%，增速一直保持高位；第二产业同比增长 9.7%，其中工业投资同比增长 9.5%，拉动全市投资增长 2.5 个百分点，同比增速呈逐季阶梯状下滑态势；第三产业同比增长 0.6%，同比增速逐月下滑，8 月下降幅度较大。重点产业投资增长力度大，汽车产业拉动作用明显，前三季度汽车产业投资同比增长31.1%，占工业投资的11.4%，对工业投资增长的贡献率达31.3%；摩托车、医药、消费品、能源产业投资增速分别为27.5%、21.3%、17.2%、10.7%。

产业转型升级投资牵引有力。出台《支持企业技术改造投资和扩大再投资政策措施》等，工业技改投资力度加大，前三季度同比增长19.1%，对工业投资增长的贡献率超过60%。高技术产业投资加速，前三季度同比增长19.1%，比上年同期提高1.3个百分点，其中高技术服务业投资同比增长56.8%，较上半年提高16.4个百分点。产业转型升级领域市级重大项目加快推进，前三季度，八大类项目共完成投资786.2亿元，完成全年计划的93.4%，电子信息产业重大项目完成投资189.9亿元，同比增长15.9%，超年度计划25.8%；数字经济项目完成投资81.3亿元，同比增长65.6%，超全年计划4.8%；装备制造项目投资完成全年计划的95%；汽车产业重大项目完成投资85.3亿元，其中新能源汽车产业项目完成投资25.8亿元，是上年同期的2.7倍；生物医药产业项目已完成投资27亿元，是上年同期的4倍。赣锋新型锂电池科技产业园、吉利涪陵12GWh动力电池、赛力斯年产5.2GWh电动汽车动力电池、比亚迪动力电池全球总部、巴南智睿生物医药产业园宸安、重庆脑与智能科学中心等高技术领域项目陆续开工，有力推动既有产业的高端化智能化绿色化转型升级。

2.消费需求回升，新型消费引领作用强

2022年以来，重庆市积极抓住国际消费中心城市培育建设契机，实施国际消费载体提质等"十大工程"，深化"巴渝新消费"八大行动，综合施策释放消费潜力。前三季度，社会消费品零售总额10456.01亿元，同比增长1.5%，较上半年提高0.4个百分点，比全国高0.8个百分点，好于预期（见图4）。分季度看，第一、第二、第三季度同比增速分别为4.2%、-1.9%、2.4%，出现U形反转态势。从城乡看，乡村增速快于城镇，实现零售额1504.64亿元，同比增长3.2%，比城镇高2个百分点。从消费类型看，与上年同期相反，商品零售额增速快于餐饮收入，实现零售额9024.87亿元，同比增长1.6%，比餐饮业零售额增速高1个百分点。

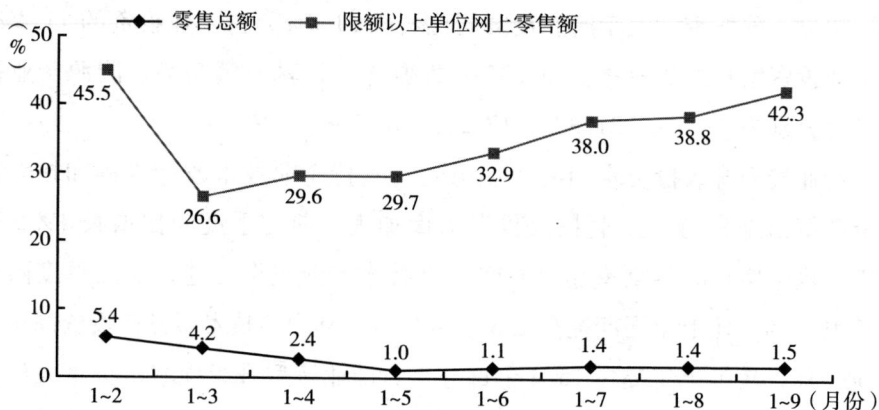

图4 2022年重庆社会消费品零售总额分月累计增速

新型消费引领作用强。举办历时2个月的"2022重庆6·18电商节"暨"寻找西部带货王电商主播大赛",以"融合发展电商赋能"为主题,围绕"爱尚重庆双品网购节"与"电子商务助力乡村振兴"两大主题,开展多种形式的网上促销活动,向全市消费者发放上亿元消费券和近1000万元数字人民币红包,仅6月限额以上单位网上零售额就达82.65亿元,同比增长51.43%,是1~5月月均增速的1.67倍;持续开展重庆消费创新十大案例评选。前三季度,限额以上单位网上零售额516.65亿元,同比增长42.3%,比上年同期高15.1个百分点,比上半年高9.4个百分点,分月累计增速均在20%以上,3月开始呈逐月抬高趋势,对零售额增长的贡献率高达106.4%;绿色化、智能化消费趋势明显,限额以上单位新能源汽车、可穿戴智能设备、智能家用电器和音像器材、智能手机零售额同比分别增长150.0%、22.0%、11.2%和9.2%。

饮食类和出行类商品支撑作用明显,前三季度零售额分别增长10.7%、9.4%,占限额以上单位零售额的63.3%,拉动限额以上单位零售额增长5.4个百分点。其中粮油及食品类、饮料类零售额分别同比增长11.7%、11.9%,石油及制品类、汽车类零售额分别同比增长11.8%、8.4%。

3.进出口增速较快,出口结构持续优化

围绕提升开放通道效率、开放平台能级、开放型经济质量,积极完善出海出境大通道体系，强化内陆国际物流枢纽支撑；大力推动中新互联互通项目、自贸试验区、两江新区、高新区、经开区等各类开放平台扩能提级；促进外贸创新提质，大力发展"保税+商品展示交易""保税+维修"等保税贸易新业态；推动制度型开放，深入推进服务业扩大开放综合试点、服务贸易创新发展试点和跨境电子商务综合试验区建设。进出口贸易保持较高速增长，净出口额继续扩大，对国民经济的拉动作用凸显。前三季度，进出口总值6259.5亿元，同比增长8.5%，比全国平均水平低1.4个百分点，其中进口2184.99亿元，同比增长3.3%；出口4074.56亿元，同比增长11.5%（见图5），净出口额1889.57亿元，同比增长22.53%，净出口增量为地区生产总值增量的39.34%。一二三季度进出口总值分别增长9.3%、15.38%、0.93%，其中出口分别增长14.0%、24.6%、−2.26%，进口分别增长1.6%、0.95%、7.31%，出口第二季度增速最高、第三季度负增长并下拉进出口总额第三季度增速大幅走低，进口分季增速情况则相反。

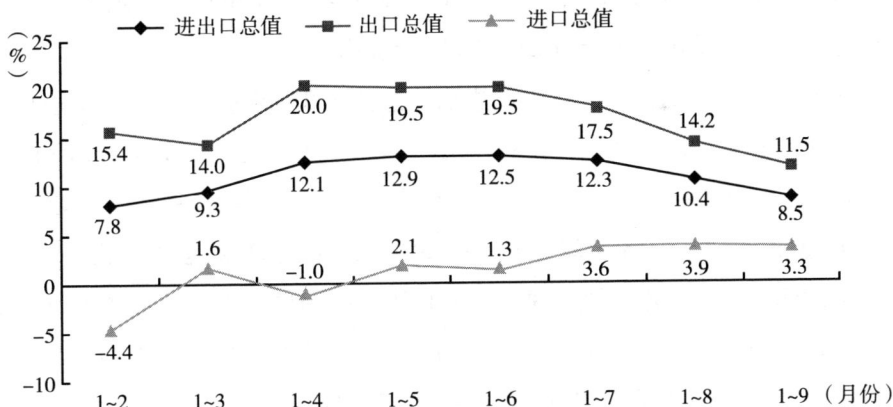

图5　2022年重庆市对外贸易分月累计增速

出口结构呈多元化态势。汽车、轻工、原料和材料类产品出口加速，对出口增长拉动作用大。前三季度，轻工中文化产品出口同比增长222.2%，出口增量高达86.35亿元，其中游戏机及其零附件、玩具出口增速分别高达4502.5%、266.1%，出口增量分别为30.31亿元、39.68亿元；汽车整车出口同比增长73.4%，出口增量达66.76亿元，出口单价同比增长19.39%；服装、灯具及照明、塑料制品、日用陶瓷等其他轻工产品出口分别增长194.8%、118.2%、95.6%、90.4%，出口增量分别为18.73亿元、12.91亿元、17.89亿元、13.09亿元；基本有机化学品、钢材、未锻轧铝及铝材等原料和材料产品出口分别增长156.9%、167.5%、84%，出口增量分别为41.77亿元、13.65亿元、13.49亿元。

高新技术产品出口增速逐季下落，但价值提升明显。前三季度出口2639.79亿元，同比下降1.6%，数量同比下降14.4%；一二三季度分别出口893.5亿元、904.09亿元、842.2亿元，同比增长7.9%、5.3%、-13.67%，第三季度出现较大跌幅。部分电子产品仍保持较高增速，出口值增速远大于出口数量增速，存储部件、中央处理器、手机出口分别增长41.7%、24.8%、19%，分别比出口数量增速高30个、4.4个、38.2个百分点；电动载人汽车出口增长169.9亿元，比出口数量增速高69.2个百分点。笔记本电脑出口值1408.14亿元，同比下降0.4%，比出口数量增速高23.4个百分点，出口单价由上年同期的2434元提高到3182元。

亚洲支撑作用明显，前三季度进出口总值3335.22亿元，占全市进出口总额的53.28%，同比增长7.8%，其中出口同比增长21.4%，净出口147.63亿元；非洲、拉丁美洲、大洋洲等新兴市场增长较快，前三季度进出口增速分别为55.9%、22.2%、16.3%，其中出口增速分别为36.3%、20.1%、32.1%，净出口额分别为84.1亿元、231.1亿元、-32.69亿元；欧洲、北美是重庆第二、第三贸易市场，也是重庆净出口额最大的市场，进出口总额分别增长5.3%、2.2%，其中出口额分别增长4.1%、-3.9%，净出口额分别高达740.91亿元、718.82亿元。深入推进与RCEP国家经贸合作，编制出台《重庆市高质量实施〈区域全面经济伙伴关系协定〉（RCEP）行动计划》，提出八大行动、25项重点任务，对RCEP国家的出口加快，前三季度出口831.19亿元，同比增长42.1%，贸易逆差由上年的565.72亿元缩小到295.3亿元。

中欧班列（渝新欧）持续拓展"朋友圈"，西部陆海新通道不断走深走实，跨境电商不断实现新突破，对稳外贸起到积极作用。1~8月中欧班列（渝新欧）开行超过2000班，截至8月中欧班列（渝新欧）累计开行近11000班，货值达4327亿元，均居全国第一；1~8月重庆经西部陆海新通道运输货物同比增长31%，货值同比增长48%，其中国际铁路联运班列同比增长7倍，运输货物增长7.59倍，货值同比增长5.8倍；重庆跨境电商交易额291.9亿元，同比增长50%，其中科学城核心区跨境电商进出口业务量达121亿元，同比增长195%，助力重庆产品走向全球和产业链供应链安全。

（三）市场价格结构性特征明显

1. 工业生产者价格持续回落

工业生产者价格在上年高位基础上持续回落，购进价格回落幅度大于出厂价格，月涨幅由1月的10.5%降至9月的1.2%，单月涨幅已接近出厂价格，但累计涨幅高于出厂价格2.8个百分点，影响全年工业利润（见图6）。

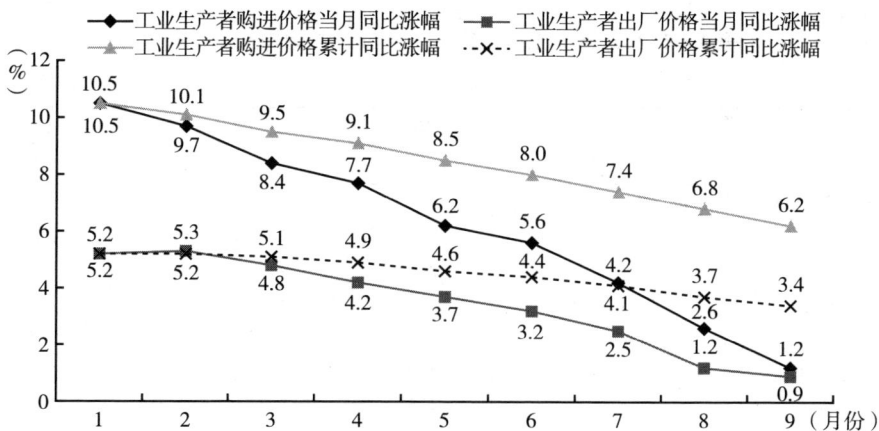

图6　2022年重庆工业生产者价格分月涨幅

工业生产者出厂价格涨幅回落，前三季度同比上涨3.4%，比全国平均水平低2.5个百分点，9月同比上涨0.9%，比累计涨幅低2.5个百分点。生产资料出厂价格涨幅回落较大，前三季度同比上涨4.1%，比全国平均水平低3.3个百分点，9月同比上涨0.7%，比累计涨幅低3.4个百分点，其中原料工业同比上涨7.1%，9月同比上涨0.7%，比累计涨幅低6.4个百分点；生活资料价格涨幅温和上扬，同比上涨1.4%，比全国平均水平高0.1个百分点，9月同比上涨1.2%，比累计涨幅低0.2个百分点，其中一般日用品价格涨幅较大，同比上涨2.4%，比全国平均水平高0.8个百分点，9月同比上涨2.3%，比累计涨幅低0.1个百分点。

工业生产者购进价格涨幅大幅回落，前三季度同比上涨6.2%，比全国平均水平低2.1个百分点，9月同比上涨1.2%，比累计涨幅低5个百分点。燃料、动力类涨幅仍保持大幅上升态势，同比上涨19.6%，比全国低7.1个百分点，9月同比上涨18.7%，比累计涨幅低0.9个百分点。农副产品类涨幅提升，同比上涨2.7%，比全国平均水平低1.1个百分点，9月同比上涨6.9%，比累计涨幅高4.2个百分点。有色金属材料及电线类、黑色金属材料类、化工原料类、建筑材料类及非金属矿类涨幅大幅回落，9月同比分别下降5.4%、6.5%、0.4%、4.3%，分别比累计涨幅低15.9个、10.1个、9.8个、9.8个百分点（见表1）。

表1　1~9月重庆工业生产者价格累计涨幅与全国比较

单位：%

指　标	2022年1~9月		2021年1~9月	
	重庆	全国	重庆	全国
工业生产者出厂价格指数	3.4	5.9	2.3	6.7
生产资料	4.1	7.4	3.2	8.9
采掘	2.6	24.9	1.2	26.7
原料	7.1	13.8	9.3	13.2
加工	3.7	3.1	2.3	5.6
生活资料	1.4	1.3	0.1	0.2
食品	1.5	2.3	1.9	1.5
衣着	0.7	1.6	-1.9	-0.6
一般日用品	2.4	1.6	-0.7	0.2
耐用消费品	1.1	-0.1	-0.4	-0.8
工业生产者购进价格指数	6.2	8.3	5.6	9.3
燃料、动力类	19.6	26.7	0.6	14.1
黑色金属材料类	3.6	-1.1	14.6	20.9
有色金属材料及电线类	10.5	8.7	23.5	20.1
化工原料类	9.4	10.5	13.2	12.3

续表

指 标	2022年1~9月		2021年1~9月	
	重庆	全国	重庆	全国
木材及纸浆类	6.2	4.5	4.8	4.9
建筑材料及非金属类	5.5	6.4	6.0	2.8
其他工业原材料及半成品类	2.4	2.8	1.3	2.7
农副产品类	2.7	3.8	3.3	4.9
纺织原料类	3.2	7.2	-0.3	3.5

资料来源：国家统计局、重庆统计局公布数据。

2.居民消费价格小幅增加

居民消费价格累计涨幅缓慢上扬，单月呈阶梯式增高态势（见图7）。前三季度，城市居民消费价格同比上涨1.9%，比全国低0.1个百分点，9月同比上涨3.5%，比全国高0.8个百分点。消费品、食品类价格累计涨幅相对较大，累计分别同比上涨2.8%、3.8%，9月同比涨幅分别高达5.5%、14.4%，其中食品烟酒价格涨幅明显抬升，累计同比上涨2.9%，比全国高0.8个百分点，9月上涨9.5%，比全国高3.4个百分点；服务、非食品类价格平稳、单月小幅回落，累计分别同比上涨0.6%、1.5%，当月分别同比上涨0.3%、1.2%，但其中的交通通信价格累计涨幅、当月涨幅分别高达6.1%、4.6%。

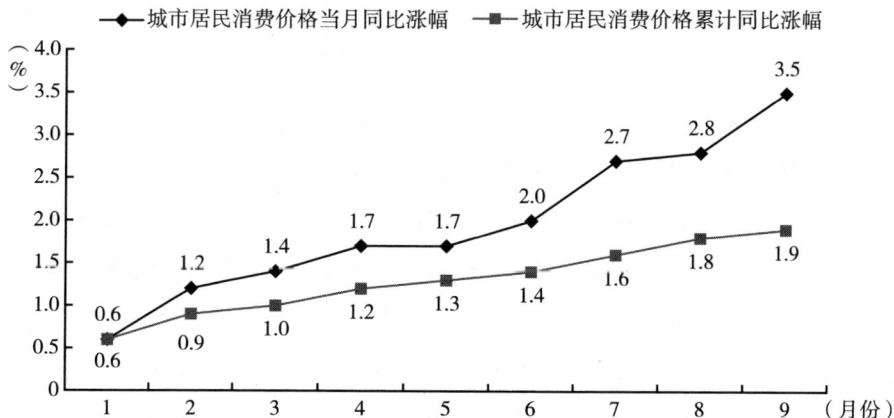

图7　2022年重庆城市居民消费价格分月涨幅

（四）综合施策，不断巩固稳中求进的发展动力

1. 在持续深化改革与优化投资环境上增添发展动力

对标国际先进投资和贸易规则，持续深化营商环境创新试点，提升市场环境、法治环境、开放环境、政务环境、政商环境，推动商品要素由流动型开放向制度型开放转变，显著发挥了改革发展排头兵、开放发展制高点、创新发展先行者作用。先后印发《重庆市营商环境创新试点实施方案》《重庆市2022年优化营商环境激发市场主体活力重点任务清单》《重庆市产业园区规划环境影响评价与建设项目环境影响评价联动实施方案（试行）》等政策文件，强化了政策保障。作为全国首批营商环境创新试点的6个城市之一，获批第二批服务业扩大开放综合试点城市，积极推进服务业扩大开放综合试点，推动重庆100项营商环境创新试点改革事项，消除隐性发展壁垒，打破地方保护，维护公平的市场竞争秩序。依托自贸区建设，持续深化数字贸易、知识产权保护、公开竞争等重点领域制度创新，自贸区总体方案151项任务全面落地，国家部署的改革创新措施落实率超过90%。推动成渝地区双城经济圈营商环境建设，共商共建川渝自贸试验区协同开放示范区，推进自贸试验区联动创新区建设，探索建立自贸试验区与海关特殊监管区域统筹发展示范基地。建立国际商事一站式多元解纷中心，为国内外当事人提供国际化、便利化纠纷解决方式。探索形成市场主体全生命周期监管链。积极推动民营经济发展，推动形成服务非公经济"两个健康"7项制度，优化企业监管，做到无事不扰，积极为民营市场主体纾困解难。

2. 在推进数字经济与实体经济融合上创造发展动力

全面抓好传统产业智能化改造，推动数字经济与实体经济深度融合，加快推动智能制造，积极推动"芯屏器核网"全产业链布局，培育壮大智能产业。电子信息产业从以代工为主，向"芯屏器核网""云联数算用"全面拓展。汽车制造从以汽摩整车及零部件为主，向新能源、智能化方向"跃升"。重庆大力发展智能网联新能源汽车产业，发布《重庆市建设世界级智能网联新能源汽车产业集群发展规划（2022—2030年）》，提出到2025年，

初步形成世界级智能网联新能源汽车产业集群雏形，智能网联新能源汽车产销量占全国比重达到10%以上。璧山引进比亚迪20GWh新能源汽车电池生产基地项目，西部（重庆）科学城构建"车路云网图"全产业生态体系。全市统筹智能网联新能源汽车重大项目布局，优化产业布局，提升"世界级"产业集群的承载能力。围绕工业企业33条重点产业链，制定"大企业产品需求清单"和"中小企业产品（服务）供给清单"，并针对性地召开行业协调会、企业供需对接会，促进信息联通、订单共享、产能对接、高效协作。引导企业开放供应链体系、开展上下游产品供需对接、推进产业生态体系构建，不断强化示范标杆推广应用，提升链主企业的强链水平。印发《支持企业技术改造投资和扩大再投资政策措施》等文件，鼓励实体企业实施技术改造投资和扩大再投资。

3. 在抓好有效投资与促进消费上积蓄发展动力

聚焦智能网联新能源汽车、新型电子产品、先进材料、节能环保装备、清洁能源和储能产业，推进重大工业项目投资放量。加快中央预算内投资项目实施和专项债使用，适度超前推动城建、能源、交通水利等重大基础设施投资，加快江北国际机场扩建，提速渝西水资源配置工程、重庆东站枢纽建设，推动渝万、渝湘、渝昆等高铁项目建设，郑渝高铁建成通车；加快新型基础设施建设投资，推进5G基站、充电桩布局，建设中产曙光等先进计算中心、超瞬态实验装置等大科学装置。聚焦补短板强弱项，推进农业农村基础设施建设，深入实施丘陵山区高标准农田改造提升示范工程，加强粮食等重要农产品仓储物流设施建设。持续推进商圈（步行街）提档升级，集聚全球优质消费供给，汇聚"国际名品"、打造"渝货精品"，大力发展首店经济、夜间经济，做优"山水旅游"品牌，统筹举办多场主题消费促进活动，繁荣消费市场。市发展改革委等8部门联合印发《促进消费恢复发展若干政策措施》等文件，全力挖掘消费热点和增长点，提振消费信心、充分释放居民消费潜力，推动消费持续回暖。

4. 在推进内陆开放高地建设上提升发展动力

持续实施开放通道拓展、平台建设、口岸完善、主体培育、环境优化

"五大行动"，以通道、平台、要素等为支撑，推动内陆开放高地建设走深走实。2022年以来，一系列出海出境新线路先后开通启运，中欧班列（渝新欧）推出跨两海（里海、黑海）抵达欧洲的铁海联运线路，西部陆海新通道推出中越（重庆果园港—越南河内）国际跨境货运班列、国际航运班列（俄罗斯—重庆—广西），重庆成为首个突破国际铁路运邮禁令的城市、首个获批开展铁路运邮试点且率先完成双向铁路运邮的城市、首个开展邮包疏运并全国首发"中国邮政号"专列的城市。果园港打造绿色智能港口、完善多式联运、拓展口岸功能，从传统内河港口升级为长江上游联通全球的"中转站"。优化海关监管，推行"提前申报"和"两步申报"通关模式，降低企业报关时间和经济成本，大幅提升了通关效率。依托自贸试验区、中新互联互通项目等开放平台，汇聚全球各类开放要素，推动重庆跨境贸易环境持续向好。

5. 在助企纾困稳住经济基本盘上保持发展动力

聚焦企业发展需求，贴近市场主体，了解具体诉求，聚焦发展难题，出台各类助企纾困政策，强化服务全过程，用足用好助企纾困政策，持续帮助受困市场主体渡难关，增强市场主体的政策获得感。出台《重庆市助企纾困政策措施清单》，集纳了八大类147条助企纾困政策，并不断充实优化，方便有需求的企业查询使用。重庆市税务局坚决落实国家一系列税费支持政策，聚焦退、减、免、缓、延全面发力，1~8月，重庆累计新增减税降费及退税缓税缓费546.6亿元，增值税留抵退税367.6亿元，惠及纳税人2.8万户，超过2021年全年办理规模的2.5倍。

先后出台促进首店首发经济、支持线上线下消费、支持住餐行业连锁化经营、服务业困难领域纾困解难等一系列促进消费、保商贸服务业市场主体的政策措施，促进消费市场有序恢复发展，稳住消费基本盘。出台《重庆市金融支持稳住经济大盘若干措施》等系列金融普惠政策，建设融资服务平台、创新金融产品服务，降低企业获贷门槛，发放中小微企业定向授信贷款、强化制造业中长期贷款服务，提升企业获贷便利度，在全国率先启动了科技型企业知识价值信用贷款改革试点。市市场监管局、市药监局、市知识产权局创新服务管理模式，持续优化营商环境，制定轻微违法行为不予处罚清单和不予实施行政强制措施清单等，更好服务市场主体。市人社部门持续落实职业培训补贴、一次性吸纳就业补贴等企业吸纳重点群体补贴政策，推进就业扶助。

二 重庆当前经济运行中需要关注的主要问题

（一）市场信心整体恢复不足

在上述多种因素冲击下，企业正常生产经营受挫，制造业收缩明显。企业部门的信贷结构中，用于扩大再生产的中长期贷款大幅度减少，截至2022年10月，制造业采购经理指数（PMI）有6个月份位于50%以下，制造业呈较长时间段的不景气和低速扩张状态。受外需市场不振影响，2022年1~8月，重庆市主要的外贸出口产品笔记本计算机出货5093.31万台，同比下降15.2%。据央行公布的2022年第三季度企业家问卷调查报告，企业家宏观经济热度指数为26.9%，比上年同期下降12.9个百分点。中国人民银行对全国50个城市进行的2万户城镇储户问卷调查结果显示，2022年前三季度的收入感受指数和收入信心指数均低于2021年末和50%的水平。基于对未来发展的悲观预期，消费支出的保守化倾向比较严重，表现为居民消费信贷规模持续收缩，储蓄动机有所增强。中国人民银行重庆营管部发布数据，2022年8月，重庆市的存款增加13.1亿元，中长期贷款减少22.6亿元，住户部门存款比上月增加141.7亿元，贷款比上月减少9.4亿元，其中，短期贷款减少，传递出家庭住户对房地产等大宗固定资产信贷购置需求不足、房地产业发展景气度进一步下降的信号。2022年1~8月，重庆市房地产开发同比下降10.8%、施工面积同比下降13.7%、新开工面积同比下降52.2%、商品房销售面积同比下降19%、商品房销售额同比下降38.5%，房地产市场量价齐跌，行业陷入深度萎缩状态。房地产业的萎缩直接影响下游关联产业，如非金属矿物制品业、黑色金属冶炼和压延加工业等均出现负增长。中小企业和创业者的创业投资信心受到较大抑制。据调研，重庆市基层创业企业反映，当前创业者受各类运营成本偏高、优惠政策获取门槛偏高、政策使用不方便等因素影响，创业意愿和创业成功率大大降低；临近毕业季，青年大学生普遍选择出国留学、考研、考公务员，缓创业、慢择业、不就业等情况越来越突出，主动参加国家支持的政策性、公益性创业培训积极性明显降低。受全国疫情多点散发影响，创新创业活动不能正常开展，创业可选择的赛道更挤、竞争强度更大，从事民宿经营创业的群体遭遇疫情寒流，据重庆途家民宿网站数据，2022年3月全市活跃房源数约为7.5万套，4月后，活跃房源只维持在1.3万套水平，断崖式下降80%以上。

（二）资源要素供给压力增大

全市工业生产所需基础材料对市外依赖度高，虽IPI控制成效明显，但与PPI的剪刀差仍远大于全国，工业盈利能力下滑。受全球大宗商品价格持续上涨影响，重庆市一些企业生产需求较大的塑钢、玻璃等原材料价格涨幅一度超过100%，锰酸锂、电解液等电池原材料价格涨幅一度超过300%。据生意社网站价格监测，2022年5月底，沥青每吨价格比月初上涨629元，同比上涨43.77%，汽油每吨价格比月初上涨59.8元，同比上涨17.32%。受成本高企拖累，企业相互之间拖欠款项的现象日益突出。同时，化肥、农药等主要农资价格上涨也直接增加了粮食种植成本，农户种粮积极性受到不小影响。俄罗斯和乌克兰是重要的资源出口国和粮食出口国，俄乌冲突持续加剧，国际原油、天然气、小麦等价格大涨可能会对我国造成输入性通胀，并进一步传导至工业原料产品价格，造成PPI的上涨。重庆市电力资源相对比较缺乏，是西部地区唯一的电力受端城市，能源供给保障力度偏弱。受2022年夏季长时间超高温影响，全市用电负荷持续大幅攀升，单日最大用电负荷屡创新高，电网连续高温运行，电力供给面临巨大压力，为保障城乡居民用电，不得不对工业采取临时限电措施。受国外疫情影响，部分外贸企业的订单取消较多，就业岗位紧张，出现停工限产、减员降薪情况，一些农民工不得不离职返乡，客观上造成企业在疫情之后复工复产时招工难，招熟练工更加难且更加贵的情况。原料和人工成本的增加，对企业利润造成极大影响。以物流经营企业为例，据调查，由油费、司机工资、保险构成的成本达到3.5元/（吨·公里），已经逼近平均收费标准，且还没有计算折旧费、维修费等。

（三）产业链供应链稳定性受到挑战

一段时间以来，经济全球化遭遇"逆风逆流"，一些国家实行"脱钩断链"、构筑所谓的"小院高墙"，意图构建封闭、彼此分割的市场。全球产业链供应链的不确定性明显增加，给重庆市产业链的安全稳定带来一定的影响。全市33条重点产业链的主要环节中，存在严重短缺和发展不足的比重仍然较突出。汽车、电子制造等产业中的高端芯片、高端传感器等核心零部件仍依赖进口，如智能终端领域，重庆本地主要是组装生产，关键零部件中的处理器、存储器等需要从东南亚和美国等地采购。受美国对中国产业链创新链持续施压、新冠肺炎疫情多点散发等因素的影响，全市重点产业集群的上游产品供应链受到断供影响。受俄乌冲突影响，中欧班列运到时限、运输能力和安全性均受到影响，同时，俄罗斯等国家加强对木材出口限制，欧洲一些货代企业中断或暂停过境俄罗斯的中欧班列业务，中国与欧洲间的货源组织受到冲击，中欧班列欧洲业务大幅萎缩，班列开行频次减少，中欧班列（成渝号）乌克兰支线也一度暂停运行。为避免美国高额关税，分散产业链风险，部分本土制造业企业将组装加工环节订单转移到越南等东南亚地区，也一定程度上削减了西部陆海新通道的货源。受到国内外疫情反复、俄乌冲突影响持续发酵、美联储加息等因素的影响，外需和外贸环境可能出现恶化。2022年上半年，疫情反复对国内物流供应链造成极大影响，根据国家邮政局发布的《2022年3月中国快递发展指数报告》，2022年3月中国快递发展指数为251.1，同比下降7.1%。受上海、天津、深圳等几个主要对外港口的影响，全市一些物流企业的仓库利用率有所下降。同时，国际主要经济体的经济普遍下行和通货膨胀可能带来国际购买力的疲软，从而对重庆市的出口产生不利影响。

三 2023年重庆经济形势及预测

（一）发展机遇

1. 国家政策给重庆发展带来新机遇

中央"六稳""六保""稳中求进"等一系列政策举措，为重庆市持续增加有效投资、优化经济结构、培育新动能提供了良好的宏观环境，为重庆推进战略性新兴产业集群化发展、改造提升传统支柱产业、大力发展数字经济等提供了良好的市场环境和要素支撑条件，有利于推进全市经济实现质的有效提升和量的合理增长，在稳定产业链供应链、稳外资、稳外贸中持续提振信心、持续扩大内需。《中共中央 国务院关于加快建设全国统一大市场的意见》《国务院办公厅关于进一步优化营商环境降低市场主体制度性交易成本的意见》《国务院办公厅关于复制推广营商环境创新试点改革举措的通知》等政策文件，为重庆获得更多外部优势资源、培育壮大市场主体、加快打造一流营商环境、促进区域产业合作提供了良好的政策支持，有利于重庆更好发挥自身产业比较优势，在更大范围、更广领域拓展市场，打造更具竞争优势的产业链和产业集群；在更加丰富的应用场景下放大创新收益，为全市科技创新和产业升级提供强大动力，提升全市科技创新能力。

2. 新发展格局给重庆发展带来新机遇

重庆作为国家重要制造业中心城市和我国工业门类较为齐全的城市之一，在内需市场中有广阔的辐射半径、市场空间和产业发展空间。从国内大循环来看，重庆可以利用构建新发展格局的契机，深入推进供给侧结构性改革，推动新一代信息技术、新能源及智能网联汽车、高端装备、新材料、生物技术、节能环保等战略性新兴产业融合集群发展，推动电子、汽车摩托车、装备制造、消费品、材料等产业高端化、智能化、绿色化转型，以推动制造业高质量发展赢得更多市场先机。大力实施以大数据智能化为引领的创新驱动发展战略行动计划，围绕重庆市"十四五"时期重点发展的 33 条产业链中的关键技术需求，加强产业关键核心技术和行业共性技术攻关，不断推进产业"延链""补链""强链""稳链"，不断增强国内大循环内生动力和可靠性。落实好长江经济带和西部大开发战略，有利于重庆更好地发挥承东启西、贯通南北的作用，加强与长三角城市群、长江中游城市群的平台合作、产业合作、贸易合作和科技合作，加强与长江上游地区、西北地区和西南等省份的产业联动、科技协作和服务共享，共筑强大的产业链、创新链、人才链、资金链、供应链，增强重庆对科技、产业、人才、资金等要素资源的配置能力，提升重庆科技创新能力和产业高端化水平。

从国际大循环来看，重庆可利用构建新发展格局的契机，抓住"一带一路"、西部陆海新通道和《区域全面经济伙伴关系协定》等开放战略机遇，持续营造市场化、法治化、国际化营商环境，充分发挥地处"一带一路"与长江经济带联结点的区位优势，用好渝新欧国际铁路联运大通道、西部陆海新通道、长江黄金水道等国际物流大通道优势，整合内陆国际物流枢纽、西部金融中心、陆海新通道物流和运营组织中心等平台优势，做好"通道带物流、物流带经贸、经贸带产业"文章，进一步夯实通道经济的产业基础，在有效融入全球产业链、供应链和价值链的过程中，推动重庆从商品要素流动型开放向制度型开放转变，进一步优化外资外贸发展环境，提升重庆吸引外资能力，提升外贸发展水平和质量。

3. 区域发展战略给重庆发展带来新机遇

成渝地区双城经济圈建设战略的深入实施，将为快速提升重庆科技创新能力、加快现代产业体系发展和提升各类要素集聚与优化配置能力带来新的机遇。有利于提升重庆科技创新能力，通过共建西部科学城，整合成渝两地科技创新资源，促进两地科技创新资源优势互补，增强成渝地区双城经济圈的创新要素集聚辐射能力和放大效应，协同提升重庆的科技策源功能和科技转化能力。有利于提升重庆产业发展能级，通过共建成渝地区双城经济圈现代产业体系，不断推进两地产业的协同发展和融合发展，共同培育智能网联新能源汽车、电子信息制造业等万亿级产业集群，在更大规模、更广范围内促进产业链延链补链强链，不断推动产业价值链向中高端迈进，提升产业集聚辐射能力。有利于提升全球要素资源配置能力，充分发挥成渝地区双城经济圈的开放大通道、国内大市场、国际一流营商环境和现代产业体系等优势，进一步畅通国内外要素流通渠道，降低制度性和非制度性交易成本，以现代产业体系集聚承载要素、以国际一流营商环境吸引要素，不断增强重庆对全球要素的集聚能力和优化配置能力。

4. 绿色低碳转型给重庆发展带来新机遇

重庆是长江上游生态屏障的最后一道关口，保护好长江母亲河和三峡库区生态，事关重庆长远发展，事关国家发展全局。推动经济绿色低碳转型既为重庆发展带来挑战，也为重庆进一步探索生态优先绿色低碳发展道路、推动绿色低碳改革、加快构建绿色低碳产业体系带来了机遇。一是有利于进一步探索生态优先绿色低碳发展道路，在筑牢长江上游重要生态屏障基础上，持续完善产业生态化、生态产业化的理论和实践，做好"生态+"和"+生态"文章，把重庆的生态优势转变为经济优势，统筹推进山清水秀美丽之地建设与绿色低碳发展。二是有利于推动绿色低碳制度创新，进一步完善"碳惠通"生态产品价值实现平台的功能，深入推进绿色低碳财税金融改革。三是有利于构建绿色低碳产业体系，利用绿色低碳转型的政策红利，加快推广建设绿色工厂和绿色园区，加快绿色科技创新和绿色产业品牌标准打造，加快推进重庆经济的绿色低碳转型。

（二）面临的挑战

1. 国内外不稳定因素交织叠加，经济发展不确定性增大

一是美国对中国的遏制可能加剧芯片等核心零部件和高端技术获取难度。2016年以来，美国持续对中国企业高技术产品贸易实施限制，并利用"长臂管辖"不断收紧对高技术产业供应链出口的管控，防止技术外流。2020年4月，美国修订《出口管制条例》，阻止中国企业从美国购买材料加工电子、电信、信息安全、传感器和激光器等产品，还设立了实体清单直接限制企业交易。2022年8月9日，美国总统拜登在白宫签署长达1054页、授权资金总额高达约 2800 亿美元的《2022 年芯片与科学法案》，明确阻止芯片被资助方在中国等相关国家扩大"非传统"半导体芯片生产。美国凭借其经济、科技和军事实力强势要求欧盟、东盟以及其他国家在中美之间"选边站"，导致全球产业链供应链体系的"圈子化""同盟化"，全球产业链供应链加速重构，中国在高新技术领域和关键产业链供应链领域被美国"边缘化"风险加剧，通过外部途径获取芯片和关键核心零部件等高端技术产品的难度进一步加大，重庆的电子信息、汽车、高端装备、生物医药等产业面临关键核心技术壁垒，产业转型升级速度将受到影响。

二是俄乌冲突可能加剧上游原材料短缺风险。俄乌冲突的爆发在一定程度上重塑了全球地缘政治格局，也重塑了全球能源地缘政治版图。美国与俄罗斯对全球化石能源主导权的激烈争夺短期内不会结束。中国是世界上最大的石油、天然气和煤炭进口国，俄乌冲突的持续将会对我国能源供应造成一定压力。重庆一次能源短缺，"贫煤少水，富气无油"，是西部地区唯一的能源净输入地，俄乌冲突导致的能源供应紧张也会对重庆的能源供应产生影响，进而对全市能耗较高的工业生产产生影响。

三是新冠感染对产业的冲击可能持续。新冠感染对全球产业链供应链产生了巨大影响，增加我国供应链安全风险和产业链升级压力，重庆因疫情原因，受冲击更大。因疫情引发的企业开工不足和中间品供给不足等问题，有可能加剧部分产业链"断链"风险。同时，美国控制和关联的全球产业链可能借此机会将制造环节从中国向越南、马来西亚等东南亚国家转移，引发我国制造业空心化风险，对重庆承接制造业产业转移和提升产业配套能力将产生不利影响。

2.资源环境约束不断趋紧

加强重庆山水林田湖草系统治理，筑牢长江上游重要生态屏障是当前和未来重庆的重要政治任务之一。在筑牢长江上游重要生态屏障和全面推进碳达峰碳中和的双重目标约束下，在现有产业结构和能源结构基础上，重庆要实现经济总量的持续增长和经济结构的持续优化升级，将面临资源环境约束日益趋紧的压力。同时，随着全球气候变暖的加剧，因干旱少雨气候引发的电力供应紧张可能加剧重庆能源供应紧张的局面，将迫使部分高耗能产业加大转型升级力度。

（三）态势判断及主要指标预测

2023 年是重庆市推进社会主义现代化建设的奋进之年，重庆将围绕经济社会发展总体目标——以建成高质量发展高品质生活新范例为统领，加快建设具有全国影响力的重要经济中心、科技创新中心、改革开放新高地、高品质生活宜居地，全力推进各项工作，在经济社会发展各个领域取得新突破。

在对 2023 年重庆市经济发展进行预测时，选取地区生产总值、地区生产总值构成、全社会固定资产投资总额、社会消费品零售总额、进出口总值五大指标作为分析预测的核心指标，时间跨度为党的十八大以来的年份，在此基础上，利用 FNN 神经网络分析方法进行实证研究。FNN 模型是基于误差反向传播算法对参数进行训练的一种神经网络，而反向传播算法则是基于梯度下降法使全局误差最小（LMS）的一种修正学习算法。

考虑到 2022 年的数据尚未完全公布，本文以 2022 年前 9 个月的数据为基准，预测 2022 年的全年结果，进而采用党的十八大以来的年度数据预测 2023 年的经济增速。具体预测结果如表 2 所示。

表 2 2023 年重庆经济增长与产业发展指标预测

| 年份 | 地区生产总值 | | 地区生产总值构成（%） | | | 全社会固定资产投资总额（亿元） | 社会消费品零售总额（亿元） | 进出口总值（亿美元） |
	总量（亿元）	增幅（%）	第一产业	第二产业	第三产业			
2013	13027	12.3	7.2	46.0	46.8	11205	5946	687
2014	14623	10.9	6.8	46.3	46.9	13224	6763	954
2015	16040	11.0	6.7	44.9	48.4	15480	7668	745
2016	18023	10.7	6.4	43.1	50.0	17361	8728	628
2017	20066	9.3	6.4	42.1	51.5	17441	9769	666
2018	21588	6.0	6.4	41.0	52.6	18661	10705	790

续表

| 年份 | 地区生产总值 | | 地区生产总值构成（%） | | | 全社会固定资产投资总额（亿元） | 社会消费品零售总额（亿元） | 进出口总值（亿美元） |
	总量（亿元）	增幅（%）	第一产业	第二产业	第三产业			
2019	23605	6.3	6.6	39.8	53.6	19725	11632	840
2020	25041	3.9	7.2	39.8	53.0	20494	11787	942
2021	27894	8.3	6.9	40.1	53.0	21744	13968	1238
2022（预测）	29239	2.3	6.7	40.2	53.1	22853	14100	1250
2023（预测）	31754	7.0	6.5	40.3	53.2	24270	16188	1360

资料来源：历年《重庆统计年鉴》。

预测显示，2023年重庆市经济将保持稳步增长，地区生产总值将成功登上3万亿元台阶，重庆经济总量稳定提升，经济发展速度与国内平均水平保持同步；在产业结构方面，第一产业占比会持续下降，而第二、第三产业占比将有所增加，产业结构进一步优化；全社会固定资产投资适度扩张，达到24270亿元，为经济增长添加动力；社会消费品零售总额实现恢复性增长，进出口贸易回升较快，总体经济发展保持稳定。

展望2023年经济发展态势，其主要动力来自以下几方面。

深入推动产业优化升级，不断壮大实体经济。坚持把发展经济的着力点放在实体经济上，深化供给侧结构性改革。运行好"链长制"，围绕产业链部署创新链，围绕创新链布局产业链，提升产业生成能力、产业基础能力和产业链供应链现代化水平，建设一批具有国际竞争力的先进制造业集群。深化智能技术与绿色技术融合，推动智能制造、绿色制造扩容拓面，培育壮大软件、新兴绿色产业等数字经济、绿色经济领域新增长点，以智能化、绿色化转型赋能高端化发展。培育一批领军企业和链主企业，推动中小企业"专精特新"发展，持续健全科技型企业成长生态，深入推进各类企业融通，培育更具竞争力的企业集群。

深入推动创新发展，加快打造具有全国影响力的科创中心。推动企业间以及企业与高等院校、科研机构深化合作，探索"揭榜挂帅"等组织方式，共同承担国家重大技术攻关任务和开展关键共性技术研发，着力突破"卡脖子"瓶颈制约。结合西部（重庆）科学城、两江协同创新区、国家自主创新示范区、重庆临空经济示范区等建设，积极争取集成电路、人工智能、量子通信、生命健康、空天科技相关领域大科学装置、大科学中心在重庆市布局，积极发起并参与国际大科学计划和大科学工程，吸引国内外创新资源，促进科技交叉融合，争取突破一批具有颠覆性影响的前沿技术和先导技术，强化源头技术供给。

深入推动乡村振兴，精心绘就城乡融合发展新画卷。坚持农业农村优先发展方针，精准落实"五个振兴"要求，着力稳住农业基本盘。健全防止返贫监测和帮扶机制，加强易地扶贫搬迁后续帮扶。落实粮食安全党政同责，深入实施种业振兴行动，促进农业结构调整优化。落实最严格的耕地保护制度，强化耕地用途管制，遏制耕地"非农化"。大力发展农产品加工，完善产地初加工补助政策，重点支持产地加工、洗选、贮藏、保鲜、烘干、分等分级、包装运销等环节，实施农产品加工提升行动，鼓励企业改进技术和更新工艺设备，扶持发展精深加工。加快培育农业社会化服务组织，推广合作式、托管式、订单式等农业生产性服务。建设完善农村消费品、农资、农产品、再生资源回收利用等流通网络，培育发展农民经纪人和个体工商户。

深入推动高水平改革开放，充分激发高质量发展动力活力。建好高水平招商队伍，加强投资信息捕捉，做好全流程服务，促进招商项目签约一批、建设一批、投产一批滚动实施。以共建"一带一路"国家和 RCEP 签约国家为重点，建立和完善信息交流、金融服务、风险防范、海外渠道拓展等服务体系。全面融入共建"一带一路"和长江经济带发展，统筹推进商品要素流动型开放和制度型开放。提升开放通道效率，拓展西部陆海新通道、中欧班列、长江黄金水道等出海出境大通道综合功能。

结合重庆未来发展的重要目标进行分析，到 2023 年重庆经济发展指标在全国的排名将保持稳定，在经济总量指标方面，预计重庆会继续名列全国

31个省级地区的第16位，同时列西部12个省份的第3位。在人均指标方面，重庆长期位居全国中上游和西部前列，预计2023年重庆市人均地区生产总值将继续维持在全国第8位和西部第1位（见表3）。

表3　2023年重庆经济发展指标在全国及西部的排位预测

单位：亿元，元

年份	经济总量			经济发展水平		
	GDP	全国排位	西部排位	人均GDP	全国排位	西部排位
2013	13027	21	5	43528	11	2
2014	14623	20	5	48307	11	2
2015	16040	20	5	52476	10	2
2016	18023	19	4	58327	10	2
2017	20066	18	4	64176	10	2
2018	21588	17	3	68464	11	2
2019	23605	17	3	74337	9	1
2020	25041	17	3	78294	8	1
2021	27894	16	3	86879	8	1
2022（预测）	29239	16	3	90875	8	1
2023（预测）	31754	16	3	98360	8	1

资料来源：历年《重庆统计年鉴》。

四　2023年重庆经济发展的对策建议

（一）深化供给侧结构性改革，推动产业高端化智能化绿色化发展

依托高新技术创新，推动产业高端化转型升级。持续推进高新技术对产业的改造提升，将新技术、新工艺及新的经营手段融入制造、服务技术中，融入新产品研发中，不断提升产业装备的技术水平以及产品的高新技术含量。要不断提高战略性新兴产业和高技术产业所占比重，立足产业提质，围

绕战略性新兴产业、高技术制造业和服务业，聚力培育一批千亿级产业集群。要不断推进品牌高端化，立足市场需求，加强自主创新和关键核心技术攻关，不断提升品牌定位，推进产品高价值化。要强化龙头企业在整合产业链、强化创新链、提升价值链中的牵引作用，通过提升龙头企业技术实力和产品质量水平、品牌影响力等，带动产业链条上的企业整体提升。

立足数字产业化、产业数字化，不断推进产业智能化转型升级。加快制造业数字化改造，持续推进智能化改造示范，提高智能生产装备、信息系统普及程度，增加智能工厂和数字化车间数量，全面提升生产效率、降低生产成本。引进培育智能制造系统解决方案供应商和智能制造设备生产商，发展研发设计、生产控制类工业软件，增加智能制造相关技术、标准、产品和整体解决方案供给，更好满足企业智能化改造需求。推进新型基础设施建设，建设综合型、行业型、专业型、特色型工业互联网平台，加快新一代信息技术和制造业融合应用，拓展垂直领域专业化服务场景和横向领域综合化服务场景，推动制造业信息化转型，促进制造业发展模式和企业形态发生根本性变革。

坚持人与自然和谐共生，以新发展理念引领产业绿色化转型升级。强化产业准入管理，严格贯彻落实《中华人民共和国长江保护法》，全面执行国家产业准入相关要求，严格落实项目环境保护"三同时"制度，严控"两高一资"（高耗能、高污染和资源性）项目建设，坚决防范不符合准入条件的产能向重庆市转移。推动新建项目进园区，引导园外分散企业入园，加快中小企业集聚区规范发展。依法依规加快落后产能退出，巩固"散乱污"企业处置成果。科学落实碳达峰碳中和要求，坚持"产业生态化、生态产业化"发展方向，实施工业环保行动，深入实施绿色制造，推进绿色工厂建设，引导企业以全产业链思维促进自身产品实现"低碳"或"零碳"；实施节能降碳行动，推广普及清洁生产、高效末端治理，以及碳捕获、利用与封存工艺设备等，从源头降低能源消耗，控制碳排放和污染物排放；积极发展节能环保产业，引入、培育第三方绿色制造服务商，面向中小企业提供专业服务；大力发展循环经济，促进资源综合利用，构建绿色制造体系，打造绿色发展新引擎，推动制造业绿色发展。

（二）进一步强化创新驱动，提升新旧动能转换能力

搭建高能级创新平台。高水平建设西部（重庆）科学城、高标准建设两江协同创新区、高起点建设广阳湾智创生态城，不断提升重庆对各类高端创新要素的承载能力。加快推进中国科学院重庆科学中心布局建设和重庆大学科学中心建设，推动北京大学等布局重庆科学中心。整合国内外科研力量，积极发起和参与国际大科学计划和大科学工程，大力建设一批面向国内外的科学研究中心，吸引国内外高校、科研院所等建设一批科教基础设施和交叉研究平台，吸引国内外创新型企业来渝设立科学实验室和研发中心。高质量推进西南大学科学中心、国际免疫研究院、渝州大数据实验室、量子通信器件联合实验室、中国畜牧科技城等创新平台建设，不断增强国内外创新要素的集聚能力。

引进和培养高层次创新人才。引进国内外高端科技人才，深入实施重庆英才计划，围绕新一代信息技术、智能网联新能源汽车、高端装备、新材料、生物技术、节能环保等战略性新兴产业和卫星互联网、氢能与储能、生物育种与生物制造、脑科学与类脑智能、量子信息等未来产业发展需求，面向全球引进世界级领军人才及团队，加快集聚战略科技人才和高水平创新创业团队。联合培养科技人才，围绕全市战新产业发展壮大和传统产业转型升级所需的基础研究和应用研究环节，整合全国的高校、研究院所、科技型企业等科技创新主体，共同推进学科建设、专业建设，着力培育优秀科技人才。培育高级技术人才，适应大数据智能化发展趋势，围绕建设制造强国、质量强国需要，着力培养一批懂设备设计原理、熟悉设备工作原理和操作流程的高级技术人才，着力推进新技术、新成果转化应用。着力培育一批懂科技、懂产业、懂投资、有责任感的科技型企业家，发挥好科技型企业家在把握企业技术发展方向、组织行业科技创新资源、加强行业技术交流等方面的引领作用。

构建高效能创新生态系统。完善科技创新体制机制，结合重庆市打造市场化法治化国际化营商环境新高地，推进科技领域"放管服"改革，创新完

善"揭榜挂帅"制度,完善科技成果评价机制,健全容错机制,厚植宽容失败、鼓励创新的文化土壤。加大知识产权保护力度,完善新领域新业态知识产权保护制度,打通知识产权创造、运用、交易、保护、管理、服务全链条。引导国内外金融机构、创投机构、保险机构、知识产权运营机构等资源集聚重庆,形成覆盖种子期投资、天使投资、创业投资、并购基金的科技金融体系。高标准建设科创服务综合体,落实好科技创新新型举国体制制度优势,围绕全市重点发展的集成电路、智能网联新能源汽车、先进材料、新型显示等战略性新兴产业,推动创新链和产业链深度融合,形成"政产学研金用"协同发展的全链条科创服务体系。

提升科技成果转化能力。实施科技企业成长工程,落实好企业投入基础研究税收优惠政策,提高大中型工业企业研发支出占比,大力培育引进创新型领军企业和细分领域隐形冠军。鼓励市内高校、科研院所和企业共建新型研发机构,支持公益类科研院所、转制类科研院所建设新型公共研发平台,加快打造一批科教融合、产教融合平台,共谋研发目标、共担科技项目、共享科技成果。依托电子信息、汽车、生物医药等产业集群和龙头企业组建面向行业共性基础技术、前沿引领技术开发的技术创新联合体,发挥好由重庆长安新能源汽车科技有限公司牵头的新能源汽车产业创新联合体、由重庆京东方光电科技有限公司牵头的新型显示产业创新联合体、由中国汽车工程研究院股份有限公司牵头的智能网联汽车产业创新联合体等创新主体的积极作用,促进创新链与产业链深度融合,提升科技成果的转化效率和产业化速度,为全市经济转型升级注入新动能。

(三)全方位推进成渝地区双城经济圈建设和"一区两群"协调发展

深入推进成渝地区双城经济圈建设。树立一盘棋思想,贯彻一体化理念,加快推进重点规划方案落地落实,加速推进重大产业和基础设施项目建设,推动合作功能平台共建融合发展,不断推进成渝地区双城经济圈建设走深走实。进一步优化产业链供应链协同布局。围绕智能网联新能源汽车、生物医药等新兴产业构建产业合作技术生态,支持成渝两地"专精特新"小巨人企业参与融入由成渝龙头企业主导的产业链供应链体系建设中。共建长江上游航运中心，推进川渝多式联运试验区建设。整合川渝地区物流资源，共同做大中欧班列。加强川渝一体化物流信息链的整合，推动成渝两地数据中心网络直联、区间网络链路优化，协同建设算力一体化枢纽，共同打造全球数据港，强化"东数西算"支撑。进一步优化创新链协同布局。以核科学、航空航天、信息安全等重大科技领域为重点，整合成渝两地优质创新资源，开展基础科学共建工程。建立统一的成渝地区技术交易网络平台、技术转移中心和知识产权交易中心，促进重大基础设施和大型科研仪器共享，建立联合培训基地、联合实验室、联合教育基地，推进成渝两地联合建设国家重大科技基础设施和成果转化基地，联手承担国家科学攻关任务。积极向国家争取共建国家试验室、国家重点试验室。进一步推进开放网协同布局。依托两江新区、天府新区，以及成渝两地高新区、自贸区和成都高新综保区、重庆西永综保区等重大开放平台和通道优势，加强成渝"双自联动""双区联动"，联合申请建设西部首个内陆自贸港。积极推进两城国家级开发开放平台在知识产权、创新要素流动、竞争政策、争端解决等方面的制度融合，形成更高水平的开放政策环境。进一步推进关键要素资源畅通流动优化布局。支持成渝两地地方法人银行跨省、跨经济区设立分支机构。推进成渝两地金融机构在创业投资、私募股权投资、不良资产处置等领域开展合作。争取在重庆设立天然气现货及期货交易所，依托重庆西部陆海新通道物流和运营组织中心建设，打造面向东盟地区的人民币离岸金融中心，助力重庆打造西部内陆金融中心。积极争取更多央企总部外迁入渝。积极培育重庆江北国际机场的主基地公司，争取航空时刻容量资源。加强重庆和成都城乡融合发展试验区的交流沟通，推进在土地、资本双向流动方面的试点合作。鼓励重庆、成都两家土地交易所探索开展跨区域农村产权交易合作。共同打造川渝区域公共的农产品品牌，提升川渝品牌竞争力。

深入推动城市更新提升，大力促进"一区两群"协调发展。推进主城都市区提升发展能级，强化牵引力、带动力，推动渝东北三峡库区城镇群、渝东南武陵山区城镇群按照比较优势资源禀赋进行特色化差异化布局，共同绘就城乡区域和谐共美新画卷。主城都市区要大力发展能够体现策源力、含金量的创新型经济、服务型经济、开放型经济、总部型经济、流量型经济，不断提升科技创新、现代制造、对外交往、时尚消费、文化创意等核心功能。以两江四岸核心区的整治提升为重点，提升长嘉汇、艺术湾等的建筑品质和文化魅力，构建宜居宜业宜游宜乐的城市新空间。渝东北三峡库区城镇群要稳步推进三峡柑橘、巫山脆李、中药材、草食牲畜、生态渔业等现代山地高效农业发展。积极推进《万开云同城化发展实施方案》落地落实，推动万开云板块优化完善体制机制，提升产业协同水平、互联互通能力，早日建成渝东北高质量发展的增长极，进一步发挥重庆向东联结长江经济带的桥头堡作用。渝东南要立足生态资源和民族特色，打造文旅融合发展新标杆，深入践行"绿水青山就是金山银山"理念，促进经济社会发展全面绿色转型。依托陆海新通道建设，积极将黔江、秀山打造成重庆向东出海的重要窗口城市和渝鄂湘黔交界地区的物流节点城市。

（四）深入推动乡村振兴，努力构建城乡融合发展新格局

统筹城乡规划建设，优化城乡空间布局。立足重庆"大城市、大农村、大山区、大库区"的市情，统筹县域城镇和村庄规划建设，建立城乡一体的规划体系。注重保护传统村落和乡村风貌，优化生产生活生态空间布局。实施乡村建设行动，用"绣花"功夫建设美丽乡村。抓好"四好农村路"建设和管护，推动水电路气网物流等基础设施向农村延伸、社会事业向农村覆盖、基本公共服务向农村倾斜，加快数字乡村建设。统筹推进农村人居环境整治和乡村产业发展，推进农村生活垃圾分类和资源化利用，巩固拓展农村厕所革命成果，把开展村庄清洁和绿化行动与发展乡村旅游业相结合，提高农业农村生态效益，把重庆的青山绿水和好山好水转化为乡村旅游的生态本底，转化为农民增收的源头活水。

促进农业高质高效，推进城乡产业协同发展。大力发展现代山地特色高效农业，深化农业产业结构调整，打造一批农业优势特色产业集群。实施现代种业提升工程，培育现代种业龙头企业。依托重庆的柑橘、柠檬、花椒、

辣椒、芥菜等特色优势农产品资源和农村生态资源，大力发展特色农产品加工业，以及休闲农业、创意农业、观光农业、体验农业等乡村旅游产业，推动农业实现一二三产业融合发展，并借助"互联网+农业""农业+大数据"等大数据智能化手段，发展智慧农业、精细农业、高效农业和绿色农业，提高农业质量效益和竞争力，促进传统农业由规模数量型向质量效益型转变。推进农村电商发展，加强乡村服务站点建设、冷链物流配送体系建设，打造特色电商平台，打造"网上供销合作社"，促进"网货下乡""农货进城""渝货出山"。提升农产品质量和农业品牌，推广"巴味渝珍""三峡"等区域公用品牌。大力推进科技兴农、机械强农，发展智慧农业，建设农业人工智能技术创新中心和国家现代农业产业科技创新中心。

创新体制机制，促进城乡融合发展。破除城乡分割的体制机制障碍，构建新型工农城乡关系，畅通城乡要素流动通道、促进城乡要素双向自由流动和公平交易、激发乡村发展活力、促进城乡公共资源合理配置。接续推进巩固拓展脱贫攻坚成果同乡村振兴有效衔接，健全农村低收入人口常态化分类帮扶和防止返贫监测机制。丰富完善承包地"三权分置"有效实现形式，探索建立进城落户农民依法自愿有偿转让退出农村权益制度。推进农村宅基地改革，探索赋予农民住房财产权流转、抵押等权能。围绕重庆丘陵山地的地形和土地碎片化的特征，创新股权合作机制和农业经营模式，培育农民合作社、家庭农场等市场主体，推进农业适度规模经营。深化农村集体产权制度改革，壮大集体经济。扩面深化农村"三变"改革试点，持续深化"三社"融合。

缩小城乡收入差距，促进共同富裕。把促进全市人民共同富裕作为为人民谋幸福的着力点，加快群体共富、城乡共富、区域共富、物质精神共富。优化完善全市区县对口帮扶后续机制和措施，着力加强产业合作和教育资源共享，提升全市两群地区产业发展水平和教育发展水平，增强两群地区"造血功能"。在推动高质量发展中体现效率、促进公平，着重保护劳动所得，完善要素参与分配政策制度，不断提高城乡居民收入水平，缩小收入分配差距，扩大中等收入群体。发挥重庆制造业等实体经济规模大和能级较高的优势，利用数字经济、平台经济、共享经济等新经济的就业促进作用，提高就业承载能力。强化就业优先政策，完善公共就业创业服务体系，创造更多岗位，做好农村转移劳动力、城镇困难人员、退役军人等就业工作，加强农民工职业技能培训，多渠道增加城镇就业岗位，增加农民工资性收入。

（五）积极扩大有效需求，筑牢稳增长基础

充分发挥基建投资的托底作用，优化投资结构。深入推进基础设施投资建设，加快高铁、高速公路、民航、水运等续建项目建设，新开工建设渝西高铁、渝宜高铁、垫丰武高速公路等交通重大项目；加快推进七横线、八横线等快速路和中心城区至主城新区快速通道建设，推动老旧小区、老旧商业区、老旧街区改造以及市政设施改造；加快渝西水资源配置工程投资放量，力争开工建设藻渡水库、向阳水库，以及丰都栗子湾抽水蓄能电站、云阳抽水蓄能电站两个百亿级项目。聚焦推进城市基础设施智慧化升级，全面部署新一代信息基础设施建设，统筹实施城市信息模型（CIM）平台建设、城市基础设施智能化改造、智能网联汽车、智能建造与建筑工业化等重点任务和重大项目，助推"智造重镇""智慧名城"建设。创新政府资金投入机制，以政府财政资金为杠杆，撬动社会资本积极参与基础设施投资建设，引导金融机构提供适应新旧基础设施建设投资需求的金融服务，根据不同类型基础设施的技术经济属性，瞄准关键点，实施更有针对性的投资促进政策，优化投资结构。

稳定消费信心，提升消费预期。深入实施"巴渝新消费"八大行动，发展更多参与式、体验式、个性化定制等消费模式和业态，积极拓展新的消费增长点。持续营造"近悦远来"的消费环境，着力提升消费监管服务水平，全面推进诚信体系建设，塑造安全友好的消费环境，健全消费者权益保护制度，让消费者买得"舒心顺心、安心放心"。完善农村物流网络，扩大电商、快递进村覆盖面，促进工业产品下乡和农产品进城双向流通。落实就业优先政策，稳定和扩大就业，多渠道增加城乡居民财产性收入。落实带薪休假制度，优化职工疗养休养政策，积极推动放宽住房公积金提取和使用限

制。支持各区县结合本地实际，通过发放消费券等方式促进消费活动。

进一步扩大开放，推动国内国际双循环。加快推进内陆开放高地建设，紧抓《区域全面经济伙伴关系协定》（RCEP）签署和中欧完成投资协定谈判等机遇，着力构建通道、平台、产业、政策"四大开放体系"。打造自贸试验区"升级版"，推进川渝自贸试验区协同开放示范区建设，扩大金融、科技、医疗、贸易和数字经济等领域开放，着力打造内陆开放示范窗口。推动出海出境大通道建设，加快构建内陆国际物流枢纽支撑，强化陆海新通道的战略功能。加强陆海新通道与中欧重庆班列、长江航运等对接，充分发挥通道衔接东盟和中亚及欧洲的桥梁纽带作用，降低物流成本，提升通道效率；强化枢纽功能，抓好铁公水多式联运，丰富货物运输种类，更好地实现货畅其流，全面提升建设运营效率；强化口岸功能，大力优化开放口岸，提升口岸智能化、通关一体化、贸易便利化水平。有序扩大服务业开放，实施国家服务业扩大开放综合试点，推进渝中区服务业高质量发展示范区建设，打造西部（重庆）科学城、重庆江北嘴国际金融中心等服务业开放示范区。优化营商环境，实施新版外资准入前国民待遇加负面清单管理制度，全面落实利用外资25条等政策措施，坚定外商投资信心。大力招商引资，加强谋划、创新方式、市区联动，依托两江新区、重庆高新区、重庆自贸试验区及"西洽会"等各类开放平台和展会，用好跨国公司视频连线机制，招大商、招好商，打造高质量外资集聚地。深化资金、人才、科技等领域国际合作，推动商品、要素等领域开放形成协同效应，努力形成具有全球竞争力的开放创新生态，引进用好高端创新人才，吸引更多全球创新要素资源。

（六）在经济高质量发展中增进民生福祉，提高人民生活品质

一是要持续完善分配制度。提高居民收入在国民收入分配中的比重，提高劳动报酬在初次分配中的比重，让高质量发展成果更多惠及群众；促进低收入者稳定增收，实施中等收入群体倍增计划，保护合法收入，鼓励高收入人群更多回报社会。二是要千方百计稳就业。加强经济政策和就业政策协调，健全就业公共服务体系，使经济高质量发展的过程成为就业持续扩大的

过程。三是要健全多层次社会保障体系。持续推进养老、医疗、教育、育幼、社会救助、住房等领域改革，以灵活就业人员、农民工、低保边缘群众等为重点扩大社保覆盖范围。四是要实现高质量发展和高水平安全良性互动。安全是最大的民生，要着力防范化解重大风险，全力维护政治安全，全力防范化解经济金融风险，全力维护社会安全，全力实现安全生产，全力提升应对自然灾害和社会突发事件能力。

参考文献

《重庆内陆开放高地带头带动 内陆腹地渐变为开放前沿》，《重庆日报》2022 年 10 月 2 日。

《西部（重庆）科学城核心区科技型企业超 1300 家》，《重庆日报》2022 年 9 月 20 日。

付保宗：《增强产业链供应链自主可控能力亟待破解的堵点和断点》，《经济纵横》2022 年第 3 期。

高质量发展篇

B.2

2022~2023年重庆高质量发展形势分析与预测

王渝东 李润乐 赖朝梅 覃 创*

摘　要： 2022年，在以习近平同志为核心的党中央坚强领导下，重庆认真贯彻落实习近平总书记重要指示要求和党中央决策部署，深入学习宣传贯彻党的二十大精神，按照"疫情要防住、经济要稳住、发展要安全"的总要求，坚持稳中求进工作总基调，高效统筹疫情防控和经济社会发展，统筹发展和安全，推动高质量发展之路越走越宽广。2023年，重庆将全面贯彻党的二十大精神，立足新发展阶段，完整、准确、全面贯彻新发展理念，积极融入和服务新发展格局，把实施扩大内需战略同深化供给侧结构性改革有机结合起来，加快建设现代化经济体系，着力提高全要素生产率，着力提升产业链供应链韧性和安全水平，着力推进城乡融

---

* 王渝东，中共重庆市委研究室经济二处副处长；李润乐，中共重庆市委研究室经济二处副调研员；赖朝梅，中共重庆市委研究室干部；覃创，中共重庆市委研究室干部。

合和区域协调发展，加快推动成渝地区双城经济圈建设，深入推进科技创新，全面深化改革开放，推动经济实现质的有效提升和量的合理增长。

关键词： 高质量发展　中国式现代化　重庆

一　2022年重庆高质量发展新成效新亮点

2022年是党的二十大召开之年，是党和国家事业发展进程中十分重要的一年。在以习近平同志为核心的党中央坚强领导下，重庆认真贯彻落实习近平总书记重要指示要求和党中央决策部署，深入学习宣传贯彻党的二十大精神，按照"疫情要防住、经济要稳住、发展要安全"的总要求，坚持稳中求进工作总基调，高效统筹疫情防控和经济社会发展，统筹发展和安全，推动高质量发展之路越走越宽广。

统筹疫情防控和经济社会发展取得明显成效。面对来势汹汹的新冠肺炎疫情，市委、市政府落实落细党中央、国务院明确的防疫举措，毫不动摇做到"三个坚定不移"，坚持第九版、落实二十条，坚决打好打赢疫情歼灭战，重庆疫情快速上升的势头得到初步遏制，疫情防控取得阶段性成效，形势总体趋稳向好。全面做好"六稳"工作、落实"六保"任务，面对严峻复杂的国际形势和国内疫情多点散发、高温干旱少雨极端天气等多重超预期因素冲击，全力推动稳经济一揽子政策，着力扩投资、促消费、稳外贸，全市经济持续恢复，总体运行在合理区间，前三季度地区生产总值同比增长3.1%、高于全国0.1个百分点，规上工业增加值、固定资产投资、社会消费品零售总额、进出口总值分别同比增长4%、3.3%、1.5%、8.5%，新设立各类市场主体42.78万户、同比增长3.97%。预计全年地区生产总值增速在4%左右，规上工业增加值、固定资产投资、社会消费品零售总额、进出口总值分别同比增长5%、5%、2%、8%左右。

现代化产业体系加快构建。坚持传统产业优化升级与战略性新兴产业培育壮大并举,实施支柱产业提质工程、战略性新兴产业集群发展工程和产业链供应链现代化水平提升工程,深入推进制造业高质量绿色发展行动计划,加快打造国家重要先进制造业中心,前三季度电子、医药、材料、消费品等支柱产业实现正增长,汽车、能源工业分别增长10.8%和12%,战略性新兴制造业增加值增长7.7%,高于规上工业3.7个百分点。大力发展现代会展、商贸物流、研发设计、软件信息等现代服务业,积极开展服务业扩大开放综合试点,加快建设国际消费中心城市,积极打造西部金融中心,前三季度服务业增加值同比增长2.5%,对全市经济增长的贡献率达43.8%。加快发展现代山地特色高效农业,实施农业品牌提升工程,积极发展农产品加工、农村电商、乡村休闲旅游等业态,前三季度全市第一产业增加值达1366亿元、增长3.7%。

创新发展动能不断增强。深入实施以大数据智能化为引领的创新驱动发展战略行动计划,构建"芯屏器核网"全产业链,集聚"云联数算用"全要素群,打造"住业游乐购"全场景集,加快建设"智造重镇""智慧名城",上半年全市数字经济核心产业实现增加值1085.45亿元、同比增长3.4%。加强创新平台建设,高水平规划建设西部(重庆)科学城,高标准打造两江协同创新区,高起点创建广阳岛智创生态城,高质量推进特色产业园区发展,一城引领、多园支撑、点面结合、全域推进的创新格局正在形成。广泛集聚创新资源,实施科技型中小企业创新发展行动,推进新型研发机构建设,积极构建环大学创新生态圈,全市科技型企业、高新技术企业分别突破4万家、5000家。强化核心技术攻关,实施自然科学基金项目试行"负面清单+包干制"改革,取得新冠病毒抗原检测试剂盒等重大技术成果,获批建设国家科技成果转移转化示范区。

城乡区域协调发展步伐加快。加速推进成渝地区双城经济圈建设,强化与四川方面战略协作、政策协同、工作协调,在产业发展、基础设施建设、改革开放、生态环保、公共服务等领域深度合作,上半年成渝地区双城经济圈实现地区生产总值35896.9亿元,同比增长3.3%,高于全国0.8个百分点。深入推动"一区两群"协调发展,落实区县对口协同发展机制,着力提升重庆主城都市区发展能级和综合竞争力,推动渝东北三峡库区城镇群生态优先、绿色发展,推进渝东南武陵山区城镇群文旅融合、城乡协同发展,全市发展的协同性整体性不断提高。加快城市有机更新,扎实推进老旧小区改造,实施街头绿地提质、坡坎崖绿化美化等工程,推进中心城区"四山"保护提升、"清水绿岸"治理提升,打造长嘉汇、广阳岛、枢纽港等城市功能名片,国际化、绿色化、智能化、人文化现代城市建设步伐加快。坚持把实施乡村振兴战略作为新时代"三农"工作的总抓手,巩固拓展脱贫攻坚成果,做大做强乡村产业,稳妥推进乡村建设,与时俱进加强乡村治理,累计创建美丽宜居乡村 1239 个、最美庭院 7.8 万户,农村卫生厕所普及率、生活垃圾治理率、生活污水治理率分别达 86.8%、99.9%、31.5%。

生态文明建设水平有效提升。坚持"共抓大保护、不搞大开发",集中力量打好污染防治攻坚战,深入实施生态优先绿色发展行动计划,加快建设山清水秀美丽之地。加强生态保护修复,严格管控生态空间,强化自然保护地监管,新创建 8 个市级"绿水青山就是金山银山"实践创新基地。深入打好污染防治攻坚战,聚力打好碧水、蓝天、净土保卫战等标志性战役,前三季度长江干流重庆段水质保持为优、74 个国控断面水质优良比例达 97.3%,空气质量优良天数达 251 天,土壤、声、辐射环境质量保持稳定。扎实推进"双碳"工作,出台碳达峰碳中和工作实施意见,印发碳达峰实施方案和到 2025 年的碳达峰行动计划,加快制定能源、工业、交通运输、城乡建设、农业农村、新基建领域碳达峰实施方案和科技创新、生态碳汇、财税金融等支撑保障方案,"双碳"政策体系基本构建。

改革开放实现新的突破。一方面,推动更深层次改革,深化国资国企改革,开展要素市场化改革,推进财税、投融资等领域改革,实施营商环境创新发展试点,健全推动高质量发展的体制机制,改革集成效应不断凸显。另一方面,推动更高水平开放,提升通道效率,持续推进东西南北四个方向、铁公水空四种方式的出海出境通道建设,前三季度西部陆海新通道铁海联运班列开行 1795 列、同比增长 20%,中欧班列(成渝)开行 4104 列、同比增长 6.5%；提升平台能级，做优做实重庆自贸试验区、中新互联互通项目、两江新区等战略平台，做大做强产业园区、经开区等综合平台，做特做活综合保税区、开放口岸等功能平台，各类开放平台汇集了全市 80% 的外贸进出口和 70% 的外商直接投资；推动外贸外资扩量提质，拓展以"一带一路"为重点的国际市场，加快发展跨境电商等新业态新模式，前三季度全市外贸进出口总值 6259.5 亿元、同比增长 8.5%，实际使用外资 12.23 亿美元、同比增长 13.88%。

人民生活品质持续改善。深入践行以人民为中心的发展思想，着力解决好群众急难愁盼问题，不断增强老百姓获得感、幸福感、安全感。办好人民满意的教育，抓实"双减"工作，强化"公参民"治理，拓展普惠性学前教育资源，推进普通高中发展促进计划，实施高等教育育人质量工程，推动现代职业教育高质量发展。深入实施"健康中国"重庆行动，推进"三医"联动、公立医院高质量发展等改革，实施母婴安全、健康儿童行动提升计划，重医附一院一分院、三峡公卫应急医院等项目建成投用。积极应对人口老龄化问题，构建居家社区机构相协调、医养康养相结合的养老服务体系，大力推动养老事业和养老产业协同发展。强化就业优先政策，支持企业稳岗扩岗，推进高校毕业生、退役军人、农民工等重点群体就业，前三季度城镇新增就业 60.5 万人。着力提升群众收入水平，健全工资合理增长机制，多渠道增加城乡居民收入，前三季度全体居民人均可支配收入 27826 元、同比增长 6.5%。

二 重庆高质量发展的形势研判

党的二十大报告指出，我国发展进入战略机遇和风险挑战并存、不确定难预料因素增多的时期，各种"黑天鹅""灰犀牛"事件随时可能发生。可以预见的是，同全国一样，重庆推动高质量发展也将面临系列机遇和挑战，主要体现在两个方面。

（一）主要困难挑战

一是外部形势严峻复杂。世界经济环境严峻，世纪疫情影响深远，逆全球化思潮抬头，单边主义、保护主义明显上升，世界经济呈现高通胀、高债务、高风险态势，复苏乏力迹象明显。地缘政治紧张，美欧矛盾依旧，美俄较量加剧，给经济发展带来更多不确定性因素。特别是围绕俄乌冲突，美国遏制我国发展的力度和广度不减反增，后续发展具有较大不确定性，可能给重庆市外贸发展、科技创新、人才引进等方面带来负面影响。当前，中华民族伟大复兴进入不可逆转的历史进程，我国继续发展具有多方面优势和条件，但疫情形势和外部环境仍然复杂严峻，经济发展面临需求收缩、供给冲击、预期转弱三重压力。

二是经济社会发展仍有难点。市场主体生产经营压力较大，部分企业特别是中小企业面临市场需求不振、生产运营成本高企、现金流不足等困难和问题。内需潜力有待激发，文旅消费、批发零售业和住宿餐饮业等受到较大冲击，一些非必需消费出现推迟；房地产投资下行压力加大，工业重大项目储备不足，招商项目落地转化率不足，投资后续增长乏力。民生领域痛点堵点难点较多，巩固拓展脱贫攻坚成果力度有待加大，就业形势不容乐观，教育、医疗、社保、养老等领域还有不少群众反映强烈的操心事、烦心事、揪心事。各类风险隐患点多面广，能源保供压力突出，部分区县、企业债务化解难度较大，房地产、金融领域仍有不少潜在风险，道路交通、建设工地、旅游景区等安全隐患依然不少。

三是疫情依然持续演变。从世界情况看，全球新冠肺炎疫情仍处于高位流行态势，继续冲击全球产业链供应链，阻碍正常人员、经贸往来，给我国经济恢复带来影响，重庆市经济不可避免受到冲击。国外不少国家以"躺平"换取经济增长，带动全球产能恢复，国内"出口替代"效应减弱，将给重庆市外贸持续增长带来压力。从国内情况看，疫情多点散发，给企业生产和物流运输等带来冲击，一定程度造成产业链供应链梗阻。从市内情况来看，11月以来重庆市遭遇近三年来最严峻的疫情考验，对经济平稳运行、企业生产、居民生活造成影响。

（二）重大发展机遇

一是党的二十大带来的重大机遇。党的二十大描绘了全面建成社会主义现代化强国的光辉前景，对未来 5 年的战略任务和重大举措作了重点部署。习近平总书记在党的二十大报告中明确要求，要推动西部大开发形成新格局，推进长江经济带发展，推动成渝地区双城经济圈建设。这些重大国家战略在时空上交汇、战略上叠加，将为重庆带来诸多政策利好、投资利好、市场利好，有利于重庆在更大范围深化合作、配置资源，全方位提升重庆发展能级。

二是建设全国统一大市场带来的重大机遇。建设全国统一大市场是构建新发展格局的基础支撑和内在要求。2022 年 4 月，中共中央、国务院印发《关于加快建设全国统一大市场的意见》，要求从基础制度建设、市场设施建设等方面打造全国统一的大市场。特别是明确鼓励支持成渝地区双城经济圈优先开展区域市场一体化建设工作。这有利于重庆优先推进区域协作，以高质量供给创造和引领需求，进一步打造市场化、法治化、国际化营商环境，加快建设现代流通网络，培育壮大数据要素市场，健全商品质量体系，为经济社会高质量发展提供有力支撑。

三是国家宏观政策带来的重大机遇。2022 年以来，针对经济运行中出现的重点难点问题，党中央、国务院协同运用多种政策工具，及时果断推出稳经济一揽子政策和接续措施，持续释放政策红利，保持经济运行在合理区间。比如，持续推出减税降费政策，为市场主体和民生福祉"保驾护航"。又如，出台扎实稳住经济的 33 项政策措施，稳增长稳市场主体保就业。再如，全面加强基础设施建设，加快构建现代化基础设施体系，增强投资对优化供给结构的关键作用。这些政策举措具有良好的延续性和协同叠加效应，将有利于激发经济发展活力，为重庆市经济持续健康发展增添强大动能。

四是碳达峰碳中和带来的重大机遇。党的二十大报告指出，要积极稳妥推进碳达峰碳中和。实现碳达峰碳中和，要求全面推进经济社会绿色转型，加快形成资源节约和保护环境的产业结构、生产方式、生活方式、空间格局。这将给绿色制造、新能源、新材料、节能环保等领域带来巨大发展空间，激发更多投资需求。重庆具有好山好水的自然基础，生态资源富集，有助于集聚更多产业发展资源要素，吸引更多绿色产业平台、企业来渝布局。同时，良好的生态本身蕴含着产业发展的无限潜力，广阔的森林、凉爽的气候等都能更好地转化为产业发展效益。

三　2023年推动重庆高质量发展的总体思路及政策举措

2023年，是在党的二十大和市第六次党代会召开之后，书写重庆全面建设社会主义现代化新篇章的关键之年。推动重庆高质量发展，要坚持以习近平新时代中国特色社会主义思想为指导，全面贯彻党的二十大精神，坚决拥护"两个确立"、做到"两个维护"，立足新发展阶段，完整、准确、全面贯彻新发展理念，积极融入和服务新发展格局，把实施扩大内需战略同深化供给侧结构性改革有机结合起来，加快建设现代化经济体系，着力提高全要素生产率，着力提升产业链供应链韧性和安全水平，着力推进城乡融合和区域协调发展，加快推动成渝地区双城经济圈建设，深入推进科技创新，全面深化改革开放，推动经济实现质的有效提升和量的合理增长。2023年，重庆经济将保持恢复提振良好势头，预计地区生产总值增长5%左右，社会消费品零售总额将随着疫情防控形势稳定加快提升，进出口总值将继续保持强劲增长，居民收入将与经济发展同步，单位地区生产总值能耗稳步下降，高质量发展态势将进一步巩固拓展。

（一）着力扩大有效需求，稳住经济基本盘

坚持扩大内需这个战略支点，把稳增长放在更加突出的位置，拓展消费空间，挖掘投资潜能，把经济基本盘筑得更稳更牢。增强消费对经济发展的基础性作用。加快国家消费中心城市建设，持续稳定大宗商品消费，积极培育信息消费、数字消费、绿色消费，发展消费新业态新模式，进一步激发消费活力。激发城乡消费，鼓励有条件的区县开展新能源汽车促销、绿色智能家电下乡活动。激活文旅消费，在做好疫情防控基础上，提供更多高品质文

旅产品和服务。增强投资对优化供给结构的关键作用。全面改善投资环境，创新投融资模式，完善支持社会资本参与的机制和政策，形成良好的投资预期。聚焦"两新一重"、城市更新、民生补短板等领域谋划建设一批重大项目，形成更多实物工作量。抓好项目储备实施，用好产业链招商等方式，加快引进一批牵引性强、可持续发展的大项目好项目。注重激发市场主体活力。加强督促检查，推动各项惠企政策落地见效。动态跟踪重点企业经营情况，有效解决企业生产面临的缺煤、缺电、缺芯、缺柜、缺工等问题，降低企业成本，增加企业利润。进一步深化"放管服"改革，提升政府服务效率和水平，降低制度性交易成本。

（二）加快建设现代化产业体系，提高供给质量和水平

把发展经济的着力点放在实体经济上，推进新型工业化，加快产业转型升级步伐，促进经济循环和产业链畅通。持续提升产业链供应链现代化水平。加快实施产业基础再造工程和重大技术装备攻关工程，完善产业链、畅通供应链、提升价值链，增强产业链供应链的稳定性和竞争力，推动制造业高端化、智能化、绿色化发展。大力发展工业互联网，积极拓展"5G+工业互联网"融合应用。加大领军企业和链主企业培育力度，支持"专精特新"企业发展。统筹抓好传统产业转型升级和战略性新兴产业发展壮大。积极培育汽车、电子信息、装备制造等传统支柱产业新优势，促进产业不断向价值链中高端迈进。推动战略性新兴产业融合集群发展，发展壮大新能源汽车、集成电路、新材料、生物医药等新兴产业，着力打造国家重要先进制造业中心。构建优质高效的服务业新体系。推动现代服务业同先进制造业、现代农业深度融合，培育壮大现代会展、商贸物流等服务业，深化服务业扩大开放综合试点。推动共建西部金融中心，完善科创金融、普惠金融、绿色金融、消费金融等金融服务体系。加快发展数字经济。深入推进数字产业化和产业数字化，建设一批数字车间、智能工厂、灯塔工厂，促进数字经济与实体经济深度融合。扎实推进"智造重镇""智慧名城"建设，继续高标准办好智博会，积极参与和推进"东数西算"。

（三）持续推进以大数据智能化为引领的创新驱动发展，为经济发展注入新动能

坚持创新在现代化建设全局中的核心地位，积极建设科技强市、人才强市，强化科技创新支撑作用，加快建设具有全国影响力的科技创新中心，不断塑造发展新动能新优势。完善科技创新体系。争取国家战略科技力量布局，优化配置创新资源，加快构建实验室体系，积极创建大数据智能计算、金融科技等国家重点实验室，新建一批国家、市级重点实验室，打造一批"重庆实验室"。高水平推进西部（重庆）科学城、两江协同创新区、广阳湾智创生态城等建设，统筹推进各类产业园区创新发展，加快重庆高新区及拓展园建设。落实科技体制改革三年攻坚方案，推进科研院所改革，完善科研攻关机制，激发科技创新内生动力。完善科技创新服务，发展科技金融，加强知识产权保护，壮大环大学创新生态圈，促进创新链、产业链、资金链、人才链深度融合。加快实施创新驱动发展战略。组织实施集成电路、智能汽车、高端装备等重大科技专项，集中力量进行原创性引领性科技攻关，增强自主创新能力。实施"名校名院名所"引进计划，吸引更多国际知名高校院所来渝设立新型研发机构。强化企业创新主体地位，实施科技型企业创新发展三年行动计划，培育更多科技型企业和高新技术企业，加强企业主导的产学研深度融合。持续做好新时代人才工作。坚持尊重劳动、尊重知识、尊重人才、尊重创造，实施更加积极、更加开放、更加有效的人才政策。深化人才发展体制机制改革，完善人才管理机制、分类评价机制、激励机制，实施"重庆英才计划"，营造"近悦远来"的人才环境。加快建设国家战略人才力量，引育更多一流科技领军人才和创新团队、青年科技人才、卓越工程师及高技能人才。

（四）推动成渝地区双城经济圈建设，促进区域协调发展

聚焦"两中心两地"战略定位，扎实抓好成渝地区双城经济圈建设各项重点工作，唱好"双城记"、共建经济圈，推动成渝地区双城经济圈建设

迈上新台阶。齐心协力办好川渝合作的事情。坚持"一盘棋"思想，强化战略协作、政策协同、工作协调，打造高水平区域协作样板。推进重庆主城都市区和成都市"双城"联动联建，增强产业引领、科技创新、综合服务等核心功能，全面提升"双核"发展能级。推进基础设施互联互通，提速建设轨道上的经济圈，着力打造成渝间、成渝与周边城市间1小时交通圈、通勤圈。推进产业发展协同协作，强化重点产业园区合作，深化汽车、电子等产业发展联动，联手打造世界级现代产业集群。推进公共服务共建共享，实施更多"川渝通办"事项，打造高品质生活圈。推进生态环保联建联治，开展污染跨界协同治理，深入实施碳达峰碳中和联合行动，共同守护美丽的巴山蜀水。推进改革开放共促共进，加强川渝改革试点联动，深化区域市场一体化建设，加快建设内陆开放枢纽。推进毗邻地区合作走深走实，围绕成渝中部地区协同发展、渝东北川东北地区一体化发展、川南渝西地区融合发展，深化功能平台合作共建。集中精力办好重庆自己的事情。做大做强"一区"、做优做特"两群"，更好发挥"一区"对"两群"的辐射带动作用，不断提高全市发展的协同性整体性。主城都市区要突出强核提能级、扩容提品质，构建国土空间规划"一张图"、基础设施"一张网"、公共服务"一张表"、城市管理"一平台"，促进中心城区和主城新区交通同网、产业同链、服务同标、发展同步。渝东北三峡库区城镇群要突出生态优先绿色发展，推动万州建设区域中心城市，推进万开云同城化发展，加快"三峡库心·长江盆景"等跨区域合作平台建设，推动垫江梁平、丰都忠县、奉节巫山巫溪城口等板块协同发展，"做靓"三峡制造、三峡农家、大三峡旅游等特色品牌。渝东南武陵山区城镇群要突出文旅融合发展，推动黔江建设渝东南区域中心城市、秀山建设渝鄂湘黔毗邻地区中心城市，支持武隆开展旅游国际化试点，支持彭水建设民族地区产城景融合发展示范区，引导各区县建设精致山水城，促进民族地区加快发展。

（五）深入推动城乡融合发展，绘就城乡共美新画卷

深入抓好以人为核心的新型城镇化，统筹推进乡村振兴和城市提升，让

城市与乡村各美其美、美美与共。一方面，深入推动城市更新提升。统筹生产生活生态布局，创造宜居宜业宜游环境，进一步实施城市更新提升行动计划，提升城市规划、建设、治理水平。用好城市美学、城市哲学，把城市当成艺术品精雕细刻，把好山好水好风光融入城市，持续推进"两江四岸"治理和"四山"保护工作，"做靓"长嘉汇、广阳湾、科学城、枢纽港、智慧园、艺术湾等城市功能新名片。持续完善城市功能，优化城市基础设施和公共服务布局，健全应急、防灾减灾、城市安全等设施体系，增强城市防洪排涝能力，让城市运行更安全。发展智慧政务、智慧社区、智慧教育、智慧医疗、智慧交通，让城市更聪明、更智慧。加强城镇老旧小区改造，配套完善社区管理服务，打造"马路上的老城区"。用"绣花"功夫推进城市管理，下大力气解决交通拥堵、停车难等问题。传承城市文脉，坚持整体保护和活化利用相结合，推进大田湾—文化宫—大礼堂等历史文化风貌街区保护修缮，加强古建筑、老街区保护。另一方面，全面推进乡村振兴。全方位夯实粮食安全根基，全面落实粮食安全党政同责，树立大食物观，加强粮食生产、储备和流通能力建设，实施种业振兴行动和"千年良田"建设工程。积极发展乡村特色产业，大力发展农产品精深加工、农村电商和乡村旅游，促进农村一二三产业融合发展。巩固拓展脱贫攻坚成果，完善和落实监测帮扶机制，集中支持乡村振兴重点帮扶县、重点帮扶乡镇发展，防止发生规模性返贫，增强脱贫地区和脱贫群众内生发展动力。深入实施乡村建设行动，加快补齐乡村基础设施和公共服务短板，推进"智慧农业·数字乡村"建设工程，持续实施农村人居环境整治提升五年行动。巩固和完善农村基本经营制度，深化农村土地制度改革，扩面深化农村"三变"改革和"三社"融合发展。推进国家城乡融合发展试验区重庆西部片区探索创新。

（六）推进高水平改革开放，激发高质量发展活力

对标对表党中央改革开放各项政策，加快建设改革开放新高地。大力推进深层次改革。深化国资国企改革，引导和推动国有企业做强主业，加快市属国企战略性重组、专业化整合，深化国企混合所有制改革，强化经营性国

有资产集中统一监管。推动民营经济高质量发展，建设渝商综合服务平台，完善常态化政企沟通联系机制，支持龙头企业自主创新、发展壮大，构建亲清政商关系，对企业"无事不扰、难时出手、有呼必应"。深化财政金融改革，推进预算管理一体化改革，优化财政支出结构，完善财政金融联动机制。不断扩大高水平开放。增强开放通道效能，提速推进中欧班列提质创新，加快建设西部陆海新通道，深挖长江黄金水道潜力，强化渝满俄班列沿线货源组织集结，完善港口型、陆港型、空港型国家物流枢纽功能，深化与共建"一带一路"国家和地区经贸合作，做好"通道带物流、物流带经贸、经贸带产业"文章。提高开放平台能级，扎实推进重庆自贸试验区联动创新区建设，完善两路果园港综合保税区、悦来国际会展城等功能，建设一批跨国产业转移平台。提升开放型经济质量，引导企业积极稳订单、拓市场，发展"保税+商品展示交易""保税+维修"等保税贸易新业态，推进服务业扩大开放综合试点、服务贸易创新发展试点和跨境电子商务综合试验区建设。持续优化营商环境。加快营商环境创新试点城市建设，深化政务服务事项通办改革，加大知识产权司法保护力度，营造市场化、法治化、国际化营商环境。推进要素市场化配置综合改革，加强反垄断和反不正当竞争。

（七）加大生态环境保护力度，筑牢长江上游重要生态屏障

学好用好"两山"理论，走深走实"两化路"，持续加强生态环境保护，促进经济社会发展全面绿色转型，加快建设山清水秀美丽之地。加快发展方式绿色转型。加快推动产业结构、能源结构、交通运输结构等调整优化，全面推进绿色制造、绿色建造，大力培育循环经济、生态产业和节能环保产业，严格"两高"项目准入要求。实施全面节约战略，倡导绿色消费，推广装配式建筑和新型材料，建设低碳发展示范城市。深化生态文明体制改革，健全生态产品价值实现机制。深入推进环境污染防治。坚持精准治污、科学治污、依法治污，持续深入打好蓝天、碧水、净土保卫战，推进大气、水、土壤污染防治。提升环境基础设施建设水平，推进城乡人居环境整治。一体推进中央巡视、中央生态环保督察、长江经济带生态环境警示片等反馈

问题整改。提升生态系统多样性、稳定性、持续性。坚持山水林田湖草一体化保护和系统治理，科学开展大规模国土绿化行动，全面推行林长制，稳步推进"两岸青山·千里林带"等重点生态工程。加强三峡库区生态环境综合整治，增强水土涵养功能。落实长江"十年禁渔"政策，实施生物多样性保护重大工程。积极稳妥推进碳达峰碳中和。立足重庆市能源资源禀赋，坚持先立后破，有计划分步骤实施碳达峰行动。推动能源清洁低碳高效利用，推进工业、建筑、交通等领域清洁低碳转型。深入推进能源革命，加强煤炭清洁高效利用。健全碳排放权市场交易制度，拓展"碳惠通"平台功能。

（八）深入推进民生改善，提高人民生活品质

坚持以人民为中心的发展思想，在发展中保障和改善民生，加快补齐民生领域短板，让老百姓的日子越过越红火。完善分配制度。落实推动共同富裕政策要求，坚持多劳多得，鼓励勤劳致富，促进机会公平，多渠道增加城乡居民收入，优化收入分配格局，健全工资合理增长机制。引导、支持有意愿有能力的企业、社会组织和个人积极参与公益慈善事业。实施就业优先战略。完善重点群体就业支持体系，解决高校毕业生、农民工、退役军人等重点群体就业问题，加强困难群体就业兜底帮扶。健全就业公共服务体系，实施"就在山城·渝创渝新"就业创业促进计划，支持和规范发展新就业形态。加大人力资本投入，提升教育质量，健全终身职业技能培训制度，提高劳动者素质。健全社会保障体系。发展多层次、多支柱养老保险体系。促进多层次医疗保障有序衔接，完善大病保险和医疗救助制度。推动社保扩面提质和最低生活保障提标，健全分层分类的社会救助体系，发展妇女、儿童、残疾人、慈善等福利事业。发展长租房市场，推进保障性住房建设，解决好新市民、青年人等群体住房困难问题。开展"健康中国"重庆行动。积极应对人口老龄化，发展养老事业和养老产业，建立基本养老服务清单制度，开展家庭养老床位照护服务试点，实现城乡社区居家养老服务全覆盖。健全公共卫生体系，推进医药卫生体制改革，提升区县医院综合能力，开展爱国

卫生运动，倡导文明健康生活方式。推动新的生育政策落地见效，发展普惠托育服务体系。

（九）统筹发展和安全，建设更高水平的平安重庆

坚定不移贯彻总体国家安全观，统筹发展与安全两件大事，把安全发展理念贯穿发展全过程各领域。科学精准做好疫情防控。加快建设全市疫情防控信息平台，严格落实人、物、环境同防和空港口岸分流措施，强化重点人员健康管理和重点场所疫情防控，引导群众做好个人防护，全力守护人民群众生命安全和身体健康。增强维护国家安全能力。坚定维护国家政权安全、制度安全、意识形态安全，加强重点领域安全能力建设，确保粮食、能源资源、重要产业链供应链安全，提高防范化解重大风险能力。全面加强国家安全教育，增强全民国家安全意识和素养，筑牢国家安全人民防线。提高公共安全治理水平。全面落实安全生产责任制，推进安全生产风险专项整治，抓好道路交通、建筑施工、易燃易爆等重点行业领域安全隐患排查，加强食品药品安全监管。有效化解金融风险，加强金融法治建设。严肃财经纪律，加强政府性债务管控，提高政府债券使用效益。完善社会治理体系。加强应急管理基层基础建设，提高防灾减灾抗灾救灾能力。健全社会治安防控网络，加强基层社会治理，发挥网格员、志愿者等作用。推进扫黑除恶常态化，深化"全民反诈"专项行动，依法严惩群众反映强烈的各类违法犯罪活动。

B.3

重庆建设国家重要先进制造业中心现状及展望

重庆市经济和信息化委员会

摘　要： 当前，国际局势复杂多变，新冠肺炎疫情多点散发，全球新一轮科技革命和产业变革加速突破，对建设国家重要先进制造业中心提出了新要求。2022年，重庆把制造业高质量发展放在更加突出位置，坚持制造业高端化、智能化、绿色化发展方向，深入实施大数据智能化创新引领，建设国家重要先进制造业中心成效明显。下一步，重庆将全面贯彻落实党的二十大精神，牢牢抓住新的战略机遇，精准把握"制造业是立市之本、强市之基"战略定位，培育打造一批具有国际竞争力的产业集群，加快建设"智造重镇"，奋力推进国家重要先进制造业中心建设，在新征程扛起新使命谱写新篇章。

关键词： 先进制造业中心　现代产业体系　重庆

　　2022年，重庆工业和信息化工作坚持以习近平新时代中国特色社会主义思想为指引，深刻领会"两个确立"的决定性意义，进一步增强"四个意识"、坚定"四个自信"、做到"两个维护"，切实把"两个确立"的政治成果转化为坚决做到"两个维护"的政治自觉，转化为对习近平新时代中国特色社会主义思想的忠实践行，全面贯彻习近平总书记对重庆提出的营造良好政治生态，坚持"两点"定位、"两地""两高"目标，发挥"三个作用"和推动成渝地区双城经济圈建设等重要指示要求，立足新发展阶段，完整、准确、全面贯彻新发展理念，服务和融入新发展格局，坚持稳中求进工作总基调，以深化供给侧结构性改革为主线，把制造业高质量发展放在更加突出位置，坚持制造业高端化、智能化、绿色化发展方向，深入实施以大数据智能化为引领的创新驱动发展战略，加快数字产业化、产业数字化，推动数字经济和实体经济深度融合，奋力建设国家重要先进制造业中心。

一　重庆建设国家重要先进制造业中心现状分析

制造业是实体经济的主体，是重庆的立市之本、强市之基。牢牢把握推动先进制造业发展路径，调整产业结构、优化生产方式、增强创新能力、提升绿色水平、强化区域协作，不断推动重庆制造业跨越新关口、培植新优势、迈上新台阶，国家重要先进制造业中心建设取得积极成效。

（一）工业发展量质并举，产业能级优化提升

充分发挥工业的"压舱石"作用，坚持量质齐升，厚植产业发展新优势。一是综合实力不断增强。2022 年 1~9 月，规上工业总产值达 2.02 万亿元，规上工业增加值增长 4%，工业投资增长 9.5%；规模工业利润下降 4.8%，低于全国 2.5 个百分点；规上工业企业营业收入利润率为 5.6%，较上年同期降低 0.63 个百分点，全员劳动生产率为 41.9 万元/（人·年）。二是优势产业跃升提质。汽车产业提质重效优结构，增加值增长 10.8%，整车单价提高至 10.5 万元；电子信息产业加快补链成群，增加值增长 0.8%；汽车、电子产业合计对全市工业增长的贡献率达 44.7%，构建起"1+10+1000"的汽车产业集群和世界级智能终端产业集群；医药、化工、消费品分别增长 7.0%、6.7%、2.4%，保持在较快区间。三是新兴产业加速崛起。实施战略性新兴产业集群发展工程，加快培育壮大新一代信息技术、新能源及智能网联汽车、高端装备、新材料、生物医药、绿色环保等战略性新兴产业。规上工业战略性新兴产业和高技术制造业增加值分别增长 7.7% 和 1.7%，

占全市规上工业增加值的比重分别为 31.1% 和 19.3%，其中生物产业、新材料产业、高端装备制造产业增加值分别增长 7.6%、14.5% 和 2.3%。

（二）创新生态逐步完善，技术实力厚积薄发

围绕产业链部署创新链，围绕创新链布局产业链，着力增强产业创新能力。一是创新活力不断增强。实施规模工业企业研发机构倍增计划，构建形成"综合型+专业型"研究院矩阵体系，累计建成国家级制造业创新中心 1 家、国家级企业技术中心 40 家、国家级工业设计中心 10 家、市级企业技术中心 1065 家、市级制造业创新中心 9 家、新型研发机构 78 家、市级工业设计中心 101 家，全市有研发机构和研发活动的企业分别达到 1907 家、2878 家，占规模工业企业总数的 27.49%、41.48%。二是创新投入不断增加。引导企业建立研发准备金制度，出台企业研发准备金、重大新产品研发成本补助等实施细则。实施"研发投入倍增计划"，大力推进新产品、新工艺、新技术的研发和推广应用，工业企业研发投入占全社会研发投入的比重达 70.3%，规模工业研发投入强度提高至 1.61%，居全国前列。三是创新产出不断加快。滚动实施重点新产品研发和产业化项目，有力推动重大创新成果产业化和关键技术产品突破，规模工业企业新产品产值率保持在 25% 左右。

（三）智改数转蹄疾步稳，数智引领态势彰显

积极顺应新一轮产业革命和科技变革大势，加快数智赋能产业发展，促进全市制造业提质增效。一是智能制造纵深推进。深入实施大数据智能化创新驱动发展战略，突出智能制造和制造智能，全方位、多层次推动企业生产方式转变，累计实施 5200 余个智能化改造项目，建成 127 家智能工厂和 734 个数字化车间，智能制造示范企业生产效率平均提升 58.9%。二是平台网络加速布局。加快 5G 网络等新型基础设施建设，国家工业互联网标识解析顶级节点标识注册量累计超过 138 亿个，解析量超过 81.9 亿个，接入企业节点 4566 个，15 个国家"双跨"平台在渝布局，"上云"企业达 11.5 万家，每万人拥有 5G 基站 17.38 个，位居全国第一梯队，重庆市成为全国首

个且唯一"域名、标识、区块链"工业互联网三大功能节点融合的省区市。三是示范应用加快丰富。推动新一代信息技术在制造业全要素、全产业链、全价值链的融合应用，推行"智造+服务"模式，形成一批数字化管理、网络化协同、个性化定制、服务化延伸等融合示范项目，累计建设"5G+工业互联网"典型场景30个；发展平台化设计、智能化制造、网络化协同、个性化定制、服务化延伸（远程运维、产品服务）、数字化管理等新模式，累计推动试点示范项目584个。

（四）绿色制造擦亮底色，经济发展更可持续

全面落实碳达峰碳中和工作要求，坚持产业生态化、生态产业化发展理念，积极推动工业绿色可持续发展。一是绿色制造根基夯实。深化新一代信息技术应用，加快打造绿色制造体系，累计创建国家绿色工厂52家、国家绿色园区5个、国家绿色设计产品48种、国家绿色供应链5条；2022年支持绿色技改项目19个，实现年节能5.858万吨标煤，节水7万吨，减排二氧化碳2.04万吨。二是节能降耗深入推进。围绕能耗"双控"部署要求，大力推动重点领域、重点企业节能降碳，评选国家能效领跑者企业1家，入选国家节能装备2种、国家"能效之星"产品2种。三是工业固废综合利用。推进工业固废综合利用的技术研发，加强废钢铁、废铝、废旧轮胎、废塑料、医用输液瓶（袋）等主要再生资源领域行业规范条件企业创建，累计培育再生资源综合利用行业规范企业14家，大宗工业固废利用率保持在70%以上。

（五）开放协同成效显著，联动效应加快凸显

抓住实施"一带一路"、成渝地区双城经济圈、"一区两群"等重大战略机遇，全面构建开放型经济格局。一是川渝协同持续深入。启动成渝地区电走廊、氢走廊、智行走廊、工业互联网一体化发展示范区建设，部署首批20个产业合作园区，上线运行汽车、电子信息线上供需对接平台，汇聚企业超3600家。二是"一区两群"错位发展。深入推进"一区两群"战略，

分类引导资源要素向不同功能区域聚集，主城都市区产业极核优势持续巩固，营业收入完成1.88万亿元，占全市的91.5%；"两群"以资源为依托构建区域特色产业体系，渝东北三峡库区实现营业收入1375.1亿元，占全市的6.7%，渝东南武陵山区实现营业收入371.8亿元，占全市的1.8%。三是国际国内交流互鉴。成功举办第五届智博会，在国内外奏响了"智能化：为经济赋能，为生活添彩"的新旋律，众多国内外知名企业、高校院所和各界来宾结缘重庆，智博会已成为数字中国建设的一张崭新名片。

（六）项目建设有力有序，发展后劲不断积蓄

牢固树立"项目为王"理念，坚持一切围着项目转、一切盯着项目干，切实以高质量项目推动高质量发展。一是重点项目扎实推进。按照"投产项目抓达产""完工项目抓投产""在建项目抓进度""签约项目抓开工"的工作思路，以"四张清单"统筹调度重点项目建设，170个市级重大项目完成投资531亿元，投资进度92.2%。新开工项目2027个，增长9.5%。219个重点项目投达产面80.4%、净增产值1167.9亿元，对全市工业产值增长的贡献率达75.0%。二是招商引资提质增效。聚焦新技术、新产业、新业态、新模式，突出抓好实体经济招商，针对产业链关键零部件和原材料"缺项""弱项"环节开展"点对点"招商，促进一批补链、延链项目落地。新签约亿元以上工业项目1500余个、合同金额近9000亿元，其中百亿级项目15个。

（七）服务水平全面提升，市场主体蓬勃发展

坚持"问需于企、问计于企、问效于企"，精准施策帮扶企业，进一步优化发展环境。一是企业吹哨部门报到。创新实施"企业吹哨·部门报到"专项行动，依托重庆经济和信息化大数据平台，建立"企业吹哨"工作渠道；按照属地管理、分级负责、分类处理的原则，完善受理登记、快速办理，及时反馈、评估监督等环节，优化"部门报到"工作机制，增强区县、园区、企业的获得感。二是要素配置效率提高。抓好工业运行监测预警，加

强煤电油气运等调度，推动企业降低能源要素成本。组建汽车和电子行业保链稳链专班，实施领军（链主）企业"一企一组""一链一策"工作机制，抓好日监测、日调度、日报告和"问题零报告"制度，累计化解物流梗阻、协调配套复工等问题1214个，特别是入夏以来用电需求与日俱增、电力供需矛盾突出，全力做好电煤保障，统筹电力调度，迎峰度夏圆满收官，2022年7~8月，市内燃煤发电企业高峰期负荷稳定在1300万千瓦以上，负荷率高达93%；日均外购电量达1.8亿千瓦时，超过全市用电总量的1/3；日均进煤8.22万吨，同比增长42.6%，均创历史最高水平。三是企业活力充分释放。实施"专精特新"科技型中小企业培育行动，构建"产业研究院+产业园区+产业基金"中小企业生成生态体系，持续滚动生成"专精特新"企业。累计培育"专精特新"中小企业2484家，其中，国家"小巨人"企业255家，占全国比重为2.8%。

二 重庆建设国家重要先进制造业中心面临的挑战与机遇

全球新一轮科技革命和产业变革进入加速突破阶段，对工业和信息化发展提出了新要求，重庆建设国家重要先进制造业中心面临的挑战和机遇有了新变化。

（一）建设国家重要先进制造业中心面临的挑战

一是宏观市场不确定性依然存在。受疫情反复、大宗商品价格高企、供应链瓶颈、通胀攀升、全球货币政策收紧等因素影响，需求端和供给端均面临下行压力，居民消费、国际贸易、企业投资、工业生产增速放缓，全球经济复苏不稳定不平衡，国内外市场需求相对疲弱，对制造业发展形成一定制约，给工业稳增长带来一定难度。二是高质量发展要求带来的挑战较大。重庆是老工业基地，传统的生产经营模式导致企业在面对市场消费升级新需求、智能化发展新趋势、创新发展新动力等方面存在巨大挑战，新旧动能接续转换不畅，发展竞争优势不强。三是产业链供应链安全稳定存在隐忧。中美全方位竞争进一步加剧，在经贸领域的摩擦将进一步增强，逆全球化趋势将愈演愈烈，全球产业链供应链将出现"更短、更本地化、更分散化"的趋势，而重庆补齐短板尚需时日，部分行业产业链关键环节缺失，核心零部件对外依存度较高，产业链供应链存在一定风险。

（二）建设国家重要先进制造业中心面临的机遇

一是新发展格局为重庆制造业发展提供了更为广阔的空间。在国内大循环格局中，城市化、工业化依然是促进发展的主要路径，重庆市制造业仍处于大有作为的机遇期；在国内国际双循环格局中，重庆拥有较完善的国际物流大通道，为制造业企业更好对接国内国际两个市场、两种资源，更好融入国内国际经济发展循环，建设国家重要先进制造业中心提供了难得的历史机遇。二是智能化发展战略的率先实施为重庆制造业在新阶段实现高质量发展赢得了先机。制造业的数字化转型已成为推动经济增长、保持竞争优势的战略共识和关键抓手。重庆通过近年来持续推进大数据智能化发展战略，智能产业迅猛发展，智能制造加快推进，为制造业提质增效打下了坚实基础，在加速推动新一代信息技术赋能制造业发展上走在了全国前列，这些让重庆更有效地契合了智能化发展大趋势，将更好地助推产业高质量发展。三是国家政策红利叠加释放为重庆制造业加快发展增添了新活力。当前，重庆面临共建"一带一路"、长江经济带发展、新时代西部大开发、成渝地区双城经济圈建设、西部陆海新通道建设等前所未有的重大机遇，拥有众多国家政策的利好加持，为制造业高质量发展提供了有力支撑，让重庆有信心、有能力抓住机遇，更好地建设国家重要先进制造业中心。

三　加快国家重要先进制造业中心建设的下一步举措

党的二十大报告指出，建设现代化产业体系，坚持把发展经济的着力点放在实体经济上，推进新型工业化，加快建设制造强国、网络强国、数字中国。下一步，重庆将自觉把思想和行动统一到党的二十大精神上来，坚定拥护"两个确立"、坚决做到"两个维护"，深入落实习近平总书记对重庆所作重要讲话和系列重要指示批示精神，坚持稳中求进工作总基调，紧扣高质量发展根本要求，围绕建设国家重要先进制造业中心总体目标，深入推进大数据智能化创新，推动产业高端化、绿色化、智能化转型，加快培育一批先进制造业集群，着力构建市场竞争力强、可持续的现代产业体系，高水平建设"智造重镇"，谱写重庆制造美好新篇章。

（一）加快新旧动能转换，构建发展新体系

加快发展现代产业体系，推动经济体系优化升级，是建设现代化经济体系、构建新发展格局的必然要求。要坚持培育壮大新兴产业与改造提升传统产业并举，既要在"调旧"上做文章，还要在"育新"上下功夫，带动产业结构持续优化，提升主导产业发展竞争力。一是推动优势产业"二次创业"。巩固提升电子信息、装备制造、消费品等优势产业，支持电子产业加快发展核心模组和零部件，延伸产业链，夯实产业发展基础；积极引进培育高端装备产品，大力发展智能制造装备、轨道交通装备等整机产品，提升关键基础件发展能力和水平；大力推动高端金属材料等新材料产业发展，不断增强冶金、建材和化工等原材料产品支撑保障能力；顺应消费升级需求，实施消费品产业"三品"战略，突出"品质革命"和精品制造，培育打造万亿级电子信息、五千亿级汽车、三千亿级装备、六千亿级材料、五千亿级特色消费品等产业集群。二是推动新兴产业加快发展。聚焦集群发展，加快建设世界级智能网联新能源汽车产业集群等先进制造业集群。着力推进国家车联网先导区、国家电动汽车换电模式示范城市、国家氢燃料电池汽车示范城市三大应用场景建设，构建从研发、制造、检验检测、应用场景到软件、核心零部件、整车的全流程、全要素产业生态。大力实施软件和信息服务业"满天星"行动计划，创建中国特色软件名城和中国软件名园，打造"1+N"软件产业集聚区。同步加快发展新型储能等新兴产业。进一步完善集成电路、新型显示、生物医药、高端装备、新

材料、绿色环保等新兴产业链条，打造有核心竞争力的战略性新兴产业集群。

（二）优化技术创新生态，增强发展新动力

加快推动产业发展由要素投入驱动向技术创新驱动跨越，是实现产业链供应链现代化、贯彻新发展理念的必然要求。要秉承系统化思维，实施"研发机构培育、产业基础再造、创新资源聚合"三大工程，着力打通"创新（保护）—质量—品牌—标准—现代产业体系—创新（保护）"全链条闭环回路，推动形成从创新到产业再到创新的良性循环。一是实施研发机构培育工程。持续实施规模企业研发机构倍增计划，高水平建设重庆高新技术产业研究总院，推动有条件的区县建立研究分院，健全完善"综合型+专业型"研究院矩阵体系。支持龙头高新技术企业联合高校、科研院所共建专业技术研究院，研发产业共性关键核心技术，构建从科技研发到用户反馈的迭代升级闭环链条。二是实施产业基础再造工程。围绕33条重点产业链关键技术需求清单，建立健全关键核心技术"揭榜挂帅""赛马"等制度，加快建设集成电路、汽车电子、传感器、工业软件、信息安全、生物医药等重点关键产业园区，提升核心基础零部件（元器件）、工业基础软件、关键基础材料、先进基础工艺、产业技术基础等产业基础控制能力，加速产业链布局重构。三是实施创新资源聚合工程。推动市区共建一批试验性应用场景，促进产品从创新走向应用。推动创新主体联合建立"专利池"，搭建知识产权和技术专利发布交易平台，打通创新供需通道。引导支持新型企业研发机构、制造业创新中心等平台加强产学研合作，推动一批产学研合作成果转化。积极发展工业设计、检验检测、小试中试、样机模具、科技金融等技术服务业。

（三）点燃数智赋能引擎，培育制造新模式

推进数字技术与制造技术深度融合应用，是制造业重构竞争优势、培育新经济增长点的必然要求。要着力推动数字经济和实体经济深度融合，加快

数字产业化和产业数字化步伐，推动制造业加速智能化、服务化、低碳化转型。一是深入推进智能制造。大力实施智能化改造，打造一批数字化车间、智能工厂，加快大数据、人工智能、工业互联网等新一代信息技术深度融合应用，实现生产经营、管理和决策的智能优化。支持"链主"企业、重点企业建设工业互联网平台，并带动产业链上下游企业"上云上平台"，着力构建"一链一网一平台"生态体系，深化"5G+工业互联网"应用示范。二是发展服务型制造。培育推广定制化服务、供应链管理、产品全生命周期管理、总集成总承包等新模式。聚焦创建"设计之都"总体目标，全力实施市场主体壮大、专业人才引育、载体平台培育、设计生态构建、品牌活动塑造五大专项行动。实施"专精特新"领域设计能力提升计划，新建设一批市级工业设计研究院，新培育一批市级工业设计中心，力争形成一批具有较强竞争力的生产服务业产业集群。三是落实绿色低碳要求。推动产业绿色化，加快钢铁、化工、建材等产业优化升级。推动生产绿色化，加大企业节能降耗、清洁生产等技改力度，积极推广合同能源管理，建立能源消耗和碳排放统计监测平台。推动用能绿色化，探索发展规模化储能、智能电网、分布式可再生能源和氢能等技术，引导企业提高"绿电"使用比例。

（四）激发市场主体活力，培育企业新矩阵

中小企业是国民经济和社会发展的生力军，是增强经济韧性、推进高质量发展的重要保障。要坚定不移推动中小企业发展，增强经济内生动力和市场主体活力。一是着力推动中小企业梯度培育。聚焦"选种、育苗、创新型中小企业、'专精特新'中小企业、'小巨人'企业、上市企业"六个关键环节，着力构建完善中小企业生成生态体系。在科技成果选种环节，围绕重点产业方向，广辟种子来源，完善种子评估和交易机制，实现精准选种。在种子孵化环节，依托重庆高新技术产业研究院等专业孵化机构，健全育苗机制和服务体系，促进系统育苗。在创新型中小企业培育环节，加快建设中小企业生态家园，完善创投机制体制，广泛培育创新型中小企业。在"专精特新"中小企业培育环节，滚动建立"专精特新"企业培育库，促进技

术、资金、人才、数据等要素资源向企业集聚，切实提升"专精特新"中小企业竞争力。在国家"小巨人"企业培育环节，着力推动企业在细分领域持续创新，在关键环节加大技术攻关，逐步掌握行业话语权。在上市企业培育环节，将企业上市培育贯穿企业生成发展始终，设立标杆企业、苗子企业、种子企业三级梯队，分层分类进行指导帮扶，推动更多企业上市。二是完善中小企业发展服务体系。围绕中小企业梯度培育六个关键环节，依托中小企业窗口和示范服务平台及其他专业服务机构，不断完善科技、融资、企业管理等公共服务体系，通过政府购买服务的方式，为中小企业提供专业化服务，完善市区联动工作机制，分层分级分类响应企业诉求。

（五）畅通国内国际循环，构筑开放新格局

构建以国内大循环为主体、国内国际双循环相互促进的新发展格局是培育新形势下参与国际合作和竞争新优势、构建人类命运共同体的必然要求。要积极主动融入"一带一路"，以及长江经济带、成渝地区双城经济圈等国家战略，培育工业领域内陆开放新优势。一是提高招商引资力度。加大市区统筹协调力度，推动招商引资内外兼具、量质并举。重点围绕完善产业生态招商，聚焦战新产业培育发展和传统产业转型升级，着力引进设计研发、金融投资、人才团队、科技服务、企业管理等新兴要素资源，支撑产业向高端化迈进。围绕产业链精准招商，针对33条重点产业链的缺失薄弱环节，详细绘制招商图谱，指导招商团队锁定目标企业，对表推进、靶向招商。围绕头部企业招大引强，重点瞄准世界和国内500强、重点央企、行业领军企业，动态掌握企业战略布局，密切跟踪企业发展动向，力争引进一批带动性大、牵引性强的企业来渝发展。二是加强成渝区域协作。牢固树立"一盘棋"思维和一体化发展理念，紧扣中央顶层设计共绘施工图，深化川渝地区重点领域产业链对接，构建高效分工、错位发展、有序竞争、相互融合的现代产业体系。进一步加强两地汽车产业链配套供需线上线下对接，推动"成渝氢走廊"提质扩容，加快"成渝智行走廊"建设。优化电子信息产业链供需对接平台，共同争创电子信息产业国家级先进制造业产业集群。三是

高质量建设工业园区。突出产业园区首位产业和主攻产业，推进开发区功能集合和产业聚合。完善支撑配套功能，加强工业设计、研发孵化等公共服务平台体系建设，完善标准厂房、物流仓储、污水处理等生产配套设施和教育、医疗等生活配套设施，为产业承接提供载体支撑。

（六）聚焦企业困难化解，营造发展新环境

多措并举助企纾困，为企业发展"输血补气"是优化企业发展生态、稳定宏观经济大盘的必然要求。要坚持服务为本的理念，不断改善投资和市场环境，积极营造思想上向企业靠拢、精力上向企业集中、政策上向企业倾斜的浓厚服务氛围。一是健全服务长效机制。持续完善"企业吹哨·部门报到"服务机制，进一步优化工作流程，健全评估考核体系，加快构建全周期、全方位、全要素的新型政商关系，高效解决企业诉求，营造市场化、法治化、国际化营商环境，不断激发从业者、创业者的投资创业热情。二是不遗余力降成本。落实好党中央、国务院和市委、市政府一系列稳住经济大盘的政策措施，特别是抓好重庆市提振工业运行"26条"、促进工业稳增长"39条"以及第10批减负目录清单政策等宣贯落地。实行"清单化、销号法、责任制"管理，进一步加大惠企支持力度，提振发展信心，助推企业质量效益提升。三是多措并举强保障。强化产业资金保障，建立市区两级政府投资基金联动支持产业发展机制；加强政银企互动，积极搭建融资服务供需对接平台，提高企业融资可获得性。强化能源要素保障，积极协调外购煤、外购电，扎实做好有序用电，全力保障企业生产能源需求。滚动推进领军型、科技型、成长型、初创型企业家培育，打造高素质企业家队伍。

参考文献

《习近平谈治国理政》（第四卷），外文出版社，2022。

B.4
重庆市"专精特新"中小企业发展
形势及对策

黎智洪　罗　轩*

摘　要： "专精特新"中小企业是实体经济做强做优的重要推动力，在推动经济高质量发展过程中发挥着重要引领作用。2018年重庆开始部署"专精特新"工作，发展培育了一批"专精特新"中小企业，其数量、规模与经济效益呈现不断增长态势。但与沿海发达省份比较，重庆"专精特新"中小企业培育和发展仍存在很大的提升空间，迫切需要从强化梯度培育、深化数字赋能、提升创新能力、优化营商环境、打造人才支撑体系、畅通融资渠道等方面加以推进，培育更多高质量的"专精特新"中小企业。

关键词： "专精特新"　中小企业　重庆

"专精特新"中小企业是指长期聚焦特定细分市场，因而能提供精细和特色产品或服务，并以持续创新来引领和保持专业、精细和特色的中小企业。培育和发展"专精特新"中小企业，是贯彻落实党的二十大精神，建设现代化产业体系、推动经济社会高质量发展的重要举措。作为中小企业的佼佼者，"专精特新"中小企业不仅是促进经济循环流转和产业关联畅通的重要支撑，更是助力实体经济做强做优的重要推动力，在提振市场微观主体

---

* 黎智洪，重庆社会科学院研究员，主要研究方向为产业经济与中小企业发展；罗轩，西南政法大学行政法学院硕士研究生。若无特别说明，本文数据均来源于重庆市统计局、重庆市经信委等。

信心、实现中小企业高质量发展过程中发挥着重要引领作用。2019年中央财经委员会第五次会议上，习近平总书记提出"要发挥企业家精神和工匠精神，培育一批'专精特新'中小企业"，为做好"专精特新"中小企业工作指明了目标和方向。2021年7月30日，中央政治局会议强调"开展补链强链专项行动，加快解决'卡脖子'难题，发展'专精特新'中小企业"。"专精特新"中小企业的培育与发展，已然上升至国家战略高度。2022年10月，党的二十大报告对建设现代化产业体系作出战略部署，提出要"支持专精特新企业发展"。近年来，在重庆市委、市政府的高度重视下，市级各部门通力合作，突出抓好市场主体发展，"专精特新"中小企业不断涌现和发展壮大。

一 重庆市"专精特新"中小企业发展总体态势

2018年11月，工业和信息化部办公厅印发《关于开展专精特新"小巨人"企业培育工作的通知》，全面推动"专精特新"企业培育工作。重庆紧跟中央步伐，市委、市政府高度重视中小企业"专精特新"发展工作，相继出台《关于实施中小企业"万千百十"五年培育成长计划的通知》《关于进一步加强"专精特新"中小企业培育发展的通知》《重庆市推进"专精特新"企业高质量发展专项行动计划（2022—2025年）》等一系列"专精特新"支持政策。2022年5月召开的重庆市第六次党代会进一步提出，要激发各类市场主体活力，培育一批"专精特新"企业。经过几年的培育和发展，重庆"专精特新"中小企业发展情况总体较好，实现了规模效益双增长，具体呈现如下特征。

（一）规模效益双增长

2018年以来，重庆着手培育发展"专精特新"中小企业，"专精特新"中小企业不断涌现和发展壮大。2018年第一批认定"专精特新"中小企业229家，国家"小巨人"企业20家；2019年第二批认定新增"专精特新"

中小企业 186 家，"小巨人"企业 20 家；2020 年第三批认定新增"专精特新"中小企业 180 家，"小巨人"企业 20 家；2021 年第四批认定新增"专精特新"中小企业 234 家，"小巨人"企业 30 家；2022 年第五批认定新增"专精特新"中小企业 1579 家，为历年之最。从企业增长数量和经济规模来看，重庆"专精特新"中小企业处于西部各省份的前列。

总体来看，2021 年，全市"专精特新"中小企业营业收入同比增长 25.5%，高于全部监测中小企业 4 个百分点；利润增长 37.0%，高于全部监测中小企业 14.5 个百分点。2022 年 1~8 月，全市"专精特新"中小企业营业收入同比增长 10.7%，高于全部监测中小企业 3.2 个百分点；利润率为 6.6%，高于全部监测中小企业 1.52 个百分点。"专精特新"中小企业实现了收入总量和经济效益双增长，成为助推重庆经济发展的生力军。

（二）小微企业占比较高

截至 2021 年，全市市级"专精特新"中小企业中，小微企业 618 家、中型企业 265 家，小微企业占比 70%、中型企业占比 30%；全市国家"小巨人"企业中，小微企业 56 家、中型企业 62 家，小微企业占比 47.5%、中型企业占比 52.5%，小微企业比重略高于全国平均水平。

（三）所有制性质多样

截至 2021 年，全市市级"专精特新"中小企业中，民营企业 795 家，占比 90%；国有企业 44 家，占比 5%；合资等其他类型企业 44 家，占比 5%。全市国家"小巨人"企业中，民营企业 93 家，占比 79%；国有企业 19 家，占比 16%；合资企业 5 家，占比 4%；其他企业 1 家，占比 1%。可见，民营企业构成了重庆"专精特新"中小企业的主体，但是与全国平均水平比较，重庆民营企业占比偏低。

（四）区域分布较集中

截至 2021 年，全市市级"专精特新"中小企业中，主城都市区 795

家,占比高达 90%;全市国家"小巨人"企业中,主城都市区 108 家,占比 91.5%,渝东北 8 家,占比 6.8%,渝东南 2 家,占比仅 1.7%。"专精特新"中小企业主要集中在主城都市区,渝东南分布偏少(见图 1)。

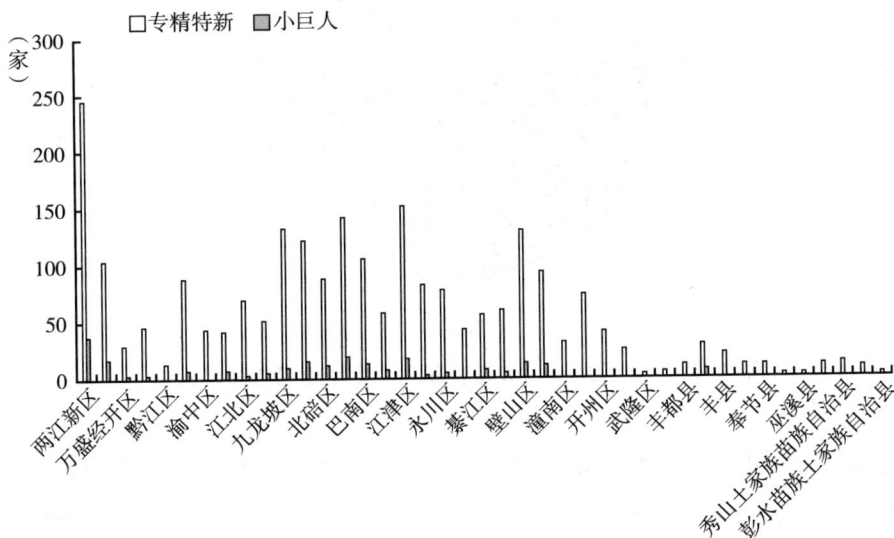

图 1　2021 年重庆市"专精特新"和"小巨人"企业区县分布

(五)重点产业聚集较突出

全市"专精特新"中小企业主要集中于制造业,汽车制造、软件和信息技术服务、通用设备制造、计算机通信设备制造等行业占据较大比例。截至 2021 年,全市市级"专精特新"中小企业中,装备产业 235 家、汽车产业 131 家、软件产业 117 家、材料产业 72 家、电子产业 67 家,分别占比 26.6%、14.8%、13.3%、8.2%、7.6%(见图 2);国家"小巨人"企业主要集中在装备(35 家)、汽车(34 家)、材料(20 家)、电子(14 家)等支柱产业,分别占比 29.7%、28.8%、16.9%、11.9%,其他产业占比 12.7%。

(六)补链强链效果较好

重庆"专精特新"中小企业具有较强的补链强链效果。截至 2021 年,

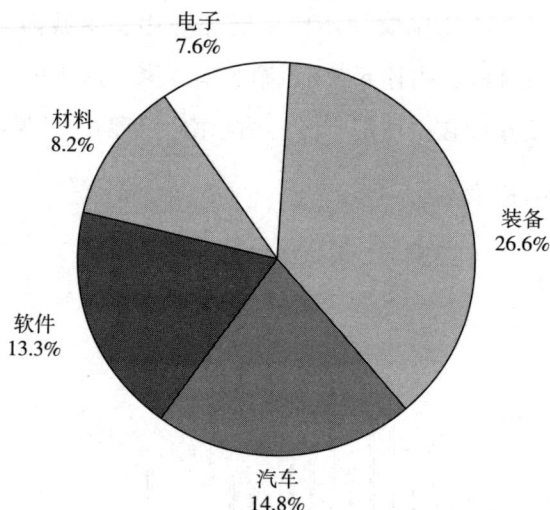

图 2　2021 年重庆市"专精特新"中小企业重点领域分布

全市国家"小巨人"企业属"四基"领域的占比 100%，全国平均水平约 93%，高于全国平均水平；填补国内国际空白的企业占比 72%；关键领域补短板的企业占比 78%。2022 年，新增的"专精特新"中小企业主导产品填补了国内外空白及关键领域补短板的企业占比 35%，部分企业在全国乃至全球市场上占有很大比重。

　　总体来看，尽管受国际形势多变、新冠肺炎疫情反复等多重因素的叠加影响，重庆中小微企业运营受到较大冲击，但"专精特新"中小企业发展缓中趋稳，仍然保持增长，企业预期向好。

二　重庆市"专精特新"中小企业发展面临的主要问题

（一）企业生存压力较大

　　受国际形势、新冠肺炎疫情等多重因素影响，重庆"专精特新"中小企业运行受到一定冲击。一是原材料价格上涨。重庆"专精特新"中小企业不同程度地受到原材料价格上涨的困扰。据调研，重庆某净水材料有限公司的原材料价格上涨了 29.2%，其中主要原材料氢氧化铝（不含税）从 1973 元/吨涨到 2442 元/吨。重庆某不锈钢制品有限公司的原材料成本占总成本的比重高达 75%~80%，其主要原材料 201#、304#不锈钢每吨涨幅分别在 70% 和 55% 以上。二是人力资源成本上涨。招工难招工贵问题导致部分企业出现无法按时完成订单的交付、不敢接单等情况。据调研，重庆某机械制造有限公司招工人数增长 12% 以上，加上平均工资的上调，该公司人工成本较上年增长 10% 左右。三是市场需求不足。当前，市场需求不足导致重庆大量"专精特新"中小企业订单量减少，加之流动资金不足、物流运费飙升等问题，给重庆"专精特新"中小企业带来更大的负担和挑战。

（二）企业创新能力不足

创新能力不足也限制了重庆"专精特新"中小企业的发展。一是研发基础薄弱。受科研机制、行业集中度、企业规模等诸多因素的影响，重庆"专精特新"中小企业研发强度并不高。从重庆总体研发投入情况来看，2021 年重庆 R&D 经费投入 603.8 亿元，R&D 经费投入强度为 2.16%，与广东（4002.2 亿元、3.22%）、江苏（3438.6 亿元、2.95%）、北京（2629.3 亿元、6.53%）、浙江（2157.7 亿元、2.94%）比较，仍然存在较大差距。研发经验和成果的传承、积累不足，难以开展一些重大科研项目，前沿核心技术研发能力较弱。二是创新产出率不高。全国"小巨人"企业发明专利平均水平为 11 项，而重庆国家"小巨人"企业平均发明专利仅 6 项，明显落后于全国平均水平。三是优质创新型企业很少。重庆"专精特新"中小企业中知名企业较少，上市企业仅 7 家，创新型企业屈指可数。

（三）数字化转型升级困难

在一系列"专精特新"政策的激励及资金扶持下，重庆"专精特新"中小企业的数字化转型升级步伐不断加快，但同时面临诸多现实困境。一是自身条件受限。重庆"专精特新"中小企业中民营企业占据主导地位，占比高达 90%，同时主要集中于传统制造业，这种经济特征导致企业管理层对于数字化升级的认识不到位，缺乏方法论支撑，对于要不要数字化升级、如何进行数字化升级缺乏清晰的战略目标与实践路径。二是数据孤岛现象仍然存在。重庆"专精特新"中小企业应用了较多信息系统，但各个系统相互之间无法有效联通，各种数据资源无法汇集。对数据的应用仅限于营销、客户关系管理和风险防控等有限场景，未能充分发掘数据资产的潜在价值。三是基础条件不足。资金和人才是重庆"专精特新"中小企业数字化转型面临的另一个难题，融资约束和人才短板使得企业难以迈出数字化转型的"第一步"。

（四）高端人才支撑不足

人才是企业的核心竞争力。企业的技术优势就在于技术人才的研发能力。"专精特新"中小企业通过生产高技术含量、特殊材料或者特殊用途的新型产品在市场中取得核心竞争力，而这些产品的生产当然以特殊高端人才为基础。目前，重庆市"专精特新"中小企业仍然面临高端人才支撑不足的困境，主要表现在如下几个方面：一是高端人才的吸引力不足。受工资待遇、工作条件、工作环境等因素影响，重庆在引进人才方面无论是质量还是数量，都远远满足不了企业发展需要，高层管理和专业技术人才缺口较大。据调研，重庆半数以上"专精特新"中小企业反映，中西部制造企业对高端人才特别是研发人员吸引力不强，企业人才引进成本偏高，制约企业的创新发展。二是本土高校培育人才不够。重庆本土高校中 985、211 高校只有两所，其余均为普通高校和大专院校，所培养的人才远远不能满足重庆本土发展需要。

（五）市场化融资渠道不畅

畅通融资渠道是"专精特新"中小企业发展的外部驱动力。近年来，重庆市政府出台了多项政策举措来缓解"专精特新"中小企业融资难、融资贵的问题，例如银企对接机制、"专精特新"信用贷等。但是总体上这些政策举措市场化程度不高，与"专精特新"中小企业的发展需求和融资渠道之间还存在较大差距。以上市这一直接融资渠道为例，目前，重庆的国家级"专精特新"企业在 A 股上市的仅 3 家，在新三板挂牌的仅 4 家，分别占全国的 0.9%、1.1%，与广东（41 家、37 家）、江苏（60 家、11 家）、浙江（27 家、30 家）、上海（30 家、22 家）、四川（17 家、13 家）等相比，仍有不小差距。

三　重庆市"专精特新"中小企业发展对策

"专精特新"中小企业培育对于产业基础再造和制造业高质量发展具有重要的促进作用。重庆作为传统工业城市，实现工业转型升级必须坚定不移地推动"专精特新"中小企业加快发展。应坚持创新驱动、市场带动、上下联动和持续推动，聚焦政策惠企、服务助企、环境活企，借鉴国外工业发达国家经验，精准施策，从生态培育、数字赋能、科技创新、营商环境、人才培养、金融支撑等方面加大政策支持力度。

（一）强化梯度培育，壮大"专精特新"中小企业规模

结合《重庆市推进"专精特新"企业高质量发展专项行动计划（2022—2025 年）》，重庆要聚焦创新型中小企业、"专精特新"中小企业、国家"小巨人"企业阶段性目标和长远战略，紧抓"专精特新"中小企业梯度培育这一主线，建立健全从初创企业到国家"小巨人"企业的完整梯度培育体系，加快推动"专精特新"中小企业在数量和质量上同步提升。一是建立层层递进的"专精特新"中小企业梯度培育机制。完善"专精特新"中小企业捕捉寻找、自荐推荐机制，健全创新型中小企业梯度培育体系、标准体系和评价机制。明确梯度培育重点方向，开展分层分类动态管理，分层培育"专精特新"中小企业群体，分类促进"专精特新"中小企业做精做强做大。二是制定清晰可行的"专精特新"中小企业路线图。遵循中小企业成长规律和阶段性发展特征，组织团队对"专精特新"中小企业开展调研，为中小企业量身打造发展方案，使其少走弯路。三是构建多方

共赢的"专精特新"中小企业生态圈。筛选主营业务突出、专业化发展明显、市场占有率高、竞争力强的企业作为"链主"企业，通过重庆市中小企业平台与合作意愿强的"专精特新"中小企业开展全方位合作。畅通供需、技术、金融等数据资源通道，组织开展参观学习、座谈沙龙、案例分析等系列活动，推动"专精特新"中小企业深度融合，打造企业间融通创新、协同发展的产业新生态。

（二）完善体制机制，提升"专精特新"中小企业创新能力

创新是"专精特新"中小企业的灵魂。提升"专精特新"中小企业的创新能力，要从体制机制的角度入手。一是改进基础研究发展机制。除自主研发、委托高校和科研机构等形式以外，鼓励企业与企业的合作研发。对于已有成果，通过购买知识产权、专利成果产业化、引进国际技术资源等方式有效缩短攻关时间，加快产品迭代速度。二是建立科技创新长效机制。既要集中力量攻克关键共性技术和前沿引领技术，又要重视基础研究的作用，培育基础研究的土壤。三是完善科技成果转化应用机制。建立健全高水平技术交易市场，支持科技成果转化和产业化；优化创新环境，保护中小企业的主体地位，增强创新动力，加大对有发展潜力的企业和组织的扶持力度，提升中小企业创新生态的稳定性和竞争力。四是增强知识产权保护能力。通过严格的知识产权保护体系，对中小企业知识产权进行保护。专利是企业创新能力的佐证，鼓励和支持中小企业通过深入挖掘专利、合理布局专利、核心技术保密等方式，增强知识产权保护的意识和能力；鼓励和支持企业参与行业和团体标准制定，加速由知识产权向产业或行业标准转化，争取行业话语权和发展先导权。

（三）深化数字赋能，加快"专精特新"中小企业转型升级

如今大数据时代已经来临，智能化、数字化发展趋势不可阻挡。"专精特新"中小企业的高质量发展必须借助数字技术这一手段，进行数字化转型升级。一是为"专精特新"中小企业打造清晰可行的数字化战略。一个

清晰可行的数字化战略就像航行中的指南针，可以让企业知晓数字化转型的方向以及手段，避免走弯路。二是解决"专精特新"中小企业长期存在的"数据孤岛"问题。运用大数据、云计算等现代信息技术，对整个产业链的海量数据进行采集、清洗和分析，建立预测、评价模型，最大限度地融合与共享技术和产业信息，推动产业链深度融合，提升产业链上下游之间的协同水平，从而引领产业数字化转型升级。三是加大对产业数字化转型的资金倾斜力度。制定产业规划发展的引导政策，安排专项扶持资金，大力建设信息数据基础设施，带动民间投资，提升数字产业发展水平，为"专精特新"中小企业的数字化转型升级保驾护航。同时通过技改补助、低息贷款等多种方式筹措资金，积极引导"专精特新"中小企业进行数字化改造。四是打造数字化转型升级示范项目。通过标杆项目或资金奖励的方式，对具有数字化优势的企业建设数字化示范工厂和车间进行支持，打造一批智能工厂、数字化车间、智慧园区等示范项目。

（四）优化营商环境，缓解"专精特新"中小企业生存压力

当前，在疫情冲击、经济下行、地缘政治冲突加剧三重压力之下，重庆"专精特新"中小企业举步维艰。政府有必要采取有效措施改善营商环境，帮助企业生存发展。一是构建"专精特新"中小企业支持体系。保护中小企业及企业主的合法权益，激发企业创新发展活力，促进"专精特新"中小企业良性发展。二是建立健全"专精特新"中小企业联系服务机制。设立"专精特新"中小企业专门联系人，强化业务培训，对"专精特新"中小企业经营发展诉求，第一时间响应、第一序列安排，全力服务保障企业发展。三是精简优化审批程序。推进政务服务平台一体化贯通，推进企业登记注册、涉企经营许可等高频事项"一网通办"，促进有效市场与有为政府更好结合，切实为企业发展带来真正便利。四是强化公共服务示范平台的搭建和完善。搭建重庆市"专精特新"中小企业信息发布平台，汇集各类政策信息、企业发展市场信息等，实现部门间、企业间、部门与企业间信息共享和政策协同，实现企业信息与惠企政策精准及时推送，尽力消除信息不对称

现象，降低信息传递成本。同时充分发挥重庆市中小企业平台的作用，整合各类服务资源，更好地开展核心业务。

（五）培养工匠精神，打造"专精特新"中小企业人才支撑体系

"专精特新"中小企业的核心竞争力在于工程师和高级技工等人才聚集。人才是创新的关键要素。引进人才，留住人才，是"专精特新"中小企业增强市场竞争力、提升创新能力的基础。一是要全面落实"重庆英才计划""塔尖""塔基"等人才政策。支持"专精特新"中小企业吸纳引进高端人才，加大对高技能人才在落户、住房、医疗保障、子女教育等方面的政策扶持力度，使他们安心专心精心于"独门绝技"。二是要实施精准的人才招聘。要发挥大数据技术优势，利用大数据技术实施精准招聘。通过大数据，对高端人才职位进行精准描述，不断优化岗位所需的关键指标和相关特质，提炼和梳理岗位关键要素，确保招聘人才高端化、专业化。三是要优化高端人才的工作和生活环境。通过改善高端人才的工资收入、住房、子女教育等方面待遇，不断优化人才工作和生活环境，不断提升高端人才的归属感、成就感，培育高端人才的工匠精神、奉献精神，激发高端人才到中小企业就业的积极性。四是要完善高端人才的激励机制。建立注重创新发展、侧重激励员工内在机制的制度体系，完善高端人才的收入分配机制。在落实重庆市人才待遇相关政策基础上，鼓励企业深化收入分配制度改革，支持"专精特新"中小企业建立高端人才的职务津贴和特殊岗位津贴制度，支持在按劳分配的基础上，实行股权期权分配等多种市场化激励机制，最大限度地调动高端人才的工作积极性。同时，要根据心理需求的基本规律，在物质需要满足的基础上，关注员工的心理需求、安全需求以及实现自我的需求。引导全社会树立尊重人才、尊重知识、尊重技术的观念，鼓励更多人步入高端人才行列。

（六）畅通融资渠道，增强"专精特新"中小企业外部驱动力

受融资模式、融资渠道、激励约束机制等因素影响，金融机构在中小企

业融资中的作用发挥不够，造成中小企业融资困境。融资难、融资贵是限制重庆"专精特新"中小企业发展的一大因素。对此，需要政府采取有力措施，进一步出台融资政策，畅通融资渠道，激发金融机构融资动力。一是要充分发挥财政资金的带动作用。以中央和地方财政资金为先导，充分发挥种子基金、天使投资、风险投资、中小企业发展等政府引导基金作用，提高基金市场化运作水平，细化引导基金容错机制，探索发行政府专项债等，建立梯度培育清单和重点行业目录，精准化推进"专精特新"中小企业培育。二是要充分发挥地方融资担保基金基础作用。完善政策性融资担保体系，加快搭建重庆中小微企业政策性融资担保基金管理中心，打造"担保基金+"等系列专项金融服务，扩大"专精特新"中小企业融资担保规模，降低融资担保费用。三是要提升金融机构服务能级。鼓励金融机构转变理念，开发多元化金融产品，适当上调知识价值信用贷款和商业价值信用贷款授信额度，探索"企业、专家、银行"多方联动机制。四是要提升直接融资驱动力。利用全国中小企业股份转让系统和区域性柜台市场，发挥权益类融资支持作用；探索国有企业注资持股，以大项目为依托，实现资金链和产业链互利共赢的金融扶持；鼓励金融机构开发多元化金融产品，推动建立"专精特新"信用贷风险补偿机制和奖励机制。

参考文献

《习近平谈治国理政》（第四卷），外文出版社，2022。

董志勇、李成明：《"专精特新"中小企业高质量发展态势与路径选择》，《改革》2021年第10期。

韩晶：《推动"专精特新"中小企业持续健康发展》，《人民论坛》2022年第7期。

B.5
重庆建设具有全国影响力的科技创新中心成效及展望

明　炬*

摘　要： 2022 年全市上下牢记殷殷嘱托、抢抓战略机遇，深入落实习近平总书记关于科技创新的重要论述和对重庆的重要指示要求，深入推进以大数据智能化为引领的科技创新，推动建设具有全国影响力的科技创新中心取得积极进展。2023 年，重庆坚决落实党中央决策部署和市委工作安排，秉承"内激活力、外引资源"思路，不断调动和激发全市创新活力和创新主体内在动力，优化科技创新版图，汇聚优质创新资源，完善科技创新体系，推动产学研协同创新，促进科技成果转化，进一步加快具有全国影响力的科技创新中心建设，让科技创新"关键变量"成为重庆高质量发展的"最大增量"。

关键词： 科技创新中心　创新驱动发展战略　产学研协同

党的二十大报告指出，必须坚持科技是第一生产力、人才是第一资源、创新是第一动力，深入实施科教兴国战略、人才强国战略、创新驱动发展战略，开辟发展新领域新赛道，不断塑造发展新动能新优势。市第六次党代会报告明确提出今后 5 年科技工作的重点为深入推动创新发展，加快打造具有全国影响力的科创中心。重庆将深入贯彻落实党的二十大精神和市第六次党代会精神，按照市委、市政府工作部署，秉承"内激活力、外引资源"思

---

* 明炬，重庆市科学技术局党委书记、局长，中共重庆市第六届委员会候补委员。

路，加快建设具有全国影响力的科技创新中心。持续推进以大数据智能化为引领的创新驱动发展，多渠道增加科技投入，不断提升重庆科技创新的集聚度、活跃度、开放度、贡献度、辐射度，让科技创新"关键变量"成为重庆高质量发展的"最大增量"。

一　2022年重庆科技创新成效

2022年，全市科技创新工作坚持以习近平新时代中国特色社会主义思想为指导，深入学习贯彻党二十大和二十届一中全会精神，全面落实习近平总书记关于科技创新的重要论述和对重庆提出的重要指示要求，抢抓成渝地区双城经济圈建设战略机遇，认真落实市委五届十次全会精神，聚焦加快建设具有全国影响力的科技创新中心目标，大力推进以大数据智能化为引领的创新驱动发展，科技创新保持持续向好势头，高质量发展的新动能蓄势发力。

（一）高位谋划推动，构建多方协同的新格局

坚持把创新作为引领发展的第一动力，深化部市会商、部门协同、市区协商的工作机制，形成上下联动、横向联合的工作格局，汇聚推进科技创新的强大合力。

一是国家部门大力支持。《成渝地区建设具有全国影响力的科技创新中心总体方案》印发，国家发展改革委、科技部将成渝具有全国影响力的科技创新中心、成渝综合性科学中心纳入国家区域创新高地总体布局。科技部牵头制定西部科学城建设方案，支持建设国家生猪技术创新中心、国家应用数学中心等国家创新基地8个，批准建设国家科技成果转移转化示范区，资助国家自然科学基金、重点研发计划等各类科研项目资金26亿元。中国科学院支持建设中科院重庆科学中心，推动中科院汽车软件创新研究平台落地。中央军委科技委支持实施科研项目115个、资助经费5亿元。

二是市领导亲自部署。敏尔书记亲自谋划、亲自部署建设具有全国影响力的科技创新中心一系列重大举措，出席智博会、英才大会、科技奖励大会

等重要科技活动，统筹推动高端创新资源引进等重大工作。衡华市长靠前指挥、亲自领导重大科创平台建设、重大科技项目引进和重大科创政策制定，推动各项重大任务落实落地。市委五届十次全会专题研究科技创新，出台《中共重庆市委关于深入推动科技创新支撑引领高质量发展的决定》和"财政金融政策30条"。编制出台《成渝地区建设具有全国影响力的科技创新中心总体方案》，发布《重庆市科技创新"十四五"规划（2021—2025年）》，出台"成果转化24条""西部（重庆）科学城高质量发展24条""重庆国际生物城成果转化28条"等政策文件。

三是部门区县高效协同。市级部门和区县以贯彻落实市委五届十次全会和市第六次党代会精神为契机，加强联动、增强协同，市委组织部、市发展改革委、市教委、市经济信息委、市财政局、市人力社保局、市大数据发展局、市科协等单位密切协作，事项化、项目化、清单化推动落实科技创新支持政策和具体项目，38个区县召开全会专题研究科技创新，进一步明确科技创新定位、重点和特色，策划建设一批特色科创平台。2021年全社会研发投入强度达2.16%，提高0.05个百分点。

四是川渝协同深入推进。召开川渝协同创新专项工作组会议4次，签订"1+6"合作协议，共同编制"一带一路"科技创新合作区建设方案，共建重点实验室等创新平台9个，联合实施人工智能、生物医药等领域科研项目45个，建成上线川渝科技资源共享服务平台、共享科研仪器设备9823台（套），推进毗邻地区科技创新合作，组建成渝高新区协同创新战略联盟、科研院所联盟和大学科技园协同创新战略联盟，实现川渝外国高端人才工作许可互认。目前，川渝两地正在联合筹备在渝举办首届"一带一路"科技交流大会，共同编制成渝综合性技术创新中心、"万达开"综合性技术创新中心建设方案和《川渝毗邻地区科技协同创新发展能力提升行动方案（2023—2025年）》。

（二）优化创新版图，提升核心承载区的新能级

切实将建设科创中心核心承载区作为全市科技工作的主阵地，大力提升

创新集聚度、活跃度、开放度、贡献度、辐射度。

一是高水平建设西部（重庆）科学城。与成都高新区共同编制《重庆高新区成都高新区"双区联动"推动成渝地区双城经济圈建设行动方案（2022—2025）》，印发实施《关于调整完善重庆高新区推动成渝地区双城经济圈建设领导小组成员和专项工作组的通知》。累计引进国电投医用同位素研发及生产基地、大唐高鸿车联网总部等项目 319 个，总投资 3142 亿元。超瞬态实验装置、中科院重庆科学中心、中国自然人群生物资源库、上海交大重庆人工智能研究院等战略科技力量加快布局，张平文院士、李克强院士、吴宜灿院士、欧阳明高院士、卞修武院士等一批院士领衔的科研团队纷纷落户，新增重庆英才卡 A 卡持卡人数 147 人，累计达 766 人，占全市23.5%。新增上市企业、独角兽企业各 1 家，科技型企业增至 1373 家，新增市级"专精特新"企业 73 家、累计 113 家，战略性新兴企业产值占全市比重约 25%。目前，正在研究制定科学城和大学城融合创新的举措，清单化推进引进创新资源、实施科研项目、促进成果转化、发展科技金融等重点任务。

二是高标准建设两江协同创新区。引进建设北京理工大学重庆创新中心等开放式国际化研发机构 46 家，建设市级以上研发平台 399 个，明月湖实验室集聚先进储能等方向的院士团队 9 个，启动运营电池储能技术等研究中心，建设分布式雷达天体成像测量仪验证试验场等重大创新平台，筹建高等工程师学院，支撑引领智礼嘉慧园、数字经济产业园发展。目前，正在研究制定两江协同创新区高质量发展的意见，加快建设明月湖实验室，支持举办高水平学术交流活动，推动协同创新走深走实。

三是高质量建设广阳湾智创生态城。启动建设重庆脑与智能科学中心、碳捕集碳中和技术创新中心，加快建设长江模拟器、长江上游生态航道国家野外科学观测研究站，集聚市级以上研发机构 208 家、市级以上孵化平台 23 个，创建国家绿色产业示范基地，打造国家城乡融合发展示范区、长江经济带绿色发展示范区承载地。目前，正在研究制定加快广阳湾智创生态城科技创新的措施，谋划建设广阳湾重庆实验室，支持建设国家科技成果转移转化示范基地。

四是高效能推动区县科技创新。重庆国际生物城发布建设发展三年行动计划，打造荣昌畜牧科技城、南岸迎龙创新港、涪陵慧谷湖创新小镇等区县特色科创平台 10 余个，支持万州区、黔江区打造区域性科创中心，丰富"一区两群"协同创新体系。目前，正在研究制定加强区县科技创新的意见，深化市区科技协作，因地制宜谋划建设"一区一平台"，更加合理、高效配置创新要素和资源，推动科技创新与区县经济社会发展更加紧密融合。

（三）汇聚创新主体，完善科技供给的新体系

顺应科技革命和产业变革趋势，切合重庆科技发展需求，积极构建更加符合时代发展要求的新型科技创新体系，大力提升科技创新供给水平。

一是高水平创新基地加速建设。加快推进国家实验室重庆基地落地建设，"一室一策"优化重组国家重点实验室，大力建设金凤实验室、明月湖实验室等重庆实验室，创建全市首个国家"一带一路"联合实验室，新建市级重点实验室 38 个，加快推进超瞬态实验装置、长江上游种质创制科学装置、积声科学装置等重大科技基础设施，技术创新中心和制造业创新中心实现双突破，市级以上科技创新基地和平台达到 992 个。

二是新型研发机构加快集聚。实施引进创新资源行动计划，新引进中科院软件所、机械研究总院等知名创新机构 82 家、累计 108 家，落地建设研发机构 65 家，新建设新型研发机构 94 家、累计 179 家，在集成电路、人工智能、深空探测、卫星互联网等领域开辟了未来科技竞争的新赛道。

三是创新人才队伍不断壮大。实施"塔尖""塔基"人才政策，"一院一策""一企一策"精准支持用人单位引进人才，开展博士"直通车"、博士后定额资助，实施"重庆英才计划"等人才计划，加快集聚高层次创新人才。全市"两院"院士 18 人、国家"杰青"获得者 56 人、"优青"获得者 69 人，首次获得信息领域国家创新研究群体项目，外国高端人才 1310 人，R&D 人员总量 16 万人。

（四）推动科技产业融合，培育产业发展的新动能

充分发挥政府引导带动作用，激发汇聚全社会创新力量和资源，切实推动企业成为创新的主体，抢占科技革命和产业变革的新高地。

一是提质发展创新园区。新增綦江、梁平、垫江、黔江、秀山、开州6个市级高新区，布局形成"4+12"高新区（国家级4个、市级12个），工业总产值、企业营业收入均破万亿元，成为重庆市高质量发展先行区。加快建设渝北国家农高区，培育农业科技园区22个（国家级13个、市级9个），选派科技特派员3448人（次）开展乡村振兴科技示范。

二是加快培育科技企业。深入实施科技企业成长工程，新增科技型企业5901家、高新技术企业1241家，总量分别突破4.2万家、6300家。新增市级"专精特新"企业1579家、累计2365家，新增国家"小巨人"企业53家、累计118家。智翔金泰、西山科技申请科创板上市，山外山公司在科创板上市。

三是抓好关键核心技术攻关。制定实施基础研究行动计划，编制科技进步路线图，推进重点领域关键核心技术攻关，取得纳米时栅位移测量技术、车规级芯片设计、5G通信射频芯片设计、汽车双离合自动变速器等一批重大技术成果，近两年获国家科学技术奖21项。目前，聚焦智能科技、生命科技、低碳科技三大重点领域，围绕工业软件、电子器件、智能制造、大数据、生物医药等10个具体方向，启动实施科技创新专项，整合优化资源、创新管理机制，提升有组织创新能力水平，加快攻克一批关键领域的核心技术。

四是加快发展创新产业。近两年全市规模以上工业和战略性新兴产业增加值增速分别为13.5%、18.2%。汽车领域实现L2+级智能驾驶技术国内首发量产，开发C385全新纯电动汽车、CS75燃料电池SUV。集成电路领域突破车规级芯片设计、5G通信射频芯片设计等核心技术，研发智能电控汽车芯片等产品，掌握一批集成电路关键技术。高端装备领域完成国内首台深远海浮式风电装备设计制造。人工智能领域以建设国家新一代人工智能创新发

展试验区为契机，布局京东、中科曙光等高性能算力设施，突破视频定位等核心技术。生物医药领域20个1类创新药获批临床试验，4个1类创新药进入Ⅲ期临床试验。"聚焦'科创+产业'打造重要创新策源地"受到国务院第八次大督查通报表扬。

（五）营造创新生态，释放创新创业的新活力

深化科技体制改革，健全创新服务体系，厚植创新创业社会土壤，充分调动创新主体积极性和社会创造活力。

一是深化科技体制改革。获批建设全面创新改革试验区，修订实施科技创新、成果转化两个地方性法规，推进"地方科学基金项目'负面清单+包干制'""新型研发机构科教融合培养产业创新人才""以先投后股方式支持科技成果转化""科研机构技术转移人才评价和职称评定制度"4项改革，遴选20家单位开展职务科技成果所有权或长期使用权改革试点，启动首批技术经纪专业职称认定，开展生物医药研发用物品进口试点，视频化解读科技创新政策16项。目前，正在研究制定科技体制改革三年行动方案，深化科技激励、人才评价、科研人员减负等重点改革。

二是促进科技成果转化。建设环大学创新生态圈10个，新增重庆理工大学国家大学科技园、累计3家，新增国家级孵化平台38家、累计95家，建设国家"双创"示范基地8个，认定市级科技企业孵化器99家、累计406家。全市技术合同交易额累计611.3亿元。目前，正在加快构建"点、线、片、网"成果转化体系，依托西部（重庆）科学城打造金凤科创园，支持区县建设大型科技企业孵化园、创新创业社区等标杆性载体，补齐"小试+中试+产业化"科技成果熟化全链条，依托易智网建设成果转化服务开放网络，着力打造科技服务集聚区。

三是强化科技金融支撑。重组科技投资平台，种子、天使、风险三支政府引导基金组建子基金92支，总规模292.98亿元，投资项目1442个、金额181.15亿元。深入推进知识价值信用贷款改革，累计为9552家企业发放知识价值信用贷款165.2亿元，引导发放商业贷款112.59亿元，分别增长

372%、262%。目前，按照"1+3"基金架构建立科创培育基金，分设科创种子引导基金、科创天使引导基金、科创风险投资基金，强化功能定位、创新管理机制，围绕战略性新兴产业发展，聚焦重庆市各个战略科技高地和创新创业策源地，大力培育初创期科技型企业。

二　2023年重庆科技创新重点任务

2023年，重庆将深入贯彻落实党的二十大和二十届一中全会精神，按照市委、市政府工作部署，着力提升科技创新实力，加快建设具有全国影响力的科技创新中心。

（一）打造科创中心核心承载区

事项化推进科学城与大学城融合发展，加快建设重庆大学科学中心、重庆国家应用数学中心、金凤实验室等重大科技创新平台，加快推进超瞬态实验装置主体开工建设。出台两江协同创新区高质量发展意见，持续加大高校和科研院所引进力度，加快建设孵化加速器、云上山麓科创基地等创新空间和明月湖创新创业孵化社区，推动设立明月湖种子基金，加快推动西南技术交易中心发展，办好第三届明月湖国际创新创业大赛。支持广阳湾智创生态城开展消落带快速生态恢复及重建、生境塑造、神经感知与智能调控等关键技术研发，积极打造零碳示范产业园、智慧交通和智慧建造等典型应用场景。

（二）实施市区科技协作计划

深入实施支持区县科技创新发展的指导意见，优化全市创新版图，结合区县科技创新发展需求，凝练提出市区科技协作的重点，打造"一区一平台"，引导主城都市区聚焦主导产业打造科技平台，支持渝北电子信息、九龙坡轻量化材料、巴南生物医药、璧山新能源汽车等重点产业发展，推进"两群"地区特色产业发展，支持万州和黔江打造区域科技创新中心，推进垫江全域数字经济示范区、奉节国家创新型县等特色平台发展，力求形成"一区一特色"。

（三）完善科技创新体系

构建实验室体系，争取国家实验室重庆基地落地，持续推进在渝国家重点实验室重组，争取在先进制造、生态环保等领域创建新的全国重点实验室。高标准打造重庆实验室。开展重庆市重点实验室优化重组，在人工智能、先进制造、大健康、节能环保和现代农业等重点领域布局建设川渝共建重点实验室。推动符合条件的重庆市工程技术研究中心转建为重庆市技术创新中心，在山区道路智慧运维、新型疫苗及抗体等领域布局新建一批市级技术创新中心。深入实施科技型中小企业创新发展行动计划，建立高新技术企业培育库。提升高校科技创新能力，持续推进"双一流"建设，培育建设一批创新研究群体。建设市场导向的科研机构发展体系，高质量发展新型研发机构，支持以重大项目攻关、重大成果转化为牵引，以领军科学家团队为中心组建新型研发机构。进一步落实扩大科研院所自主权改革，持续推动畜科院、农科院、重科院等大院大所的改革。

（四）推进重大科研攻关

优化配置创新资源，推动实施有组织创新，采取部市联动、部门协同、市区联合等方式，聚焦人工智能场景应用、汽车核心软件、预制菜及农产品加工、良种创新、创新药物研发、重点行业减污降碳等重点方向，组织实施一批重大和重点专项。

（五）加快成果转化和产业化

推动潼南、铜梁和涪陵等区县加快创建国家高新区，深化高新区体制机制改革，支持高新区探索高质量发展积分制管理，推动高新区打造创新型产业集群，促进高新区高质量发展。深入实施提升科技服务能力三年行动计划，围绕研发设计、检验检测、技术转移等重点领域，谋划打造一批公共服务平台，加快建设金凤科创园、国际科创园等科技服务业机构集聚区。加快建设国家科技成果转移转化示范区，升级打造环大学创新生态圈，积极创建国家技术转移区域中心，促进全市技术合同登记额进一步增长。优化科技金融服务，推动科创培育基金落地，引导基金投早、投小、投硬科技，支持科技企业孵化成长，持续开展知识价值信用贷款改革试点。

（六）建设高素质科技人才队伍

组织实施科技领域"重庆英才计划"、科技"爆破手"寻访专项计划，遴选具有创新实力和潜力的科技创新人才团队进行重点培养和支持。支持高校、科研机构和企业联合人才培养模式，努力造就大师级人才、战略科学家、一流科技领军人才和创新团队以及优秀青年科技人才。建立征集引才引智需求的工作机制，定期发布重点行业、重点单位引才引智需求目录，依托专业智库、大数据公司和海外引才引智科技工作站，绘制聚焦重点国家和地区的高水平科技人才地图，适时举办线上、线下海内外人才招聘洽谈活动，强化科技人才供需精准对接。健全和完善外籍"高精尖缺"人才地方认定标准，落实外国人来华工作计点积分加分政策，通过组织观展观演、休假疗养、学术交流等活动丰富外国专家服务。

（七）扩大科技创新合作

深化川渝合作，联合争取成渝综合性科学中心落地，推动万达开技术创新中心建设，组织实施2023年川渝联合实施重点研发项目，协同推动"一带一路"科技创新合作区和国际技术转移中心建设，联合举办"一带一路"科技交流大会。深化与京津冀、长三角、粤港澳三大科技和创新中心合作，持续推进与山东、湖北、湖南、陕西、新疆、西藏等省份的科技合作，联合共建重大科技创新平台，实施重大科技项目，开展重大产业关键核心技术、装备和标准的研发攻关。

（八）深化科技体制改革

出台重庆科技体制改革攻坚三年实施方案，深化市属科研院所市场化改革，推动三技活动奖酬金发放改革试点，优化科技绩效奖励机制，制定科研项目经费"包干制+负面清单"管理办法，完善科技成果、人才评价改革等相关政策措施。制定新时代加强科普工作的若干举措，推进部分轨道交通站点科技创新文化氛围营造。积极落实国家关于优化科技人才评价的意见，开展青年科研人员减负行动，加强科技人才服务能力建设，集聚高水平创新人才团队。

参考文献

习近平：《高举中国特色社会主义伟大旗帜　为全面建设社会主义现代化国家而团结奋斗——在中国共产党第二十次全国代表大会上的报告》，2022年10月26日。

《中国共产党第十九届中央委员会第五次全体会议公报》，新华网，2020年10月29日。

《中共中央关于制定国民经济和社会发展第十四个五年规划和二○三五年远景目标的建议》，中华人民共和国中央人民政府网，2020年11月3日。

习近平：《在中国科学院第二十次院士大会、中国工程院第十五次院士大会、中国科协第十次全国代表大会上的讲话》，人民出版社，2021。

习近平：《在庆祝中国共产党成立100周年大会上的讲话》，人民出版社，2021。

习近平：《在中央人才工作会议上的讲话》，中华人民共和国中央人民政府网，2021年9月28日。

《中国共产党重庆市第五届委员会第十次全体会议决议》，《重庆日报》2021年5月19日。

重庆市人民政府：《重庆市科技创新"十四五"规划（2021—2025年）》（渝府发〔2022〕3号），2021年1月5日。

B.6
重庆市实施乡村振兴战略与推进农业农村现代化形势分析与预测

重庆市农业农村委员会

摘　要： 习近平总书记指出，重庆推动高质量发展，最艰巨最繁重的任务在农村，最大潜力和后劲也在农村。2022 年，重庆市委、市政府坚持以习近平新时代中国特色社会主义思想为指导，坚持把乡村振兴作为重庆发展的最大潜力，把城乡融合作为重庆发展的最高境界，落实农业农村优先发展要求，精准发力推动乡村振兴迈出坚实步伐。同时也要看到，全面实施乡村振兴战略的深度、广度、难度都不亚于脱贫攻坚，重庆全面推进乡村振兴既面临不少矛盾挑战，也存在不少有利条件。做好 2023 年农业农村工作，要深学笃用习近平总书记关于"三农"工作的重要论述，全面推进乡村振兴，突出抓好稳产保供、巩固成果、产业发展、深化改革、城乡融合等重点任务，加快健全完善城乡一体融合发展体制机制和政策体系，把党的二十大作出的全面推进乡村振兴部署要求全面落实到重庆大地上。

关键词： 乡村振兴　农业农村现代化　重庆

一　2022 年农业农村重点工作进展及特点

2022 年是"三农"工作重心转向全面推进乡村振兴后，重庆农业农村发展经受考验、砥砺奋进、很不平凡的一年。面对复杂严峻的发展环境和疫情、灾情、旱情多重冲击，在以习近平同志为核心的党中央坚强领导下，市委、市政府坚持把农业农村工作摆在经济社会发展大局的重中之重，带领全市上下深入学习贯彻习近平总书记关于"三农"工作的重要论述和重要讲话、重要指示批示精神，全面落实党中央、国务院决策部署，守住守好粮食安全、耕地保护、不发生规模性返贫"三条底线"，扎实抓好乡村发展、乡村建设、乡村治理"三个重点"，着力推动科技创新、农村改革为乡村振兴赋能，着力"稳粮保供给、增收防返贫、强链提质量、创新添动能、统筹促振兴"，全面推进乡村振兴迈出了坚实步伐，农业农村经济社会发展稳中有进、持续向好。前三季度，全市第一产业增加值1366.26亿元、同比增长3.7%，农村常住居民人均可支配收入14727元、同比增长7.5%。

各级农业农村部门和有关涉农部门，坚决贯彻党中央"疫情要防住、经济要稳住、发展要安全"的部署要求和全国稳住经济大盘工作会议精神，全面落实市委、市政府工作安排，抓牢抓实四件大事，为保持平稳健康的经济环境、国泰民安的社会环境提供了坚实有力的"三农"支撑。

一是扛起维护国家粮食安全重任。严格落实粮食安全和耕地保护党政同责，把扩大大豆油料种植作为政治任务，制定稳定粮食生产保障有效供给10条硬措施，建立"领班+专班"工作机制，对粮食生产任务"周调度、月会商、季研判"，组织开展"战高温干旱、保秋粮丰收"行动，清单化推进撂荒地复耕复种82.2万亩，及时足额兑现耕地地力保护补贴、种粮大户补贴等惠农资金30.4亿元，最大限度地调动区县和种粮农户重农抓粮积极性。

二是守住不发生规模性返贫底线。出台坚决防止规模性返贫23条硬措施，扎实开展"大走访、大排查、大整改"行动，突出抓好解读政策、解决问题和帮助增收"两解一帮"，深化鲁渝协作、中央单位定点帮扶和社会帮扶，紧盯脱贫人口、边缘户、监测对象等重点群体，聚焦乡村振兴重点帮扶县、乡镇和易地搬迁集中安置点等重点区域，抓实产业和就业两个关键，持续促进脱贫群众稳定增收。

三是大力度推进农产品加工业发展。把农产品加工业作为农业全产业链建设的关键环节,研究制定农产品加工业发展扶持政策措施,分片区召开座谈会谋划推动,组织开展到发达地区考察学习,推动实施一批农产品加工业重大项目,落实 5000 万元专项资金支持农产品科技创新,启动中国(重庆)农产品加工业创新设计大赛,分批次组织开展农产品加工人才培训 517 人次,大力营造农产品加工业发展的良好氛围。

四是狠抓农业农村安全稳定。时刻绷紧安全稳定这根弦,强化安全生产责任,全面落实安全生产工作"15 条硬措施",聚焦农机、渔业、农药、沼气、畜禽屠宰等重点行业和领域,持续开展大排查、大整治、大执法行动,做好涉农群体信访稳定工作,推动化解涉农信访重点案件,统筹抓好农村地区疫情防控和经济社会发展,确保农村社会稳定安宁。

在各级各有关部门的大力推动和一系列强农惠农政策的有效驱动下,重庆农业农村工作取得 7 个方面显著成效。

1. 粮食和生猪等重要农产品供给平稳

一是粮油生产基本稳定。全市夏粮产量同比增长 1.1%、秋粮播种面积同比增长 0.5%,预计全年粮食播种面积达到 3068.3 万亩,同比增加 48.5 万亩、增长 1.6%。冬油菜种植面积 404.92 万亩,大豆种植面积超过 161 万亩,玉米大豆带状复合种植 25.3 万亩,均超额完成国家下达的任务。二是生猪生产持续向好。分级建立生猪产能调控基地,及时协调解决生猪养殖重点企业生产用地、贷款融资、产品调运等问题。前三季度全市存栏能繁母猪 117.3 万头,存栏生猪 1233.8.9 万头、同比增长 1.96%,出栏生猪 1365.1 万头、同比增长 8.9%。三是蔬菜生产稳定发展。及时妥善应对高温干旱等灾情影响,大力发展设施蔬菜,及时增种芽苗菜、食用菌等速生菜 68.9 万亩,前三季度全市蔬菜播种面积 914.2 万亩、产量 1736.7 万吨,同比分别增长 1.4%、2.7%。四是水产养殖平稳增长。积极推广生态健康养殖、养殖尾水治理、水产用药减量、配合饲料替代冰鲜幼杂鱼、种业质量提升等五大行动,因地制宜发展稻鱼、稻虾等综合种养,前三季度全市水产品产量 43.65 万吨、同比增长 3.1%。

2.耕地保护建设得到加强

一是耕地持续减少势头得到初步遏制。组建市、区县、乡镇三级工作专班，稳妥有序推进农村乱占耕地建房专项整治，建立健全耕地保护"人防＋技防"动态巡查监测机制，实行网格化管理，扎实开展2021年卫片执法图斑问题整改，违法占用耕地比例由13.7%下降为3.5%，16个区县实现耕地净增加。二是耕地质量稳步提升。高标准农田建设加快推进，2022年已完成投资18.77亿元，新建高标准农田143万亩，累计建成1641万亩。建成高效节水灌溉面积13.17万亩。启动57.9万亩丘陵山区高标准农田改造提升示范项目。三是耕地用途管制得到加强。加强耕地种植结构管控引导，落实耕地利用优先序。印发《重庆市实施耕地"进出平衡"指导意见（试行）》，对耕地"进""出"情况实行台账管理并落地落图，"进出平衡"项目新增耕地1.32万亩，其中有5个区县实施"进出平衡"恢复耕地超过1000亩。四是耕地污染治理修复取得成效。累计实施土地开发整治66.6万亩，增加耕地7万亩。落实市级资金1亿余元，在6个区县开展安全利用示范面积1.7万亩。持续开展耕地周边涉镉等重金属行业企业污染源排查整治，完善耕地土壤环境质量监测网络，全市受污染耕地安全利用率连年保持在95%以上。

3.脱贫攻坚成果持续巩固拓展

一是脱贫监测精准有效。健全防止返贫监测和帮扶机制，常态化落实"两不愁三保障"突出问题动态清零机制，2022年新识别监测对象0.32万户1.03万人，累计识别监测对象2.84万户8.57万人，"一户一策"制定精准帮扶措施，消除风险人数占比54.3%，剩余监测对象风险总体可控。二是脱贫人口持续稳定增收。制定脱贫地区特色产业可持续发展10条措施、脱贫人口稳岗就业13条措施等，衔接资金用于产业发展比例达到57.5%、比上年提高12个百分点，特色种养业覆盖90%以上脱贫户；脱贫劳动力实现务工79.4万人、为目标任务的105.7%。三是重点地区加快发展。"一县一策"支持城口、巫溪、酉阳、彭水4个国家乡村振兴重点帮扶县发展，列出政策支持清单213项、规划实施项目168个，2022年已倾斜安排衔接补助资金 20.9 亿元、占县资金量的 39.1%。强化易地搬迁后续扶持，建成集中安置点产业基地 151 个，产业覆盖搬迁脱贫群众 5.41 万户，实现搬迁群众就业 14.6 万人。四是帮扶成效持续深化。落实山东省、市两级财政援助资金 7.28 亿元，通过劳务协作帮助 3.74 万名农村劳动力实现转移就业，实现消费协作帮扶 9.96 亿元。9 家中央单位直接投入和引进帮扶资金 5.52 亿元。选派驻乡驻村干部 7258 人，扎根基层一线助力乡村振兴。5836 家民营企业参与"万企兴万村"行动，结对帮扶 2319 个村，落实投资 44.03 亿元。

4. 乡村产业高质量发展态势良好

一是农业"接二连三"步伐加快。培育农产品加工企业近 1.2 万家、规上农产品加工企业 1293 家、年产值 50 亿元以上的农产品加工园区 15 个，前三季度实现农产品加工业产值 2209.07 亿元。累计获评中国美丽休闲乡村 66 个，重庆品牌农产品网销行动扎实推进，乡村休闲旅游收入、农产品网络零售额同比分别增长 11.3%、26%。二是农业"三品一标"快速发展。农业农村地方标准增加到 596 项，累计创建"三园两场"795 个，全市标准化种植面积达到 1072 万亩。有效期内绿色食品 3206 个、有机农产品 151 个、地理标志农产品 70 个。"巴味渝珍"区域公用品牌累计授权经营主体 287 家、授权产品 705 个，实现销售收入 49.3 亿元。"三峡柑橘"授权经营主体 532 家、覆盖 11 个区县。三是发展平台加快夯实。累计获批 7 个国家农业现代化示范区、6 个全国优势特色产业集群、8 个国家现代农业产业园，20 个重点产业园和 34 个区县产业园加快建设，规划面积 768 万亩，总产值超 1000 亿元。四是农业绿色发展深入推进。深化落实长江"十年禁渔令"，江河水面基本实现"四清四无"。大力实施化肥农药减量增效行动，主要农作物化肥农药利用率分别提高到 40.3% 和 40.6%，秸秆综合利用率提高到 87%，规模养殖场粪污处理设施装备配套率达到 95% 以上。

5. 乡村建设扎实有序推进

一是乡村规划取得新的进展。统筹谋划全市乡村振兴空间布局，深化各区县国土空间规划编制，全市所有乡镇实现规划全覆盖，构建村镇管理

"规划一张图",目前全市编制管控性村规划 1303 个、实用性村规划 6712 个。石柱县中益乡、城口县东安镇和 17 个市级乡村振兴重点帮扶乡镇已开展乡镇国土空间规划编制试点。二是农村人居环境加快改善。全覆盖、拉网式开展农村户厕问题摸排整改,全市农村卫生厕所普及率、生活垃圾和生活污水治理率分别达到 86.8%、99.9%、31.5%,基本实现干净整洁有序。三是乡村公共设施提档升级。全市乡镇通三级及以上公路比例达到 79.9%,行政村通畅率达到 100%,村民小组通畅率达到 92.4%,农村自来水普及率达到 83%,农村电网供电可靠率达 99.8%,农村地区光纤和 4G 网络全覆盖。四是农村民生持续改善。全市城乡基本医保综合参保率持续稳定在 95% 以上;数字资源覆盖 1948 个农村教学点;远程医疗服务覆盖所有区县,年服务边远山区患者 200 万例。

6. 乡村治理能力不断提升

一是基层组织建设持续加强。深化开展农村带头人队伍优化提升行动,稳妥推进村书记、主任"一肩挑",全面落实村干部固定补贴动态增长机制,全市村书记(主任)平均固定补贴较上年增长 8.7%,新发展农民党员 7478 人。二是"三治"结合治理体系更加完善。创新"三事分流""五员共治""新风小院""民情茶室""和顺茶馆"等村民协商议事平台,累计创建"全国民主法治示范村(社区)"89 个和"市级民主法治示范村(社区)"2225 个,深入推进移风易俗"十抵制十提倡",农民群众满意度认可度不断提升。三是治理机制不断健全。建立乡村治理联席会议制度,出台加强和改进乡村治理 18 项措施,推广运用"清单制""积分制",制定减轻村级组织负担具体措施,探索"互联网+乡村治理",推广"平安乡村·智惠农家"防控系统。四是试点示范有序推进。推动渝北、铜梁、江津 3 个区加快国家乡村治理体系试点示范建设,创建国家乡村治理示范乡镇 4 个、示范村 40 个,推动 30 个市级乡村治理示范镇、80 个示范村创建工作。

7. 农业农村发展动力活力更加强劲

一是新型集体经济加快发展。农村"三变"改革扩面深化,新增"三变"改革试点 1162 个,试点村达到 3396 个,累计盘活集体经营性资产 17

亿元，撬动社会资本 22.5 亿元，550 万名农民受益。农村集体经济"空壳村"实现动态清零，村均经营性收入达 10.4 万元，50%的村经营性收入超过 5 万元。二是种业振兴行动全面实施。完成第三次农作物种质资源普查，新收集资源 2758 份，累计收集保存各类农作物种质资源 7 万余份、畜禽遗传材料 1.5 万余份。认定第一批市级种业创新基地 48 个，国家重点区域畜禽基因库建成投用，重庆中一种业、重庆琪泰佳牧入选国家队，审定通过主要农作物新品种 76 个。三是农业科技创新步伐加快。市政府与中国农科院 14 个合作项目有序启动实施，遴选实施 20 个农业科技创新项目重点攻关，国家生猪技术创新中心、长江上游种质创制科学中心等平台加快建设，新增 7 个农业农村部重点实验室，发布农业十大引领性技术和 50 项主推技术。四是对外开放合作深化拓展。5 家企业入选农业农村部国际贸易高质量发展基地，累计备案对外投资涉农企业 16 家、对外投资 2.14 亿美元，前三季度完成全市乡村振兴招商引资签约项目 436 个，签约金额 637.01 亿元，计划投资 868.34 亿元。

二　重庆农业农村发展形势分析

党的二十大鲜明提出以中国式现代化推进中华民族伟大复兴。农业农村是我国完成基本实现现代化任务的主战场，具有决定性作用，直接关系我国基本实现现代化的全局。做好 2023 年农业农村工作，必须对标党的二十大新部署新要求，全面审视、辩证看待重庆市农业农村发展面临的形势，抢抓发展机遇，妥善应对挑战，在战略上更加主动，在战术上更加精准，奋力跑出农业农村现代化的加速度。

（一）乡村振兴和"三农"工作的历史方位及战略地位

从新发展阶段来看，乡村振兴是"三农"工作的重心。脱贫攻坚任务历史性完成后，"三农"工作就进入了全面推进乡村振兴、加快农业农村现代化的新发展阶段，这是"三农"工作新的历史方位。与脱贫攻坚相比，乡村振兴涵盖所有涉农区域，包括全部乡村人口，是产业、人才、文化、生态、组织的全方位振兴，范围更宽、对象更广、难度更大、要求更高，既是战役上的攻坚战，也是战略上的持久战。

从现代化建设来看，"三农"是重点难点。全面建设社会主义现代化国家，最艰巨最繁重的任务仍然在农村。党的十九大以来，重庆市现代化建设取得了巨大成就，人均国内生产总值达到 8.69 万元，工业总产值超过 3 万亿元，常住人口城镇化率达到 73.32%，数字经济占 GDP 比重超过 1/4，但农业农村现代化总体上还比较滞后，城乡发展不平衡、农村发展不充分问题十分突出，农村基础设施和公共服务差距明显，现代化建设的质量和成色还需提升。

从推动高质量发展来看，乡村振兴是最大潜力。高质量发展是建设现代化的首要任务。随着新发展格局的加快构建、农村现代化的加速推进，广大农民同步迈向全面现代化，必将释放出巨量的消费和投资需求。重庆是山水之城、美丽之地，广大乡村拥有丰富的农林资源、深厚的文化底蕴，特色产业快速发展，基础设施不断完善，乡村已经成为创新创业的热土和城里人寄托乡愁、领略田园风光的精神家园，必将有效推动城乡经济双向循环，有利于增强国内大循环内生动力和可靠性。

从应对风险挑战来看，"三农"是压舱石和战略后院。当前，国际环境日趋复杂，不确定难预料因素增多，必须统筹发展和安全，把立足自身抓好农业生产作为重要任务，提高粮食和重要农产品自给率，以稳产保供的确定性来应对外部环境的不确定性。重庆市常年有 800 余万农民工外出务工，应对经济下行引起的农民工留乡返乡影响，保持社会大局稳定，需要充分发挥农村蓄水池和稳定器的重要作用。未来，农民进城还是一个大趋势，农民在城里没有彻底扎根之前，让农民在城乡之间可进可退，就能更好地赢得应对风险挑战的战略主动和回旋余地。

（二）面临的有利条件

一是战略地位凸显。以习近平同志为核心的党中央始终高度重视"三农"工作,强调五级书记抓乡村振兴,提供了坚强政治保证。习近平总书记关于"三农"工作的重要论述,对解决当前和今后"三农"问题作出了全面透彻阐述,提供了科学理论指引。《中国共产党农村工作条例》和《中华人民共和国乡村振兴促进法》的制定出台,提供了重要法治保障。每年中央一号文件聚焦"三农",农业支持保护制度逐渐完善,提供了重要政策支撑。

二是重大战略利好。重庆处于"一带一路"和长江经济带交会点,区位优势突出,战略地位重要,在一系列国家重大战略支持下,政策红利、改革红利、发展红利将持续释放。特别是习近平总书记亲自研究部署成渝地区双城经济圈和成渝现代高效特色农业带建设,给重庆农业发展提供了重要的政策支持、项目支持、资金支持,明确了重庆市现代农业发展的战略定位,拓展了现代农业发展空间,指明了重庆市推进农业农村现代化的前进方向。

三是科技创新赋能。新一轮农业科技革命正在孕育大的突破,颠覆性技术创新将不断涌现,攻克"卡脖子"技术、打好种业翻身仗等必将为农业农村转型发展深度赋能。大数据、物联网、云计算、人工智能、5G等新技术在农业领域的广泛应用,有助于农产品生产、加工、流通、销售等全链条打造,加速农业现代化进程,引领现代农业质量变革、效率变革、动力变革。

四是城乡融合驱动。近年来,重庆高质量发展态势良好,经济总量达到2.7万亿元,财政收入达到2200亿元,良好的经济发展态势、相对雄厚的财政实力,为加快农业农村发展提供了重要的物质基础。重庆工业化、城镇化发展取得良好成效,并且还在快速发展,城乡要素双向流动和平等交换机制逐步健全,必将为推进农业农村现代化注入新的活力。

(三)需要关注的突出矛盾和问题

一是农业综合生产能力仍然不高。重庆是典型的丘陵山区,耕地质量总体不高,全市中下等耕地占比64.9%,土层浅薄,砾石含量高、有机质低,全市粮食作物单产比全国平均水平低20公斤。耕地整治难度大成本高,根据不同的地形条件,整治成本在2000~5000元/亩,目前补助仅有1500元/亩,整治后仍达不到高标准。农田水利设施建设滞后，全市有63%的耕地缺少灌溉设施，成为2022年应对高温干旱的突出短板。农业科技支撑不足，全市良种对粮食增产贡献率、农业机械化率分别仅为45%和53.5%左右，远低于全国平均水平。农业抗灾减灾能力弱，2022年全市农作物受灾面积比上年同期增加近70%，病虫害防控压力大。

二是农业产业链韧性和市场竞争力有待增强。农产品加工仍是制约农业"接二连三"的最薄弱环节，2021年农产品加工业产值与农业总产值之比仅为1.67∶1，远低于全国2.4∶1的平均水平，龙头企业少、块头小，缺少有竞争力、有带动力的加工龙头；农产品仓储、冷链、物流等基础设施薄弱，产品标准化、商品化、电商化水平不高，农产品网上销售规模偏小，网络零售额仅占农林牧渔总产值的5.2%。农业多种功能、乡村多元价值挖掘不够充分，乡村休闲旅游发展还处于初级阶段，产业业态单一，设施配套不完善，服务质量不高。

三是巩固拓展脱贫攻坚成果任务较重。防止返贫监测和帮扶工作还存在薄弱环节，监测对象帮扶措施针对性不强。受自然灾害、经济下行等多重因素叠加影响，部分脱贫群众返贫致贫风险增大。监测对象老弱病残占比高，自主发展生产经营能力弱，持续稳定增收面临较大压力。脱贫地区产业发展后劲不足，市场竞争力不强，联农带农效果不好。重点帮扶县、重点乡镇、易地搬迁集中安置区等重点区域脱贫人口占比高，基础条件差，发展后劲不足。

四是城乡发展差距仍然较大。近年来，农村路水电等基础设施有了明显改善，但往村覆盖、往户延伸还存在很多薄弱环节，重建轻管现象还比较普遍，农村能源、人居环境等基础设施短板突出。农村教育、医疗、养老等社会事业发展相对滞后，农民群众精神文化生活仍然比较匮乏。尽管农民收入保持较快增长，但城乡居民收入绝对差额却扩大到25402元，农资价格上涨、劳动力成本提升挤压农民种粮收益空间，外出务工人员稳定就业、收入增长难度加大，农村居民财产性收入不多，农民增收缺少足够支撑。

五是农村"人地钱"等要素保障还不够有力。农业农村优先发展取得了一定成效，但政策落实存在薄弱环节。农村人口老龄化趋势严重，农村地区 60 岁以上人口占乡村人口的 35.9%，乡村人才和返乡创业政策还缺乏足够吸引力，返乡创业、城市人才下乡还存在梗阻。农村集体经营性建设用地与国有建设用地同等入市、同权同价还没有根本破局，农产品加工业、乡村休闲旅游等用地指标紧张。资金投入困境亟须破解，2021 年个别区县一般公共预算农林水支出负增长，涉农贷款余额增长缓慢，社会资本投资积极性不高。

三　2023年重庆农业农村工作思路目标及政策建议

2023 年是全面贯彻党的二十大精神开局之年，是实施"十四五"规划承上启下的关键一年。做好 2023 年农业农村工作，要全面贯彻党的二十大战略部署，全面贯彻落实习近平总书记关于"三农"工作的重要论述，立足新发展阶段，完整、准确、全面贯彻新发展理念，构建新发展格局，坚持农业农村优先发展，坚持城乡融合发展，坚持农业现代化与农村现代化一体设计、一并推进，深入理解把握中国式现代化的重要特征，聚焦农业强国、和美乡村建设，突出抓好稳粮保供、巩固成果、产业发展、乡村建设、城乡融合、深化改革等重点任务，扎实推动乡村产业、人才、文化、生态、组织振兴，健全完善城乡一体融合发展体制机制和政策体系，促进农业高质高效、乡村宜居宜业、农民富裕富足，为社会主义现代化建设提供坚实有力支撑。

预计第一产业增加值增速保持在 4% 左右，农村居民人均可支配收入与经济发展基本同步。以上发展目标的提出，综合考虑了宏观经济发展环境以及重庆市农业农村发展的现实基础和有利条件，突出了加快农业农村现代化的战略导向，贯彻落实了促进农民农村共同富裕的重大要求，注重与"十四五"经济社会发展规划相衔接，体现了目标导向和问题导向相结合，重点在以下 7 个方面狠下功夫。

1. 牢记"国之大者"，始终把稳粮保供作为"三农"工作头等大事

深入实施"藏粮于地、藏粮于技"战略，聚焦种子和耕地两个要害，

着力保数量、保多样、保质量，全面提升农业综合生产能力。一是稳定粮食生产。注重调动地方政府和种粮农民两个积极性，压实粮食安全党政同责，加强粮食生产政策支持，强化撂荒地排查利用，实施粮油高产示范和单产攻关行动，因地制宜推广玉米大豆带状复合种植，充分挖掘冬闲田潜力扩种油菜，增强农业防灾减灾能力，确保粮食生产面积和产量保持稳定。二是加强耕地保护建设。全面落实"长牙齿"的耕地保护措施，坚决遏制耕地"非农化"、基本农田"非粮化"，规范开展耕地"占补平衡"和"进出平衡"，完成高标准农田建设年度任务，大力实施高标准农田改造提升示范项目。三是强化农业科技装备支撑。深入实施种业振兴行动，加快打造国家级创新平台，建强用好农业科技创新联盟和现代农业产业技术团队，推进农业关键核心技术攻关，加强农机装备研发制造与推广，提升山地农机装备水平。四是牢固树立和落实大食物观。严格落实"菜篮子"区县长负责制，健全完善生猪生产跨周期调节机制，抓好蔬菜生产，大力发展设施农业，提质发展特色水果，保障肉类、蔬菜等各类食物有效供给，加快构建多元食物供给体系。

2. 发展农业现代化，大力提升农业发展质量效益和竞争力

拓展农业多种功能、挖掘乡村多元价值，推进农村一二三产业融合发展，加快培育打造农业全产业链。一是推进集群化发展。突出抓好现代农业示范区、现代农业产业园等发展平台，优化基础设施和服务配套，优化园区发展环境，推动优势品种向优势区域集中，强化良种选育、技术创新和管理管护，提质发展现代山地特色高效农业。二是推进融合化发展。贯通产加销、融合农文旅，坚持把农产品加工业作为延伸农业产业链的重中之重，统筹抓好农产品初加工和精深加工发展，推动乡村休闲旅游业提质增效，壮大农产品电商，完善农产品营销体系，引育更多带动力强的农产品加工龙头企业，打造综合效益更高的全产业链。三是推进品牌化发展。深入实施农业生产"三品一标"提升行动和"三园两场"创建，统筹开展农产品"三品一标""四大行动"，做大做强"巴味渝珍"区域公用品牌，大力度推进"三峡柑橘"品牌、茶叶品牌整合，加强质量安全体系建设，打造高品质、有口碑的重庆农业金字招牌。四是推进绿色化发展。学好用好"两山"理论、走深走实"两化路",积极推进农业农村生产生活方式绿色转型,打好长江"十年禁渔"持久战,持续推进化肥农药减量增效,加强畜禽养殖粪污和农作物秸秆资源化利用,推进全市耕地土壤环境质量分类管理,增强农业农村可持续发展能力。

3. 巩固拓展成果,增强脱贫地区和脱贫群众内生发展动力

推动责任落实、政策落实、工作落实,促进巩固拓展脱贫攻坚成果同乡村振兴有效衔接。一是毫不放松抓好监测帮扶。建设防止返贫大数据平台,开通"渝防贫"App便民通道,组建县、乡、村三级监测信息员队伍,开展"巩固脱贫保""综合防贫保"试点,针对脱贫不稳定户、边缘易致贫户等苗头性问题,及时精准落实帮扶措施,守住防止返贫第一道关口。二是加快脱贫地区发展。加快推进工作重心转移,强化对国家乡村振兴重点帮扶县倾斜支持,推动"一县一策"政策落地见效,实施一批补短板促发展项目,加快发展壮大县域经济。三是提升脱贫特色产业。做大做强"一特两辅"主导产业,加大衔接资金用于产业项目力度,发挥好"17+18"产业指导组技术指导作用,加快补齐节水灌溉、仓储保鲜、冷链物流、农产品加工等基础设施短板,线上线下抓好脱贫地区农产品销售,健全利益联结机制,让脱贫户共享产业发展成果。四是加大脱贫帮扶力度。加强脱贫就业帮扶,开展动态监测,分类采取招聘对接、定向输送、援企稳岗、线上培训、公益岗位安置等多种方式,解决脱贫人口就业问题。精准落实易地搬迁后续帮扶措施,加大安置点产业、就业等支持力度。深化社会帮扶,深化开展"万企兴万村"行动,打造鲁渝协作"升级版",持续提升中央单位定点帮扶实效。

4. 推进城乡融合,加快改善农民农村生活生产条件

强化统筹谋划和顶层设计,以普惠性、基础性、兜底性民生建设为重点,缩小城乡基础设施和公共服务差距。一是持续加强农村人居环境整治。深入实施农村人居环境整治提升五年行动,高质量推进农村厕所革命、垃圾和污水治理、村容村貌提升,常态化开展村庄清洁行动"春夏秋冬"四季战役，开展农村人居环境成片整治，加快建设宜居宜业和美乡村。二是统筹推进乡村建设。健全完善建设实施机制，加快改善农村"路水电气讯"等基础设施，在向自然村组覆盖、往农户延伸上下更大功夫，采取以工代赈、以奖代补、先建后补等方式，调动农民参与建设管护积极性。三是积极推进基本公共服务区县统筹。持续发力推动城乡基本公共服务均等化，结合城乡人口分布和流动趋势，建立健全城乡一体的就业创业、教育、医疗、养老、住房等政策体系，让农民共享社会发展成果。四是加快农村信息化建设。实施"智慧农业·数字乡村"建设工程，加强农村5G、移动互联网等信息基础设施建设，完善农业信息网络体系，让农民分享信息化带来的便利和好处，缩小城乡数字鸿沟。

5. 聚焦善治乡村，提升农民群众满意度、安全感

坚持重心下移、资源下倾、力量下沉，加快构建党组织引领"三治"结合的乡村治理体系。一是抓党建促乡村振兴。探索建立"区县委书记抓村级组织建设"机制，常态化开展软弱涣散村党组织排查整顿，全面落实"四议两公开"。加强对村干部特别是"一肩挑"人员的监督。深化推广运用"积分制""清单制"等治理方式，健全基层党组织领导的基层群众自治机制。二是建设民主法治乡村。深入开展习近平法治思想宣讲活动，加强农村法治宣传教育，大力培育乡村法治文化，深入开展"民主法治示范村"创建，实施基层"法律明白人"培养工程，完善基层公共法律服务体系。三是加强农村精神文明建设。发挥新时代文明实践中心（所、站）阵地作用，广泛开展"家风润万家""文明生活进农村"等文明实践活动，大力推广"老马工作法""乡贤评理堂"等，有效发挥村规民约、家庭家教家风作用，深化移风易俗"十抵制十提倡"，大力培育文明乡风、良好家风、淳朴民风。四是加快打造平安乡村。深入推进"枫桥经验"重庆实践，加快构建多元化的纠纷调解机制，健全农村扫黑除恶常态化机制，扎实抓好农业行业安全生产，常态化抓好农村地区疫情防控，确保农村社会稳定安宁。

6. 深化农村改革，持续激发农业农村发展动力活力

以处理好农民和土地关系为主线深化农村改革，坚守改革底线，激活要

素、激活市场、激活主体。一是巩固基本经营制度。落实集体所有权、稳定农户承包权、放活土地经营权,扎实推进第二轮土地承包到期后再延长30年工作试点,探索建立土地流转市场化定价机制,积极推行土地经营权抵押贷款,完善承包地经营权放活的有效实现形式。二是发展新型农村集体经济。加快构建归属清晰、权能完整、流转顺畅、保护严格的农村集体产权制度,扩面深化农村"三变"改革,创新农村集体经济组织的载体形式和运行机制,盘活用好乡村沉睡资源,推动农民开展股份化合作。三是发展新型农业经营主体。突出抓好农民合作社、家庭农场两类主体发展,支持符合条件的种养大户发展为家庭农场,加强农民合作示范社评定、监测和扶持,培育壮大农业产业化龙头企业,鼓励支持龙头企业引领建立产业化联合体。四是发展适度规模经营。积极稳妥推动土地向种养大户、新型农业经营主体流转,大力发展农业社会化服务组织,加快构建政府、企业、合作组织、私人相结合的农业社会化服务供给体系,健全联农带农机制,把小农户引入现代农业发展轨道。

7. 强化要素保障,把农业农村优先发展要求落到实处

树牢向农村倾斜的政策导向,打破妨碍城乡要素自由流动、平等交换的体制机制壁垒,构建政府、市场、社会多方参与乡村振兴格局。一是加强财政扶持。加强《中华人民共和国乡村振兴促进法》等法律法规关于农业投入要求落实情况的督促检查,强化财政投入刚性约束,切实用好计提土地出让收入,加大地方政府专项债支持乡村振兴力度,建立涉农财政资金投入整合机制,提升财政资金使用效益。二是撬动金融投入。强化金融资源回流农村的激励约束,落实涉农贷款差异化监管措施,大力开发新型金融产品和金融政策工具,健全涉农信贷担保渠道。深化涉农领域"放管服"改革,建立"项目池、资金池、要素保障池"的涉农项目建设实施机制,扩大农业农村有效投资。三是增强人才支撑。推进实施"三乡"人才工程,实施基层教师、农技人员职称"定向评价、定向使用"制度改革,整合资源开展高素质农民培育培训,推进乡村产业振兴带头人培育"头雁"项目,加大科技特派员选派力度,强化乡村引才聚才激励,引导支持大学生、农民工、企业家等返乡入乡创新创业。四是强化用地保障。推动农村一二三产业融合发展用地政策实施细则落实落地，新编制乡级国土空间规划应重点考虑乡村产业和项目用地需求，盘活用好农村存量集体建设用地，规范开展城乡建设用地增减挂钩，有效保障全面推进乡村振兴的用地需求。

重庆数字经济发展形势分析与展望

李万慧*

摘　要： 数字经济是现代经济的重要组成部分，也是发展最为迅猛的领域。重庆自实施以大数据智能化为引领的创新驱动发展战略以来，加快数字产业化、产业数字化，数字经济取得了长足的发展：数字基础设施建设协调推进，数字底座不断夯实；公共数据有序开放，数据要素市场化体系建设稳步前行；数字产业发展提档升级，数字经济和实体经济融合发展；新型研发机构集聚发展，数字人才队伍发展壮大；数据规则不断完善，"依法治数"有序推进。同时也面临不少困难，本文通过梳理分析重庆数字经济发展态势，归纳发展特点，分析面临的主要问题，提出相应的对策建议。

关键词： 数字经济　数字产业化　产业数字化

党的二十大报告提出"加快发展数字经济，促进实体经济和数字经济深度融合，打造具有国际竞争力的数字产业集群"。重庆抢抓新一轮科技革命和产业变革机遇，大力实施以大数据智能化为引领的创新驱动发展战略，加快数字产业化、产业数字化，集中力量建设"智造重镇"，加快建设"智慧名城"，"芯屏器核网"全产业链加快构建，"云联数算用"全要素群日益完善，"住业游乐购"全场景集不断拓展，大数据智能化创新已成为驱动全市经济社会发展的强大引擎。

＊ 李万慧，重庆社会科学院财政与金融研究所研究员，博士后合作导师，主要研究方向为财政、金融理论与政策、数字经济。

一 2022年重庆数字经济的总体态势和显著特点

2022年，面对复杂严峻的国际环境和国内疫情带来的严重冲击，全市上下全面贯彻党中央决策部署，高效统筹疫情防控和经济社会发展，坚定不移实施以大数据智能化为引领的创新驱动发展战略行动计划，坚持一手抓数字产业化、一手抓产业数字化，加快数字基础设施建设，加强关键数字技术创新，推动数据要素市场化改革，促进数字产业发展，加快推进新型智慧城市建设，全面提高数字治理水平，数字经济呈现良好的发展势头。

2022年上半年，全市以数字产业为代表的新兴产业持续发展壮大。高技术制造业和战略性新兴制造业增加值分别增长7.0%和9.4%，分别高于规上工业0.7个和3.1个百分点，分别占全市规上工业增加值的19.1%和32.4%，高技术制造业占比与2021年全年持平，战略性新兴制造业占比提高3.5个百分点，有力推动工业经济结构转型升级。新兴产品增势强劲，光伏电池（53.8%）、工业机器人（28.1%）、服务机器人（73.5%）、集成电路圆片（13.2%）等新产品产量快速增长。[1]

2021年重庆数字经济增加值增长16.0%，占重庆GDP比重为27.2%[2]，比全国平均水平低12.6个百分点[3]。2018~2021年，全市数字经济增加值年均增长16.0%，高于地区生产总值年均增速9.9个百分点，占地区生产总值的比重提高5.8个百分点[4]，重庆数字经济企业已达1.85万家，重点平台企业351家，规上数字经济核心产业企业超过1700家，数字产业业务收入

---

① 重庆市统计局、国家统计局重庆调查总队：《2022年上半年重庆市经济运行情况》，2022年7月19日。

② 重庆市统计局：《殷殷嘱托重千钧 策马扬鞭开新局——2016年以来重庆市推动长江经济带高质量发展成就报告》，2022年8月11日。

③ 根据中国信息通信研究院发布的《中国数字经济发展报告（2022年）》，2021年中国数字经济规模同比名义增长16.2%，占GDP比重达到39.8%。

④ 重庆市统计局：《殷殷嘱托重千钧 策马扬鞭开新局——2016年以来重庆市推动长江经济带高质量发展成就报告》，2022年8月11日。

突破 1 万亿元①，充分发挥了引领经济社会高质量发展的主引擎作用。归纳起来，2021～2022 年重庆数字经济发展呈现以下特点。

（一）数字基础设施建设协调推进，数字底座不断夯实

重庆加快推动 5G 网络、工业互联网、数据中心等布局建设，筑牢数字经济发展基础条件，确保新一代信息基础设施早部署、广覆盖。2021 年建成 5G 基站 7.3 万个，目前每万人拥有 5G 基站数超过 16 个，居西部第一，实现乡镇 5G 网络到达率 100%。② 截至 2022 年一季度末，全市光纤接入端口占比达 95.75%，千兆宽带用户达 40.93 万户。"星火·链网"超级节点（重庆）、国家顶级节点（重庆）互联网域名 F 根镜像节点落户重庆，标志着重庆成为全国工业互联网基础设施最完备的地区之一。成功获批建设全国一体化算力网络国家枢纽节点成渝枢纽，成为全国 4 个节点之一。目前，重庆市数据中心集群已具备 9 万个机架、45 万台服务器的支撑能力，建成了数字重庆的云平台，也形成了"一云承载"的共享共用共联的云服务体系，目前政务云的上云率为 100%，在全国处于第一方阵。重庆构建了以云计算、高性能计算、边缘计算为主体的多元化先进计算产业生态体系，目前已经落地中科曙光的先进计算中心、重庆人工智能创新中心，中新国际超算中心已经启动建设，已投用京东探索研究院超算中心、中国移动边缘计算平台，全市规划算力达 1200P。根据国家互联网信息办公室发布的《数字中国发展报告（2021 年）》，重庆在数字基础设施建设评价中位列全国第 7。③

（二）公共数据有序开放，数据要素市场化体系建设稳步前行

重庆积极推动公共数据有序开放。为了促进和规范重庆市公共数据开放和利用，提升政府治理能力和公共服务水平，推动数字经济高质量发展，重庆出台《重庆市公共数据开放管理暂行办法》《重庆市建立健全政务数据共

---

① 吴陆牧、冉瑞成：《重庆"数智"引领动能转换》，《经济日报》2022 年 8 月 1 日。
② 《重庆每万人拥有 5G 基站数超 16 个》，《重庆日报》2022 年 8 月 24 日。
③ 国家互联网信息办公室：《数字中国发展报告（2021 年）》，2022 年 7 月。

享协调机制加快推进数据有序共享实施方案》《重庆市数据条例》等，分类分级厘清数据共享、开放责任，政务数据汇聚共享、公共数据开放应用等制度体系初步建立。

重庆积极培育数据要素市场。2022 年 7 月 15 日，西部数据交易中心在重庆市正式投用，标志着重庆在促进数据要素流通发展上迈出关键一步。西部数据交易中心将致力于建设成为集聚西部大数据产业链各节点、各行业数智化协同的枢纽，力争用 10 年时间服务数据交易规模达到 1000 亿元。目前，西部数据交易中心主要聚焦电力、金融等数据要素比较活跃的领域，已引入数据服务商 75 家，上线数据产品 200 多款，探索开展数据交易。同时西部数据交易中心还联合深圳数据交易所、上海数据交易所等共同打造数据要素的生态圈。

（三）数字产业发展提档升级，数字经济和实体经济融合发展

数字产业是经济高质量发展的新动能。重庆突出抓好智能制造，大力发展智能产业，加快构建"芯屏器核网"全产业链，培育引进大数据、人工智能、云计算、区块链、超算等领域龙头企业，大力发展集成电路、智能终端等产品制造，全力打造数字产业集群。"芯"，重庆聚集了华润微电子、万国半导体、中国电科等 70 余家芯片制造企业、40 余家设计企业，全市基本形成"芯片设计—晶圆制造—封装测试—原材料配套"产业链条，其中功率半导体晶圆产能位居全国前列。"屏"，重庆聚集了京东方、康佳、康宁、莱宝等一批显示器制造企业，全市基本建成"基板玻璃—显示面板—显示模组"产业链条和"硬件+内容"产业体系，其中显示面板总产能跻身全国各省份前 10 位。"器"，全市集聚了 vivo、OPPO、华硕、广达、英业达、富士康等一大批知名品牌商、整机和配套企业，成为全球智能终端的重要生产基地。"核"，以比亚迪、赣锋锂电、吉利等动力电池项目为代表的核心零部件产业链供应链逐渐成形，新能源汽车"大小三电"、汽车电子、仪器仪表产业不断壮大，智能网联新能源汽车产业集群建设不断提速。"网"，成渝地区工业互联网一体化发展示范区、工业互联网国家新型工业

化产业示范基地、国家工业互联网数字化转型促进中心等相继获批建设，忽米网、广域铭岛、励颐拓等助力重庆构建"一链一网一平台"生态体系。2021年，重庆主要数字产品持续放量，新能源汽车产量比上年增长2.5倍，笔记本计算机产量增长19.1%，智能手机产量增长11.5%，集成电路产量增长13.4%，液晶显示屏产量增长29.7%。①

把软件产业作为加快新旧动能转换的突破口。作为优先发展的重点产业，重庆立足制造业优势"以硬生软"，推动软件技术在新能源汽车、工业互联网等领域的深化应用，让软件为制造业"赋能、赋值、赋智"的作用加速显现。2021年，重庆大数据和软件服务业分别实现增加值157.56亿元、187.33亿元，分别增长24.7%、36.0%，两年平均分别增长30.5%、38.2%。② 2022年，重庆推出《重庆市软件和信息服务业"满天星"行动计划（2022—2025年）》，聚焦中心城区，以楼宇为空间载体，大力发展以软件和信息服务业为重点的数字产业，构建创新驱动、协同开放、富有竞争力的软件和信息服务业体系。2022年上半年，全市实现软件业务收入1302.1亿元，位列全国第8，同比增长15.6%，预计全年将突破3000亿元。

智能化改造传统产业。重庆全面深化新一代信息技术与制造业融合发展，加强大数据智能化在传统产业中的应用，持续推动以智能化改造为重点的智能制造，打造数字化车间和智能工厂，以数字技术赋能传统产业发展，制造企业数字化率稳步提高。目前，重庆累计实施4800多个智能化改造项目，建设734个数字化车间和127个智能工厂，生产效率提升到59.8%，运营成本平均降低21.5%。目前正在推动建设584个网络化协同、个性化定制、服务化延伸等新模式项目。作为新一代信息通信技术与制造业深度融合的产物，工业互联网正在成为推动重庆经济社会高质量发展的重要引擎。目前，重庆集聚了上百家工业互联网企业，涌现出一批行业领先的工业互联网平台企业。

---

① 重庆市统计局：《全面改革持续深化 创新活力不断释放——2021年重庆高质量发展报告·创新发展篇》，2022年6月16日。

② 重庆市统计局：《全面改革持续深化 创新活力不断释放——2021年重庆高质量发展报告·创新发展篇》，2022年6月16日。

例如，忽米网"忽米 H-IIP 工业互联网平台"、广域铭岛"际嘉（Geega）工业互联网平台"成功创建国家跨行业、跨领域"双跨"平台。全市"上云用数赋智"企业超 11 万家。自 2018 年底国家工业互联网标识解析顶级节点（重庆）落地以来，已接入西部 9 个省区市 32 个二级节点，接入企业节点超过 2800 家，标识注册量累计突破 124.5 亿个，标识累计解析量达到 76.1 亿次，服务于汽摩、电子、石化、建材、医疗器械等 19 个行业。

（四）新型研发机构集聚发展，数字人才队伍发展壮大

新型研发机构是数字技术创新的重要载体和主要力量。重庆坚持高质量培育和引进新型研发机构，形成促进新型研发机构高质量发展的新推力，打造产学研融合创新载体，促进科研机构与产业融合发展。目前，共引进和培育新型研发机构 179 家，其中新型高端研发机构 77 家，新型研发机构数量居西部第一。此外，重庆已累计引进上百家国内外知名高校、院所、企业来渝设立分院分所，在智能产业领域建成国家级企业技术创新中心 20 多个，上千家企业拥有独立研发机构。人才是驱动数字经济发展的关键要素。重庆谋划实施万名高层次人才集聚、十万产业人才培养、百万紧缺实用人才开发等十大行动共 32 个专项任务，统筹抓好智能人才与技能人才工作，推动人才与发展有效匹配、教育与产业紧密对接、科技与经济深度融合。围绕提质增效，积极推动"双一流"建设，大力引进优质高校联合办学，不断深化产教融合，教育兴市建设成果丰硕。新设人工智能、大数据、软件工程等本科专业，建设智能制造等 30 个"人工智能+学科"群，大数据智能化领域有关学科专业人才规模超过 25 万人。重庆还先后获批"智能+技能"数字技能人才培养试验区、我国首家数字经济人才市场——"中国重庆数字经济人才市场"。目前，全市数字人才总量超过 80 万人。

（五）数据规则不断完善，"依法治数"有序推进

数据是数字经济发展的关键要素，加快推进数据治理工作是保障数字经济高质量发展的重要前提。重庆出台《重庆市数据条例》《重庆市政务数据资

源管理暂行办法》《重庆市公共数据开放管理暂行办法》等多项重要法律法规，探索构建多层次全覆盖的数据基础制度体系。此外，重庆还编制实施了全国第一部数据治理专项规划《重庆市数据治理"十四五"规划（2021-2025年）》。

重庆将数字技术广泛应用于政务服务、社会治理、市民生活领域，推进政府管理和社会治理模式创新。在全国率先推行"云长制"，助力智慧城市建设。由市政府主要领导任"总云长"，全市110个市级部门、区县政府、开发区管委会主要负责人任各单位"云长"，按照"云联数算用"要素集群的思路扎实推进新型智慧城市建设，着力推进大数据智能化在民生服务、城市治理、政府管理、产业融合和生态宜居等5个领域的应用。截至目前，重庆全市政务信息系统上云率达到100%。强化公共数据资源管理，着力打造公共数据资源管理平台，在全国率先建立起"国家—市—区县"三级数据共享交换体系，有效破除数据壁垒，实现数据资源"聚通用"。目前，重庆公共数据资源管理平台实现数据共享10288类、开放5493类，数据调用量累计超192.5亿条。提高基层治理智能化水平，构建"1+3+3+7+N"基层智慧治理数字化体系，即建设1个基层智慧治理平台，打通党务、政务、综合治理3类数据，贯通3级政府（市—区县—街镇）、7级管理（市—区县—街镇—社区—网格—物业—楼栋），打造N个基于数字孪生的基层智慧治理应用场景。

二 当前重庆数字经济发展面临的挑战与机遇

（一）存在的主要困难

一是数字关键技术研发"瓶颈"突出。重庆"芯屏器核网"产业链不长，产业链完整性不强。据统计，全市33条重点产业链合计441个主要环节，存在严重短缺和发展不足的分别占34%、40%；关键核心技术创新能力不足，是制约重庆产业链供应链现代化水平提升的重要因素，汽车、电子整体配套率虽然分别超过 70%、85%，但高端芯片、高端传感器等核心零部件仍依赖进口。① 重庆汽车、笔记本电脑等主机产品整体处于中低端，附加值不高，知名品牌不多，供给侧与需求侧匹配度还需提升。例如，重庆笔记本电脑产业门类齐全，在全国数一数二，但缺乏制造核心零部件的能力，核心技术依旧掌握在品牌商、主机制造商手里。又如汽车产业，智能网联汽车在感知部件、车路协同、系统软件、高精地图等系统零部件方面较为欠缺。

二是新兴数字产业规模不足、龙头企业偏少。全市千亿级制造业企业仅1 家、百亿级制造企业仅 25 家，对产业链整体拉动能力较弱。2020 年，重庆产集成电路 45.49 亿块，仅占全国的 1.74%，不仅与东部发达地区江苏（32%）、广东（13.29%）、北京（6.53%）有极大的差距，即使在西部地区，也低于甘肃（17.49%）、四川（4.07%）和陕西（2.14%）。② 2022 年上半年，重庆软件业务收入 1302.1 亿元，仅占全国软件业务收入的 2.81%，与北京（9840.1 亿元）、广东（8329.0 亿元）、江苏（6101.9 亿元）、山东（4144.1 亿元）、四川（1981.7 亿元）等存在不小差距。③ 2021 年中国"独角兽"企业 TOP100 榜单中，重庆仅有 3 家，与北京（21 家）、上海（19家）、深圳（16 家）差距明显。

三是数字应用场景开放不足。政府数据壁垒仍然存在，政务数据、公共数据和社会数据的共享利用场景和融合开发利用机制不健全，数据要素资源作用发挥不够。市级部门开放数据类型较为单一、数量较少，数据应用不足。根据复旦大学数字与移动治理实验室和国家信息中心数字中国研究院发布的《中国地方政府数据开放报告——城市》，在全国所有上线地方政府数据开放平台的 173 个城市中，重庆未进入"中国开放数林指数"④ 城市综合排名前 50 名。在 4 个直辖市中，上海以综合指数 70.74 位居第 1，北京和天

① 《看重庆如何多措并举增强产业链稳定性和竞争力》，《重庆日报》2022 年 1 月 28 日。
② 根据计算整理。
③ 根据工业和信息化部运行监测协调局《2022 年上半年软件和信息技术服务业主要经济指标完成情况表》计算整理。
④ "中国开放数林指数"是我国首个专注于评估政府数据开放水平的专业指数。

津分别以 41.03 和 40.26 位居第 34 和第 35，而重庆综合指数仅为 27.34①，较其他 3 个直辖市还有很大差距。

四是数字人才仍显薄弱。近年来，尽管重庆数字经济人才规模不断增长、平台建设稳步推进，但总体来看，重庆数字人才总量不足，缺口较大，结构性供求矛盾突出，产业领军型、复合型人才稀缺，应用型、操作型技工也供不应求。重庆计算机、通信和其他电子设备就业人员，信息传输、软件和信息技术服务业从业人员占全国的比重偏低。目前，重庆制造业软件人才供需矛盾突出，存在人才外流现象，企业普遍缺乏高层次的系统架构师、项目总设计师，以及大量基础性软件开发人员和项目管理人员。

（二）拥有的重大机遇

一是多项国家数字经济政策叠加的机遇。重庆自实施以大数据智能化为引领的创新驱动发展战略行动计划以来，抢抓数字经济发展新机遇，积极争取国家有关数字经济发展改革试点，先后获批建设首批国家数字经济创新发展试验区、国家新一代人工智能创新发展试验区、工业互联网标识解析五大国家顶级节点之一、国家首批 5G 规模组网和应用示范城市、智慧城市基础设施与智能网联汽车协同发展试点城市，等等。可以预见，随着重庆数字经济领域改革发展先行试点的推进，重庆将进一步占据先发优势，进一步抢占数字经济的制高点，为推动数字经济发展带来重大机遇。

二是大数据智能化创新动能持续积累带来的机遇。重庆抢抓数字经济发展机遇，及早布局数字产业，已连续五届举办智能产业博览会，累计发布 33 项新技术、164 项新产品、136 项新场景、65 项新成果，集中签约项目 323 个，已到位资金 1310.6 亿元，158 个大数据智能化项目落地实施。仅 2022 年智博会就线上集中签约重点项目 70 个，总投资 2121.1 亿元。此外，2022 年 2 月，我国在包括重庆在内的 8 个区域布局建设国家算力枢纽，启

① 复旦大学数字与移动治理实验室、国家信息中心数字中国研究院：《中国地方政府数据开放报告——城市》，2022 年 1 月。

动全国一体化大数据中心体系"东数西算"工程。随着大数据智能化创新驱动发展战略的实施，随着智博会各个项目的落地以及"东数西算"等工程的实施，重庆将持续形成新的数字经济增长点，为重庆数字经济发展持续带来重大机遇。

三是重庆实体经济数字化转型的机遇。重庆是国家重要现代制造业基地，拥有全国41个工业大类中的39个，已经形成以电子、汽车、装备、化工、材料、消费品和能源等为主导的产业体系。作为工业大市和工业强市，重庆实体制造企业众多、门类齐全、场景丰富，对自动化、数据化、智能化等方面都有较大需求，重庆正在成为国内工业互联网重要的"试验场"和产业重镇。重庆实体制造企业数量多、门类全、场景多、需求专业精细的产业特点，既产生数字化转型的大量需求，也给数字化转型服务的提供商带来很多机遇。

四是成渝地区双城经济圈建设加快推动的机遇。数字经济是成渝地区双城经济圈建设的重要内容，双方均将发展数字经济作为核心战略。重庆构建"芯屏器核网"全产业链，四川省打造"芯屏存端软智网"等数字核心产业全产业链，成都市大力实施"上云用数赋智"行动，成渝地区在数字经济核心产业领域有诸多交集。自成渝地区双城经济圈建设开展以来，双方深入推动川渝全方位合作，提升"双核"发展能级，发挥好重庆和成都两个中心城市带动作用，数字经济协同发展渐入佳境。可以预见，随着数字经济赋能成渝地区双城经济圈高质量发展，成渝地区数字经济的融合发展将迎来新的机遇。

三 2023年推动重庆数字经济发展的对策建议

2023年是党的二十大开局之年，是重庆"十四五"时期推进社会主义现代化建设的奋进之年。重庆将完整、准确、全面贯彻新发展理念，深入贯彻落实党的二十大精神，预计数字经济将继续保持高于地区生产总值的增长速度，占地区生产总值的比重将进一步提高。针对重庆数字经济存在的问题，为推动重庆数字经济高质量发展，为经济赋能、为生活添彩，促进数字产业化、产业数字化，需要采取以下政策措施。

一是深入推动数字产业发展。要围绕产业链部署创新链，围绕创新链布局产业链，集聚创新资源，不断提升产业能级。围绕"6+5"现代产业体系和33条重点产业链，推动产业链供应链"链长制"发展。聚焦重点产业链，分链条梳理关键共性技术和核心基础零部件（元器件）、关键基础材料、工业基础软件、先进基础工艺等基础领域需求，实施产业基础再造，加强重点产业链关键环节和基础领域研发攻关，攻克一批"卡脖子"关键核心技术，产生转化应用一批科技成果。精准实施补链、延链、强链，进一步深化产业链国内外合作，加快培育一批具有核心竞争力的产业链条，夯实产业链现代化水平提升的基础，不断提升重庆市在全球产业链、价值链分工中的地位，建设若干具有国际影响力的先进制造业集群和战略性新兴产业集群。要着力在工业软件、信息安全软件、基础软件等领域全面发力，推进行业应用软件、新兴技术软件、信息技术服务等优势领域提质增量。

二是加快数字经济与实体经济融合发展。要积极推进企业上云用数赋智，加快推进设备、生产线、工厂车间等的数字化改造，加强网络、平台、安全三大体系建设，积极搭建面向细分行业的信息共享平台、中介平台、众创平台等，促进行业间、上下游、产供销的协同。要将重庆市制造业关键领域和产业链关键环节的中小企业作为数字化转型试点的重点方向，精心遴选升级潜力大的细分行业或特色产业集群，找准行业共性问题，开展数字化转型试点，提升数字化公共服务平台服务中小企业能力，打造一批小型化、快速化、轻量化、精准化的数字化系统解决方案和产品，加快带动一批中小企业成长为"专精特新"企业，推进产业基础高级化、产业链现代化。要以数字乡村建设为契机，推动大数据智能化为现代农业赋能，推动互联网与特色农业深度融合，促进农业农村经济高质量发展。

三是加快打造数字经济人才集聚新高地。要加速集聚"芯屏器核网"全产业链人才，打造"云联数算用"人才集群，为重庆打造"智造重镇"、建设"智慧名城"提供坚强的数字人才保障。建立教育链、人才链、产业链、创新链有机衔接的产教融合机制。切实加强高校学科专业建设，构建紧密对接创新链、产业链的学科专业体系。持续实施市级重点学科建设专项、市级一流学科建设专项、"人工智能+学科"建设行动计划、一流学科建设专项。促进数字技能人才培养链与产业链、创新链有效衔接，顺应"智能+"融合传统产业、"智能+"接棒互联网产业发展趋势对技能人才的需求，围绕"智能+战略性新兴产业、重点制造业"，针对性培养"智能+技能"的复合型技能人才。

四是加大力度推进公共数据开放。要优化公共数据供给体系，开展全市政务数据普查摸底，构建全市数据图谱，逐步形成全市数据"一张图"。强化政务服务与数据共享协同，建立政务服务事项目录与数据目录关联机制，实现"数"尽其用。推动政务数据授权运营，探索建立政务数据运营制度，开展政务数据授权运营试点。建立健全政务数据运营规则，研究制定政务数据授权使用服务指南。深化公共数据开发利用，贯彻落实数据分类分级开放制度。聚焦"住业游乐购"全场景集，打造数据要素资源建设场景，丰富服务产品供给。引导企业、高校、科研机构等相关单位开放自有公共数据集，实现公共数据与社会数据的有效融合，更好地支撑智慧城市建设、民生服务社会治理和数字经济发展。

五是健全数据合规交易流通机制。要进一步健全数据要素市场规则，构建数据要素市场化配置制度规则，制定数据交易管理办法，出台数据要素市场化配置改革行动方案，提高数据要素市场配置效率，促进数据要素有序高效流动。研究制定数据交易管理办法，加快数据交易中介服务、数据登记确权、数据价值评估、数据交易收益分配等配套制度建设，探索建立数据产品和服务进场交易机制。探索数据资产价值化管理，探索建立数据资产分类计量体系，建立数据资产确权登记和评估制度，探索公共数据资产化管理模式。加快西部数据交易中心建设，规范数据交易行为，建设全流程数据要素流通交易平台，提供数据交易、结算、支付、安全保障、资产管理等综合配套服务。

参考文献

习近平：《不断做强做优做大我国数字经济》，《求是》2022 年第 2 期。

吴陆牧、冉瑞成：《重庆"数智"引领动能转换》，《经济日报》2022 年 8 月 1 日。

重庆市统计局：《全面改革持续深化　创新活力不断释放——2021 年重庆高质量发展报告·创新发展篇》，2022 年 6 月 16 日。

夏元、周丹：《"智造重镇"轮廓初显　"芯屏器核网"全产业链加速发展》，《重庆日报》2022 年 8 月 2 日。

B.8
重庆培育建设国际消费中心城市形势分析与展望

王顺辉　何叶*

摘　要： 重庆自获批率先开展国际消费中心城市培育建设以来，立足比较优势，积极主动作为，通过统筹谋划建机制、发挥优势树特色、集聚资源优供给、做"靓"特色塑品牌、联动发展优环境，促进了多领域、多行业提质融合发展，培育建设工作起步稳健，成效初显。针对国际知名度不够高、消费供给不够优、消费集聚力不够强等短板，重庆将持续紧盯目标，进一步健全工作机制、加强评估考核、提升国际知名度、优化消费供给、做"靓"特色品牌、优化消费环境，加快培育建设富有巴渝特色、彰显中国风范、引领国际时尚、辐射西部、面向全球的国际消费中心城市。

关键词： 国际消费中心城市　品牌建设　巴渝特色

2021 年 7 月，重庆市获批率先开展国际消费中心城市培育建设，这是国家赋予重庆新的历史使命，给重庆带来重大发展机遇。重庆市委、市政府高度重视国际消费中心城市培育建设，认真贯彻落实党中央、国务院决策部署，立足比较优势，加快培育建设富有巴渝特色、彰显中国风范、引领国际时尚、辐射西部、面向全球的国际消费中心城市。

---

* 王顺辉，重庆市商务委员会消费促进处处长；何叶，重庆市商务委员会四级主任科员。

一 国际消费中心城市培育建设提质步稳、成效明显

一年来，重庆市围绕建设国际购物、美食、会展、旅游、文化"五大名城"，以统筹实施"十大工程"为重点，加强规划引领、示范带动、项目支撑、政策保障，培育建设工作取得初步成效。2021 年 7 月至 2022 年 6 月，重庆市社会消费品零售总额 14041 亿元，增长 15.1%，高于全国 13.4 个百分点。2022 年 1~9 月，社会消费品零售总额增长 1.5%，高于全国 0.8 个百分点。

（一）加强组织领导，健全完善高效工作机制

深入贯彻党中央、国务院决策部署，严格落实商务部等相关部门工作安排，"一盘棋"谋划，"一张图"推进，确保工作按时有力有效落实。一是顶层设计加强统筹。市委主要领导专题调研国际消费中心城市培育建设工作，并作出指示和专项部署。市政府调整充实领导小组组织架构，建立健全工作机制。市委财经委员会会议、市政府常务会议、领导小组会议专题研究部署培育建设工作，召开重庆市培育建设国际消费中心城市推进会，加强统筹协调，加大推进力度。统一将建设任务纳入市级部门专项目标考核，扎实推进工作落实。渝中、江北、九龙坡、沙坪坝等区及两江新区在规划建设、制度保障、政策供给等方面先行先试，市级有关部门加强调度，密切协作，共同推进。二是理清思路明确目标。《重庆市人民政府关于印发重庆市培育建设国际消费中心城市实施方案的通知》（渝府发〔2021〕33 号）明确统筹实施"十大工程"40 项具体任务；出台《重庆市人民政府办公厅关于培育发展"巴渝新消费"的实施意见》（渝府办发〔2021〕42 号）和《重庆市人民政府办公厅关于印发加快发展新型消费释放消费潜力若干措施的通知》（渝府办发〔2021〕41 号），促进消费提质扩容。《重庆市人民政府办公厅关于印发重庆市培育建设国际消费中心城市若干政策的通知》（渝府办发〔2022〕18 号）明确提出 23 条支持政策，充分发挥政策撬动、支撑作用。编制完成国际购物、美食、会展名城建设实施方案，拟制中央商务区提

档升级行动方案、寸滩国际新城产业布局指导意见，明确重点领域、重点区域发展目标、重点任务和工作举措。三是拉单列表狠抓落实。突出项目化、清单化、事项化推进，建立国际消费中心城市核心承载区、国际消费标志性商圈、国际消费新场景、国际消费特色名街名镇名区、国际文化旅游项目、国际标志性会展项目、国际物流配送体系、国际消费环境优化工程八大板块重点项目库。截至目前，重点项目库中127个项目已经列入市级重大项目清单，总投资达5045亿元。

（二）突出特色优势，打造多元融合消费场景

结合城市提升行动和城市更新，突出"山城""江城""桥都"城市名片，打造特色鲜明、功能完善、业态丰富的消费场景。一是打造核心承载区，增强国际消费聚集力。统筹推进"两江四岸"整体提升、中央商务区提档升级、寸滩国际新城高标准建设，着力打造国际消费核心承载区。推广解放碑步行街成功创建全国首批示范步行街典型经验，培育市级改造提升试点步行街10条。推进解放碑—朝天门、观音桥世界知名商圈建设，国际消费资源集聚效应进一步显现，商圈人气位居全国前列。二是打造创新融合新地标，彰显品质消费吸引力。建成投用荟萃"两江四岸"璀璨夜景的长嘉汇购物公园、全国首个室内森林沉浸式体验的光环购物公园、全国首个商圈高铁TOD项目金沙天街、拥有全国最大室内单体360度柱状水族馆的星光68广场以及汇聚三大商业综合体的两江国际商务中心等"网红"新地标、新场景，消费吸引力持续增强。发展以观光旅游、休闲娱乐为主的"江岸经济""云端经济"，推出来福士"横天摩天轮"等"城市之巅"多元化消费地标。三是打造特色消费新场景，提升巴渝消费影响力。优化磁器口、洪崖洞、弹子石老街等街区，塑造巴渝文化特色消费场景。延续街区和老旧厂房的建筑风格和文化脉络，精雕细琢，塑造富有山城记忆和巴渝特色的"后街支巷"特色消费场景，相继建成戴家巷、十八梯、九龙意库等一批特色文化街区，增添了"巴渝新消费"的独特魅力，提升了城市美誉度。深挖渝东北和渝东南城镇群历史文化、民族民俗和产业特色，加快合川文峰、

铜梁安居、酉阳龚滩等特色古镇改造提升，塑造具有巴渝特色的商文旅融合发展消费场景。

（三）着眼品质提升，集聚全球优质消费供给

立足"国际购物名城"定位，发展首店经济，培育"重庆造"品牌，着力打造国际品牌首选地、世界品牌超市、老字号和非物质文化遗产"精品"展示区。一是发展首店经济，汇聚"国际名品"。实施消费品牌拓展计划，依托解放碑、观音桥、江北嘴、杨家坪等重点商圈，发挥消费集聚辐射作用，2021年引进品牌首店203家。拓展进口商品集散分拨中心功能，推动建设解放碑进口商品展销中心。2021年新增免退税网点5个，拓展江北国际机场口岸免税店功能，完善免税店布局，首家市内免税店成功落户长嘉汇购物公园。2021年，全市外贸进口额2832.3亿元，同比增长21.7%。2022年1~8月，全市外贸进口额1950.6亿元，增长3.9%。二是突出品牌培育，打造"渝货精品"。聚焦重庆味道、重庆工艺、重庆制造等重点领域，2021年新增重庆老字号50个，累计培育中华老字号19个、重庆老字号291个。智能网联新能源汽车产业及其推广应用发展迅速，长城汽车、吉利汽车先后落户，"重庆造"影响力逐渐彰显。进一步做强7个国家外贸转型升级基地，汽摩、装备、电子等优势产品及特色农产品出口平稳增长。2021年，全市外贸出口额5168.3亿元，同比增长23.4%。2022年1~8月，全市外贸出口额3653.7亿元，增长14.2%。三是注重融合发展，培育"网络优品"。推进实体商业创新转型、线上线下融合发展，试点建设智慧商圈10个、智慧菜场30个。支持重庆百货等商贸企业、双福国际农贸城等综合市场发展电商产业，激发线上活力。壮大"互联网+社会服务"消费业态，发展网上商场（店）、网上超市、网上餐厅、云家政、云旅游、云教育等业态。实施电商直播带货专项工程，打造产地直播基地和C2M超级工厂。推进国家电子商务进农村综合示范创建，2021年重庆全市农村网络零售额317.72亿元，增长30.58%。加快发展跨境电商，2021年重庆跨境电商实现交易额322.1亿元，增长63.3%。

（四）促进提质扩容，塑造特色服务消费品牌

根植重庆历史文化、民俗风情、生态美景等特色元素，加快商文旅体消费扩容提质、深度融合，做"靓"重庆特色服务消费品牌。一是做"靓""不夜重庆"品牌。着力培育"夜味、夜养、夜赏、夜玩、夜购"等"五夜"生活业态。加快"大九街"等夜市街区整合发展，升级渝中洪崖洞、南山壹华里、江北鎏嘉码头等网红夜间经济消费地标，培育打造"两江四岸"夜间经济核心区和 13 个夜间经济示范创建集聚区。持续提质举办"不夜重庆"生活节，2021 年联动区县开展夜间经济特色主题活动 190 余场次，带动全市夜间消费近 150 亿元，"不夜重庆"美誉度、知名度进一步提升。二是打响"美食之都"品牌。打响"川菜渝味"品牌，11 家餐饮企业入选全国前 100，6 家火锅企业进入全国前 20，打造美食地标 11 个，累计培育市级美食街区 53 条、国家美食地标 9 个、绿色饭店 56 家、钻级酒家 56 家、星级农家乐 1388 家。推动重庆美食走出重庆、走出国门、布局全球，重庆火锅遍布全国，并在 20 多个国家和地区布局开店。2021 年重庆市餐饮收入增速高于全国 16.4 个百分点。三是做优"山水旅游"品牌。依托世界文化遗产、世界自然遗产等文旅资源，打造"大都市、大三峡、大武陵"旅游名片，塑造特色文旅消费品牌，江北区、南岸区、九龙坡区入选第二批国家文化和旅游消费试点城市，武陵山大裂谷景区、金佛山景区被评为全国文明旅游示范单位，"踏寻红岩足迹·感悟红岩精神"精品线路等 3 条线路入选全国"建党百年百条精品红色旅游线路"，渝中区解放碑—洪崖洞街区等 12 个项目获评国家级夜间文化和旅游消费集聚区。目前，重庆市拥有 5A 级景区 11 个。

（五）强化联动发展，创新共建共享培育模式

以强化联动发展为突破，做好"通道带物流、物流带经贸、经贸带产业"文章，提升全球消费品中转集疏水平。一是完善物流通道。持续开通中东、欧洲、北美等全球主要航空货运枢纽机场航线，拓展"一带一路"

"西部陆海新通道"沿线国家和地区航线，搭建重庆至日韩、东南亚、欧洲、北美等重点城市国际客运航线网络。重庆获批空港型国家物流枢纽，成为全国唯一兼具水陆空三类国家物流枢纽的城市，广泛汇集全球优质商品和服务。推动多式联运发展，优化调整运输结构，提升国际通道能级，2022年1~6月，重庆市港口铁水联运量1114.6万吨，同比增长1.9%；铁水联运集装箱量8.3万标箱，同比增长52.3%。共建西部陆海新通道，提升国外货物集聚分拨能力，截至目前，陆海新通道辐射107个国家（地区）的319个港口。推进内陆国际物流分拨中心建设，印发《重庆市内陆国际物流分拨中心建设实施方案（2021—2025年）》，推动企业扩大进出口商品集散分拨规模。中欧班列（渝新欧）开行量在全国中欧班列中率先突破10000列，累计开行量居全国第一。二是优化开放环境。获批服务业扩大开放综合试点、全面深化服务贸易创新发展试点、市场采购贸易方式试点，出台服务贸易重点发展领域指导目录。获批设立万州综合保税区、永川综合保税区，万州经开区管辖范围实现扩容，开放平台在"一区两群"布局更加合理。铁路口岸获批设立进境肉类指定监管场地，重庆成为西部首个可办理化学药品首次药品进口备案的口岸城市。推动中欧班列（成渝）B2B跨境电商班列提质增效，探索跨境电商B2B新业态出口监管。三是深化合作交流。持续拓展国际合作载体，白俄罗斯驻渝领事馆开馆，驻渝领事机构数量已达13家，国际友城、国际友好交流城市分别达到52对、110对。成功举办智博会、西洽会等重点展会，创设陆海新通道国际合作论坛，承办上合组织数字经济产业发展论坛、中国—东盟特别外长会和澜湄合作第六次外长会等重要活动，进一步提高国际知名度。加强川渝两地消费促进活动联动，策划举办成渝双城消费节，联合出台《建设富有巴蜀特色的国际消费目的地实施方案》。

（六）强化服务保障，优化便捷舒适消费环境

深化实施城市提升行动，完善国际消费配套设施，健全消费服务标准和规范，提高国际消费环境安全度、经营者诚信度和消费者满意度。一是美化城市环境。持续推动城市更新，围绕老旧小区、老旧工业区、传统商圈等实

施城市生态修复和功能完善，优化商业布局、美化自然环境、提升人文环境，增强公共服务消费承载能力。构建"山城公园"体系，2022年上半年建成33个口袋公园，完成老旧公园更新提质24个。高质量推进"两江四岸"治理提升，结合山水城市特色，重点打造艺术湾、广阳岛等"城市新名片"，制定2022年度长江文化艺术湾区建设计划。加快公共场所国际化引导标识建设，完善国际消费配套设施。二是优化营商环境。获批开展营商环境创新试点，51项经验做法已获国家有关部门初步认可。全面实行外商投资准入前国民待遇加负面清单管理制度，在中西部地区率先建设外商投资企业智慧服务云平台。开展促进跨境贸易便利化专项行动，推进智慧口岸建设。加大知识产权保护力度，建设智慧法院新生态体系，成立西部首个破产法庭。三是净化监管环境。在全国率先出台《重庆市消费者权益保护委员会支持消费者集体诉讼工作导则》，全面规范消费者权益保护委员会支持消费者集体诉讼工作，切实提高消费者满意度。

经过持续培育建设，重庆国际知名度持续提升，根据香港中外城市竞争力研究院等联合发布的"2021全球城市竞争力排行榜"，重庆排名第42位，比2020年提升2位；消费繁荣度持续提升，"不夜重庆""山水旅游""美食之都""生态康养""户外运动""文化消费"六大名片更加闪亮，重庆位列"2022福布斯中国消费活力城市榜"第三名。商业活跃度加快回暖，中央商务区、寸滩国际新城、长嘉汇大景区加快建设，商圈（步行街）提档升级持续推进，首店经济、夜间经济、江岸经济、云端经济发展迅速，连续三年位列中国十大夜经济影响力城市榜首。到达便利度不断提升，江北国际机场国际及地区航线达109条；陆海新通道辐射107个国家（地区）的319个港口；中欧班列（渝新欧）累计开行量居全国第一。

二 国际消费中心城市培育建设存在短板、亟须补强

重庆市国际消费中心城市培育建设工作虽然取得了初步成效，但对标世界一流、先进城市，仍然存在一些短板和问题，亟待重视解决。

（一）国际知名度还不够高

重庆国际知名度虽持续提升，全球城市竞争力排名总体靠前，但在全球权威的世界城市排名榜单《世界城市名册》中，重庆属于 Beta 级别（世界二线城市）。2021 年重庆 500 强企业入驻量已超 300 家，但本土世界 500 强企业仅 1 家，数量远低于北京、上海、深圳、广州等城市。超大型会议、国际赛事、节庆等活动偏少，城市吸引力有待提升。

（二）消费集聚力还不够强

境内境外通达性有待提升，消费对周边区域辐射带动力不够强，特色旅游产品吸引外来消费不足。消费人群集聚度不高，与世界知名国际消费中心城市相比，重庆在境外游客数量及国际外汇收入方面仍存在较大差距，国际游客偏少，入境消费规模较小。2019 年，伦敦、迪拜等城市接待国际游客人数达千万级别，重庆入境游客人数为 411 万人次，与世界知名城市存在较大差距。2020 年以来，受疫情影响，入境游客数量进一步大幅下滑。

（三）消费供给还不够优

消费供给仍显单薄，主题娱乐、文化演艺、创意展示等新业态、新模式、新场景供给不足，多功能的复合型消费供给偏少。国际名品、优品集聚度不高，国际知名品牌、首店经济与上海、北京相比还有较大差距，"买全球、卖全球"有待加强。本地消费国际化程度不高，进口消费品占重庆进口总额、重庆总消费的比重均较小。本土优质消费品牌、产品竞争力不够强。旅游商品市场以火锅底料等传统食品类为主，缺乏富有巴渝特色和一定品牌知名度的本地优质文创类商品。

（四）消费环境还不够好

中国消费者协会发布的《2021 年 100 个城市消费者满意度测评报告》显示，重庆以 78.79 分排第 78 位，与上海、北京、天津、广州等城市存在较大差距，消费者满意度有待提升。公共场所国际化引导标识、便利化服务设施等有待健全，国际化消费环境、服务需进一步优化。

（五）通道优势发挥还不够足

消费资源、文化、服务等要素聚集离不开通道物流和保税功能的有力支撑。中欧班列（渝新欧）经中亚线路较少，西部陆海新通道还有节点需要打通，"一带一路"沿线商品进入重庆市场的便捷度还需进一步提升。江北国际机场开通国际国内航线数量低于发达地区，不利于重庆聚集全球消费资源。交通物流枢纽优势未完全发挥，货畅其流还存在短板。国际通道开行与服务居民消费升级没有形成高度融合、相互促进的良性发展模式。重庆铁路线网供给能力相对不足，在客货运量上存在困难，影响来渝消费便捷度。铁公水联运和港口铁路集疏运体系不够健全，水运受三峡船闸瓶颈制约，物流企业"散小弱"，消费品运输效率仍有较大提升空间。保税展示交易成交量不够高，在消费者中的知晓度偏低。

三 国际消费中心城市培育建设任务明确、蹄疾奋进

党的二十大报告提出"要把实施扩大内需战略同深化供给侧结构性改革有机结合起来，增强国内大循环内生动力和可靠性"。下一步，重庆市将以深化供给侧结构性改革为主线，以加快培育建设富有巴渝特色、彰显中国风范、引领国际时尚、辐射西部、面向全球的国际消费中心城市为引领，立足特色优势，补齐短板不足，扎实推进培育建设工作。

（一）进一步健全工作机制

健全完善领导小组工作机制，定期组织召开领导小组会议。开展国际消费中心区、区域性消费中心城市、商文旅体融合发展城市试点示范工作。组织各区县报送实施方案和重点项目，指导推进培育建设工作，建立重点项目库，加强重点项目统筹调度。全面落实《重庆市人民政府办公厅关于印发

重庆市培育建设国际消费中心城市若干政策的通知》（渝府办发〔2022〕18号）文件要求，联合市发展改革委、市财政局等有关部门，制定实施细则，确保支持政策落实落细。支持各区县结合实际制定配套支持政策。

（二）进一步加强评估考核

建立国际消费中心城市评估指标体系统计监测制度，组织开展培育建设自评工作，定期开展监测评估，编发评估分析报告。将国际消费中心城市培育建设纳入部门年度专项目标考核、区县重点工作督查内容，严格落实调度通报、统计监测、成效评估、督查考核等工作机制，调动各级各部门和市场主体的积极性，形成工作合力和发展合力。

（三）进一步提升国际知名度

打好"会展牌"，有针对性地引进国内外重大展会，积极策划相关峰会论坛等活动，利用好现有智博会、西洽会、中新金融峰会等国际性展会，加快建设中西部国际交往中心，深化国际人文、科技等领域交流合作，培育引进国际组织和商协会，吸引人流，提升城市消费集聚力。完善视觉形象、品牌LOGO、宣传标识标语、宣传片等专属性城市IP体系。加强与国内外知名期刊合作，投放专栏文章、城市摄影、城市游购攻略。整合电视、广播、报纸、网站、新媒体等资源，加强国际消费中心城市培育建设工作宣传引导，推介展示城市形象，提升国际知名度。

（四）进一步优化消费供给

充分发挥广阔消费腹地、庞大消费人群等优势，进一步打通国际消费渠道、丰富国际消费品种，持续推动消费市场壮大，着力提升消费繁荣度。落实好支持引进商业品牌首店、龙头企业等政策，加快引进国际国内知名品牌在渝开设全球性、全国性和区域性品牌首店、旗舰店，打造西部进口高地和世界消费品超市，形成全球消费资源集聚地。做大整车、大宗商品和快消品等分拨中心，建立完善面向全球、抵离便捷、接驳高效的立体交通网络。充分发挥通道物流和保税优势，用好中新（重庆）战略性互联互通示范项目、中国（重庆）自由贸易试验区等开放平台，加强海外分拨仓建设，做好"通道带物流、物流带经贸、经贸带产业"大文章，提升全球消费品中转集疏水平。

（五）进一步做"靓"特色品牌

聚焦"夜味""夜养""夜赏""夜玩""夜购"的"五夜"业态，进一步深入挖掘重庆特色，大力推动商文旅体融合发展。加强夜间经济规划布局，推进十八梯、山城巷、沙磁巷、大九街、弹子石老街等特色街镇、夜市街区提质扩容，打造一批夜间经济集聚区、示范区。办优"国际消费节"等特色活动，持续以扩大"爱尚重庆·渝悦消费"为主题的系列消费促进活动影响力，打响"爱尚重庆"活动品牌。

（六）进一步优化消费环境

实施城市提升行动，完善国际消费配套设施，健全消费服务标准和规范，优化消费服务体验。提升消费监管服务水平，塑造宜居宜业宜游城市形态。启动"智慧停车"平台建设，构建便捷综合交通网络。全面落实《重庆市消费者权益保护委员会支持消费者集体诉讼工作导则》，全链条保护消费者合法权益。

参考文献

《党的二十大报告辅导读本》，人民出版社，2022。

习近平：《高举中国特色社会主义伟大旗帜 为全面建设社会主义现代化国家而团结奋斗——在中国共产党第二十次全国代表大会上的报告》，人民出版社，2022。

B.9
重庆建设西部金融中心形势分析与预测

王延伟*

摘　要： 金融是国家的经济命脉。加快建设西部金融中心是《成渝地区双城经济圈建设规划纲要》的重要组成部分。从发展现状看，重庆建设西部金融中心具有诸多优势：区域地理区位优势突出，是平衡国家金融资源分布的合适之地；政治体制机制灵活，适宜建设金融创新高地；工业基础雄厚，为金融发展提供坚实基础；特色金融优势明显，具有一定先发优势。同时，重庆建设西部金融中心存在金融发展能级整体较低、多层次资本市场发育滞后等突出问题。新发展格局背景下，重庆建设西部金融中心需要在加快完善西部金融中心空间布局、提升西部金融中心创新功能、提升西部金融中心区域辐射力等方面深入推动。

关键词： 西部金融中心　金融能级　资本市场　重庆

党的二十大报告明确指出："深刻认识高质量发展是全面建设社会主义现代化国家的首要任务，把金融服务着力点放在实体经济上。"加快建设西部金融中心，不仅对于促进服务重庆产业升级、提升城市发展能级、激发城市科技创新活力，而且对于高质量建设成渝地区双城经济圈，都具有不可替代的重要意义。从历史角度看，金融是国家的经济命脉，一个国家金融体系和市场的稳健发展直接影响其经济发展水平。从我国金融中心地理空间看，

---

* 王延伟，副研究员，重庆社会科学院财政与金融研究所博士后，硕士生导师，主要研究方向为区域财政与金融、环境经济学等。

金融资源的空间分布不均衡极大地影响了我国区域经济的协调发展，形成了"区域金融发展不平衡—区域经济发展不平衡"的恶性循环，亟须采取措施扭转这一局面。

目前，中国作为全球金融最具发展潜力的地区，仍有几个明显的短板：一是服务双循环的能力有待加强，对全球资本的吸引仍有不足，突出问题是内陆地区对外资的吸引能力偏弱，内陆金融体系和金融市场对高质量发展的支撑能力明显不足。二是金融中心在空间布局上存在明显的"东重西轻"。目前，全国头部金融中心集中在上海、北京、香港、深圳、广州等城市，服务于长三角、京津冀、粤港澳区域，广大中西部内陆地区缺少头部金融中心的支撑，在金融业发展上出现了东部"强者恒强"而西部难以分羹的"马太效应"。三是全球金融体系地位和作用有待进一步提升。对全球资源的配置能力不高，在金融科技、金融产品、服务体系方面与全球一流水准尚有距离，需要加快人民币国际化进程和资本账户开放探索。

从国际国内金融中心城市形成规律与特征看，重庆市金融业尚处在发展初级阶段，需要在金融资源聚集度、金融市场交易活跃度、金融产业规模、金融辐射度等方面大力提升。从现有发展基础看，重庆市金融业存在整体规模较大，特色金融发展迅速，但资本市场较小，资源配置效率较低，金融业内部结构失衡，本土金融企业增长乏力等基本特征，需对比上海、北京、深圳、杭州、广州第一梯队和武汉、成都、青岛、西安等第二梯队的发展，结合新时期西部经济社会发展，特别是成渝地区双城经济圈发展需要，明确加快推动重庆建设西部金融中心"时间表""路线图""施工单"等内容，推动重庆金融高质量发展。

一　重庆建设西部金融中心的优势

长期以来，重庆制造业、商贸流通、文化旅游等产业实力雄厚，为金融业快速发展孕育了肥沃土壤。党的十八大以来，重庆金融生态环境持续改善，各类金融资源聚集力、辐射力不断增强，金融业总量持续提升，为建设西部金融中心奠定了坚实基础。

（一）重庆建设西部金融中心背景

当前，国际环境面临"百年未有之大变局"，我国宏观经济"双循环"新发展格局的构建持续推进，在国内国际环境发生深刻复杂变化的背景下，需要构建更具稳定性、更具"回旋余地"的国家经济金融地理格局。

重庆具有地理区位优势，东西互济，陆海统筹，是建设我国西部金融中心的绝佳地点。从国内看，重庆是西南门户和首批全国中心城市，成渝地区双城经济圈的重要组成部分，处于承东启西、左右传递的枢纽，连接"一带一路"和长江经济带，坐拥长江黄金水道和西部陆海新通道运营中心；从国际看，重庆是我国连接西亚、南亚、东南亚的国际门户枢纽城市，中缅国际大通道和中西部国际交往中心城市影响力持续提升，这些地理区位优势使得重庆地处国内大循环的重要节点、国内国际双循环的战略枢纽，在面向全球的开放新格局中具有不可替代的地位和重要性。建设西部金融中心，有助于深层次推动重庆国家中心城市和成渝地区双城经济圈建设，形成我国高质量发展的重要增长极，有助于优化我国区域协调战略，改变"东重西轻"、"东强西弱"、经济增长极集中于东部地区、西部地区缺乏增长引擎的不利局面，扩大我国西部地区的经济比重和战略回旋空间，带动整个西部广大地区的发展，扩大中国经济发展纵深空间。

（二）重庆建设西部金融中心优势

重庆政治体制机制灵活，为建设西部金融中心提供了良好的发展环境。重庆市是我国中西部唯一的一座直辖市，西部国际综合交通枢纽、国际门户枢纽城市和中西部国际交往中心，同时是国家重要中心城市、国际消费中心城市，集大都市、大农村、大山区、大库区于一体，发展空间广阔。这些国家发展战略对新时期重庆建设西部金融中心，深入实施金融业支持实体经济，大力开展各类金融体制创新实践，为我国中西部经济发展提供金融活力，深层次推动我国区域协调发展，具有不可替代的重要价值。

重庆工业基础雄厚，为建设西部金融中心提供了坚实的发展基础。重庆是传统国家工业重镇，发展动力强劲。2021年，重庆规上工业产值实现2.6万亿元，同比增长10.7%，位居全国第7。重庆工业产业体系健全。重庆工业目前已经形成以电子、汽车、装备、化工、材料、消费品和能源等为主导的多点支撑产业体系，拥有全部31个制造业大类行业，基本建成门类齐全、产品多样的制造业体系。

重庆金融业发展基础良好，为建设西部金融中心提供了良好的先期优势。2021年全国各城市居民住户存款排名中，重庆市以22239.89亿元排名第4，仅次于北京、上海、广州3个城市，名列中西部城市之首；2021年全国各城市金融业增加值排名中，重庆市以2459.78亿元排名第5，仅次于上海、北京、深圳、广州，名列中西部城市之首。这些指标和数据，都充分反映出重庆市建设西部金融中心，已经具备坚实的发展基础。

重庆跨境金融发展特色鲜明。受益于重庆金融机制改革创新不断深化，跨境人民币结算业务规模长期领先中西部各省份，2022年上半年实际收付结算1793.3亿元，同比增长121.9%，居中西部第1位。在重庆自贸区和内陆开放高地建设的深入推动下，贸易投资便利化程度持续提升，通过结算数字化，打破"数据孤岛"，有效畅通海关、税务、物流等第三方系统，大幅提升结算效率，不断推动新型离岸国际贸易业务、银行境外贷款业务、跨境电商人民币结算等各类业务总量持续增加。

金融科技先发优势明显。2019年，重庆成为全国首批开展金融科技应用试点的城市；2020年，重庆与北京、上海、深圳成为四大国家金融科技认证中心城市。目前，重庆中新金融科技产业聚集区、金融科技监管科技应用先行区、金融科技标准示范区等入驻企业总量不断增加，数字人民币日益融入国际消费中心城市建设，金融科技要素加快聚集，一批金融科技关键技术商业化良好，行业影响力、认可度持续提升，金融科技已经成为重庆建设西部金融中心的重要支撑体系。

（三）重庆建设西部金融中心内在要求

在重庆建设国内国际双循环新发展格局重要战略枢纽这一背景下，加快推动重庆西部金融中心高质量发展，需要在三个方面深入拓展：一是重庆西部金融中心需要服务重庆实体经济精细化发展、深度融入区域经济发展产业体系，围绕重庆建设国家先进制造业中心、国家数字经济创新发展试验区等重大战略，丰富相关金融产品服务、降低融资成本等；二是提升服务成渝地区双城经济圈建设能级，为区域电子信息、新能源汽车、装备制造等主导产业，卫星互联网、氢能与储能、生物育种与生物制造、脑科学与类脑智能和量子信息等未来前言产业提供有效的金融产品和服务支撑；三是加快金融国际合作，深化重庆与新加坡、香港等国际金融中心合作，聚集全球各类金融要素，通过自贸区金融创新、QDLP 试点等具体措施，探索"规则、规制、管理、标准"等制度型金融开放。

二　重庆建设西部金融中心存在的主要问题

以建设西部金融中心的目标，对比上海、北京、深圳等主要金融中心，重庆金融业面临不少问题和短板，需要加以全面审视。

（一）金融发展能级整体较低

与上海、北京、深圳等主要金融中心相比，重庆建设西部金融中心的突出问题是金融发展能级整体较低，亟须全面提升发展能级。2021 年 12 月，中国（深圳）综合开发研究院第 13 期"中国金融中心指数"（CFCI）在"2021 第二届 CDI 中国上市公司高质量发展论坛"上正式发布。由中国（深圳）综合开发研究院与英国智库 Z/Yen 集团共同编制的"全球金融中心指数"，被誉为最权威的全球金融中心排名。根据该报告，重庆市金融发展总体实力明显低于第一梯队（上海305.35、北京262.08、深圳175.35），处于第二梯队中游（广州85.48、武汉53.68），重庆得分62.35，排名第7。

（二）多层次资本市场发育滞后

目前我国已经形成包括沪深主板、中小板、创业板、全国中小企业股份转让系统、区域性股权交易市场、券商柜台市场、股权投资市场等在内的多层次资本市场体系。各层次市场相互促进、互为补充，提升了资源配置效率，为实体经济提供了多样化服务。与全国主要金融中心相比，多元化融资体系和多层次资本市场发育滞后，是重庆建设西部金融中心面临的主要问题之一，从上市公司总数看，重庆尚未进入前10（见表1）。例如，多层次市场门类不够齐全，全国性金融要素市场只有3家，缺乏全国性股票、债券、外汇、商品期货、金融衍生品等交易市场，辐射带动能力受到很大制约；利用资本市场融资不足，境内上市公司59家、在会排队企业7家，低于四川（144家、排队18家）、安徽（135家、排队18家）等中西部省份，近5年开展过股权再融资的上市企业仅17家。2020年全市创业投资总额仅65亿元，占全国比重不到1%。

表1 中国部分城市上市公司数据比较（截至2022年6月30日）

单位：家

排名	城市	上交所		深交所		北交所	总计
		沪市主板	科创板	深市主板	创业板		
1	北京	157	57	87	123	12	436
2	上海	221	63	33	73	4	394
3	深圳	23	34	184	138	5	384
4	杭州	73	23	47	61	1	205
5	苏州	42	46	44	52	5	189
6	广州	31	15	50	38	5	139

排名	城市	上交所		深交所		北交所	总计
		沪市主板	科创板	深市主板	创业板		
7	南京	54	9	17	30	3	113
8	成都	27	16	31	35	2	111
9	宁波	61	4	15	29	1	110
10	无锡	38	9	25	31	1	104
	重庆	33	0	24	6	3	66

注：根据 WIND 数据库统计。

（三）新兴金融业态发展较为缓慢

近年来，蓬勃发展的各类新兴金融业态，为我国经济高质量发展提供了充足的资金支持，一方面，有助于深层次调整金融发展结构，促进经济转型升级；另一方面，为居民理财提供了多样性、个性化选择，推动财富市场发展繁荣。但重庆各类新兴金融业态发展较为缓慢。以科创金融为例，2022年7月底，全国科创板上市企业441家，但重庆市仅有1家，而周边的四川省17家，陕西省11家，这严重制约了重庆市科创企业的持续壮大发展。以绿色金融为例，截至2022年一季度末，重庆全市绿色信贷余额达4848.21亿元，较年初增长14%，但与东部沿海地区存在明显差距，仅占同期江苏绿色金融余额约35%。

（四）区域金融业对外开放程度亟须提升

据统计，2021年底，全球排前100名的银行在渝机构数量不足20家，外资银行仅15家，跨境融资、国际结算业务等同质化程度较高，跨境业务覆盖范围以本地为主，在金融法治、监管等领域与国际营商环境对接不够，对金融市场、产品等国际金融规则的适应性不强。金融开放是建设西部金融中心的重要组成部分，可以通过扩大金融业对外开放，引进外资机构产生"鲶鱼"效应，倒逼区域金融机构深化供给侧结构性改革，促进国内金融行业加快提升整体服务质量，满足国内经济对高品质、多元化金融服务的需求；成熟市场的金融机构在经营理念、管理经营、风险控制、产品创新等方面具有较强的先发优势，通过向国际一流的外资金融机构学习和借鉴，有助于提升重庆金融业整体经营质效和国际竞争力。

（五）金融营商环境有待进一步优化

与国际国内主要金融中心相比，重庆金融营商环境有待进一步优化完善：一是国际认证、评级、审计、担保、税务、咨询、精算、法律服务等各类金融咨询服务机构的区域性总部机构仍然不足。以中国保险资产管理业协会2021年信用评级机构前10名为例，成渝地区双城经济圈尚无入选机构，这在一定程度提升了各类金融交易成本。二是仍处于国际金融法制化起步阶段。以上海金融法庭为例，自2018年成立以来，先后发布涉外、涉港澳台金融案件审判指南与典型案例，拟定中英文"涉外金融交易争议解决及法律适用示范条款"，积累了丰富经验。成渝两地金融法庭2022年9月28日正式揭牌，离真正发挥作用仍有相当距离。

三　重庆建设西部金融中心对策建议

新时期，彰显中国将成渝地区打造成为高质量发展的重要增长极和新的动力源，促进内陆金融开放和全国金融中心均衡布局的战略考量，需要深层次推进重庆西部金融中心建设。

（一）加快完善重庆西部金融中心空间布局

不断优化具有巴渝特色的数字化、智能化、开放性"国际山水金融城"建设，完善"国际山水金融城"核心片区"江北嘴—解放碑—长嘉汇"规划设计、空间布局及功能区域，推动"产业金融—贸易金融—绿色金融—科创金融—普惠金融—数字金融"六大中心特色化金融功能板块形成层次分明、结构合理、功能齐备、高效联动的西部金融中心空间骨架，不断提升西部金融中心空间"溢出效应"。科学规划、稳步推进"国际山水金融城"金融科技基础设施和信息系统建设，有效提升金融数据安全性和可靠性。积极对接全国金融基础设施信息网络体系，争取专项资金支持，构建面向未来的基础支撑能力。优化"国际山水金融城"的基础设施总体布局，形成西部各类金融数据中心网络数据，搭建覆盖金融全业态的信息高速通道。加强"国际山水金融城"金融数据安全系统建设。科学布局各类金融机构，增强金融业务所形成的各类数据脱敏、碰撞、建模、传送、存储等风险和安全边界意识，从监管、标准、制度、技术、设备等多维度完善金融数据安全系统。

（二）提升西部金融中心创新功能

创新是金融不断发展、充满活力的源泉和不竭动力。系统构建全市金融创新机制、体系、平台、人才、环境等创新框架，强化"政府引导、市场运营、企业主体"的金融制度创新，推动各类金融机构、金融要素不断裂变、融合、重组，提升金融创新效能，实现与实体经济共享共赢。积极推动全国金融科技试点城市建设。充分激发全国金融科技和金融标准化双试点城市先行先试的优势，积极引进国内外金融科技创新型企业，重点建设江北区金融科技城等金融科技示范区、中新金融科技产业示范基地等区域，深层次推动金融科技成为重庆建设西部金融中心的新要素。推动全市金融创新示范区建设，激发先行先试发展动力。鼓励和支持重庆市基础较好、条件较优的区县积极申请各类国家金融创新试验区、示范区及试点建设。深入推动重庆市全国绿色金融试验区建设，重点突出绿色金融机构和绿色金融产品、工具及服务模式创新，有效改善绿色产业融资环境。加快重庆全国产融结合示范区建设，重点突出重庆国家先进制造业中心城市与西部金融中心融合，建立银企对接清单名录库，完善金融机构实施差别化信贷政策，积极推进金融产品及金融服务方式创新。

（三）提升西部金融中心区域辐射力

积极与成都金融监管部门深度融合，打造"成渝双核驱动"模式，支持推动成渝地区金融市场和监管区域一体化，全面提升服务成渝地区双城经济区能力：围绕全国重要的经济中心，通过开放、创新、改革等措施加快构建现代金融体系，重点激发成渝区域股权交易市场活力，推动西部私募基金高地建设，加快提升直接融资规模和比重，提升中新金融合作深度，积极深化金融国际合作；围绕科技创新中心，大力发展科技金融生态系统，完善政府科技金融支持体系，提升政府服务效能，健全金融科技综合服务平台，加快科技金融知识产权、征信服务和担保服务等支撑体系；围绕改革开放高地建设，拓展成渝金融国际化合作深度和广度，通过探索成渝自贸区金融创新、深化与东盟 RECP 服务贸易结算便利化、加快探索重庆 QDLP 试点项目实施，深层次推动金融国际化；围绕高品质生活建设，大力发展各类金融组织，包括各类传统银行、证券、保险、信托等，信用担保、支付结算、资产处置等各类新金融组织和产品服务，加快西部金融财富高地建设。

（四）提升重庆西部金融中心国际开放显示度

立足国内国际双循环视角，大力提升重庆建设西部金融中心开放度。提高重庆金融开放的质量和水平，有效提升金融机构竞争力。积极鼓励和支持引导各类境外资金更好支持重庆实体经济发展，重点突出新能源与智能网联汽车、电子信息、现代服务业等主导产业金融服务，强化新一代信息技术、生命健康、绿色低碳及智能制造、高技术服务等战略先导产业发展，深层次推动金融开放质量提升。加快建设金融国际开放载体平台，不断释放重庆自贸区金融开放红利，细化国家在渝金融监管部门配套细则，打通以跨境贷款、海外债券、跨境 REITs 为主的跨境融资通道，建立以 QDLP、QFLP 为主的跨境双向投资通道。深化中新金融合作，拓展跨境金融合作深度。以重庆建设国家数字人民币试点城市为契机，强化中新互联互通项目场景下的数字人民币试点应用，完善贸易结算、商务旅游、人才培训、医疗健康、购物消费、境外理财等各类型场景应用，支持个人使用数字人民币进行支付。加快重庆离岸金融中心建设，鼓励和支持平安银行离岸金融中心、建行跨境金融服务中心、中信银行国际业务运营中心、渣打银行中新互联互通项目金融服务中心等机构加快发展，提升业务规模和行业影响力，加快跨境债权转让、跨境资产转让业务试点先行先试，形成成熟运营模式。

（五）强化西部金融中心风险防范体系

西部金融中心建设的深入推进，有力增强了金融市场的联动性和渗透性，同时金融风险的传染性、震荡性愈加明显。因此，强化金融风险防范和化解，成为重庆建设西部金融中心的重要内容。

增强国际国内金融风险防范意识。金融监管机构需要实时跟进国际国内金融市场发展动态，充分重视金融领域存在的潜在问题，全面增强金融风险管理意识，实施动态化金融市场监管模式，有效提升金融风险应对能力；及时督促强化银行、保险、证券、信托等各类金融机构加强相关人员培训和管理，提高其风险防范能力和综合素质。促进金融市场信息透明化，促进各类金融机构不断优化信息披露制度，做好财务信息披露工作，给投资者提供公开透明正确的财务信息。稳妥处置重点企业单体风险，平衡好企业和金融机构之间的利益，依法打击"逃废债"等扰乱金融秩序行为。积极预防各类跨境金融风险，严厉打击各类跨境洗钱、非法转移资金等活动，强化反洗钱义务机构洗钱风险防控能力等，净化金融发展生态。

（六）优化西部金融中心营商环境，塑造良好发展土壤

积极强化保护金融中小投资者合法权益机制，完善金融纠纷诉调对接工作机制，制定银行、证券、保险等各类金融业态调解规则、调解员管理办法、调解工作站工作制度。加强金融知识普及宣传，提升金融风险意识，多种形式开展投资者服务及投资者专项教育活动，突出全市重点企业法律风险防范培训、企业债券融资专题培训等系列活动，提高企业法律风险防范能力和依法合规金融意识。加快推进成渝金融法庭建设，提升典型案例示范性、专业性，引进国际金融审判专家，营造良好的金融法治环境，提升国际认可度、影响力，加快探索金融司法体系改革。

参考文献

耿小烬：《金融资源分布、区域性金融中心布局与西部金融中心建设研究》，《改革与战略》2020 年第 2 期。

陈晋祥：《深化区域金融一体化改革开放　服务双城经济圈建设》，《中国外汇》（英文版）2021 年第 9 期。

张静静：《成渝西部金融中心的六大看点》，《中国金融》2022 年第 2 期。

吴豪声：《加快推进成渝西部金融中心建设发展》，《中国外汇》（英文版）2021 年第 9 期。

杨钒：《成渝共建西部金融中心路径》，《中国金融》2021 年第 8 期。

《重庆市人民政府关于印发重庆市金融改革发展"十四五"规划（2021—2025 年）的通知》（渝府发〔2022〕7 号），http：//jrjgj．cq．gov．cn/zwgk_ 208/fdzdgknr/ghxx/202201/t20220130_ 10366283．html，2022 年 1 月 14 日。

B.10
重庆文化和旅游发展形势分析与预测

刘 旗*

摘 要： 重庆市文化和旅游系统坚持以习近平新时代中国特色社会主义思想为指导，深入学习贯彻党的二十大精神，坚定拥护"两个确立"，坚决做到"两个维护"，全市文化和旅游行业发展态势良好。弘扬"行千里·致广大"的人文精神，保护传承好巴渝文化、三峡文化、抗战文化、革命文化、统战文化和移民文化，持续抓好文化强市建设，加快建设世界知名旅游目的地，在全面建设社会主义现代化国家新征程上展现新作为。

关键词： 文化赋能 文旅发展 文旅消费 文艺繁荣

重庆市文化和旅游系统坚持以习近平新时代中国特色社会主义思想为指导，深入学习贯彻党的二十大精神，全面落实习近平总书记对重庆提出的营造良好政治生态，坚持"两点"定位、"两地""两高"目标，发挥"三个作用"和推动成渝地区双城经济圈建设等重要指示要求，坚持以文塑旅、以旅彰文，推进文化和旅游深度融合发展，不断推动中华优秀传统文化得到创造性转化、创新性发展。

一 2022年重庆市文化和旅游主要指标情况

2022年，在市委、市政府的坚强领导下，全市文化和旅游行业发展态势

---

* 刘旗，重庆市文化和旅游发展委员会党委书记、主任。

良好。文化方面，重庆市连续摘取了"文华大奖""群星奖""牡丹奖""金声奖"等大奖，授牌的演艺新空间已达 22 个。全市现有世界文化遗产 1 处、世界自然遗产 3 处、全国重点文物保护单位 64 处，国家级历史文化名城、名镇、名村 25 个，国家一级博物馆 5 个，国家级非遗代表性项目 53 项，国家级非遗代表性传承人 59 人；全市公共文化馆、图书馆达国家一级馆率分别为95%、83%，位居西部第一。旅游方面，受疫情波动起伏影响，尽管需求和供给两侧都较为谨慎，但是近程旅游、都市休闲和文化参与依然活跃。在全国整体下降的情况下全市旅游发展水平依然保持在全国第一方阵。中国旅游研究院最新调查数据显示，后疫情时代中国人最想去的旅游目的地中重庆位居第一。2022 年 8 月，"抖音美好城市"榜单发布，重庆继续以压倒性的高分占据榜首。携程、美团等数据显示，重庆入围 2022 年国庆假期 1 小时高铁圈十大抵达热门城市、本地周边游十大热门地、旅游消费十大热门城市。

（一）全市旅游资源情况

全市现有 A 级以上旅游景区 278 个，其中 5A 级 11 个、4A 级 140 个。旅行社 782 家，旅游星级饭店 140 家，其中五星级 27 家。

（二）全市旅游主要数据

2022 年 1~9 月，全市接待过夜游客 4303.26 万人次，同比下降 37.49%。146 家 A 级旅游景区累计接待游客 2315.8 万人次，较 2021 年下降 28.96%。

（三）全市文化与旅游产业情况

2022 年前三季度，全市实现文化产业增加值 798.04 亿元，同比增长1.7%。实现旅游产业增加值 768.26 亿元，同比下降 1%。

（四）国庆旅游主要数据

国庆节假期七天，纳入统计的全市过夜游客接待人数 139.60 万人次，同比下降 24.90%。146 家 A 级旅游景区累计接待游客 190.43 万人次，同比下降21.7%。全市手机漫游共 6168.34 万台次，较 2021 年同比下降 10.65%。

二 2022年重庆市文化和旅游业发展亮点

（一）深入学习习近平新时代中国特色社会主义思想

以学习宣传贯彻党的二十大精神为主线，深刻领会"两个确立"的决定性意义，进一步增强"四个意识"、坚定"四个自信"、做到"两个维护"，切实把"两个确立"的政治成果转化为坚决做到"两个维护"的政治自觉，转化为对习近平新时代中国特色社会主义思想的忠实践行。深化思想建设，实施"第一议题"学习制度，围绕深入学习贯彻党的二十大精神、全国两会精神、市第六次党代会精神等开展8次党委理论学习中心组学习，总结党史学习教育和"我为群众办实事"经验做法，持续巩固学习教育成果，推进学习常态化长效化。夯实组织基础，以强烈的责任感完成重庆市出席党的二十大代表和市直机关出席市第六次党代会代表推荐提名工作，抓好"三会一课"、主题党日等制度落地落实，推动形成层层抓落实的良好局面。持续正风肃纪，加强新时代廉洁文化建设，开展"以案四说"警示教育，深化运用监督执纪"四种形态"，一体推进不敢腐、不能腐、不想腐。扎实做好巡视整改后半篇文章，在五届市委巡视整改工作情况汇报会上做交流发言。建章立制推动政治巡察，成立巡察工作领导小组，制定党委巡察工作实施办法（试行），建立系统巡察人才库，推动巡察监督常态化、长效化。守牢意识形态阵地，落实党委意识形态工作责任，严格管理论坛、研讨会等阵地，审核把关展览展演、文化演出等内容，持续推进文娱领域综合治理，整治网上泛文化娱乐化现象和不良亚文化，下架违规影视剧3000余部，廓清行业风气。

（二）持续健全新时代艺术创作体系，文艺繁荣取得丰硕成果

一是文艺创作体系不断完善。科学高效使用1亿元市级文艺院团激励引导专项资金，全力支持舞台艺术精品创作。川剧《江姐》喜获第十七届

"文华大奖"，重庆青年合唱团斩获第十九届群星奖，四川扬琴《血写春秋》摘得第十二届中国曲艺牡丹奖表演奖，龙舞《铜梁焰火龙》获第十五届中国民间文艺山花奖。二是文艺创作生产推陈出新。围绕党的二十大等主题，指导市级文艺院团开展创作工作，打造芭蕾舞剧《归来红菱艳》、川剧《巴蔓子将军》等，启动经典川剧《中国公主杜兰朵》、话剧《风雪夜归人》、小舞剧《放裴》复排工作，音乐会《曲音渝韵》、经典复排川剧《中国公主杜兰朵》、原创儿童剧《魔法拼图》等成功首演。儿童剧《小溜溜溜了》入选第十一届中国儿童戏剧节"新时代优秀儿童剧线下展演"，抗战话剧《雾重庆》进京参加大戏东望·2021全国话剧展演季展演，舞剧《绝对考验》成功入选国家艺术基金资助项目，火锅舞片段精彩亮相虎年央视春晚，是全市首个以成品舞蹈节目登上春晚舞台的节目。三是长嘉汇演艺聚集区发展势头良好。授牌以渝中区、江北区等9个都市区为主的22个演艺新空间，运营主体涵盖市级国有专业文艺院团、区县文旅单位及民营文旅企业。演出形式以脱口秀、相声、小品、话剧、儿童剧、舞台剧、杂技秀等为主，包括《魔幻之都·极限快乐Show》、扯馆儿喜剧专场、索道喜剧脱口秀等深受观众喜爱的演出。并推出旅行社组客观看旅游驻场演出营销推广奖励、演艺票务系统等配套支持措施，推出全国首个高德"演艺地图"，首批上线100个重庆演艺文化场所，实现了文化和旅游的完美融合，基本形成了"富有巴渝山水颜值、独特人文气质"的都市演艺聚集区的雏形。

（三）统筹文物保护与城乡发展，文化遗产保护利用不断加强

一是革命文物保护利用稳步推进。深入贯彻全国文物工作会议精神，推动完成《重庆市红色资源保护传承规定》立法，印发《重庆市"十四五"文物保护和科技创新规划》《重庆市革命文物保护利用总体规划》，加快推进红岩文化公园二期项目、长征国家文化公园（重庆段）、开埠遗址公园建设，开埠历史陈列馆建成开放，新增纳入免费开放补助的革命类纪念馆12家、总量达28家。二是考古申遗和文物保护工作取得新进展。开展考古调查发掘54项，考古发掘14275平方米，"考古中国—巴蜀文明进程研究"

项目顺利实施，钓鱼城遗址、白鹤梁题刻进入国家文物局申遗重点扶持项目。印发《三峡库区文物保护利用专项规划》，加快推进万州天生城遗址、忠县皇华城遗址等三峡国家考古遗址公园建设，推进三峡考古报告出版，完成三峡文物保护利用示范区 4 项课题研究，修复三峡出土文物 1082 件。实施大足石刻宝顶山圆觉洞抢险加固工程、南岸弹子石摩崖造像修缮工程（二期）等石窟寺保护项目 19 项。三是博物馆事业发展取得新成效。联合市委宣传部等 8 部门出台《关于推进博物馆改革发展的实施方案》，新增备案 3 家博物馆，重庆自然馆设立全国首个检察院—博物馆共建生态环境司法保护教育实践基地。圆满举办 2022 年"5·18 国际博物馆日"暨重庆市第十三届文化遗产宣传月活动，开展十大板块 168 项活动。策划推出传承优秀传统文化、弘扬爱国主义精神等临时展览及社教活动 1000 余场次，服务观众逾 800 万人次，网上展览及活动参与人次逾 3 亿。四是非遗保护传承能力持续提升。启动第六批国家级非遗代表性传承人申报推荐工作，发布 40 个"非遗进校园优秀实践案例"、10 个"非遗与旅游融合发展优秀案例"。公布第六批市级非遗代表性传承人 240 人，全市国家级、市级非遗代表性项目分别达 53 项、707 项，国家级、市级非遗代表性传承人分别达到 59 人、951 人。

（四）公共文化服务一体化建设全面推进，服务水平提档升级

一是公共服务阵地日趋完善。加速建设文图两馆总分馆，累计建设图书馆分馆 1842 个，文化馆分馆 1272 个，24 小时自助图书馆（城市书房）105 个；打造文化驿站、文化礼堂、乡村戏台等新型公共文化空间 278 个，现覆盖 30 个区县，覆盖率 76.9%。健全志愿者服务体系，新增志愿者 2165 人，新增志愿者团队 125 个；志愿者总数达 12985 人，志愿者团队总数达 2475 个。启动实施 5 个区县老少边及欠发达地区县级应急广播体系建设，应急广播终端达 5.9 万组，覆盖 8984 个行政村（社区）。二是群众文化活动保持活跃。深度打造"乡村村晚"、乡村艺术节、"舞动山城"街舞大赛、广场舞等品牌活动，累计举办动态活动 45 场次、展览 13 场次，惠及群众 960 万

人次。持续开展"阅读之星"市民诵读大赛、"红岩少年"阅读大赛，吸引17万余人参赛。启动"喜迎二十大　奋进新征程"——2022"欢跃四季·舞动山城"重庆市广场舞展演等系列活动。三是助力乡村振兴成效明显。持续培育乡村旅游品牌，启动第四批全国乡村旅游重点村镇遴选工作，"苗乡养心古镇游"等5条线路入选"乡村四时好风光——春生夏长·万物并秀"全国乡村旅游精品线路，举办2022重庆市乡村休闲旅游精品线路新闻发布会，推出乡村旅游线路100余条，公布市第三批乡村旅游重点村名单45个，乡村旅游逐步升温。

（五）文旅发展新格局加速形成，融合发展初见成效

一是文旅规划引领持续加强。推动市政府印发实施《重庆市文化和旅游发展"十四五"规划（2021—2025年）》，印发实施《重庆全域旅游发展规划》《重庆渝东南武陵山区文化和旅游产业融合发展示范区规划》，与市交通局联合印发《重庆市高速公路和文旅融合发展规划》等重点专项规划，形成"十四五"文化和旅游发展"1+N"规划体系，系统抓好系列规划解读宣传，推动规划落地落实。二是巴蜀文化旅游走廊建设深入推进。推动文化和旅游部、国家发展改革委与川渝两省市政府联合印发实施《巴蜀文化旅游走廊建设规划》，联合四川启动共建巴蜀文化旅游走廊重大活动，推出巴蜀文化旅游走廊十大主题游，发布"川渝一家亲——景区惠民游"活动，促进两地文旅资源共用、客源共享、市场共建。签订川渝石窟寺国家遗址公园建设等战略合作协议64份，成立川渝博物馆联盟等合作联盟13个，推进重点任务119项、重点文物保护项目200个，联合举办展览展示活动53场。实施川陕苏区红军文化公园等9个重大项目，累计完成投资56.7亿元。圆满举办第五届川剧节，成功取得2025年第十四届中国艺术节举办权。三是"一区两群"文旅协调发展重点突破。深化落实《关于加快建设重庆旅游发展升级版的实施意见》以及"大都市、大三峡、大武陵"旅游发展升级版实施方案，成功举办2022年度主城都市区文化旅游协作组织工作会议，加快推进长嘉汇、艺术湾等项目建设，提档升级"大都市"国际

知名旅游目的地产品体系和服务体系。优化大三峡旅游集散中心功能，推动"三峡库心·长江盆景"建设，抢抓郑万高铁开通契机，举办第十三届中国长江三峡国际旅游节暨"高铁带你游三峡"活动，发布"畅游三峡·欢快之旅"等四大主题旅游线路产品，打造中国长江三峡国际黄金旅游带。支持武隆开展国际化旅游试点，建成武陵文旅推广中心，成功举办 2022 中国武陵文旅峰会，协议引资 243.99 亿元，推动渝鄂湘黔川五省市文旅部门签署发布《中国武陵文旅目的地共建计划》。

（六）纾困政策持续发力，产业发展质效保持稳定

一是完善政策措施稳住市场主体。全面贯彻国务院关于"稳住经济大盘"重要部署，推出稳住文化旅游领域经济一揽子政策共 6 个方面近 20 条具体举措。将跨省旅游团队"熔断"范围缩小到区县，将疫情影响范围尽量降低。细化落实已有政策，开展文化和旅游企业服务月活动，延续实施旅行社暂退质保金政策，健全文旅行业银企对接机制，实施"十四五"旅游营销推广奖励政策和旅行社组客观看驻场演出营销推广奖励政策，支持旅行社等拓展业务。截至目前，暂退 644 家旅行社保证金 1.57 亿元；支持 22 家企业获得金融支持 12.1 亿元，23 个重点项目获得金融支持 59.1 亿元。渝中区成功入选 2021 年度文化产业和旅游产业领域国务院督查激励名单。2022 年上半年，全市文化及相关产业实现增加值 521.73 亿元，同比下降 2.8%；全市旅游及相关产业实现增加值 497.84 亿元，同比下降 2.0%。二是加大投资力度推进项目建设。加快推进 7 个市级重大文旅项目建设，截至 9 月底，3 个在建项目投资完成率 90%，市青少年活动中心完成主体建设工程，国际马戏城二期工程基本完工，广播电视发射新塔（一期）新增排除次生灾害完成招标工作。启动 2022 年度市级文化产业发展专项资金项目扶持，安排 520.5 万元，支持 41 个重大项目建设。公布 2022~2024 年市级重点文旅产业项目名单，开设"文旅产业招商项目"专栏，推介招商项目 200 个，召开《重庆 1949》大型红色舞台剧营销推广工作会，与江万船厂游轮旅游中心、烁乐影视动漫基地等 7 个项目签订合作协议，协议金额达 59.28

亿元。三是依托活动品牌拉动文旅消费。新入选第二批国家级夜间文化和旅游消费集聚区 6 个，总数达 12 个；新评定第二批市级夜间文化和旅游消费集聚区 20 个，总数达 31 个。推出"重庆人游重庆"景区惠民活动，举办第七届重庆文化旅游惠民消费季（春夏）活动，举办 2022"文化和自然遗产日"非遗宣传展示重庆主场活动——非遗购物节·第七届重庆非物质文化遗产暨老字号博览会，销售产品近 70 万件，金额达 9000 万元。

（七）坚持创新深化融合，广电和网络视听持续发展

一是主题宣传持续加强。加强首页首屏首条建设，指导广播电视和网络视听媒体打造《总书记的足迹》、《领航新时代》、"一江碧水向东流"全媒体新闻行动等宣传报道，开设《喜迎二十大　书写新篇章》《奋进新征程建功新时代》《"迎接党的二十大"新闻专栏》等专区栏目，创作播出大型电视理论节目《思想的田野》，拍摄制作重点微纪录片《我和我的新时代（重庆篇）》。联合市委宣传部等举办"喜迎党的二十大"2022 年重庆市公益广告大赛，评选推出优秀公益广告作品 42 件。开展"礼赞新时代、奋进新征程"优秀电视剧展播和"喜迎二十大、奋进新征程"优秀网络视听作品展播活动，集中展播《觉醒年代》《香山叶正红》等弘扬主旋律的优秀剧目，为迎接党的二十大胜利召开营造浓厚氛围。二是精品力作持续涌现。遴选推荐 48 件优秀作品参评"中国广播电视大奖·广播电视节目奖""星光奖""飞天奖"，孙爽获十大广播播音员主持人"金声奖"。3 部广播电视公益广告作品获得国家新闻出版广电总局（以下简称广电总局）专项扶持，纪录片《破晓——重庆解放密档》获得全国党史和文献部门优秀科研成果一等奖，纪录片《嗨！十年》《华夏湿地》入选广电总局"十四五"纪录片重点选题，《百年巨变山水重庆：轨道上的都市区》入选广电总局 2021年优秀对外传播纪录片。《大头小当家》成功入选广电总局 2021 年度优秀少儿节目，3 个节目入选广电总局季度优秀广播电视新闻作品，《英雄的守护》《红色文物话百年》分别被评为全国优秀网络音频、视频节目。4 部作品入围 2022 年全国县级融媒体中心夏赛优秀作品。三是媒体融合持续深化。

深入实施重庆加快推进媒体深度融合发展实施方案，打造"12320 优医生——智慧医疗""智慧养老'数字社区平台·智慧宝'""5G 数字乡村""大小屏联动"等融合项目，推进重庆有线网络整合，加速"广电+"融合发展。推动 IPTV、互联网电视规范运营发展，助推重数传媒上市。四是传媒机构管理持续规范。着眼破解行业监管困局，印发实施加强广播电视传媒机构管理、规范节目制作经营机构管理系列文件，推动工作机制和管理手段创新走在全国广电系统前列，市级所有电视频道、20 个区县综合频道实现高清播出，全市广播电视制作机构数量突破 800 家。

（八）文化和旅游市场体系日益完备，行业治理水平持续提高

一是文旅市场环境持续优化。国务院批复同意在重庆市暂时调整《旅行社条例》有关规定，试点期内允许在重庆设立并符合条件的外商投资旅行社从事除台湾地区以外的出境旅游业务。全面实施市场准入负面清单制度，普遍落实"非禁即入"。及时清理、修改、废止与"放管服"改革、营商环境创新公平竞争等不适宜的文件规定，深化推行政务服务"全程网办"，文化旅游行政许可项目网上审批实现全覆盖。探索实施电子证照、电子签章互认共享，更大范围推动照后减证和简化审批。全力推进信用管理和旅游服务质量提升试点，评选推荐 2 家单位参评国家级文明旅游示范单位。探索"信易+"模式，推动"信易游"试点，重庆市武隆区和铜梁区被文化和旅游部认定为首批信用经济试点地区。加强对剧本杀、密室逃脱等新业态的监管，联合市级有关部门出台规范文件，采取审慎包容的态度维护市场良性发展。二是文旅行业保持安全稳定。规范完善市文化市场管理工作领导小组工作机制，加强与市场监管、公安、交通、网信、消防、卫生等部门相互协作，形成监管合力。开展文化娱乐专项整治，推进全市私设"景点"专项整治，重点查处"违规接待未成年人""四黑""不合理低价游""养老诈骗"等突出问题。以"喜迎党的二十大、忠诚履职保平安"等专项工作为抓手，狠抓防风险、保安全、护稳定各项工作，围绕特种设备及高风险游乐项目、人流管控、高温天气和汛期文物安全等重点，统筹扎实开展安全生

产大排查、大整治、大执法。动态调整疫情防控措施，加强重点场所、重点区域、重点人群等排查，有效阻断了疫情通过文化旅游场所和活动传播链条。切实加强意识形态、文化旅游活动、保密和网络、文物保护、信访稳定等领域安全工作，严格管理论坛、研讨会等阵地，审核把关展览展演、文化演出等内容，以行业领域的安全稳定为党的二十大保驾护航。重庆市在2021年全国文化市场综合执法考评及平安文化市场综合执法考评中获得满分100分，排名全国第一。三是文旅发展保障更加有力。配合推进《重庆市大足石刻保护条例》修正工作，及时清理、修改、废止与"放管服"改革、营商环境创新公平竞争等不适宜的文件规定，持续开展系统普法工作，实施普法宣传"六进"活动。推荐5名国家高层次人才特殊支持计划青年拔尖人才，6名文化和旅游部乡村文化和旅游带头人。区分领军人才、青年拔尖人才、后备人才开展针对性培养，陆续实施36名青年拔尖人才及4个后备人才培养班项目。扎实做好离退休同志服务管理工作。开展评比表彰推荐工作，4个集体、5名个人受到各级表彰。

三 2023年重庆文化和旅游业发展预测

2023年，全市文化和旅游系统将坚持以习近平新时代中国特色社会主义思想为指导，深入学习贯彻党的二十大精神，坚定拥护"两个确立"，坚决做到"两个维护"，弘扬"行千里·致广大"的人文精神，保护传承好巴渝文化、三峡文化、抗战文化、革命文化、统战文化和移民文化，持续抓好文化强市建设，加快建设世界知名旅游目的地，在全面建设社会主义现代化国家新征程上展现新作为。

（一）在深入学习宣传贯彻落实好党的二十大精神上下功夫

党的二十大是在全党全国各族人民迈上全面建设社会主义现代化国家新征程、向第二个百年奋斗目标进军的关键时刻召开的一次十分重要的大会。

学习宣传贯彻好党的二十大精神，是当前和今后一个时期的头等大事和最重要的政治任务。全市文化和旅游系统将牢牢把握好习近平新时代中国特色社会主义思想的世界观和方法论，坚持好、运用好贯穿其中的立场观点方法，以求真务实精神学习好、宣传好、贯彻好、落实好党的二十大报告精神，坚持学深悟透、融会贯通，深刻领悟"六个坚持"的重大意义，深刻领悟中国式现代化的中国特色和本质要求，深刻领悟"三个务必"的重大意义，从拓展学习的深度着力，深刻领会把握党的二十大精神实质和丰富内涵，把习近平总书记对重庆重要指示要求落实到文化和旅游工作的方方面面。用好文化和旅游场所等载体及海外阵地，全方位、多渠道做好党的二十大精神学习宣传阐释工作，建设西部国际传播中心，扩大对外文化交流和对外宣传，讲好中国故事、传播重庆声音。

（二）在持续抓好文化事业繁荣上下功夫

高举思想旗帜，紧紧围绕举旗帜、聚民心、育新人、兴文化、展形象的使命任务，推进文化铸魂、发挥文化赋能作用。加速推进长征、长江国家文化公园（重庆段）建设，建设红岩文化公园二期项目，建设重庆红军长征纪念馆，推进红岩革命文物保护传承工程建设，强化对红岩村、曾家岩、虎头岩"红色三岩"的保护提升，加强对歌乐山红岩革命旧址密集区环境整治，开展馆藏革命文物数字化保护工作。推动落实重庆市《关于推进博物馆改革发展的实施方案》所确定的各项重大任务。加大博物馆建设力度，持续推动重庆中国三峡博物馆、大足石刻博物馆创建中国特色、世界一流博物馆。加大非国有博物馆扶持力度。完成国家级文化生态保护区创建验收工作。完成第六批国家级非遗代表性传承人申报工作，推出一批文物主题游径、非遗旅游精品线路，进一步发挥文化非遗服务当代、造福人民的作用。精心策划实施文化和自然遗产日、重庆非遗购物节等市内非遗传承传播实践活动。全面提高文物工作保障水平，保护传承好巴渝文化、三峡文化、抗战文化、革命文化、统战文化和移民文化，留住更多乡愁记忆，让历史文化活在当下、服务当代。

（三）在持续抓好文旅融合发展上下功夫

坚持以文塑旅、以旅彰文，推进旅游为民、发挥旅游带动作用，推进融合发展、促进提质增效。立足"长嘉汇""三峡魂""武陵风"独特禀赋，围绕"一区两群"协调发展布局，积极推动5A景区创建工作，推进全市智慧旅游景区建设，培育一批国家级旅游度假区，持续打造"大都市、大三峡、大武陵"旅游发展升级版。推动主城都市区文旅资源整合，持续抓好"红色三岩"革命遗址群保护利用；策划举办好长江三峡国际旅游节、世界大河歌会，推动"三峡库心·长江盆景"建设，推动渝东北区域旅游协作；充分发挥武陵山文旅发展联盟平台作用，推动武陵山区文旅协同发展和跨省市合作，举办好2023中国武陵文旅峰会。促进红色旅游、游轮旅游等业态持续发展，推进全域旅游示范区、旅游休闲街区等创建。持续打造"重庆好礼"旅游商品（文创产品）品牌。依托世界旅游联盟、澜湄旅游城市合作联盟等平台优势，合作开展重庆文旅国内国际交流推介。根据疫情形势，以落实国务院批准重庆实施外资旅行社从事出境游业务为契机，进一步提升重庆旅游国际化水平。落地落实《巴蜀文化旅游走廊建设规划》，培育"成渝地·巴蜀情"区域文化品牌，联动开展文化交流展演活动，持续推进巴蜀文化旅游走廊建设。创新文旅融合推广模式，提升重庆文旅整体品牌形象。聚合"两江四岸"演艺资源，打造富有巴渝特色的长嘉汇演艺聚集区。

（四）在持续抓好文旅产业升级上下功夫

开展好2022年文化和旅游领域国务院和市级督查激励，激发区县文旅产业发展积极性。持续推进《重庆市文化产业促进条例》立法进程。用好"政策包"，加大财政投入，疏通执行堵点，加大与金融机构合作力度，协助企业用好财税、社保、稳岗、能源、房租、金融等支持政策，稳住全市文旅发展基本盘。加大招商引资力度，引进建设武隆碳中和、REITs基金等先导性、引领性项目，加快推进大足石刻文创产业园、永川数字文化产业园、五洲世纪文创园区等重大载体平台。推动实施"文化产业赋能乡村振兴计划"，推动建设一批示范区域、重点项目。积极创建新一批国家级文化产业示范园区和示范基地、国家文化产业和旅游产业融合发展示范区、国家对外文化贸易基地。开展星级饭店等级评定工作，力争全年创建评定四星级以上旅游星级饭店 1~2 家，引导旅游民宿规范发展。持续举办重庆文化旅游惠民消费季（秋冬）活动，联合举办"2022 成渝双城消费季"。承办第八届中国西部旅游产业博览会，指导举办 2022 年重庆（国际）文化产业博览会、温泉产业博览会和世界温泉之都养生文化节。开展第三批市级夜间文化和旅游消费集聚区评选命名活动，推动集聚区提档升级、营造氛围。

（五）在持续抓好文艺创新上下功夫

坚持以创作为核心任务、演出为中心环节，久久为功持续发力。精心组织二十大主题文艺创作，实施新时代现实题材创作工程，聚焦反映和讴歌新时代新征程，推出一批优秀舞台艺术和美术作品。指导市级文艺院团开展创作工作，着力推进川剧《巴蔓子》、芭蕾舞剧《归来红菱艳》、话剧《风雪夜归人》等作品的创排。围绕学习宣传党的二十大精神，组织开展文艺活动。开展"六进"文艺宣传活动，开展优秀舞台剧目展演展示活动。大力发展舞蹈事业、舞蹈产业，打造国际舞蹈中心，积极筹办中国顶尖舞者成长计划等一系列大型艺术展演、比赛活动。引进和学习纽约百老汇、伦敦西区演艺聚集区的经验，利用山城独特的摩天大楼、防空洞和长江嘉陵江游船、山城步道等，以"长嘉汇"为品牌形象，打造独具特色的新型演艺空间，形成天上、地下、水上和岸上多维立体的、艺术门类齐全的、特色鲜明的国际化都市演艺聚集区，推动形成每个市级院团都有一台不同类型驻场演艺的局面，促进各类剧场、剧团、剧种协同联动、融合发展，凸显和培塑重庆文艺特质。

（六）在持续抓好公服建设上下功夫

加快推动全市公共文化服务高质量发展，构建更加优质、均衡、开放、融合的公共文化服务发展格局。完善公共文化服务标准化体系，全面落实

《国家基本公共服务标准（2021 年版）》和《重庆市基本公共服务标准（2021 年版）》。推动公共文化设施提档升级，加快建设重庆市青少年活动中心、重庆图书馆分馆等重大文化设施项目，推进重庆非物质文化遗产博览馆、重庆博物馆和重庆图书馆分馆选址、论证等工作。更新提升现有基层公共文化设施，使其成为城市文化名片和人民群众的精神家园。持续打造文化进万家、"欢跃四季、舞动山城"广场舞、街舞大赛等市级品牌活动。建成一批公共文化服务高质量发展示范乡镇（街道）和村（社区），打造一批国家级和市级"民间文化艺术之乡"。持续健全全民阅读推广服务体系，促进文化志愿服务特色化发展。推动有线电视网络整合与广电 5G 一体化发展，智慧广电实现由"户户通"向"人人通"、由"看电视"向"用电视"的新跨越。推动广电公共服务由功能型向智慧型转型升级，提升综合服务能力水平。

参考文献

《高举中国特色社会主义伟大旗帜　为全面建设社会主义现代化国家而团结奋斗——在中国共产党第二十次全国代表大会上的报告》，《人民日报》2022 年 10 月 26 日。

《习近平谈治国理政》（第四卷），外文出版社，2022。

《沿着习近平总书记指引的方向坚定前行　推动高质量发展　创造高品质生活　奋力书写重庆全面建设社会主义现代化新篇章——在中国共产党重庆市第六次代表大会上的报告》，《重庆日报》2022 年 6 月 6 日。

B.11
重庆推进"一区两群"协调发展形势分析与展望

重庆社会科学院区域协调发展青年学术创新团队

摘 要： 重庆市委、市政府深入贯彻习近平总书记关于城乡区域协调发展重要讲话精神，有力有序推进"一区两群"建设，建立健全"一区两群"区县对口协同发展机制，围绕产业协同、城乡互动、科技协作、市场互通等重点任务，进一步加大"一区"对"两群"的对口协同力度，"一区两群"协调发展取得积极成效。同时，也面临主城都市区辐射带动能力有待增强、产业发展能力有待提升、交通基础设施有待完善等困难和问题，未来需要继续聚力项目投资建设、深化产业协同协作、强化科技创新赋能、加强基础设施支撑等方面工作，持续推进"一区两群"协调发展。

关键词： "一区两群" 协调发展 重庆

近年来，重庆市委、市政府深入贯彻习近平总书记关于城乡区域协调发展重要讲话精神，认真落实党中央、国务院《关于建立更加有效的区域协调发展新机制的意见》要求，全市上下统一思想、凝聚共识，有力有序推进"一区两群"建设，区域协调发展成效显著。进一步健全了"一区两群"区县对口协同发展机制，围绕产业协同、城乡互动、科技协作、市场互通等重点任务，持续加大"一区"对"两群"的对口协同力度，2022年10月，两江新区、万州区签约设定投资基金，标志着重庆市"一区两群"协调发展首支区域性产业投资基金正式启动运行。主城都市区同城化发展、极核能级和综合竞争力不断提升，中心城区制造业呈现高端化、创新化、服务化，服务业高端化转型趋势明显，主城新区持续发挥工业主战场作用。渝东北三峡库区城镇群生态优先绿色发展加快推进、绿水青山"颜值"和金山银山"价值"持续释放，绿色建材、食品加工、电子信息等绿色产业集群培育形成，风电、光伏等清洁能源快速发展，"三峡库心·长江盆景"等跨区域合作平台加快建设，万开云同城化发展成效明显。渝东南武陵山区城镇群文旅融合发展迈上新台阶、"文旅+"引领的特色产业加速回暖，组建武陵山文旅发展联盟，成立武陵文旅融合发展公司，举办中国武陵文旅峰会，"文旅+"引领的食品加工、纺织服装、生物医药等特色产业逐步壮大。主城都市区经济体量占全市 GDP 比重由 2020 年的 77.0%下降至 2021 年的 76.9%；渝东北三峡库区城镇群占比由 2012 年的 16.5%提升至 2020 年的 17.4%，2021 年再次提升为 17.5%，十年来提高 1.0 个百分点；渝东南武陵山区城镇群占比为 5.6%。从人均 GDP 区域发展协调性来看，"一区"人均 GDP 与"两群"人均 GDP 比值由 2012 年的 2.15 缩小至 2021 年的 1.72，下降0.43；"一区"与"两群"地区生产总值比由 2015 年的 3.50∶1 缩小到2020 年的 3.36∶1，到 2021 年再次缩小为 3.33∶1，区域发展协调性持续增强。

一 2022年重庆"一区两群"发展形势分析

（一）主城都市区强核提能级、扩容提品质成效凸显

重庆聚焦主城都市区"强核提能级、扩容提品质"，着力于高端要素和先进业态集聚，以金融服务、国际商务、高端商贸、数字经济、人工智能、文化创意等为主导的产业布局日渐成熟。2022 年主城都市区布局实施 694个市级重大项目，年度计划投资达 2402.8 亿元，1~7 月，这批项目累计完成投资 1558.7 亿元，投资进度达 64.9%，推动主城都市区综合竞争力稳步提升。

基础设施互联互通加快推进。中心城区轨道交通"850+"成网计划加快推进，轨道交通9号线一期、4号线二期建成通车，轨道在建及运营里程达732公里。市域（郊）铁路江津至跳蹬线、两江新区至长寿区快速通道等同城化通道加快建设。主城都市区高速公路通车里程2367公里，基本形成"三环十二射多联线"高速公路网。中心城区城市道路累计6026公里，建成"35桥22隧"。

产业转型升级步伐提速。支柱产业提质增效、战略性新兴产业发展壮大，强化数字技术创新、软件及信息技术服务、智能制造和数字经济国际合作交流等高端功能。2021年规上工业总产值达到2.4万亿元，2022年上半年达到1.2万亿元。2022年1~6月，主城都市区新能源汽车产量突破10万辆，电子信息产业总产值达4970亿元，新培育数字化车间200个、智能工厂30个，累计分别达528个、94个，工业互联网标识解析二级节点累计达16个。

科技创新资源加速集聚。西部（重庆）科学城、两江协同创新区、广阳湾智创生态城等重大平台加快打造。加强关键核心技术攻关，推进高标准规划建设西部（重庆）科学城，提速两江协同创新区建设，超瞬态实验装置、种质创制大科学中心和空间太阳能电站实验基地启动建设，金凤实验室挂牌成立，北京大学重庆大数据研究院、中国自然人群生物资源库重庆中心等研发机构投用，国家级重大科技创新平台达88个。建设新型研发机构176家，科技型企业、高新技术企业分别突破3.5万家、4600家。纳米时栅位移测量技术、车规级芯片设计等重点领域关键核心技术取得突破。主城都市区研发投入强度达到2.57%、高出全市0.46个百分点，累计培育入库科技型企业超过3万家。

改革开放持续深化。持续深化"放管服"改革，营商环境创新试点城市建设加快推进，51项经验做法获国家有关部门认可。抓实抓细稳经济大盘各项举措，落实重庆市稳经济政策包128条，截至2022年5月底，累计为企业"减免缓"税收183亿元。持续提升开放能级，服务业扩大开放综合试点任务实施率达83.7%，2022年上半年西部陆海新通道开行1096列，中欧班列（成渝）开行近 2000 列，主城都市区进出口总值预计达 4080 亿元。

公共服务提质扩容。推动就业创业提质增效，2021 年主城都市区城镇新增就业 62.33 万人，2022 年上半年新增就业 33.82 万人。重庆大学、西南大学有 5 个学科进入国家一流学科建设名单，加快建设重庆中医药学院。国家医学中心和国家区域医疗中心加快建设，三级医院达到 92 家。"红色三岩"保护提升一体推进，长征国家文化公园（重庆段）建设取得阶段性成果。

（二）渝东北三峡库区城镇群生态优先、绿色发展稳步推进

2022 年上半年，渝东北三峡库区城镇群高效统筹疫情防控和经济社会发展，稳经济稳增长的政策措施效果逐步显现，实现地区生产总值 2322.34 亿元，GDP 增速高于全市 0.9 个百分点。规上工业增加值增长 6.1%，与全市、主城都市区增速差距进一步缩小。固定资产投资和工业投资分别增长 13.7% 和 31.8%，高于全市平均水平。

农业生产稳扎稳打。以开州区为例，农业产品供给充足，生猪出栏 61.13 万头、同比增长 12.91%，蔬菜产量 28.77 万吨、同比增长 11%，水果产量 28.12 万吨、同比增长 8.4%。粮食总产量达 7.907 万吨，同比增长 2.24%。高标准农田建设完工 7 万亩，"千年良田"试点建成 2800 亩，"宜机化+机械化"改造完成 2000 亩。梁平区 2022 年上半年实现农林牧渔业总产值约 27.1 亿元，增长 10.3%；农业增加值约 16.6 亿元，增长 10.1%。生猪出栏显著增长，生猪存栏 40.5 万头，增长 6%；出栏 32.9 万头，增长 38.2%。丰都县围绕国家级现代农业产业园建设，引育恒都、华裕、德青源等国家级龙头企业 7 家，大力发展以牛、鸡、猪为代表的畜禽养殖产业，建成肉牛产业的全产业链条，肉牛存出栏量领跑全市，建成西南片区最大的蛋鸡孵化中心。

工业经济较快恢复。以万州区为例，2022 年上半年完成规上工业总产值 223.7 亿元，同比增长 22.2%。1~5 月企业利润总额 7.6 亿元，同比增长

60%。开州区产业结构持续优化，能源建材、食品医药、电子信息、装备制造等四大主导产业格局基本成形，新开工项目 15 个、新投产项目 12 个，1~5 月战略性新兴产业和高技术产业占比分别达到 10.1%、16.3%，分别增长 14.3%、11.0%。主体培育成效明显，新认定"专精特新"企业 35 家，总量与万州并列渝东北第 1。梁平区 1~6 月实现规上工业总产值 147.2 亿元，增长 11%，规上工业增加值增长 5.7%；1~5 月集成电路、食品加工、新材料三大主导产业实现产值 69.3 亿元，增长 8.6%。率先提出打造中国西部预制菜之都，预制菜产业招商引资落地项目 15 个，总投资 30 亿元以上。垫江县聚焦建设"两长涪垫"万亿级先进制造业集聚区，积极对接主城都市区主导产业延链补链强链，新材料、智能装备、消费品、生物医药四大主导产业产值分别增长 29.3%、9%、8.1%、20.3%，1~5 月规上工业增加值增速为 7.6%，高于全市 1.3 个百分点。奉节县 1~5 月完成工业固定资产投资 24.5 亿元，同比增长 11.2%，增速分别排全市第 3 名和渝东北第 2 名；新增规上工业企业 13 家，总量达 74 家。

服务业逐渐回暖。万州区上半年完成批发业销售额 742.4 亿元，同比增长 15%；零售业销售额 97.3 亿元，同比增长 8%；住宿业营业额 6.1 亿元，同比增长 9%；餐饮业营业额 21.6 亿元，同比增长 5%。开州区商圈焕发新活力，渝东北物流商贸城、假日国际、亿丰商贸城、西部汽贸城等商业主体日益繁荣，新兴品牌陆续入驻。开展"云推广""云直播"等主题促销活动，2022 年 1~5 月实现网络零售额 9.2 亿元，增长 29.3%。文旅市场平稳有序，召开全区商贸、文旅行业大会，1~5 月接待游客 597 万人次、旅游综合收入 45.58 亿元，分别增长 5.35%、22.89%。梁平区 1~5 月，限上商贸业社会消费品零售总额 28.9 亿元，增长 22.4%，其中，限上法人 20.3 亿元，增长 22.5%；限上个体 8.6 亿元，增长 22.1%。上半年全区共接待海内外游客 520 余万人次，实现旅游综合收入 32 亿元，分别增长 8.3%、25.1%。云阳县上半年社会消费品零售总额 215 亿元、增长 10%，批发业、零售业销售额分别增长 16%、18%，住宿业、餐饮业营业额分别增长 14%、12%。乡村旅游持续升温，全县乡村旅游接待游客、旅游综合收入分别增长

24.5%、21.6%。

改革创新纵深推进。开州区"放管服"改革成效突出，打造开州特色政务服务品牌"开心办"，124个高频服务事项"一件事一次办"，1265个政务服务事项"掌上办"，451个便民服务事项"一窗通办"。供给侧结构性改革推进有力，2022年1~5月新发展市场主体5823家，国企改革有序推进。创新平台加速汇聚，市级高新区14条硬指标基本完成，达到"以认促建"条件；建立独立法人研发机构10家，与重庆邮电大学、重庆师范大学、重庆三峡学院等院校合建产业技术研究院3家。丰都县"放管服"改革累计承接下放事项117项，取消行政审批事项170项，非行政许可审批彻底终结。政务服务"一窗综办"改革在全市率先完成，效能水平跃居渝东北片区第一。

（三）渝东南武陵山区城镇群文旅融合、城乡协同发展不断深化

渝东南武陵山区城镇群是重庆自然生态和文旅康养资源最富集的区域，2022年上半年经济加快恢复性增长，文旅融合、水利、现代服务业等项目加速建设，地区生产总值同比增长4.0%，工业投资同比增长24.4%，丰富拓展生态康养新业态，着力打造特色化、绿色化发展新标杆。

生态优先持续推动。渝东南武陵山区城镇群学好用好"两山"理论，聚焦提升绿水青山"颜值"，狠抓生态保护和修复，打造"秀美武陵·乌江画廊"生态范例，筑牢武陵山、大娄山等生态屏障，构建流域生态廊道和自然保护地体系。2021年森林覆盖率达60.2%，空气质量优良天数达355天，国控断面水质优良比例达100%。黔江、武隆被授予第四批国家生态文明建设示范区。走深走实"两化路"，瞄准做大金山银山价值，发展气候经济、山上经济、水中经济、林下经济，完善山地经果林、特色养殖等绿色农业链条，壮大食品加工、生物医药、清洁能源等特色优势产业。建成一批现代化农业园区，锰产业绿色转型发展迈出重要步伐。渝东南武陵山区城镇群依托乌江彭水、银盘水电和石柱、武隆风电资源，水电、风电规模持续做大，发电量占全市绿电量的比重提高到70%以上。

城乡互动走深走实。推进以县城为重要载体的新型城镇化，因地制宜推动区县城提质扩容，提速建设黔江"中国峡谷城·武陵会客厅"、彭水新城、酉阳桃花源新城，促进产业、人口向城区聚集。抓好城乡协同发展，推动城镇基础设施、公共服务向乡村延伸和城乡资源要素双向流动，加快建设武隆、秀山市级城乡融合发展先行示范区。深化农村"三变"改革，试点村覆盖率超30%，年营收5万元以上村级集体经济组织超过40%。巩固拓展脱贫攻坚成果同乡村振兴有效衔接，健全防止返贫动态监测和帮扶机制，"一县一策"支持酉阳、彭水2个国家乡村振兴重点帮扶县发展。深入实施乡村建设行动，全面推进农村生活污水和垃圾治理，建成美丽宜居乡村101个。

文旅融合不断深化。健全文旅融合发展机制，编制武陵山区文旅产业融合发展规划，组建武陵山文旅发展联盟，成立武陵文旅融合发展平台公司，轮流承办中国武陵文旅峰会，形成"联盟+公司+峰会"发展新模式。黔江濯水成功创建国家5A级景区，石柱县获"中国最美生态康养旅游目的地"荣誉，彭水县连续三年获"全国县域旅游综合实力百强县"。丰富文旅融合业态，实施"文旅+"战略，民俗游、红色游、夜间游、冰雪游、露营游成为新亮点，武隆仙女山、石柱黄水和千野草场等高山森林康养产业加快发展。塑造特色文旅品牌，培育"千里乌江·百里画廊"等优质景区，打造酉阳叠石花谷、彭水蚩尤九黎城、秀山边城等民俗景点，唱响"印象武隆""天上黄水""梦幻桃源"等演艺品牌。

区域协同取得成效。推动基础设施互联互通，武隆仙女山机场、石黔高速公路建成投用，黔江武陵山机场改扩建工程基本完成，石柱、酉阳等通用机场选址获批，渝湘高铁等项目加快建设，乌江白马航电枢纽进入主体施工阶段，黔江罗家堡等7座水库主体工程基本完工。推动区域联动发展，与主城都市区联动，落实"一区"帮扶项目74个、帮扶资金1.9亿元，4个产业协作园区建设加快推进。与渝东北联动，联手打造"三峡库心·长江盆景"。与整个武陵山区联动，开行西部陆海新通道武陵山班列，开辟武陵山区精品旅游线路，打造渝湘黔边城协同发展合作区。

二 2022年"一区两群"协调发展面临的问题及困难

（一）主城都市区辐射带动能力有待持续增强

在周边省份纷纷实施"强省会"背景下，主城都市区在吸引力、辐射力等方面面临较大竞争压力，需要加快集聚更多高端要素，不断做大主城都市区经济体量，持续增强辐射带动能力。一是对人口的吸引力不够强，近5年来，主城都市区常住人口年均增长1.3%，低于成都（5.7%）、西安（6.7%）；其中，2021年主城都市区常住人口同比增长3.3万人，而成都、西安分别增长24.5万人、21.01万人。二是市场主体活力不足，2021年主城都市区新增市场主体42.6万户，低于成都（62.7万户）、西安（50.09万户）。三是支点城市对主城都市区的支撑作用尚未有效发挥，2021年支点城市经济总量占主城新区的40.5%、同比下滑1.2个百分点。

（二）区域产业发展能级有待继续提升

主城都市区产业整体发展水平仍然不够高，产业链协同配套不足。目前仅有电子信息产业总产值有望突破万亿元，战略性新兴产业还处于培育阶段，百亿级龙头企业较少，短期内难以形成明显外溢效应。主城新区特别是支点城市产业优势不明显，目前仅有涪陵的新材料产业规模达到千亿，百亿级产业集群数量也较少。33条重点产业链合计441个关键环节中，本地严重短缺及发展不足的环节占比近7成。渝东北三峡库区城镇群的中心城市万州汽车和建材行业下滑明显。受汽车零部件供应商停产以及全国汽车行业下行影响，汽车制造产业5月当月产值下降22.4%，15家规模以上汽车制造企业中7家产值为负增长，个别重点企业产量下滑30%。受房地产市场低迷影响，建材行业36家企业中17家产值负增长。渝东南武陵山区城镇群产业基础不牢，文旅资源利用低效化、低端业态同质化并存，文旅产业尚未成为支柱产业，文化、旅游产业增加值分别仅占 GDP 的 2.5%、5%左右，特色农业、生态工业发展偏散偏小，竞争力不强。

（三）交通基础设施互联互通有待不断加强

目前，全市"十四五"规划新策划提出的部分重大交通基础设施项目还在前期阶段。主城都市区 250 公里/小时及以上标准的高铁仅 2 条、城际铁路仅 4 条，难以快速通达其他都市圈、城市群。主城新区与中心城区之间缺少市域（郊）铁路、快速路等同城化通道，公交化列车开行数量少，通勤主要依托高速公路，导致通勤费用和物流成本较高。中心城区高峰时段仍然有不少拥堵区域，交通通行效率偏低、运行成本偏高、时间偏长。渝东北三峡库区城镇群部分区县交通、水利等重大基础设施项目缺乏，部分在建项目资金拨付慢，建设进度放缓，比如忠县，渝万高铁忠县段、忠县高铁站场、梁忠石高速等一批重大基础设施项目尚未开工，因"十四五"中央预算内资金对忠县这类非脱贫重点县和非建制区社会事业类项目投向少，加上国有平台公司融资困难，相比以往年度项目锐减，导致政府类投资支撑严重不足。渝东南武陵山区城镇群与周边地区互联互通水平不高，物流枢纽节点体系不够完善，各区县间直连快速通道还比较少。

三 推进"一区两群"协调发展的几点建议

（一）聚力项目投资建设

加快推动重大项目开工建设和投资放量，对全市"十四五"规划纲要确定的重大项目尽快开展前期工作，优化重大项目建设时序，对重大跨区域项目加强市级统筹。持续推进投融资模式创新，加大投融资改革力度，全面加快存量资产盘活，加快推进基础设施 REITs 在交通项目、保障性租赁住房等领域的试点运用，加大基础设施和公共服务领域 PPP 项目的推介力度。加快专项债券发行使用，加强与国开行、农发行等政策性金融机构联动协作，积极争取信贷支持。

（二）深化产业协同协作

围绕33条重点产业链，推动主城都市区协同构建产业链条完善、服务体系完备、集聚效应突出的产业发展格局。深化战略性新兴产业、服务型制造业"双轮"驱动，实施一批先进制造业和战略性新兴产业重大项目，不断延链强链补链，推动主城都市区制造业向产业链价值链中高端迈进。将发展智能网联新能源汽车作为主攻方向，布局一批汽车零部件等特色园区，建设一批创新平台，打造一批应用场景，强化产业配套和分工协作，共同打造汽车产业集群。发挥两江新区、西部（重庆）科学城引领带动作用，推进两江新区（鱼复组团）长寿涪陵、九龙坡沙坪坝北碚西部槽谷地带璧山江津永川两个万亿级先进制造产业集聚区建设。渝东南武陵山区城镇群大力发展现代山地特色高效农业，打造中药材、高山果蔬、茶叶等生态农业品牌，促进农业"接二连三"。规模化发展特色加工业，壮大民族特色手工艺品、特色美食等旅游消费品产业。积极发展光伏、风力发电等清洁能源产业。突出发展特色商贸物流，建设武陵山区商贸物流中心和商贸服务型国家物流枢纽。

（三）强化科技创新赋能

主城都市区重点推动两江新区、西部（重庆）科学城等发挥科研机构和平台优势，加快大科学装置建设，培育一批高端研发机构，先行先试组建"重庆实验室"，积极创建国家重点实验室、国家技术创新中心，引进一批一流大学、大院大所和头部企业，加速培育高水平研究院、新型研发机构和企业创新中心。发挥"金凤凰"人才激励政策示范引领作用，引进培育一批高水平科技创新人才和团队。推动产业链创新链融合，实施产学研协同创新计划，聚焦重点产业核心基础零部件、基础材料、基础工艺和产业技术基础等领域迫切需求，推进产业创新，加快关键核心技术集成攻关。加快建设国家科技成果转移转化示范区，提质发展环大学创新生态圈和科技企业孵化器，构建大学园、孵化园、创业园、产业园"四园协作"新模式，孵化培育一批科技企业。

（四）加强基础设施支撑

主城都市区加快建设"轨道上的都市区"，打造高效便捷的"1 小时通勤圈"。提速实施中心城区城市轨道"850＋"成网计划，加快推进市域（郊）铁路建设，高效开行公交化列车。织密高速公路、快速通道等公路交通网，推动主城新区毗邻各区之间全部实现高速公路直连，加快推进两江新区至长寿区、涪陵区快速路建设。统筹水、电、气、讯、邮等其他基础设施一体化布局建设、运营管护，适度超前建设 5G 网络、数据中心、物联网等新型基础设施。渝东南武陵山区城镇群提升对外联通水平，拓展与主城都市区和渝东北的连接通道，规划建设多向出渝通道。加快渝湘高铁、渝湘高速扩能等重大交通项目建设，建好区县间快速连接通道。完善公路沿线、沿江码头等服务设施功能，构建"快旅慢游"旅游交通网络。

参考文献

《"一区两群"奏响协调发展新乐章》，《重庆日报》2022 年 5 月 21 日。

《市委常委会召开会议　听取"一区两群"协调发展情况汇报　进一步研究部署疫情防控等工作》，《重庆日报》2022 年 7 月 12 日。

《市级重大项目如何助推"一区两群"协调发展》，《重庆日报》2022 年 8 月 16 日。

《顶层推动"一区两群"协调发展成效显著》，《重庆日报》2022 年 8 月 25 日。

《做优做特"两群"　渝东北、渝东南构建生态优先、绿色发展新格局》，上游新闻，2022 年 9 月 6 日。

B.12
重庆建设国际化、绿色化、智能化、人文化现代大都市形势分析与预测

唐于渝　吴昌凡　彭劲松*

摘　要：　党的二十大报告提出，"提高城市规划、建设、治理水平，加快转
变超大特大城市发展方式"。建设国际化、绿色化、智能化、人文
化现代大都市，是重庆深入贯彻落实党的二十大精神，为实现中
国式现代化贡献重庆力量的题中应有之义。2022 年以来，重庆严
格对标对表党中央决策部署，以主城都市区为主战场，深入推进
国际化、绿色化、智能化、人文化现代大都市建设，城市功能品
质显著提升。但当前重庆城市发展中仍存在不少短板，特别是主
城都市区的引领示范作用尚未充分发挥。2023 年，重庆应全面贯
彻党的二十大精神和市六次党代会精神，紧扣国际化、绿色化、智
能化和人文化，切实增强主城都市区发展能级和综合竞争力，提升
国家中心城市集聚辐射能力，努力开启城市现代化建设新征程。

关键词：　国际化　绿色化　智能化　人文化　现代大都市

　　城市是经济社会发展的重要空间载体，超大特大城市正成为集聚高端资源
要素、引领区域高质量发展的重要引擎。党的二十大报告提出，"以城市群、都
市圈为依托构建大中小城市协调发展格局"。2022 年以来，重庆市深入贯彻落实

---

　*　唐于渝，重庆社会科学院城市与区域经济所副研究员、博士，主要研究方向为区域经济与产
业布局；吴昌凡，重庆社会科学院党组成员、副院长，主要研究方向为宏观经济发展；彭劲
松，重庆社会科学院城市与区域经济所所长、研究员，主要研究方向为城市与区域经济。

习近平总书记关于城市建设重要论述和视察重庆重要讲话精神，以重庆主城都市区为主战场，以"强核提能级、扩容提品质"为主线，持续深入推进国际化、绿色化、智能化、人文化现代大都市建设，主城都市区龙头带动作用凸显，为推动城市现代化打下了坚实基础。

一 2022年重庆"四化"现代大都市建设进展和特点

（一）聚焦国际化，国际门户枢纽城市和中西部国际交往中心功能凸显

国际化枢纽加快形成。东西南北四个方向互联互通、铁公水空多式联运的国际战略大通道更趋完善。郑渝高铁全线开通，主城都市区营运里程突破570公里。开通成渝高铁班列运邮（快）件线路9条，重庆成为全国首个开展中欧班列进口运邮城市。渝万、成达万、成渝中线高铁开工建设，渝湘高铁、重庆东站加快建设，渝西高铁可研获批，渝宜高铁全线可研待批。高速公路进入"三环时代"，主城都市区通车里程突破2300公里，中心城区与主城新区之间实现直连直通，主城都市区毗邻各区之间基本实现直连。长江黄金水道发挥更多黄金效益，朝涪段整治稳步实施，嘉陵江、渠江等航道加快整治。国际航空枢纽功能不断增强，江北机场T3B航站楼及第四跑道有序推进，重庆新机场选址获西部战区空军支持。

开放能级进一步提升。聚焦打造全市开放发展"排头兵"，持续推动主城都市区对外开放功能完善、发展提质。主城都市区15个外贸转型升级基地及重庆高新区国家加工贸易产业园建设加快推进，"全球泡（榨）菜出口基地"建设取得积极进展。两路寸滩综保区调整更名为两路果园港综合保税区，永川综合保税区通过市级预验收即将封关。以主城都市区为重点的"一带一路"进出口商品集散体系加快构建，开放平台体系持续完善。巴南、江津、铜梁成功创建第三批国家社会信用体系建设示范区，主城都市区建设改革开放试验田成果频现。

（二）聚焦绿色化，高品质生活宜居区建设亮点纷呈

"山水之城、美丽之地"的城市独特魅力彰显。加快推进以"两江四岸"为主轴的城市更新，江北嘴江滩公园等十大公共空间陆续建成，长嘉汇、艺术湾、枢纽港等城市功能名片持续做"靓"。市规划展览馆新馆对外开放，100余个边角地建成社区体育文化公园。提速建设"轨道上的都市区"，中心城区至永川、大足、南川、綦江（万盛）等278公里城轨快线获国家批复，11个TOD项目稳步推进。以中心城区创建国家生态园林城市为契机，科学、生态、节俭开展城市园林绿化，主城都市区城市建成区绿地率达40%。广阳岛、铜锣湾矿区生态修复项目入选联合国《生物多样性公约》第十五次缔约方大会（COP15）生态修复典型案例。

绿色低碳发展示范引领作用凸显。按照国家统一部署，稳妥有序推进碳达峰碳中和工作，"1+2+6+N"政策体系基本成形，推进实施产业结构绿色低碳升级、构建清洁低碳高效能源体系、构建绿色低碳交通运输体系等专项行动启动实施，经济社会发展全面绿色转型取得积极成效。组建全国首个区域性气候投融资产业促进中心，在全国率先将碳排放管理纳入环评和排污许可，并编制了温室气体排放清单。中心城区生活垃圾分类后已实现全焚烧、零填埋，城镇污水污泥无害化处置率超过98%。

（三）聚焦智能化，具有重要影响力的科技创新中心、国家重要先进制造业中心和智慧名城功能进一步强化

科技创新策源地建设强势突破。以西部（重庆）科学城、两江协同创新区、广阳湾智创生态城作为核心载体，以巴南国际生物城、荣昌畜牧科技城、渝中软件产业园、璧山军民融合研究院等重点科创平台为重要支撑，主城都市区创新版图持续优化。金凤实验室揭牌投用，明月湖实验室新增9个院士团队，华大时空组学中心、电池储能技术中心等创新平台落地建设。新增院士2位、国家杰出青年等国家级高层次人才18名，柔性引进张平文、龙腾、李克强、孙世刚等"两院"院士85名，信息领域国家创新研究群体实现

首次突破。主城都市区研发投入强度达 2.57%，高出全市 0.46 个百分点。

产业升级引领区建设成效明显。实施"一链一网一平台"试点示范工程，获批国家新型工业化产业示范基地（工业互联网），产业数字化成效显著。智能网联新能源汽车产业蓄势正发，问界 M5/M7、长安深蓝 SL03、阿维塔 11 等新车型表现强劲，动力电池、汽车电子等核心环节配套能力显著增强。电子信息产业"芯屏器核网"链条进一步优化完善，12 英寸电源管理芯片、硅光工艺、MicroLED 等新兴领域取得重大突破，行业总规模近万亿元。促进先进制造业和现代服务业深度融合，国际消费中心城市、内陆国际金融中心、内陆国际物流枢纽、内陆国际会展名城、国际知名文化旅游目的地加快建设。

智慧城市建设纵深推进。提速"8611"一体化场景体系建设，基层智慧治理平台推广至主城都市区，汇聚共享"市—区—街道—社区—网格—物业—楼栋"七级数据 182 类 6 亿条，打造"社区一张表""老马带小马"多个应用场景。依托李克强院士工作站，建成智能汽车大数据云控基础平台，实现两江新区、西部科学城重庆高新区等示范区数据互联互通。制定要素市场化配置改革行动方案，西部数据交易中心引进数字服务商超过 70 家。

（四）聚焦人文化，文化强市建设和国家历史文化名城保护取得新进展

都市文化软实力进一步凸显。围绕推进文化强市建设，文化事业和文化产业健康发展，文艺文学精品竞相绽放，文旅融合发展深入推进。积极探索剧本杀、电竞酒店、云服务等新业态新模式管理试点工作。国家文旅消费试点、示范城市建设加快推进，成功举办第七届"重庆文化旅游惠民消费季"，国家和市级夜间文旅消费集聚区建设取得显著成效。加强和改进国际传播工作，深入开展文化交流，唱响"山水之城·美丽之地"、重庆"行千里·致广大"形象品牌，城市文化吸引力和美誉度不断提升。

国家历史文化名城得到有效保护。"红色三岩"保护提升一体推进，长征国家文化公园（重庆段）建设取得阶段性成果，成功举办市第六届运动

会。大田湾—文化宫—大礼堂保护提升、金刚碑和十八梯改造提升等项目成效初显，新评选传统风貌区6个。

二 当前重庆建设"四化"现代大都市存在的主要问题

（一）城市经济能级和龙头带动作用还需提升

2021年，重庆主城都市区地区生产总值21456亿元，与纽约（71160亿元）、东京（66426亿元）、巴黎和伦敦等传统全球城市相比，差距较大；与北京（40269亿元）、上海（43214亿元）、广州（28231亿元）、深圳（30664亿元）等城市的差距也不小。实体经济基础不牢固、支柱产业不强，缺乏具有全球影响力的先进制造业集群。具有资源要素分配与控制力的企业决策总部、运营管理总部入驻数量不多，领军型企业、头部企业较为缺乏，主城都市区辐射带动功能仍待提升。

（二）城市国际化枢纽功能还需增强

主城都市区发挥对外交往引领作用的基础支撑仍较薄弱，与国际接轨的涉外服务功能仍不完善，缺乏国际贸易、工商管理、法律咨询、小语种等涉外专业人才，驻渝领馆、国际友城等桥梁纽带功能有待进一步挖掘。尽管2022年1~6月，主城都市区外贸进出口、实际利用外资占全市比重分别达到九成和八成左右，但与北京、上海、广州等城市相比，开放型经济体量仍然存在较大差距。

（三）绿色化和智能化示范引领作用有待强化

高品质生活宜居区建设还需加强，根据中国科学院2021年《中国宜居城市研究报告》，重庆（以主城都市区为计算范围）城市宜居指数在全国40个被调查城市中排名第10（前9名分别为青岛、昆明、三亚、大连、威海、苏州、珠海、厦门、深圳）。占全市碳排放总量的比重超过50%的热电、化工、非金属矿物制品、黑色金属、有色冶炼、造纸六大高耗能行业中，仍有相当部分企业布局在主城都市区，主城都市区协调产业绿色低碳转型与经济"稳增长"之间的关系任务艰巨。主城区作为全市智能产业的核心集聚空间，智能产业龙头企业普遍偏少、偏小，智能产业档次偏低、能力偏弱，关键核心技术对外依存度高。主城都市区"信息孤岛"现象依然存在，部门业务数据化率不高、共享数据资源价值不高、开放数据利用难度大、数据跨部门跨行业应用不够等问题依然突出，智慧名城建设任务艰巨。

（四）人文化现代大都市建设还有较大提升空间

主城都市区巴渝、革命、抗战、统战等具有代表性和符号意义的地域文化元素未得到充分体现，城市风貌特色不突出。文化产业竞争力不足，未发挥重量级历史文化资源对文旅产业的带动作用，部分都市文旅空间品质和人文内涵构建水平不高，历史人文保护对于城市发展的增值、赋能效应未有效发挥。家门口的体育设施、文化设施等布局较少，对老百姓关心的游憩游乐、日常健身、文化休闲等"生活细节"关注不够。据统计，主城都市区中心城区范围内图书馆数量与上海、成都、天津有一定的差距；中心城区范围内服务能力大于1万人的体育馆数量短板明显。

三 2023年重庆建设"四化"现代大都市的对策建议

（一）紧扣国际化，提升内陆开放高地建设新能级

做强开放通道网络。加快铁路、公路、水运、航空、信息等出海出境通道建设，进一步完善东西南北"四向"连通、铁公水空"四式"联运的通道体系，促进交通、物流、商贸、产业深度融合，建设通道畅达、辐射内陆、联通全球的国际门户枢纽城市，形成"一带一路"和长江经济带在重庆贯通融合的格局。加快建设成渝中线等5条高铁，2022年底启动渝西高

铁，开工成渝高速扩能项目，实施渝遂、渝武等扩能项目，推进江津至泸州北线、永川至荣昌至自贡等项目。加快整治长江朝涪段，推动嘉陵江、渠江等航道达标建设。积极构建"双枢纽"机场格局，加快建设江北机场 T3B 航站楼及第四跑道，力争 2022 年内开工建设重庆新机场综合交通枢纽，共建川渝世界级机场群。打造国家信息枢纽，强化国家级互联网骨干直联点提质升级，拓展骨干直联点出省方向、扩容网内出口带宽和网间互联带宽，加强出渝通道能力和安全性建设。推动工业互联网标识解析国家顶级节点（重庆）扩容增能。全力推进全国一体化大数据中心协同创新体系算力枢纽建设，打造全国重要、辐射西部的算力聚合中心。

完善开放平台体系。持续增强国际消费集聚辐射力，推动"两江四岸"核心区商业商务中心区建设，提档升级中央商务区，大力发展首发经济、首店经济。统筹推进国际购物、美食、会展、旅游、文化"五大名城"建设，高质量参与办好智博会、西洽会。围绕彰显"山水大都市·历史人文城"主题，加快长嘉汇大景区、北碚世界温泉谷等重大都市旅游项目建设，培育新型都市文旅产品。推动邮轮母港、辅港建设。建设国际会展名城，持续举办好智博会、西洽会、中新金融峰会等重点会展，做强国际会展名城名片。探索建设自贸试验区联动创新区，带动"一区两群"开放创新。

提升城市国际化交往水平。构建以"一带一路"为重点的国际友好城市网络，吸引更多国家、地区和国际组织来渝设立领事、商务和办事机构，集聚高能级国际机构和市场主体。通过海外锻炼学习、机构培养等多种途径提升公务员的国际化素养，牢牢把握国际通行规则，加快形成与国际贸易、投资通行规则相衔接的基本制度体系和监管模式。积极打造对接世界头部企业、国际前沿思维、科技创新理念和高端人才的开放平台，为跨国企业在渝设立总部、运营中心、研发中心和核心产品制造中心创造条件。更加注重对国际开展产业链招商，在新兴产业领域引进龙头企业。

（二）紧扣绿色化，共绘山清水秀美丽之地新篇章

打造高品质生活宜居区。重塑"两江四岸"国际化山水都市风貌，持

续推进 109 公里岸线治理提升，高品质打造长嘉汇、艺术湾等城市名片，扎实开展城市更新试点示范，大力实施老旧小区和棚户区改造。以更高的标准配套建设城市公园绿地、绿道和城市景观，提高新建项目的绿化率标准。推进智能建造与建筑工业化协同发展，抓好"新城建"和"双智"国家试点，争创"智能建造"全国试点，加快建设绿色、智慧、韧性城市。完成城市治理风险清单管理试点，坚持结构设施"应检必检、有病必治"，筑牢城市安全防线。

筑牢长江上游生态屏障。积极向上争取，聚力画实"三区三线"，深化完善功能布局，保障各类开发保护建设活动有序开展。加快建设纵横密织的城市蓝网，以可亲可触的河湖水网提升两岸滨水空间价值，构建水声入耳、蓝绿交融、人水共生的蓝网生活圈。开展重点流域水环境综合治理和可持续发展试点，加强水污染防治。加快实施重点河道综合治理。针对沿江工业园区、矿山企业、受污染耕地、污染地块和地下水等重点领域，加强土壤污染和固体废物污染防治。

进一步发挥绿色低碳发展示范作用。持续压减煤炭消费，控制成品油消费增速，推进生物柴油、生物航空煤油等替代传统燃油。实施氢能应用工程，推动氢能在中远途、中重型商用车领域商业化应用。坚决遏制"两高"项目盲目发展，严控新增"两高"项目和产能，推动工业绿色低碳发展。推动交通出行绿色发展。推广绿色低碳建材和绿色建造方式。鼓励企业开展绿色供应链建设，推广全民低碳生活方式。

（三）紧扣智能化，赋能重庆打造"两高"新范例

深化科技创新策源地建设。进一步优化主城都市区科技创新版图，按照"一区一平台"差异化布局创新资源，避免同质化、低水平竞争。加快推进引进机构落地建设，针对性引进优质创新资源，重点引进一批一流大学、大院大所和头部企业，大力汇聚高水平创新人才团队。聚焦智能技术、生命技术、低碳技术三个重点领域，采取部市联合、市区联动、产学研协同方式，组织实施工业软件、核心器件、智能制造、生物医药、现代农业等重大研发

计划，加快推动产业链、创新链、人才链融合。着力推进科学城和大学城融合发展。以建设综合性科技成果转化平台为载体，推动人才、技术、成果、资本双向流动，并向主城都市区拓展布局，提升成果转化效能。着力发展科技金融，优化重构科创基金，采取市场主导、政府引导的方式，构建种子、天使、风险投资等全生命周期的科技创业投资体系，发展壮大科技企业。

培育壮大优势数字产业集群。以主城都市区为核心载体，深化实施软件和信息服务业"满天星"行动计划，优化完善"一核两极多点"数字产业布局，打造人工智能、数字内容、网络安全、智能网联汽车、软件服务等数字产业集群。深入推进"智造名城"建设，大力发展集成电路、新型显示、智能终端、物联网、智能网联汽车等产品制造，加快发展工业软件和基础软件、人工智能以及先进计算、数字内容、区块链、网络安全等新兴数字产业，打造创新示范智能工厂和全球灯塔工厂，推动企业"上云用数赋智"。

推动智能化为城市赋能添彩。聚焦"数字经济""智慧名城"双向发力，用大数据智能化为城市赋能。提速建设融跨平台，迭代升级基层智慧治理平台、智能汽车大数据云控基础平台，优化完善"渝康码""渝快融""渝快政"。细化《重庆市数据条例》配套制度，探索构建数据"三权"制度，完善公共数据资源管理平台，推动公共数据汇聚共享，优先推进企业登记监管、卫健等数据向社会开放，创新打造西部数据交易中心。以主城都市区和成都市"双城"为主载体，聚焦数字产业、数据要素、数字基建、智慧城市等领域，共建国家数字经济创新发展试验区。

（四）紧扣人文化，彰显城市品质卓越文明新形象

塑造历史文化新风貌。挖掘巴渝文化、抗战文化、革命文化、统战文化和移民文化资源，在主城都市区城市建设更新中充分体现历史文化内涵。画定城市历史文化保护线，实施重大文物保护工程，加强文物保护单位、考古遗址公园、历史文化名城、历史风貌街区等保护与利用，推动优秀传统文化融入生产生活。加强非物质文化遗产生产性保护和活态传承，深入推进"非遗在社区""非遗进校园"，做精做强一批非遗特色品牌。推动历史文化

元素融入主城都市区的城市规划建设，为城市留住根脉、留存记忆。

彰显现代大都市文化魅力。大力弘扬时代新风，将城市精神内涵和城市品格融入社会生活各方面，全面提升市民文明素质。深度挖掘城市现代文化特质，传承弘扬积极向上、坚忍顽强、开放包容、豪爽耿直的优秀人文精神。着力培育时尚产业，完善时尚设施，丰富时尚生活，加快打造富有重庆特色的现代时尚之都。推动文化产业集聚协同发展，实施"两江四岸"文旅提升工程，打造一批以内容生产、创意设计、文娱休闲消费为主营业态的现代文化产业集群。

建设人性化便捷化优质生活服务圈。科学配置城市公共资源，提高公共服务能力和市政公用设施水平，建设舒适便利的全龄友好城市、宜居城市。统筹布局教育、医疗、文化、体育等公共服务设施，将更多服务资源向社区下沉、向市民身边延伸，构建20分钟街道公共服务圈、10分钟社区生活服务圈，探索建设"精细化""人文化""全龄化"未来社区，让市民生活更方便、更舒心。完善市政公用设施，优先发展城市公共交通，完善级配科学的城市道路体系，发展以建筑配建停车场为主、路外公共停车场为辅、路内道路停车位为补充的停车设施体系，鼓励在新城新区和开发区推行地下综合管廊模式，适度超前规划建设城镇配电网。

参考文献

周跃辉：《加快推动成渝地区形成有力、有特色的双城经济圈——〈成渝地区双城经济圈建设规划纲要〉解读》，《党课参考》2021年11月15日。

彭劲松、唐于渝等：《重庆提升主城都市区能级发展研究》，2022年5月。

张蔚文、金晗、冷嘉欣：《智慧城市建设如何助力社会治理现代化？——新冠疫情考验下的杭州"城市大脑"》，《浙江大学学报》（人文社会科学版）2020年第4期。

唐于渝：《重庆多中心城市空间结构及其形成演变研究》，北京师范大学博士学位论文，2021。

高品质生活篇

B.13
2022~2023年重庆创造高品质生活
形势分析与预测

钟　铮　李　伟　杨焕平　王发光*

摘　要： 2022年以来，重庆市委、市政府坚持以习近平新时代中国特色社会主义思想为指导，认真贯彻习近平总书记视察重庆重要讲话精神，坚持以人民为中心的发展思想，统筹疫情防控和经济社会发展，做好普惠性、基础性、兜底性民生建设，全面推进就业、教育、医疗、住房、养老、社保等民生工作，努力让城乡居民物质生活和精神生活更加富足，群众获得感、幸福感、安全感显著增强。但也要看到，重庆创造高品质生活的基础还比较薄弱，民生领域还有不少短板。要始终把人民群众安危冷暖放在心上，从最困难的群体入手，从最突出的问题着眼，从最具体的工作抓起，切实解决人民群众最关心最直接最现实的利益问题，推动共

---

* 钟铮，中共重庆市委研究室社会处处长，研究方向为社会学，李伟，中共重庆市委研究室社会处副处长，研究方向为社会学；杨焕平，中共重庆市委研究室干部，研究方向为社会学；王发光，中共重庆市委研究室干部，研究方向为社会学。

同富裕取得更为明显的实质性进展，不断满足人民日益增长的美好生活需要。

关键词： 高品质生活　民生　重庆

2022年是党的二十大胜利召开之年，是实施"十四五"规划承上启下的关键之年，极不平凡也极其特殊。一年来，在以习近平同志为核心的党中央坚强领导下，重庆市委、市政府坚持以习近平新时代中国特色社会主义思想为指引，坚决贯彻党中央各项决策部署，着力解决发展不平衡不充分问题，坚持在发展中保障和改善民生，扎实办好民生实事，努力推动高质量发展与高品质生活有机结合、"兴渝"和"富民"相得益彰，老百姓的日子越过越红火、越过越舒心。

一　2022年重庆创造高品质生活的总体态势

面对复杂严峻的国内外形势，特别是国内疫情多点散发、高温干旱极端天气等超预期因素影响，重庆深入贯彻落实习近平总书记对重庆提出营造良好政治生态，坚持"两点"定位、"两地""两高"目标、发挥"三个作用"和推动成渝地区双城经济圈建设的重要指示要求，认真落实市第六次党代会部署安排，坚持尽力而为、量力而行，统筹疫情防控和经济社会发展，像抓经济建设一样抓民生工作、像落实发展指标一样落实民生任务，扩大惠及面、提高精准度，持续改善民生福祉。一方面，立足群众基本生活需要，不断加大低保救助力度，切实兜住民生基本底线；另一方面，针对群众美好生活需求，持续增加优质公共服务供给，推动优质资源更加普惠均衡。2022年1~9月，全市居民人均可支配收入达27826元、同比增长6.5%，15件重点民生实事有序实施，一大批群众急难愁盼问题得到有效解决，群众生活水平稳步提高，社会保持和谐稳定局面，高品质生活更加可知可感。

第一，树立和落实大食物观，全力保障重要农产品供给和食品安全，老百姓吃得更加营养、更加放心。全面落实粮食安全党政同责要求，清单化、责任制盘活利用撂荒地，预计全年水稻、玉米、小麦"三大谷物"产量753万吨，老百姓"米袋子"更加充盈。加强生猪生产逆周期调控，前三季度全市出栏生猪1373万头、增长11%；推广粮菜轮作、间作套种等方式拓展种植空间，蔬菜播种面积达到865万亩、产量达到1694万吨；积极推行池塘高效循环养殖，提升池塘节水增产能力，水产品产量43.65万吨、增长3.1%，群众饮食更加丰富多样。全链条守护群众舌尖上的安全，深入开展食品安全"守底线、查隐患、保安全"专项行动，全市主要农产品产地抽检合格率保持在99%以上，食品经营环节监督抽检合格率97.6%，群众吃得更加安全放心。

第二，实施就业优先战略，多措并举帮助群众解决就业问题，全市就业形势总体平稳。推出首批79项"降缓返补扶"政策包，实施"减息让利援企稳岗"专项行动，前三季度为1.2万户困难企业阶段性缓缴社保费23.2亿元，为27.9万户企业及其职工减免失业保险费22.1亿元，稳定岗位近200万个。大力帮扶重点群体稳就业，全市27.7万重庆籍应届高校毕业生就业率93.1%、同比增加6.8个百分点，全市793.7万农民工实现转移就业、市内就业占比增至64.7%。发挥创业带动就业效应，发放创业担保贷款44.2亿元、直接扶持创业2.4万人，全市市级创业孵化基地累计孵化市场主体2万余户、带动就业17万人。建成零工市场（驿站）67个，培育劳务经纪人、职业指导师、创业导师等1.8万名，提供职业指导、职业介绍服务85万人次。前三季度，全市就业局势稳中有升，城镇新增就业60.5万人，完成全年目标的100.8%。

第三，认真落实立德树人根本任务，深化教育供给侧结构性改革，教育公平和质量有了较大提升。在财政吃紧的情况下，全力保障教育投入，一般公共预算教育投入247.9亿元、增加24.2亿元。大力推进"双减"工作，全市义务教育学校作业总量和时长有效缩减，校外培训机构极大压减，学生、家长负担明显减轻。大力拓展普惠性学前教育资源，普惠性幼儿园覆盖率达93.15%，公办园在园幼儿占比达54.45%，较2021年底提高3.45个百分点。全市学区化、集团化办学占比超过80%，优质教育资源更加均衡。坚定不移推进高等教育内涵式发展，加快重庆中医药学院、长江生态环境联合研究生院等高校建设，全市ESI前1%的学科增加到50个，高等教育综合实力明显增强。深入推进普职融通、产教融合，建成市级高水平中等职业学校36所、现代产业学院60个。

第四，着眼生命全周期、健康全过程，加快发展医疗卫生事业，居民医疗和健康水平持续提高。医药卫生体制改革走深走实，医共体建设加快推进，"三医"联动取得新进展，医疗服务价格明显降低。坚持预防为主、防治结合，公共卫生科室、重点慢性病防治中心建设顺利推进。深入推进国家医学中心建设，建强重点专科、专病诊疗中心，深化大数据、人工智能技术应用，推动公立医院高质量发展，16家县医院纳入全国千县工程，三级医院新增3家。扎实推动中医药传承团队、道地中药材基地建设，新增全国名中医3人，以中医名科为核心的中医专科体系加快构建，中医药高质量发展动能不断增强。深入实施"健康中国"重庆行动，加快健康城市健康细胞建设，积极开展爱国卫生专项活动，群众生活方式更加文明，健康素质进一步提高。

第五，积极应对人口老龄化，着力解决"一老一小"问题，老有所养、幼有所育得到有效保障。认真落实积极生育支持政策，清理废止涉计划生育相关文件30余件，优化促进人口长期均衡发展的政策环境。系统开展强化母婴安全6项行动、保障儿童健康7项计划，规范婴幼儿照护和托育机构建设，提质升级妇幼保健机构服务，孕产妇死亡率降至历史最好水平（低于5/10万），优生优育条件明显改善。巩固拓展社区居家养老服务全覆盖成果，有序推动家庭适老化改造，支持养老机构规模化、连锁化发展，针对性增加优质服务供给，深入推进医养结合，着力推进农村养老服务全覆盖，推动乡镇敬老院改造升级，让广大老年人实现老有所养、老有所依。积极构建敬老孝亲社会环境，加快创建全国示范性老年友好型社区，推进公共服务设施无障碍建设，努力打造适老型社会。

第六，深入推进全民参保，加强困难群体帮扶救助，多层次社会保障网更密更牢。深入开展"扩面提质"专项行动，精心打造"参保直通车"品牌，逐步实现工伤职工异地就医直接结算，截至 9 月末，全市城乡养老、失业、工伤保险参保人数分别完成全年目标的 104.1%、97.6% 和 105.3%，城乡养老保险参保率稳定在 95% 以上。强化巩固拓展脱贫攻坚兜底保障成果同乡村振兴有效衔接，将 1.47 万名脱贫不稳定人口、1.62 万名边缘易致贫人口及 0.72 万名突发严重困难户纳入基本生活兜底保障，避免了因"脱保""漏保"等造成的规模性返贫。深化社会救助制度改革，主动发现识别、精准救助困难群体，截至 8 月底，全市向 77.57 万名低保对象发放低保资金 31.71 亿元，向 17.64 万名特困供养人员发放特困供养资金 13.34 亿元，实施临时救助 5.82 万人次、2.01 亿元，群众基本生活保障底线切实兜住兜实。

第七，充分挖掘保护利用丰富文化资源，大力发展文化事业和文化产业，文化强市建设取得明显成效。持续优化惠民公共文化服务，累计建设图书馆分馆 1842 个、文化馆分馆 1272 个，建成一批文化驿站等新型公共文化空间，深度打造乡村艺术节、"舞动山城"街舞大赛等品牌活动，群众精神文化生活丰富多彩。文艺精品创作成果丰硕，川剧《江姐》喜获第十七届"文华大奖"，四川扬琴《血写春秋》摘得第十二届中国曲艺牡丹奖表演奖，龙舞《铜梁焰火龙》获第十五届中国民间文艺山花奖。加强历史文化遗产保护利用，开埠历史陈列馆建成开放，抓好三峡文物和石窟寺保护工作，加快推进红岩文化公园和长江、长征国家文化公园（重庆段）建设。"行千里·致广大"唱响了重庆的人文精神，优秀传统文化进一步发扬光大。深入推进巴蜀文化旅游走廊建设，开展全市旅游景区品质提升行动，积极创建国家级旅游度假区，人民群众享受到越来越多的优质文旅产品。

第八，着力加强城乡规划建设管理，切实改善居住条件和人居环境，群众生活便捷度、舒适度进一步提高。深入实施城市更新提升，加速推进"两江四岸"治理提升，积极打造城市功能名片。全面提速轨道交通建设，加快打造"轨道上的都市区"，全市累计运营里程达 478 公里。深入实施缓堵促畅行动，打通"断头路"35条，完成交通堵乱点整治85处，交通运行更加通畅快捷。大规模开展老旧小区、棚户区改造，加强房地产市场预调微调，着力防范化解受困房地产企业风险，全力促复工保交楼，大力发展住房租赁市场，筹集一批保障性租赁住房，群众住房条件明显改善。农村人居环境整治深入实施，农房改造、美丽庭院打造稳步推进，一批传统村落得到有效保护，村庄绿化、亮化和文化工程扮"靓"乡村，乡村环境让人们更加向往。坚持生态优先、绿色发展，强化长江生态系统性保护修复，长江十年禁渔毫不松劲，广泛开展植树造林，深入打好污染防治攻坚战，重庆天更蓝、地更绿、水更清、空气更清新。

第九，深入推进社会治理现代化，坚决防范化解各类风险，社会大局保持和谐稳定。坚持以党建引领基层治理，持续深化"枫桥经验"重庆实践，积极推广"新风小院""五员共治""楼院哨兵"等创新举措，优化社区网格化服务管理，基层社会治理效能有效提升。深入开展矛盾纠纷大排查大整治，扎实开展领导干部接访下访，加强重点群体疏导稳控，排查化解重点矛盾问题1183件，解决群众反映问题10817件。加强治安防控体系建设，常态化开展扫黑除恶斗争，常态挂牌整治213个、动态挂牌整治22个社会治安重点地区，严打黄赌毒、盗抢骗、食药环等领域突出违法犯罪，全市刑事案件、八类案件发案量同比分别下降17.13%、16.12%。深入开展安全大检查，一些重点行业领域得到专项整治，前三季度全市各类生产安全亡人事故起数、死亡人数同比分别下降22.4%、21.9%，有力保障了人民群众生命财产安全。

第十，着力战疫情、战干旱、战山火，全市人民上下一心、众志成城，经受住了举世罕见的大战大考。坚持"外防输入、内防反弹"总策略和"动态清零"总方针不动摇，动态完善重庆市"1+14+1"突发规模性疫情应对处置系列预案，努力做到高效应对新发疫情、高效落实"首站首问"责任制、高效推进应急能力建设、高效统筹疫情防控和经济社会发展，坚决管好流动性、管住聚集性，对中心城区开展大规模核酸筛查，用最短时间"围住捞干"，坚决防止扩散蔓延。全力以赴防干旱、防中暑、防次生灾害，千方百计保供电、保供水、保农业生产、保安全稳定，持续加强蓄水供水节水调度，有效组织应急救援，有力保障了70余万缺水人员安全饮水。坚持预防为主、防救结合，坚持科学扑救、安全第一，首次启动森林灭火Ⅱ级响应，通过积极争取支援、强化严防死守、科学组织扑救、层层压实责任，及时有效扑灭山火，扑救保护了57个村庄、2个自然保护区，转移人口5300余人，未造成人员伤亡和重要设施损毁。

二　当前重庆创造高品质生活面临的严峻挑战和重大机遇

"十四五"期间，特别是党的二十大召开后，重庆市发展环境和条件都有新的深刻复杂变化。创造高品质生活，必须深刻认识国内国际环境变化带来的新机遇新挑战，树立底线思维，增强机遇意识和风险意识，保持战略定力，办好自己的事，准确识变、科学应变、主动求变，全面回应人民美好生活的新期盼。

（一）面临的挑战

一是新冠肺炎疫情形势依然严峻复杂。目前，虽然我国疫情防控形势总体可控，但潜在风险还比较多、不确定性还比较大。特别是主要流行株奥密克戎潜伏期短、传播速度更快、隐匿性更强，外防输入、内防反弹压力还很大。这一方面势必对经济社会正常秩序产生冲击，影响群众生产生活；另一方面也给常态化疫情防控带来较大挑战，人民生命安全、身体健康受到严重影响。

二是经济下行压力影响民生投入。受国际环境更趋复杂严峻和国内疫情冲击明显超预期影响，全市稳增长、稳就业、稳物价面临新挑战，产业链供应链风险仍较突出，房地产市场持续疲软，消费动力依然偏弱，稳外贸外资压力较大，企业生产经营困难仍然较多，推动经济恢复的任务还很艰巨。由于经济下行压力仍较大，重庆市财政税收运行呈"紧平衡"状态，上半年全市一般公共预算收入1018.6亿元，同比下降16.2%，财政收入下降幅度较大，对持续增加民生投入造成很大的困难和挑战。

三是居民收入相对较低削弱高品质生活基础。2021 年，全市居民人均可支配收入 33803 元，不仅远低于北京（75002 元）、上海（78027 元）、天津（47449 元）等直辖市；而且相比周边同为国家中心城市的成都（45755元）、郑州（39511 元）、西安（38701 元），重庆市人均收入也处于较低水平。此外，重庆市城镇和农村居民人均可支配收入分别为 43502 元、18100元，城乡居民收入比高达 2.4∶1，收入绝对差距超过 2 万元，这是重庆市高品质生活建设的重要制约因素。

四是民生需求多元化增加供给难度。新时代社会主要矛盾发生重大历史性变化，人民群众更加注重公平正义、人的全面发展以及生活质量的全面提升，消费需求、民生诉求呈现多层次多样化特征。但当前重庆市供需适配能力较弱，基本公共服务仍存在短板弱项，扩供给促普惠仍需加大力度，传统服务领域的供给能力过剩，新型高品质服务供给不足，供给结构和供给方式与群众需求存在较大差距，从根本上打通制约消费潜力释放的堵点难点、更好满足群众多样化需求的任务艰巨。

五是人口老龄化加重社会和家庭抚养负担。目前，重庆市 65 岁及以上人口 547.36 万人、占 17.08%，老龄化程度居全国第二，呈现规模大、程度高、速度快、发展不均衡以及高龄化等多方面的特征。特别是随着老龄化程度的加深，全市人口抚养比已接近 50% 的标准线，特殊困难老人数量增多，高龄化、空巢化、失能化等趋势导致养老、助残、康复等服务供给不足凸显，进一步加重了养老和医疗负担，也给重庆市养老金支付等带来越来越大的压力和挑战。

（二）拥有的机遇

一是新一轮科技革命和产业变革的时代机遇。新一轮科技革命深入发展，大数据、物联网、区块链、人工智能、生命健康、5G 等前沿技术广泛应用，新技术与民生主要领域深度融合，加速催生智慧康养、智能社区、数字化公共服务和社会治理等新业态，将为城乡居民提供更加高效、更加精准、更多层次和更多样化的美好生活解决方案。

二是加快构建新发展格局的市场机遇。党的十九届五中全会提出了构建新发展格局的重要论断，要求坚持扩大内需这个战略基点，加快培育完整内需体系，以创新驱动、高质量供给引领和创造新需求。重庆市高品质生活建设，必须适应人民群众多样化、个性化、高品质服务需求，增强民生供给体系对市场需求的适配性，为公共服务的提质升级蓄势储能，形成需求牵引供给、供给创造需求的更高水平的动态平衡。

三是经济迈向更高质量发展阶段的历史机遇。党的十九大以来，面对全市经济下行压力加大的状况，面对突如其来的新冠肺炎疫情冲击，重庆坚持高质量发展不动摇，没有走粗放型增长的老路，而是更加自觉推动高质量发展。目前，随着传统产业加快转型升级，汽车、装备制造等支柱产业竞争力增强，新产业新业态不断壮大，经济发展韧性不断增强，公共财政向民生领域投入力度将持续加大，支撑城乡居民生活品质改善的物质基础更加巩固，为全社会提供便捷、高效、优质服务的基础能力进一步增强。

四是成渝地区双城经济圈建设等重大战略实施的政策机遇。《成渝地区双城经济圈建设规划纲要》将建设高品质生活宜居地作为战略定位之一，强调重庆要以建成高质量发展高品质生活新范例为统领。特别是共建"一带一路"、长江经济带发展、新时代西部大开发、西部陆海新通道等重大国家战略与成渝地区双城经济圈建设交汇叠加，为重庆提供了难得的政策窗口期。重庆能够在更大范围深化合作、配置资源，有利于形成更加健全完善的民生保障体系，更好地改善市政基础设施和城乡环境，增加就业、教育、医疗、养老等公共服务供给，促进人的全面发展迈上新台阶。

三　2023年重庆创造高品质生活的主攻方向和关键举措

2023年是贯彻落实党的二十大精神开局之年。重庆要坚持以习近平新时代中国特色社会主义思想为指导，全面贯彻党的二十大精神，深入落实市第六次党代会安排部署，坚持以人民为中心的发展思想，坚持把实现人民对美好生活的向往作为现代化建设的出发点和落脚点，坚持尽力而为、量力而行，深入群众、深入基层，采取更多惠民生、暖民心举措，努力让人民群众享有更好的教育、更稳定的工作、更满意的收入、更可靠的社会保障、更高水平的医疗卫生服务、更舒适的居住条件、更优美的环境、更丰富的精神文化生活。要立足于推动高质量发展，努力推进高质量发展与高品质生活融通融合、互促共进；注重有效市场和有为政府协同发力，让市场在充分竞争领域提供更为丰富多元的服务与产品；彰显人民精神生活的富足，不断满足群众多样化、多层次、多方面的精神文化需求；体现共同富裕的要求，使现代化建设成果更多更公平惠及全体人民。

（一）织密织牢社会兜底保障网

做好巩固拓展脱贫攻坚兜底保障成果同乡村振兴有效衔接，持续推进符合条件的脱贫不稳定人口、边缘易致贫人口及突发严重困难户基本生活兜底保障工作，对符合条件的依规纳入农村低保、特困人员救助供养范围或及时给予临时救助。优化完善低收入人口动态监测信息平台，加强对低保对象、特困人员、低保边缘家庭等易返贫致贫人口，以及支出型贫困人口等低收入人口的动态监测，健全常态化救助帮扶机制。调整优化城乡低保政策，修订《重庆市最低生活保障条件认定办法》《重庆市最低生活保障申请审批规程》。健全帮扶残疾人、精神障碍患者、孤儿、事实无人抚养儿童等社会福利制度，扎实做好农村"三留守"人员关爱服务工作。健全完善以基本生活救助、专项社会救助、急难社会救助为主体，社会力量参与为补充，与其他保障制度相衔接的分层分类的救助体系。

（二）推动实现更加充分更高质量就业

落实就业优先战略和积极就业政策，加快推进公共就业创业服务标准化专业化建设，健全覆盖城乡、服务均等的公共就业创业服务体系，深入实施"渝创渝新"创业促进计划，确保全年城镇新增就业人数稳定在60万人以上、城镇调查失业率控制在5.5%以内。做好高校毕业生、退役军人、农民工等重点群体就业工作，实施百万青年就业促进计划、高校毕业生就业创业促进计划，强化农民工职业技能培训和就业引导，提高农民工劳务输出组织化程度，加强困难群体就业兜底帮扶，扩大公益性岗位安置，推动零就业家庭动态清零。破除妨碍劳动力、人才流动的体制和政策弊端，消除影响平等就业的不合理限制和就业歧视，使人人都有通过勤奋劳动实现自身发展的机会。大力开发就业岗位，发挥平台经济、共享经济等新经济的就业促进作用，支持和规范发展新就业形态，加强灵活就业和新就业形态劳动者的权益保障。健全终身职业技能培训制度，探索组建行业性、区域性技工教育集团，培养"技能+智能"双能人才。

（三）努力办好人民满意的教育

持续巩固和扩大"双减"工作成果，建立新时代中小学学科课堂教学质量评价标准，提高校内教学服务质量，加大校外培训治理力度，发展素质教育。继续推动集团化办学改革，推进学区化治理和城乡学校共同体建设，强化学前教育、特殊教育普惠发展，深化普通高中育人方式改革，加快义务教育优质均衡和城乡一体化。支持重庆大学、西南大学等高校高质量发展，加强基础学科、新兴学科、交叉学科建设，重点支持建设一批市级一流学科、重点学科，推动高校深度融入西部（重庆）科学城建设。统筹职业教育、高等教育、继续教育协同创新，推进职普融通、产教融合、科教融汇，办好"巴蜀工匠"职业技能大赛，加快构建现代职业教育体系。

（四）深入实施"健康中国"重庆行动

完善疾病预防控制体系，继续实施市疾控中心能力提升行动，开展等级疾控中心创建行动，推动区县疾控机构标准化建设，加快推进应急医院和方舱医院建设，提高重大疫情早发现能力，有效遏制重大传染性疾病传播。全面深化医药卫生体制改革，统筹推进医疗管理体制、运行机制、服务价格、绩效分配等综合性改革，促进医疗、医保、医药协同发展和治理，深化以公益性为导向的公立医院综合改革，规范民营医院发展。加快建设国家区域医疗中心，促进优质医疗资源扩容和均衡布局，每个区县重点办好1~2所综合性医院或中医院，提升基层卫生人才队伍素质。坚持中西医并重，大力发展中医药事业，加强国家区域诊疗中心（中医）和中医重点专科建设，深入推进重庆中医药学院建设。坚持预防为主，加强重大慢性病健康管理，提高基层防病治病和健康管理能力。完善人民健康促进政策，深入开展爱国卫生运动，广泛开展全民健身活动，开展健康知识普及，倡导文明健康的生活方式。

（五）统筹促进养老托育服务发展

健全养老服务机制，出台《重庆市养老服务条例》，发展普惠型养老服务和互助型养老，加快构建多层次养老服务体系。推进街道养老服务中心、社区养老服务站建设，推进乡镇敬老院和乡镇养老服务中心联建提升工程，推动社区养老服务设施社会化运营和农村互助养老点建设运营，开展家庭养老床位试点工作。深化公办养老机构改革，完善养老服务综合监管制度，优化孤寡老人服务。支持企业积极开发老年用品、用具和服务产品，加快发展老龄产业。建立生育支持政策体系，全面落实生育延长产假和生育保险等政策，完善生育补贴津贴制度，降低生育、养育、教育成本。强化产前筛查和出生缺陷防治、危重症孕产妇救治与新生儿救治能力，提升优生优育服务水平。健全婴幼儿照护服务政策体系，实施城企联动普惠托育专项行动，支持社会力量举办托育服务，多元化增加托育服务供给。

（六）加快完善住房保障服务体系

坚持房子是用来住的、不是用来炒的定位，促进房地产市场平稳健康发展，健全多主体供给、多渠道保障、租购并举的住房制度。统筹保障性租赁住房建设与运维管理，重点在轨道交通站点、商业商务区、产业园区、校区、院区（医院）及周边筹集保障性租赁住房，引导各类市场主体将租赁住房纳入保障性租赁住房规范管理，优化住房租赁管理服务平台功能。持续推进住房公积金制度改革，进一步优化住房公积金缴存、提取、贷款机制。开展完整居住社区设施补短板行动，深入推进老旧小区和棚户区改造。实施乡村建设行动，统筹乡村基础设施和公共服务布局，深化农村人居环境整治提升行动，持续推进农村危房改造，建设宜居宜业和美乡村。

（七）深入推动文化繁荣发展

广泛践行社会主义核心价值观，拓展新时代文明实践中心建设，大力弘扬"行千里·致广大"的重庆人文精神，推进全民阅读，建设"书香重庆"。健全现代公共文化服务体系，优化城乡文化资源配置，规划建设一批重大文化设施。深入实施文艺作品质量提升工程，推动文艺创作、生产、演出全流程再造，不断推出反映时代新气象、讴歌人民新创造的精品力作。创新实施文化惠民工程，广泛开展群众性文化活动，打造"成渝地·巴蜀情"文化品牌。加强城乡建设中历史文化保护传承，实施革命文物、抗战文物及工业遗产保护等重大工程，加快推进红岩文化公园和长江、长征国家文化公园（重庆段）建设，推动优秀传统文化融入生产生活。健全现代文化产业体系和市场体系，深化文化体制改革，加快数字文化产业发展。坚持以文塑旅、以旅彰文，深入实施"两江四岸"文旅提升工程，建设世界知名旅游目的地。

（八）加快建设山清水秀美丽之地

坚持共抓大保护、不搞大开发，强化山水林田湖草等生态要素协同治理，加强国家重要生态功能区建设，推进以国家公园为主体的自然保护地体系建设，加强三峡库区消落带综合治理，持续筑牢长江上游重要生态屏障。严格落实长江十年禁渔，深化集体林权制度改革，加强重要山体生态廊道、水系生态廊道、江心绿岛保护，协同推进广阳岛片区长江经济带绿色发展示范建设，全面实施生物多样性保护行动计划。坚持精准治污、科学治污、依法治污，深化交通、扬尘、工业、生活污染控制，加强三峡库区入库水污染联合防治，开展土壤污染突出问题综合治理，加强农业面源污染防治，持续深入打好蓝天、碧水、净土保卫战。完善支持绿色发展的财税、金融、投资、价格政策和标准体系，发展绿色低碳产业，健全资源环境要素市场化配置体系，拓展"碳惠通"平台功能，加快节能降碳先进技术开发和推广应用，倡导绿色消费，推动形成绿色低碳的生产方式和生活方式。

（九）着力建设更高水平的平安重庆

坚持和发展新时代"枫桥经验"，完善正确处理新形势下人民内部矛盾机制，加强和改进人民信访工作，落实领导干部下基层大接访制度，畅通和规范群众诉求表达、利益协调、权益保障通道，完善网格化治理、精细化服务、信息化支撑的基层治理平台。强化社会治安整体防控，推动扫黑除恶常态化，防范和打击暴力恐怖、新型网络犯罪和毒品犯罪，加强智慧警务建设，强化派出所、社区警务室等治安防控支点建设，发展壮大群防群治力量。健全城乡社区治理和服务体系，推进基层群众性自治组织规范化建设，加快各级综治中心标准化、实体化建设，推进社会治理多网融合。推动公共安全治理模式向事前预防转型，持续推进矿山、交通、危险化学品、建设施工、校园、医院、高层建筑消防和旅游景区等重点领域安全生产风险专项整治，有效防范重特大安全事故。完善食品药品治理体系，建立健全覆盖生产、流通、储存、使用等各个环节的全链式、可追溯管理机制，提高食品药品安全保障水平。优化全市应急管理体系，提高防灾减灾救灾和急难险重突发公共实践处置保障能力。健全生物安全监管预警防控体系，加强个人信息保护。

参考文献

《习近平谈治国理政》（第四卷），外文出版社，2022。

《沿着习近平总书记指引的方向坚定前行 推动高质量发展 创造高品质生活 奋力书写重庆全面建设社会主义现代化新篇章——在中国共产党重庆市第六次代表大会上的报告》，《重庆日报》2022 年 6 月 6 日。

B.14
重庆人力资源和社会保障形势分析与预测

重庆市人力资源和社会保障局

摘　要： 2022年，全市人社系统围绕年初确定的"抓基本、抓创新、抓项目、抓品牌、抓协同、抓安全"六方面重点任务，抓得早、抓得紧、抓得实、抓得系统，抓出了实实在在的成效，先后9次在全国会议上作经验交流，13项经验做法在人社部工作简报刊载推广，稳就业、助企纾困、根治欠薪等相继被国务院办公厅《政务情况交流》、央视新闻联播、新华社内参报道，全市人社事业稳中有进、稳中向好。党的二十大对人社事业提出了新任务新要求，人社部门的重要性更加凸显。全市人社部门应始终胸怀"国之大者"、心系"民之关切"，自觉把人社事业放到党和国家事业发展全局中去思考谋划，既看当前之"形"，也看长远之"势"，主动认领任务、靠前发挥作用，在大战中践行初心使命，在大考中交出合格答卷，在砥砺奋进、保持韧性中提振信心、坚定决心，全力推进人社事业改革发展。

关键词： 人力资源社会保障　人才　就业　重庆

　　2022年是党和国家事业发展进程中十分重要的一年，是"十四五"时期全市人社系统各项事业承上启下、全面成势之年。重庆人社系统深学笃用习近平新时代中国特色社会主义思想，牢记习近平总书记殷殷嘱托，以深入贯彻党的二十大为主线，切实落实市第六次党代会精神，主动履责、积极负责、敢于担责，推动全市人社事业取得积极成效。

一 2022年重庆人社事业发展基本情况

（一）就业方面

截至9月末，全市城镇新增就业60.5万人，完成全年目标的100.8%；9月城镇调查失业率5.2%，环比下降0.1个百分点，低于全国水平（5.5%）；1～9月平均调查失业率5.4%，低于控制目标，优于全国水平（5.6%），全市就业形势总体稳定。一是抓改革创新。深化"一库四联盟"服务机制改革，全市2100余万劳动力全部纳入人力资源信息库，搭建就业服务、创业、培训、人力资本四个联盟，打造人社西部数据实验室，成立汇人大数据公司，实时采集320余万参保市场主体用工及需求，建成零工市场（驿站）67个，培育劳务经纪人、职业指导师等1.8万名，推动"人找政策"向"政策找人"转变。抓好县域就业容量改革，鼓励12个区县因地制宜建成创业孵化基地12个，开发特色职业（工种）22个，培育县域劳务品牌28个、从业规模超44万人，引导更多群众就近就地就业。二是抓就业增效。拓宽市场化社会化就业渠道，对接发改部门实施以工代赈项目793个，带动就业1.8万人。强化创业带动就业，发放创业担保贷款44.2亿元，超全年目标14.2亿元；106个市级创业孵化基地孵化市场主体2万余家，带动就业近18万人。实施职业技能提升行动，紧扣重点产业抓好机电加工、大数据信息化等213个工种培训，1～9月开展补贴性培训22.2万人次，培训后就业占比57.8%，产业对接率达78.1%，就业结构性矛盾得到有效化解。三是抓重点群体。截至9月底，全市27.7万重庆籍应届高校毕业生就业率93.1%，同比增加6.8个百分点。全市790余万名农民工实现转移就业，市内就业占比增至64.7%；培育劳务品牌126个，年带动就业超240万人，"云阳面工""巴渝大嫂"获评全国最受关注的十大劳务品牌。出台"促进脱贫人口稳岗就业13条"，9月末脱贫人口就业规模达79.4万人，超全年目标4.3万人。零就业家庭动态清零，去产能职工、退捕渔民、退役军人、残疾人等群体单位参保人数同比增长7.9%，就业稳定性持续提升。

（二）社会保障方面

一是参保扩面量质齐升。深入推进全民参保、扩面提质，截至9月底，全市城乡养老、失业、工伤保险参保人数达到2566万人、600万人、756万人，分别完成全年任务的104.1%、97.6%和105.3%，城乡养老保险参保率巩固在95%以上；城镇职工与城乡居民养老保险参保结构优化为56∶44；全市工程建设项目工伤保险参保率达99.2%，将更多群众纳入社保体系，实现应保必保。二是重点改革纵深推进。企业职工养老保险全国统筹信息系统平稳上线。首批启动新就业形态就业人员职业伤害保障试点，完成7家试点平台企业参保登记，覆盖18.6万人；首批6000余名快递员优先参加工伤保险。继续同步调增企业和机关事业单位退休人员基本养老金，惠及442.6万人。三是基金运行安全平稳。1~9月，全市养老、失业、工伤保险基金总收入1309亿元、总支出1233亿元，分别同比增长5.6%、9%，收支总体平衡。职业年金累计划拨投资470.4亿元，实现投资收益37亿元。实施社保经办风险防控强化年行动，在全国率先上线职业年金监管系统，全力守护好每一分"养老金""救急款"。

（三）人才人事方面

一是不拘一格引才。围绕建设具有全国影响力的科创中心目标，完善"塔尖""塔基"人才政策，集成博士后政策18条、青年人才创新创业、加快集聚优秀科学家等14类支持政策；聚焦八大重点产业和33条产业链绘制高层次人才图谱，编制急需紧缺人才目录，线上线下灵活开展"百万英才兴重庆""全球英才云聘会"等活动。1~9月，引进人才5.2万人、同比增长26.3%，其中新招博士后832人、同比增长16%。全市专技人才218万人，高、中级职称占比达50%；技能人才494万人，高技能人才占比增至31.5%。二是多措并举育才。创新发布人才流动综合指数、青年人才发展指数。实施卓越工程师集聚行动，推进千名高层次科研人员顶岗锻炼。立起全国首家数字经济人才市场"四梁八柱"，建设北碚、两江、巴南、永川 4 个分市场，取得全国首批数字技术工程师培训机构"全牌照"；推进"巴渝工匠 2025"行动计划，建设全国首个"智能+技能"数字技能人才培养试验区，打造"一城双核三区多点"雁阵格局，培育数字技能人才 1.5 万人。三是精准施策用才。全面实施县以下事业单位管理岗位职员等级晋升改革，惠及 6000 余家涉改单位 1.6 万人。增设大数据智能化、绿色低碳等 10 个职称专业和数字技术、技术经纪等新兴人才评价标准；职称"定向评价、定向使用"改革延伸至基层教师、农技人员。四是贴心服务留才。建立绩效工资"总量+"和"+总量"激励体系，允许"一事一议"确定薪酬方案。擦亮重庆英才服务品牌，上线英才服务热力图，联合 22 个市级部门建成"重庆英才服务港"，集成子女入学、医疗、公共交通等 69 项服务，累计发放英才服务卡 1.1 万张，1~9 月提供"一站式"服务 20.2 万人次、同比增长近 2 倍，人才满意度达 99.7%。

（四）劳动关系方面

一是出台快递员、外卖送餐员、网约车驾驶员权益维护配套文件，形成"1+1+3+N"新就业形态政策体系，对 30 余家重点平台企业开展用工指导。二是联合发文加强高温天气劳动者权益保障。三是全面完成国家级和谐劳动关系综合配套改革试点任务，建设全国首个劳动关系示范镇，开展特殊工时审批清单化、劳动关系公共服务等 5 项专项改革试点。四是农民工欠薪案件数、涉及人数、金额分别同比下降 21.1%、19.3%、17.8%，促进发展速度与民生温度同频共振。

（五）助推经济发展方面

一是稳住经济大盘。推出首批 79 项"降缓返补扶"政策包，深入 7.7 万余家企业讲政策、送礼包。为 1.2 万家困难企业阶段性缓缴社保费 23.2 亿元，为 27.9 万家企业减免失业保险费 22.1 亿元，"免申即享"为 14.1 万家企业发放稳岗返还资金12.5亿元,"直补快办"发放社保补贴等政策资金7.7亿元,稳定岗位近200万个;联合41家银行实施"减息让利援企稳岗"行动,为3034家企业减息让利1.3亿元,稳岗12.6万人;协助智能终端产业招工25.9万人,实现就业与产业良性互动。二是优化营商环境。统筹开展优化营商环境创新试点和迎接世行新一轮评估,新推出人社领域优化营商环境措施50条;发布外籍"高精尖缺"人才地方认定标准;制定境外人才参加专技类职业资格考试目录40项并全域实施,发布首批87项境外职业资格证书认可清单,数量居全国前列。三是助力区域发展。深入实施"一区两群"人社事业协同发展23条举措,"一区"为"两群"提供就业岗位5.3万个,协助"两群"开展职业技能培训6.3万人次;深化鲁渝劳务协作,帮扶重庆市农村劳动力就业3.2万人,是2021年全年的近4倍。持续拓展长江上游四省市、渝甘、渝青、渝黔等跨省市多领域合作。

(六)其他方面

一是公共服务。社保卡持卡人数达3570万人,签发电子社保卡3230万张,公共服务事项拓展至193项;首批开展"一卡通"应用试点,交通出行、文化旅游、惠民惠农、防疫验证、农民工工资进卡5项试点稳步推进。实现10项"一件事"打包一次办,办理时限压缩66%;全力打造"15+5"人社便民服务圈,人社服务从"便我"向"便民"转变。二是行风建设。组建新就业形态劳动权益保障、智慧人社、行风建设等40余个专班,开展"大走访大调研大落实""局处科长走流程"等专项行动,强化对区县的全面督导。

二 重庆人社事业发展面临的形势和存在的短板

(一)党中央、国务院以及市委、市政府高度重视民生工作,为人社事业改革发展提供了强劲动能

党的二十大报告提出了实施就业优先战略、健全社会保障体系、建设人

才强国等重要要求，为做好新时代人力社保工作指明了方向、提供了遵循。2022 年以来，针对新情况、新任务、新要求，习近平总书记多次就人社领域相关工作作出重要指示批示。4 月 29 日，中央政治局分析研究当前经济形势和经济工作时，习近平总书记强调，要稳住市场主体，对受疫情严重冲击的行业、中小微企业和个体工商户实施一揽子纾困帮扶政策，要切实保障和改善民生，稳定和扩大就业。全国两会期间，习近平总书记看望全国政协会议农业界和社会保障界委员时强调，要在推动社会保障事业高质量发展上持续用力，织密社会保障安全网，为人民生活安康托底。6 月 8 日在四川考察时强调，党中央十分关心民生工作，民生首先是就业，我们对高校毕业生就业问题特别关心，要把脱贫家庭、低保家庭、零就业家庭以及有残疾的较长时间未就业的高校毕业生作为重点帮扶对象，要做好就业、社会保障、贫困群众帮扶等方面的工作。总书记的重要指示充分阐明了当前形势下做好民生工作、维护社会稳定的重要意义，明确了当前的重点工作任务，全市人社系统应当深入学习领会，坚决抓好贯彻落实。李克强总理 6 月专程到人社部考察，作出"加大宏观政策实施力度，稳住经济基本盘，保障基本民生，深化改革开放，以稳就业稳物价支撑经济运行在合理区间"等指示，全市人社系统应当为稳住经济大盘、兜牢民生底线、稳定群众预期发挥积极作用。全国人社工作调度推进会提出了"四个要"的原则要求，即"要坚持党的全面领导，要坚持人民至上，要坚持量力而行、尽力而为，要坚持民生工作总思路"；明确了五个方面的重点任务，即"坚决扛起稳就业保就业政治责任，确保就业局势总体稳定；积极稳妥推进社会保障体系建设；扎实推进各项人才人事工作；保持劳动关系总体和谐稳定；不断优化人力资源社会保障便民服务"，为下一步的人社事业发展明确了重点。市第六次党代会提出了"三个新篇章""六个显著提升"的重要部署以及今后 5 年"十一项重点举措"，既有蓝图引领，也有精准落子。特别是重点任务分解明确人社系统牵头"吸引各类人才在乡村振兴中建功立业""强化就业优先导向""健全多层次社会保障体系"3 项工作；并配合做好 13 项重点任务，为全市人社系统划出了"责任田"。7 月初，陈敏尔书记调研大学生就业创业公共服务中心时，特意叮嘱人社部门"要进一步挖掘岗位资源，做细做实大学生就业指导服务，促进高校毕业生就业创业、成就梦想"。胡衡华市长多次在会议上强调，要同步抓好就业服务、民生保障等工作，兜牢基层"三保"底线。

（二）国际国内形势对全市人社事业改革发展提出了新要求

一方面，困难挑战在叠加和演化。百年变局和世纪疫情交织叠加，俄乌冲突还在持续，"黑天鹅"和"灰犀牛"时隐时现，经济恢复基础还不稳固，需求收缩、供给冲击、预期转弱三重压力依然存在，叠加国企改革、淘汰落后产能、环保搬迁治理和房地产行业遇冷、教培及互联网企业裁员等因素，持续传递影响到人社领域，保就业、保民生、保经济韧性难度持续加大；疫情多点散发、多地频发，对重庆举办赛事活动等也提出了新的挑战。另一方面，有利因素在集聚和转化。我国经济持续健康发展的良好态势没有改变，支撑高质量发展的生产要素条件没有改变，长期向好的基本面没有改变，数字经济、乡村振兴、"双创"潜力巨大，从扎实稳住经济一揽子政策，到加快建设全国统一大市场，宏观政策效应相继发力，上半年全市 GDP 同比增长 4%，高技术制造业和战略性新兴制造业增加值分别增长 7% 和 9.4%，经济继续回升、运行在合理区间，为人社事业发展带来更多积极因素。

（三）全市人社事业存在的问题及短板需要高度重视和积极应对

全市人社工作发展不充分的问题有待"破局"，发展不平衡的矛盾尚需"攻坚"，必须正视问题、聚焦差距、补齐短板。从人社事业发展形势来看，风险增多、挑战加大：就业核心指标下行压力较大，上半年城镇新增就业同比减少 0.9 万人，增速明显放缓；平均调查失业率同比上升 0.1 个百分点，尤其是 5 月、6 月，连续同比上升。重点群体就业压力增大，2022 年离校未就业高校毕业生 8.2 万人，同比翻了一番；新增登记失业人员、失业保险领金人员分别同比增加 7.3%、10.8%，加之就业结构性矛盾仍然存在，就业总量压力前所未有。社保领域改革难度加大，养老保险全国统筹、病残津贴政策、渐进式延迟退休年龄等一系列改革要求高、任务重，重庆作为老工业基地，老龄化程度深，历史遗留问题较多，融入全国统筹任务较重。人才"留得住""用得好"仍是短板，高层次人才总量不足、高技能人才短缺；人才区域分布"强者更强、弱者恒弱"，尤其是"两群"地区引进博士等高层次人才较为困难。劳动关系风险挑战增多，灵活用工规模日益扩大，新就业形态劳动者权益保障问题凸显，劳动欠薪、违规解聘、社保欠缴等情形增多。

三 进一步推进重庆人社事业高质量发展的对策建议

（一）大力促进高质量充分就业

积极落实就业优先战略，健全就业促进机制，不断促进就业"量"的扩大和"质"的提升，未来5年全市城镇新增就业300万人，城镇调查失业率控制在5.5%以内。一是强化就业优先政策稳岗扩容。实施稳岗返还、社保补贴、扩岗补助等惠企援企政策，支持市场主体稳定和扩大岗位。大力支持创业和灵活就业，扶持和规范发展新就业形态，拓展就业增量。探索建立就业评估机制，在制定财税、金融、产业、投资等重大政策时，综合评价对就业岗位、就业环境、失业风险的影响，促进就业与产业良性互动。二是强化就业公共服务提质增效。发挥"一库四联盟"作用，构建"15+5"人社便民服务圈，培育壮大劳务经纪人、职业指导师、创业导师队伍，为劳动者提供精准就业服务。健全终身职业技能培训制度，围绕产业链需求开展大规模技能培训，缓解就业结构性矛盾。做优"就在山城"就业品牌和"渝创渝新"创业品牌，做大充分就业社区、零工市场、创业孵化基地等公共服务载体，做强一批技能培训品牌和劳务品牌。三是强化就业重点群体兜底帮扶。对高校毕业生等青年群体，提供1次就业指导、3次岗位推荐、1次技能培训或就业见习，促进充分就业。对农民工和脱贫人员，充分发挥"一区两群"对口帮扶、鲁渝协作、驻外劳务机构作用，稳定外出务工规模；拓宽县域就业容量，对接以工代赈、就业帮扶车间、乡村振兴等项目，促进就地就近就业。对特殊困难群体开展"一人一档""一人一策"帮扶，开发一批公益性岗位兜底安置，确保100%就业。四是强化就业公平环境治理提升。消除影响平等就业的不合理限制和就业歧视，维护公平的就业制度。完善共享用工、远程劳动等灵活用工形式下劳动者权益保护的政策措施。制定重点行业劳动标准，鼓励订立行业集体合同或协议。在新就业形态劳动者集中的行业、区域建立劳动争议调解组织。强化多方联动、齐抓共管的工作机制，加强监管执法，保障好灵活就业和新就业形态等各类劳动者就业权益。

（二）不断健全覆盖全民、统筹城乡、公平统一、安全规范、可持续的多层次社会保障体系

一是全力推改革。稳妥抓好企业职工基本养老保险全国统筹的落地实施，优化失业保险省级统筹，巩固工伤保险省级统筹。持续做好阶段性缓缴社会保险费，降低失业保险费率等惠企纾困举措。稳妥推进平台灵活就业人员职业伤害保障制度试点。二是全域促参保。继续深入实施全民参保计划，开展"扩面提质"专项行动，以灵活就业人员、新业态从业人员为重点，促进应参尽参；扎实推进参保"直通车"建设，持续优化参保结构，提高参保质量，确保养老保险参保率稳定在95%以上。三是全面提待遇。持续完善健全基本养老保险、工伤保险待遇调整机制，提高城乡居民养老待遇。四是全程强监管。健全"四位一体"风险防控体系，持续开展基金管理提升年和经办风险防控强化年行动，守护好人民群众的每一分"养老钱""保命钱"。五是全心优服务。以"智慧人社"为依托，深化社保经办数字化转型升级，实现线上服务应上尽上，推动线下服务向基层延伸至社区、园区、银行、企业，不断提升社保服务体验。

（三）充分激发人才人事活力

加快实施重庆市"十四五"时期人才发展规划、卓越工程师培养集聚行动、进一步加强海外人才引进工作若干措施等重点人才政策，推动建立市

政府特殊津贴制度，深化事业单位聘用"竞争择优、能上能下"考核试点，持续推进县以下事业单位职员等级晋升制度改革，拓展职称"定向评价、定向使用"制度，健全特殊人才职称申报"绿色通道"。深入推进全市国有企业负责人薪酬制度改革和工资决定机制改革，贯彻实施国有企业重大科技创新薪酬激励政策；推动69项英才专属服务向区县延伸。提质办好2022重庆英才大会、中国（西部）人力资源博览会、"巴渝工匠"和"巴蜀工匠"系列赛事等重大赛事活动，确保把各项赛会活动办成功、办圆满、办精彩，真正做到既为人社一域增光，更为发展全局添彩。提速推进人力资源服务业"千亿跃升"，坚持以中国·重庆人力资源服务产业园为龙头，拓展"1+10+N"产业园三级矩阵体系，积极申报中国西部金融人才市场，推动与实体经济、现代金融协同，打造"人力资本+百行万业"融合发展模式，为提升要素市场化配置效率、服务经济社会发展提供有力支撑。

（四）切实维护好劳动者合法权益

一是抓好改革创新这个关键。围绕完善劳动合同、基本劳动标准、集体合同、集体劳动争议处置、企业民主管理、协调劳动关系三方机制等调整劳动关系主要机制进行地方立法探索。制定维护劳动者权益特别是新就业形态劳动者权益保障规范性文件。二是抓好源头预防这个核心。完善党委领导、政府负责、社会协同、企业和职工参与、法治保障的工作体制。未来5年，全市和谐劳动关系企业达到10000家，其中AAA级和谐企业达到1000家；培育市级金牌劳动关系协调员300名，所有区县（自治县）镇街（园区）三方组织覆盖率达到100%。三是抓好效能建设这条主线。推动劳动人事争议调解仲裁的标准化、规范化、专业化和信息化建设取得更大进展；增加示范仲裁院5个、仲裁庭5个、仲裁调解室5个；全面推广运用"互联网+调解仲裁"平台线上办案；打造金牌劳动人事争议调解组织15个；强化劳动保障监察执法，健全根治欠薪长效机制，基本实现农民工工资无拖欠目标。四是抓好权益保障这个重点。完善共享用工、远程劳动等灵活用工形式下劳动者权益保护的政策措施。制定重点行业劳动标准，鼓励订立行业集体合同或协议，确定合理的行业劳动定员定额、休息办法、计件单价、抽成比例等。在新就业形态劳动者集中的行业、区域建立劳动争议调解组织。强化多方联动、齐抓共管的工作机制，依法查处违法违规问题，推动平台经济规范健康有序发展。

参考文献

《中央政治局会议为当前经济工作把舵定调》，新华社，http：//www. xinhuanet. com/mrdx/2022-04/30/c_ 1310580529. htm，2022 年 4 月 30 日。

《习近平在四川考察：深入贯彻新发展理念主动融入新发展格局　在新的征程上奋力谱写四川发展新篇章》，新华社，http：//www. gov. cn/xinwen/2022-06/09/content_5694909. htm，2022 年 6 月 9 日。

《李克强考察民政部和人力资源社会保障部并主持召开座谈会强调以发展促就业以就业保民生推动经济社会持续健康发展》，新华社，https：//baijiahao. baidu. com/s?id=1736884303731002262&wfr=spider&for=pc，2022 年 6 月 28 日。

《全国人力资源社会保障工作调度推进会召开》，《中国组织人事报》2022 年 7 月 30 日。

《陈敏尔胡衡华调研西部（重庆）科学城与重庆大学城融合发展并召开座谈会　下大力推动科学城与大学城融合发展　加快建设具有全国影响力的科创中心》，http：//v. cqnews. net/first/2022-07/05/content_ 994019198744256512. html。

B.15
推进重庆"四闲"生活需求侧
改革路径[*]

孟东方 等[**]

摘　要： 创造高品质生活是满足人民对美好生活向往的奋斗目标。休闲生活是高品质生活的题中应有之义。立足新发展阶段,坚持贯彻新发展理念,以积极构建新发展格局,不断推动高质量发展,切实增进民生福祉、着力解决我国社会主要矛盾为目标,以重庆"闲钱""闲地""闲时""闲情"四类生活维度的综合,即"四闲"生活需求侧改革为主题,以相关理论研究为基础,构建"四闲"生活指数评价指标体系,研究发现推进重庆"四闲"生活还存在"发展阵痛""交通短板""政策落地""精准识别"等方面不足,提出从消费政策、消费服务、消费升级等方面探索推进"四闲"生活需求侧改革的对策建议。

关键词： "四闲"生活　需求侧改革　重庆

　　党的二十大报告指出,我们坚持把实现人民对美好生活的向往作为现代

---

　*　基金项目：重庆市生产力发展中心 2021 年直接委托项目"推进重庆服务'四闲'生活的需求侧管理研究"最终成果；国家社会科学基金重点项目"新发展阶段协调推进'四个全面'战略布局的路径研究"(21AKS024) 阶段性成果。

　**　课题组主要成员：孟东方、黄意武、江优优、马文斌、李科等。孟东方,重庆师范大学校长,教授,博士生导师,主要研究方向为马克思主义。

化建设的出发点和落脚点。实现人民对美好生活的向往，需要不断促进消费升级，加快推进消费向更高层次、更高品质的方向发展，持续释放消费潜力。"四闲"生活中，"闲钱"是指闲余资金，"闲时"是指闲暇时光，"闲地"是指休闲之地，"闲情"是闲心、悠闲的心境。课题组从重庆市民"四闲"生活指数评价指标体系的构建以及生活指标的客观评估出发，提出相应的重庆"四闲"生活需求侧改革对策建议，进而为推进重庆高质量发展、创造高品质生活提供智力支持。

一 "四闲"生活指数评价指标体系的建构及其重庆应用

（一）"四闲"生活指数评价指标体系

课题组所构建的"四闲"生活指数评价指标体系是在总结分析现有美好生活、城市休闲、生活质量等相关评价指标体系研究成果的基础上，结合我国经济社会发展实际，特别是当前及今后一段时间世界和中国"四闲"生活发展趋势，基于重庆"四闲"生活基本内容所构建的评价指标体系，重点采用了文献分析法、咨询法、问卷调查法等方法。

"四闲"生活指数评价指标体系：分为"闲钱"生活、"闲时"生活、"闲地"生活、"闲情"生活4个一级指标；每个一级指标下分别对应3个二级指标，共有休闲消费基础、居民消费结构、休闲消费表现、闲暇时间保障、交通便捷程度、出行游玩频次、公共休闲空间设施、公共休闲支撑要素、公共休闲环境质量、社会保障水平、家庭负担情况、休闲消费潜力12个二级指标；三级指标共有38个，共同构成"四闲"生活指数评价指标体系。各指标具体内涵及相关要求如表1所示。

表1 "四闲"生活指数评价指标体系（客观指标）

一级指标	二级指标	序号	三级指标	权重
"闲钱"生活	休闲消费基础	1	人均GDP	0.027
		2	城镇居民人均可支配收入	0.032
		3	人均住户存款	0.028
	居民消费结构	4	社会消费品零售总额	0.021
		5	人均城镇居民消费支出	0.029
		6	恩格尔系数	0.030
	休闲消费表现	7	城镇居民家庭平均每人全年娱乐文教服务消费支出	0.028
		8	人均住宿和餐饮业营业额	0.024
		9	人均旅游花费	0.029
		10	人均国内旅游收入	0.026
"闲时"生活	闲暇时间保障	11	法定节假日	0.025
		12	带薪年休假时长	0.031
		13	加班频率	0.028
	交通便捷程度	14	机场旅客吞吐量	0.026
		15	高铁运营里程	0.027
		16	高速公路里程	0.027
	出行游玩频次	17	客运量	0.023
		18	私人汽车拥有量	0.025
		19	城市公共交通客运总量	0.025
		20	国内外游客人次	0.023
"闲地"生活	公共休闲空间设施	21	人均拥有A级旅游区	0.026
		22	人均拥有购物中心面积	0.025
		23	人均体育场馆面积	0.029
		24	人均公园绿地面积	0.030
		25	人均艺术表演场馆和影剧院面积	0.026
		26	人均公共图书馆面积	0.028
	公共休闲支撑要素	27	人均旅行社数量	0.023
		28	人均星级饭店数量	0.024
	公共休闲环境质量	29	空气质量优良率	0.029
		30	区域环境噪声等效声级	0.027
		31	森林覆盖率	0.024

续表

一级指标	二级指标	序号	三级指标	权重
"闲情"生活	社会保障水平	32	城镇登记失业率	0.023
		33	养老、医疗、失业等社会保障覆盖率	0.029
		34	家庭养老床位	0.020
	家庭负担情况	35	家庭居住消费占居民人均消费性支出的比重	0.025
		36	城镇家庭医疗保障消费支出占居民人均消费性支出的比重	0.025
	休闲消费潜力	37	旅游支出占家庭人均消费性支出的比重	0.026
		38	娱乐文教服务支出占家庭人均消费性支出的比重	0.026

（二）重庆"四闲"生活指数分析

本文基于构建的"四闲"生活指数评价指标体系，结合专家赋权法，对"四闲"生活指数进行试验性应用。课题组查阅重庆市相关年份的统计年鉴，收集重庆市 2015~2019 年各项数据，计算 2015~2019 年重庆市"四闲"生活指数。通过 4 个一级指标、10 个二级指标，总体分析重庆"四闲"生活指数现状。根据专家对"四闲"生活各客观指标的赋权，课题组测算出 2015～2019 年重庆"四闲"生活指数分别为 50.55、51.54、52.80、54.93、58.22（见表 2）。通过数据分析，2015～2019 年，除了"公共休闲支持要素"外，重庆市"四闲"生活总指数以及各个维度的指数总体上保持上升趋势。2015 年"四闲"生活总指数为 50.55，2019 年总指数为 58.22，重庆市"四闲"生活指数提高了 15.17%，总体呈现不断增长趋势。

表 2　2015~2019 年重庆"四闲"生活指数

年份	总指数	一级指标	指数	二级指标	指数
2015	50.55	"闲钱"生活	43.42	休闲消费基础	46.78
				居民消费结构	41.63
				休闲消费表现	41.50
		"闲时"生活	47.82	交通便捷程度	51.14
				出行游玩频次	49.02
		"闲地"生活	56.74	公共休闲空间设施	48.91
				公共休闲支持要素	56.70
				公共休闲环境质量	67.92
		"闲情"生活	56.28	社会保障水平	61.66
				家庭负担情况	53.29
2016	51.54	"闲钱"生活	45.84	休闲消费基础	49.39
				居民消费结构	42.80
				休闲消费表现	45.00
		"闲时"生活	49.06	交通便捷程度	54.22
				出行游玩频次	48.67
		"闲地"生活	56.46	公共休闲空间设施	49.48
				公共休闲支持要素	53.07
				公共休闲环境质量	68.38
		"闲情"生活	56.55	社会保障水平	58.67
				家庭负担情况	55.37
2017	52.80	"闲钱"生活	48.33	休闲消费基础	51.99
				居民消费结构	44.30
				休闲消费表现	48.39
		"闲时"生活	50.86	交通便捷程度	62.31
				出行游玩频次	49.54
		"闲地"生活	56.69	公共休闲空间设施	49.33
				公共休闲支持要素	54.45
				公共休闲环境质量	68.47
		"闲情"生活	56.66	社会保障水平	58.11
				家庭负担情况	55.85
2018	54.93	"闲钱"生活	50.90	休闲消费基础	54.65
				居民消费结构	45.52
				休闲消费表现	52.25
		"闲时"生活	52.58	交通便捷程度	71.94

续表

年份	总指数	一级指标	指数	二级指标	指数
2018	54.93	"闲时"生活	52.58	出行游玩频次	50.18
		"闲地"生活	59.23	公共休闲空间设施	54.47
				公共休闲支持要素	50.13
				公共休闲环境质量	71.34
		"闲情"生活	57.60	社会保障水平	60.23
				家庭负担情况	56.14
2019	58.22	"闲钱"生活	58.02	休闲消费基础	57.96
				居民消费结构	46.48
				休闲消费表现	69.96
		"闲时"生活	55.72	交通便捷程度	72.20
				出行游玩频次	53.11
		"闲地"生活	59.33	公共休闲空间设施	54.61
				公共休闲支持要素	49.26
				公共休闲环境质量	71.93
		"闲情"生活	59.57	社会保障水平	63.27
				家庭负担情况	57.52

注：部分指标因缺少可靠数据来源，仅选取其中 10 个二级指标。

1. 重庆"闲钱"生活指数分析

"闲钱"生活总体的数据显示，2015~2019 年，重庆市"闲钱"生活指数以及各个维度的指数总体上保持上升趋势（见图 1）。2015 年"闲钱"生活指数为 43.42，2019 年"闲钱"生活指数为 58.02，重庆市"闲钱"生活提高了 33.63%，总体呈现良好增长态势。与总指数相比，"闲钱"生活指数一直低于总指数，但两者之间的差距逐渐缩小，2015 年与总指数相差 7.13，2019 年与总指数仅相差 0.2。因此，重庆市需继续加强"闲钱"生活建设，保持"闲钱"生活指标良好的增长态势。

2. 重庆"闲时"生活指数分析

"闲时"生活总体的数据显示，"闲时"生活以及各个维度的指数总

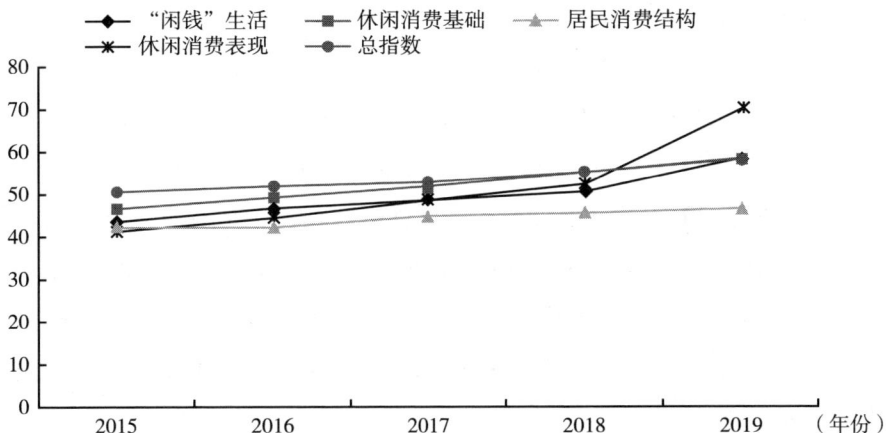

图1　2015~2019年重庆市"闲钱"生活指数发展趋势

体上保持上升趋势（见图2）。2015年"闲时"生活指数为47.82，2019年"闲时"生活指数为55.72，重庆市"闲时"生活指数提高了16.52%，总体的增长态势还是不错的。与总指数相比，"闲时"生活指数的发展趋势与总指数发展趋势趋于一致。因此，重庆市需要保持"闲时"生活指标不错的增长态势，努力实现"闲时"生活的良好发展。

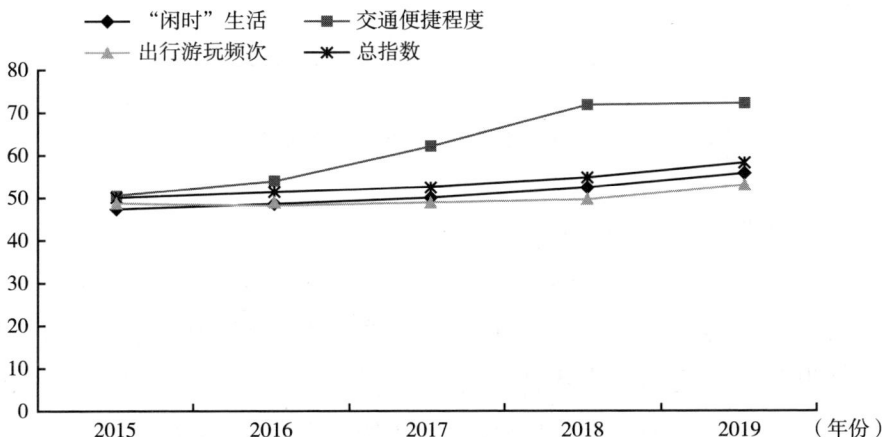

图2　2015~2019年重庆市"闲时"生活指数发展趋势

3. 重庆"闲地"生活指数分析

"闲地"生活总体的数据显示，其指数值有所波动，从 2015 年的 56.74 上升至 2019 年的 59.33，重庆市"闲地"生活指数提高了 4.56%，总体呈上升趋势（见图 3）。其中 2016 年有所回落，到了 2018 年指数增长速度变快，并且超过了 2015 年的指数水平。与总指数相比，"闲地"生活指数一直都高于总指数，但差距有所缩小。2015 年高出总指数 6.19，2019 年仅高出 1.11。2015~2019 年，虽然重庆市"闲地"生活指数总体呈上升趋势，但有所波动。因此，重庆市仍需继续加强"闲地"生活建设，努力实现稳步上升的良好态势。

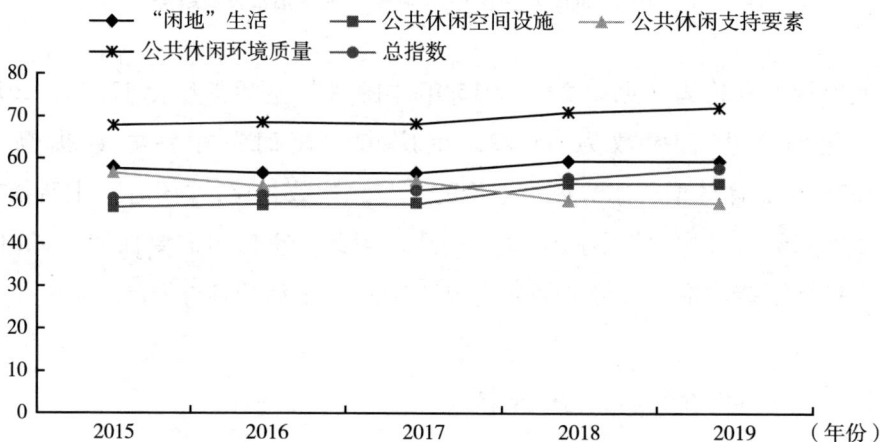

图 3　2015~2019 年重庆市"闲地"生活指数发展趋势

4. 重庆"闲情"生活指数分析

"闲情"生活的总体数据显示，"闲情"生活指数总体上的上升趋势比较平稳（见图 4）。2015 年"闲情"生活指数为 56.28，2019 年"闲情"生活指数为 59.57，重庆市"闲情"生活指数提高了 5.85%。与总指数相比，"闲情"生活指数一直都高于总指数，但差距逐年变小。2015 年高出总指数 5.73，2019 年仅高出 1.35。因此，重庆市需要继续加强"闲情"生活建设，以保持稳定的上升趋势。

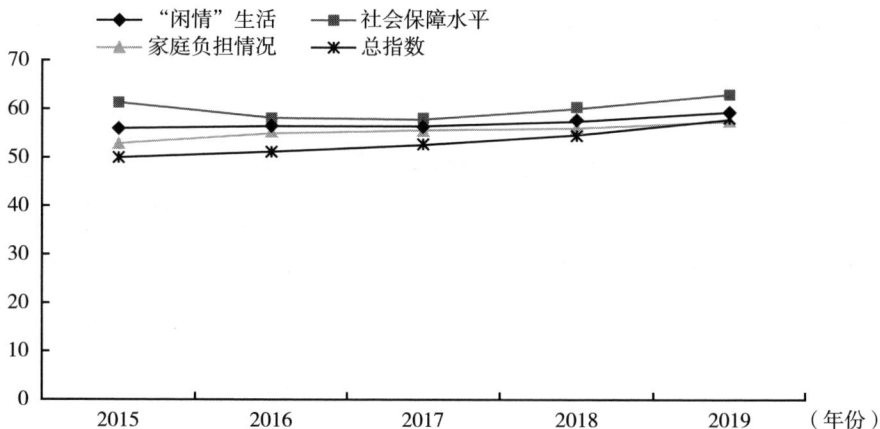

图4 2015~2019年重庆市"闲情"生活指数发展趋势

二 提升重庆"四闲"生活品质面临的主要问题

数据分析发现,重庆市居民对"四闲"生活有着较为强烈的愿望,但在"闲钱""闲时"等方面还存在诸多不足,一定程度上制约了消费需求。

(一)市民"闲钱"变少,消费力仍显不足

重庆市传统产业亟须升级,新兴产业的发展相对不足;相当一部分产品还处在中低端位置,并且此类产品大量充斥市场,造成供大于求的局面,而人们对个性化、多样化高端产品的需求得不到满足,供需严重失衡、供需矛盾仍然突出;投资要素和传统要素的驱动效力递减,新的要素驱动开始发挥重要作用,但新动力对经济发展的支撑力不足;近年来生态经济的发展要求关停相应的重污染、高耗能企业,但这也伴随着失业人员的增加。对此,重庆市采取了相应的措施加以应对,但目前来看,重庆市的转型"阵痛"问题依然突出,仍需进一步解决。

(二)"交通短板"依然突出,节假日出游陷入"堵"局

在全国各类"堵城""拥挤指数"等排行榜中,重庆时常位居前列。

其中较为重要的原因在于地形地貌。与全国范围内大部分省份和地区的缓平地形地势不同，重庆市是一个典型的山地城市，交通运输线分布受到复杂地形的严重制约。虽然重庆市近5年交通便捷程度指标和出行游玩频次指标都呈现上升趋势，但却低于中西部其他主要省份，如四川省、陕西省、云南省、湖南省等。当前，重庆市在交通条件上的短板仍然突出。由于重庆地形起伏较大、道路坡度大、施工难度大、交通基础设施建设较难，交通短板仍然突出，这对于构建高质量"四闲"生活来说是一个亟待解决的难题。

（三）错峰休假与弹性作息等政策仍难落地

每逢节假日，尤其是"黄金周"，"一刀切"式的休假方式导致"闲时扎堆"，到处人满为患，看景变成看人，有的景区游客上不来、下不去，甚至出现大面积长时间拥堵状况，极大地影响了人们的出游热情。同时，不少地方存在旺季和淡季不均的矛盾，平时游客减少，造成资源闲置。这主要是节假日安排不够合理，造成旅游"扎堆"现象。2015年8月，国务院办公厅印发的《关于进一步促进旅游投资和消费的若干意见》首次提出鼓励"周五下午与周末结合"的2.5天休假模式。由于意见是非强制性要求，多数地方对2.5天弹性休假制度的实施仍持谨慎观望态度，真正落地的还不多。到目前为止弹性休假政策并未很好地落实和实施，大多数人没有"闲时"享受生活。

（四）部分群体需求的"精准识别"仍不到位

时代在进步，社会在发展，生活条件在改善，由于重庆市区与乡村、区域与区域之间的发展存在一定差距，不同群体对美好生活的理解、需求和满足程度不同，具有显著的复杂性和差异性。其中，部分群体由于自身需求的特殊性等，没有被及时识别和满足，生活水平和质量也没有得到相应的提高，这说明重庆市在对部分群体需求的精准识别上还需要加强重视。

三 推进重庆"四闲"生活需求侧改革对策建议

（一）加强政策支持，完善"四个配套"消费政策体系

1.释放"闲钱"，配套完善"敢消费"政策措施

第一，综合考虑财政压力，适当派发"消费券"。可重点针对文旅、餐饮等受疫情影响较为严重的行业领域，推出"消费券"。第二，加大金融对消费的支持力度。重点在小额消费领域加快"微信贷"产品与模式创新，切实提升消费金融的服务效益。第三，提升居民消费水平的关键还在于"稳业增收"。建议各地方政府将就业率、提高居民收入作为政绩考核指标之一。第四，综合施策，不断降低预防性储蓄。重点消除医疗康养相关的消费需求堵点，用社会保障等制度性措施解除老百姓的后顾之忧，释放闲钱，刺激消费。

2.用好"闲地"，配套完善"乐消费"政策措施

第一，加强基础设施配套建设，提升旅游公共服务功能。要做好旅游景区/点道路建设，合理规划设计旅游线路，加强景区周边道路建设，提高交通等基础设施便捷智能化水平。第二，加强特色健身休闲设施建设。加强城市休闲公园、步道系统、自行车路网、特色健身休闲村镇建设，建设特色健身休闲设施。第三，加强住宅小区配套公共休闲设施建设。老旧小区改造应当结合实际情况，配套建设体育场和健身设备等公共休闲设施。

3.创造"闲时"，配套完善"能消费"政策措施

完善休假制度改革，释放消费潜能。进一步研究改革休假制度。通过带薪休假等方式为人们提供充分的"闲时"，保证人们有时间追求高品质生活。研究一周2.5天休假和错时休假制度，形成面向不同职业群体（4天×10小时/天或周五居家网络办公）的弹性休假制度。此外，面向重庆市民家用汽车每辆每年配套30日左右的"高速免费卡"，不定期使用，鼓励与吸引休闲消费、周边短途游。

4. 培养"闲情",配套完善"想消费"政策措施

第一,丰富优质产品供给,激发消费意愿。促进实物消费提档升级,加大特色产品研发和供给,进一步放宽服务消费领域市场准入,支持社会力量提供更多高品质的服务。进一步加大社区养老和家政服务优质供给,释放更多休闲时间与空间。第二,加快培育新增长点,做强做优"网红重庆"。加强"绿色、健康、低碳"高层次情调及消费在虚拟空间上的正向引导与动态演化。第三,加强山城文化符号的创意打造。着力深挖巴渝文化、抗战文化,弘扬红岩精神、三峡移民精神等。在现代时尚文化符号方面,不断推进"网红重庆"的现代时尚之路。

(二)突出平台引领,构建"四位一体"消费服务体系

1. "智慧+"消费服务

第一,加强企业"智慧+"消费服务建设,重点针对娱乐、健康、教育、家政、体育等民生领域,实现在线服务平台全覆盖,促进供需两端的无缝衔接与精准对接。第二,加快推动人工智能在各类生活消费领域的场景运用,大力发展零售、看护、交通、物流、家居等新型智慧服务。第三,加快发展医疗、传媒、娱乐、教育等数字消费产业。第四,大力培育战略性新兴服务业,加快构建现代服务业体系;推动数字经济和实体经济深度融合,全面提升服务业的智能化、数字化水平。第五,推动交通、旅游、教育、医疗等各领域的智能化应用,降低上班通勤时间,加快推进"智慧名城"建设。

2. "体验+"消费服务

第一,加快增强现实(AR)/虚拟现实(VR)、元宇宙等现代科技元素的应用场景打造,努力实现元宇宙与现实产业的有机融合,如剧本杀体验馆等。第二,加快构建定制式传媒服务模式,加快推进企业服务升级,重点依托大数据、人工智能等现代科技,不断细分市场,划分消费群体,分类开展规模化"专属定制"的消费服务,如众筹定制、柔性供应链等。第三,全面提升旅游、康养、医疗、生活等各领域消费体验,如打造私人定制式的精准健康管理服务体验。

3. "跨境+"消费服务

第一，政府相关部门牵头在境外设立跨境服务机构，分国别、领域对跨境消费服务需求进行深入研究，为重庆市企业开拓国际市场提供准确信息。第二，充分发挥已有产品优势，不断拓展各类企业的对外发展空间，支持与鼓励有条件的企业在境外设立分支机构或者办事处，全面推进跨境消费服务。第三，深化"放管服"改革，加大企业对外投资的政策支持力度，尤其在境外投资审批、办理等方面要优化程序、简化流程，促进生产线服务企业更加便捷开展境外消费服务等。第四，依托电子商务，推动企业不断开拓国际消费渠道，开拓海外市场。第五，制定出台更加便利的通关政策措施，重点开展典型示范，加快打造一批跨境电子商务通关试点，为电子商务、快递物流等企业"走出去"提供更为有力的支持。

4. "共享+"消费服务

第一，进一步完善居民消费资源共享服务网络平台。重点加强资源整合，推动时间、空间、数据、知识等各类资源共享，依托现代网络信息技术，实现各类消费资源的共享和管理。第二，加强居民消费资源服务平台与企业生产基地的协调衔接。加快建设一批居民消费数据中心和消费产品资源库等，加强消费资源采集、分析、开发、推送等共享服务能力建设。第三，结合不同行业、不同领域和不同对象的消费资源共享，探索奖励补助、消费券等多种创新扶持方式，加大对"共享+"服务的激励和支持力度。

（三）激发需求潜力，打造"四个工程"消费升级体系

1. 打造"居民增收"工程，增加消费"厚度"

第一，致力"民生提档"，不断增进人民福祉。推进全市公共服务标准化建设，形成一致的城乡基础设施建设标准。大力实施保障和改善民生行动计划，确保补齐民生短板。着力提升社会保障水平，深化收入分配、医疗卫生等制度改革。第二，统筹平衡"做大蛋糕"和"分好蛋糕"，不断优化居民收入结构。完善劳动社会保障和公共服务，确保劳动力不因流动而导致难以享受权益与保障。消除就业歧视现象，保障工人合法权益，改善工人生产条件，

提高劳动力市场法治化水平。第三，加快"两群"地区乡村振兴，大力提高农村居民收入。创新乡村振兴方式，全面推进"两群"地区发展致富。

2.打造"休闲重庆"工程，拓宽消费"广度"

第一，精品打造"生态之都"。重点推进"两江四岸"品质提升，深化三峡库区治理，强化区域生态环境联防共治，实行重点水域污染物排放总量控制试点。第二，精品打造"魔幻之都"。加强形态建设，尤其是在景点景区、历史文化街区等方面，更加突出地体现重庆的地形地貌、文化特色。第三，精品打造"旅游之都"。倾力打造品牌文化、精品景点等，凸显重庆特色的休闲旅游。第四，精品打造"美食之都"。加快制定"重庆美食图谱与指南"，重点依托互联网及时推送。第五，精品打造"消费之都"。重点培育发展中高端消费，加快发展服务消费，汲取先进经验，将重庆打造成为具有"国际范儿"的消费中心城市。

3.打造"效率变革"工程，拓展消费"宽度"

第一，政府要加大5G、工业互联网等新基建投入，继续推动大数据、智能化技术应用，打造"智造重镇"。第二，加强政府投资，补齐"交通短板"。推动机场、高铁、高速等"多位一体"的交通主框架建设。加快推进川渝交通运输"1+6"合作框架的真正落地实施，重点推动"一区两群"交通协调发展。第三，通过试点示范带动，创新推动共享托盘服务模式，进一步降低物流成本，提高物流效率，促进流通信息化、标准化、集约化发展。第四，保障需求产生的物质基础和提高需求满足的匹配度，持续提高市场交易质量和交易效率。深化需求侧改革，要求进一步建立完善的市场体系，形成一体化、诚信交易、充分竞争的市场环境，使消费需求得到充分满足。

4.打造"幸福生活"工程，提升消费"温度"

第一，持续推进公共文化服务体系的网格化建设。尽快完成全市镇、村、社三级阵地建设，完善图书馆、文化馆（站）等公共文化设施，加快推动公共文化服务数字化建设。第二，打好"康养+"这张优势牌。创新发展"旅游+康养""养老+康养""医疗+康养"等新兴服务产业，设计具有地域性、民族性、创新性的旅游服务产品。第三，进一步培育和壮大文化、旅游、饮食、娱乐等消费市场。全力推行"品质消费+"战略，引导创新与技术、资本、市场及相关产业形成深度融合的产业链，全面提升文化、旅游等各类产业集聚发展水平。聚焦居民全龄、全时、全新多元需求，推进重庆市文旅、休闲等各类消费领域的全面升级。

参考文献

《人社部：暂未研究"周末两天半短假"》，《新京报》2015 年 8 月 5 日。

徐建辉：《让 2.5 天弹性休假真正落地》，《中国旅游报》2020 年 7 月 23 日。

《海南：新建小区配套设施未到位不得发放不动产权证书》，新浪网，http：//hainan. sina. com. cn/news/hnyw/2017-12-28/detail-ifyqcwaq5147548. shtml。

《国家发改委：要尽快落实修改后的个人所得税法》，中国新闻网，https：//www. chinanews. com. cn/cj/shipin/cns/2018/10-24/news790112. shtml。

《发改委加大稳投资促消费政策支持力度》，新华网，http：//www. xinhuanet. com/fortune/2018-10/25/c_ 1123609462. htm。

国家统计局编《中国统计年鉴 2021》，中国统计出版社，2021。

重庆市统计局、国家统计局重庆调查总队编《重庆统计年鉴 2021》，中国统计出版社，2021。

《中国共产党重庆市第六次代表大会报告》，2022 年 5 月 27 日。

《重庆市国民经济和社会发展第十四个五年规划和二〇三五年远景目标纲要》，2021 年 2 月 10 日。

B.16
重庆高质量发展中促进共同富裕研究[*]

卢 飞[**]

摘 要: 共同富裕是社会主义的本质要求,是人民群众的共同期盼。重庆坚持以人民为中心的发展思想,在高质量发展中推进共同富裕取得初步成效,共同富裕的物质基础进一步夯实,共同富裕的差距进一步缩小。由于国家政策的有力指引,科技创新的有力支撑,城乡建设的有力夯实,重庆共同富裕的发展前景更加光明。但重庆目前仍然存在发展不平衡不充分及发展动力不足等问题。未来建议加快共同富裕顶层设计,采取有力措施实现高质量发展,建设高品质生活,朝着全体人民共同富裕的目标迈进。

关键词: 高质量发展 共同富裕 重庆

共同富裕是社会主义的本质要求,是人民群众的共同期盼。党的二十大报告指出:"从现在起,中国共产党的中心任务就是团结带领全国各族人民全面建成社会主义现代化强国、实现第二个百年奋斗目标,以中国式现代化全面推进中华民族伟大复兴。"实现全体人民共同富裕是中国式现代化的目标特征和本质要求。重庆坚持以人民为中心的发展思想,坚持以习近平新时代中国特色社会主义思想为指引,全面贯彻习近平总书记对重庆提出的营造良好政治生态,坚持"两点"定位、"两地""两高"目标,发挥"三个作

---

* 本文系重庆社会科学院2021年基础理论项目重点课题"以现代化都市圈高质量建设为引领构建区域协调发展新格局研究"阶段性成果。本文未经说明的数据均来源于重庆市统计局发布数据。

** 卢飞,重庆社会科学院副研究员,主要研究方向为城市和区域经济。

用"和推动成渝地区双城经济圈建设等重要指示要求，立足新发展阶段，完整、准确、全面贯彻新发展理念，服务和融入新发展格局，在高质量发展中推进共同富裕取得初步成效。

一 重庆高质量发展中推进共同富裕取得的初步成效

（一）共同富裕的物质基础进一步夯实

经济总量持续扩大。2015年重庆地区生产总值超过1.5万亿元，2017年突破2万亿元，2020年迈上2.5万亿元台阶，到2021年，重庆地区生产总值达到2.79万亿元，是2012年的2.4倍。2012~2021年，全市地区生产总值年均增长9.2%。人均地区生产总值连续突破4万元、5万元、6万元、7万元大关，到2021年达86879元。

经济增速不断加快。2012~2021年，全市地区生产总值年均增长9.2%。全市全体居民人均可支配收入33803元，年均增长10.0%。全体居民人均消费支出24598元，年均增长9.1%。城镇常住居民恩格尔系数由2012年的36.7%下降至2021年的32.0%，农村常住居民恩格尔系数由2012年的38.9%下降至2021年的36.6%。

（二）共同富裕的目标越来越近

2021年，全市年末常住人口城镇化率突破70%，城镇人口接近2260万人，农业转移人口市民化加快推进，城市承载能力显著增强，城市建设品质逐渐提高，城乡融合发展迈出新步伐，城乡居民收入差距持续缩小，逐步走向共同富裕。

区域差距缩小。全市建立健全"一区两群"协调发展工作调度机制和区县对口协同发展机制，促进各片区发挥优势、彰显特色、协同发展。"十三五"以来，"一区两群"空间布局优化，城乡区域发展更加协调，城市与乡村各美其美、美美与共更加彰显，"一区"与"两群"人均地区生产总值之比降至 1.84：1。城镇化率持续提高，城镇吸纳就业、转移农业人口的能力进一步增强。

城乡差距缩小。2021 年重庆城镇居民收入实现恢复性增长，农村居民收入增速快于城镇居民，城乡差距持续缩小。全市农村居民人均可支配收入 18100 元，扣除物价影响因素，实际增长 10.3%，比城镇居民收入增速快 1.9 个百分点，农村居民人均可支配收入增速连续 10 年高于城镇。城乡居民收入比值由 2020 年的 2.45 缩小至 2.40，城乡居民收入相对差距持续多年缩小。

（三）共同富裕的前景更加光明

国家政策有力指引重庆共同富裕发展前景。党中央对重庆高度重视，习近平总书记为重庆掌舵领航、把脉定向，提出"两点"定位、"两地""两高"目标，发挥"三个作用"和推动成渝地区双城经济圈建设等重要指示要求，有力指引重庆共同富裕发展前景。按照总书记"高质量发展"的重要指示要求，重庆立足新发展阶段、贯彻新发展理念、融入新发展格局，持续打好"三大攻坚战"，深入实施"八项行动"计划，加快构建现代产业体系，推动制造业高质量发展，大力发展现代服务业，推进农业"接二连三"，为实现共同富裕奠定坚实经济基础。按照总书记"加快建设内陆开放高地"重要指示要求，重庆坚持从全局谋划一域、以一域服务全局，全面融入共建"一带一路"、长江经济带发展等国家开发开放战略，加快建设国际消费中心城市，建设内陆国际金融中心，初步构建陆海内外联动、东西双向互济的开放格局，为实现共同富裕探索内陆发展模式。按照总书记"努力创造高品质生活"重要指示要求，重庆抓好民生保障和改善，做好普惠性、基础性、兜底性民生建设，促进群众共享发展成果。党中央对重庆新时代发展的掌舵领航、把脉定向、寄予厚望，标定了重庆在全面推进社会主义现代化新征程中的使命担当和目标方位，为新时代重庆走向共同富裕提供了指南针、线路图、愿景像。

科技创新有力支撑重庆共同富裕发展需求。创新是引领发展的第一动力，是加快转变发展方式、优化经济结构、转换增长动力，推动高质量发展、促进共同富裕的重要抓手。进入新时代，我国发展环境和条件发生了深刻变化，全世界新一轮科技革命和产业变革突飞猛进，5G、区块链等新一代信息技术全面渗透，量子信息、人工智能等基础前沿不断突破，新型材料、基因编辑、再生医学等科技快速发展，新技术、新产品、新业态不断涌现。国内需求结构和消费结构快速升级，人民日益增长的美好生活需要对供给质量和水平提出了更高要求。重庆坚持以人民为中心，始终把科技创新摆在发展全局的核心位置，把科技创新作为高质量发展的主动力，把产业科技创新作为主战场，依靠科技创新不断提升产业能级，大力推动科技创新成果在经济、政治、文化、社会、生态文明建设中的广泛应用，最大限度满足人民美好生活需要，更好推动人的全面发展、社会全面进步。2020年，重庆综合科技创新水平指数和区域创新能力指数排名全国第7位、西部第1位。入围"世界知识产权组织2020全球创新指数"全球城市创新集群100强。科技创新让重庆人民共享改革发展成果、满足人民美好生活需要。

城乡建设有力夯实重庆共同富裕发展基础。城市基本建设和公共服务更加普惠均等可及，是实现共同富裕的基础底板，彰显党和政府浓浓的民生情怀，提升百姓的"幸福指数"。重庆近年持续加大投入，补短板、锻长板，强化交通物流、城市风貌等领域基础设施建设及就业、收入、教育、医疗、住房、养老等民生托底。形成了以铁路、高速公路、国省干道为主动脉，以长江黄金水道及航空枢纽为依托，以便捷城市道路和"四好农村路"为毛细血管的现代综合交通体系。国内外物流互通能力显著增强，铁水公港多式联运成效显著，"四向"国际大通道畅通互联，成渝地区双城经济圈运输服务一体化发展，实现"陆海内外联动、东西双向互济"。"两江四岸"治理提升成效显著，"长嘉汇、广阳岛、科学城、枢纽港、智慧园、艺术湾"六大城市名片和"山城步道""文化邻里"等文化品牌特色彰显，被评为"中国最具幸福感城市最佳管理创新范例"。坚持尽力而为、量力而行，从最具体的工作抓起，通堵点、疏痛点、消盲点，坚持将财政支出的八成用于民生，每年滚动实施15件重点民生实事，全面解决好同老百姓生活息息相关的就业、教育、文化、社保、医疗、住房、养老等问题，人民群众的获得感、幸福感、安全感更加充实、更有保障、更可持续。

二 重庆高质量发展中推进共同富裕存在的困难

（一）发展不充分不平衡的问题依然存在

经济实力与先进城市相比有较大差距。2021年，全市地区生产总值约2.8万亿元，折合为3829亿美元。与纽约、东京、巴黎和伦敦等传统全球城市相比差距较大，与北京、上海、深圳等城市的差距也不小（见表1）。全市工业占比由1996年的38.2%下降到2020年的28.8%，且支柱产业不强，缺乏全国先进制造业集群。2020年，数字经济占全市地区生产总值的比重仅为25%，低于38.6%的全国平均水平。高质量发展仍需持续发力，共同富裕物质基础仍需进一步夯实。

表1 2021年重庆主城都市区GDP与全球主要城市对比

单位：亿元

序号	名称	所属国家	GDP
1	纽约	美国	71160
2	东京（都市区）	日本	66426
3	洛杉矶	美国	52070
4	上海	中国	43214
5	伦敦	英国	42993
6	巴黎	法国	42548
7	北京	中国	40269
8	芝加哥	美国	35541
9	费城	美国	34361
10	深圳	中国	30664
11	休斯敦	美国	30017
12	首尔	韩国	28846
13	旧金山	美国	28467
14	莫斯科	俄罗斯	28249

续表

序号	名称	所属国家	GDP
15	广州	中国	28231
16	大阪	日本	28102
17	香港	中国	26992
18	悉尼	澳大利亚	24232
19	重庆(主城都市区)	中国	21456

资料来源：根据重庆马路社公众号《超越香港、悉尼，重庆GDP在全球、全国经济版图中是何位置？》一文资料整理。

区域、行业、城乡发展不平衡的问题依然突出。"一区两群"区域协调发展仍然不足，2021年主城都市区、渝东北三峡库区城镇群、渝东南武陵山区城镇群分别实现地区生产总值21455.64亿元、4895.15亿元和1543.19亿元，渝东北、渝东南经济总量仅仅相当于主城都市区的22.8%、7.2%，区域发展有较大差距。2021年城镇常住居民人均可支配收入43502元，农村常住居民人均可支配收入18100元，城乡居民收入差距达2.4∶1，略好于全国平均水平（2.5∶1），但与东部地区、中部地区、东北地区相比仍有较大城乡差距。行业间平均工资也存在较大差距，受市场发展及疫情影响，2020年城镇非私营单位年平均工资最高行业（信息传输、软件和信息技术服务业137276元）与最低行业（住宿和餐饮业45243元）之间收入差为92033元，较2019年差距扩大近1万元。城镇私营单位年平均工资最高的行业（金融业96284元）与最低行业（农、林、牧、渔业37465元）之差为58819元，较2019年差距扩大11563元。区域、行业、城乡发展不平衡的问题依然突出，共同富裕仍然面临比较大的挑战。

（二）发展动力有待提高

科技创新动力不够突出。重庆科技创新仍然存在短板，重大科技创新平台缺乏，尚无建成的国家重大科技基础设施，国家实验室、大科学装置方面，国家重点实验室数量仅为北京的1/8、上海的1/3。高水平科研机构缺乏，双一流高校仅 2 所，中央在渝科研院所仅 4 家，152 家新型研发机构多数处于初创期，存在自我造血不足等问题。基础前沿学科领域的整体研究能力较弱，缺乏重大引领性的基础研究原创成果，国家科学技术进步奖数量仅为北京的 16%、上海的 23%。2021 年底，重庆科技型企业达到 3.6 万家，但普遍规模小、实力弱；高新技术企业 5108 家，远少于北京（2.9 万家）和上海（1.7 万家）；独角兽企业仅 3 家，与北京（91 家）和上海（71 家）差距较大；国家级专精特新"小巨人"企业 118 家，仅占全国总量约 2.5%，远低于浙江（288 家）、北京（257 家）、上海（262 家）、四川（207 家）。相较先进城市，重庆高质量发展的创新动力依然不足。

人才吸引力偏弱。根据猎聘大数据研究院发布的《2021 年成渝双城中高端人才发展报告》，2021 年全国城市中重庆高端人才占比为 2.82%，远低于上海（13.53%）、北京（12.54%）、深圳（6.92%）、成都（4.04%）等城市。根据猎聘大数据研究院《2022 新一线城市人才吸引力报告》，近一年中高端人才投递新一线城市的分布排名中，位居前五的城市是杭州（17.21%）、成都（11.23%）、苏州（9.83%）、武汉（8.27%）、南京（7.99%），重庆屈居第六，对中高端人才的吸引力占比仅为 6.97%。职业院校毕业生愿意进入制造业的比例太低，技工学校入职意愿率为 31.8%、高职院校为 23.6%、中职学校为 7.4%。高端人才和技术人才供给的数量和质量都与重庆发展需求不相匹配，缺少促进重庆高质量发展的充足"血液"。

三　重庆高质量发展中推进共同富裕的对策研究

（一）加强共同富裕顶层设计

增强工作全局性。在促进共同富裕的新征程上，需要认识国内外环境复杂深刻变化带来的新挑战，深刻认识坚持运用系统观念推动工作的重大意义，加强共同富裕的前瞻性思考、全局性谋划、战略性布局、整体性推进，有效应对重大挑战、抵御重大风险、克服重大阻力、解决重大矛盾，把共同富裕的宏伟蓝图一步一步变为美好现实。要加强前瞻性思考，善于运用马克思主义立场观点方法，把握趋势、辨明方向，将共同富裕融入近期、中期和远期目标进行谋划。要加强全局性谋划，"一切为了人民"，将促进共同富裕作为谋划工作的基本出发点，把部门工作放到促进共同富裕的大局中进行思考和定位。要加强战略性布局，紧盯实现共同富裕的重大战略问题，聚焦重点领域和关键环节，统筹兼顾、综合平衡，突出重点、带动全局。

增强政策一致性。全体人民共同富裕是一个渐进过程，要从战略性、全局性、长期性的角度对于全市实现共同富裕做一个全面的政策设计，避免出现政策不配套、政策之间相互矛盾、政策和政策目标不一致等问题，实现制度之间的衔接与机制之间的互动，保持各领域政策一致性，形成更加完善的共同富裕制度体系。在制定和完善共同富裕的相关政策、具体措施过程中，要加强党的领导以保证共同富裕的方向坚定性、政策连续性、实施稳定性，将制度优势根植于政策体系。要全方位、全领域、全过程一体化推进共同富裕政策体系，在经济发展上加快解决发展不平衡不充分问题并实现发展质量、结构、规模、速度、效益、安全相统一，夯实共同富裕物质基础；在社会治理上充分发挥广大人民在推进共同富裕中的主动性、积极性和创造性，解决人民群众急难愁盼问题，满足人民多层次多样化需求，坚持全民共享、全面共享、共建共享、渐进共享，使发展成果更多更公平惠及全体人民。只有加强政策一致性推进，才能实现高质量发展，不断增强人民群众获得感、幸福感、安全感。

（二）加快高质量发展夯实共同富裕的物质基础

加快科技创新，激发共同富裕的内在动力。构建以市场需求为导向，以企业为核心，政府、高校、科研机构、金融机构、中介机构等主体紧密结合、高效运转的科技创新生态体系，实现创新链和产业链的深度融合。增强原始创新能力，瞄准世界科技前沿，加强基础研究和原始创新，提升核心技术研发与基础科技创新能力。聚焦国家重大战略和区域优势，以信息科学与技术、生命科学与生物技术、环境科学、先进高端材料、能源科技、网络安全、量子科学、病毒学等为重点，建设重大科技基础设施集群和实验室。优先发展对突破关键技术领域和经济社会发展有重大影响的多学科共用平台型设施，强化设施与高校、院所、企业、产业创新平台的协同互动。加快建设重大创新载体，高水平建设西部（重庆）科学城和高标准建设两江协同创新区。高定位建设成渝综合性科学中心，强化科学策源、技术发源、产业引领功能，打造原始创新集群和科技体制机制改革试验田。依托中新（重庆）国际互联网数据专用通道建设，推动新加坡国立大学、南洋理工大学、新加坡科学设计大学与重庆大学、重庆邮电大学、西南大学等高校开展深度学术交流合作。保证财政持续稳定支持基础研究，设立基础研究专项发展基金，允许自主布局国际科技合作重点专项。发挥产业引导股权投资基金、战略性新兴产业基金、中新互联互通投资基金等政府性引导性资金作用，深化与国家集成电路产业投资基金、先进制造业基金等合作，更好服务创新密集型行业的股权融资需求。加大知识产权保护力度，进一步完善创新要素交易市场，积极促进科技要素登记确权、分析检索、交易见证、鉴价评估、保险担保、交易评估、金融结算等知识产权专业服务发展，探索构建"科技淘宝"模式的技术转移交易平台，积极争取创建国家科技成果转移转化示范区、"一带一路"科技产业成果转化示范区等。加强科技成果转化收益激励，合理安排科研项目人力资源成本费用支出比例，探索具有国际竞争力的引才用才制度。加快建成创新要素聚集、创新体系健全、创新精神活跃的国际科技创新中心，形成更富活力、创新力、竞争力的高质量发展模式。

壮大产业发展，夯实共同富裕的经济实力。加快打造国家先进产业集群，汽车产业加速向高端化、绿色化、共享化发展，围绕新能源化和智能网联化方向，壮大完整产业链。电子产业积极构建"芯屏器核网"智能产业链，重点拓展智能终端产品种类，打通全产业链。装备产业聚焦智能化发展趋势，大力发展智能高端装备，推动六轴机器人、精密数控机床等产品研发。消费品产业聚焦"重庆味道""重庆工艺""重庆品位"，做大做强特色大宗消费品产业。医药产业重点推动生物制品、化学创新药、中药等药品研发，强化创新药物引育和关键技术平台建设。鼓励产业链龙头企业与互联网平台企业深度融合，做大做强行业级和综合性工业互联网平台，积极推动中小企业"上云上平台"。推进产业链基础研究，聚焦核心基础零部件、关键基础材料、先进基础工艺、产业技术基础"四基"领域，鼓励企业积极使用新技术、新工艺、新装备、新材料改造提升现有产业。构建绿色化产业链，高起点建设绿色工厂，高标准建设绿色园区，高质量开发绿色产品。加快建成经济总盘亮眼、产业发展现代的具有全国影响力的重要经济中心，在西部形成高质量发展的重要增长极。

（三）加快高品质生活建设让共同富裕全民共享

加快城市基础建设，筑牢共同富裕基础底板。加强城市交通建设，满足市民生产生活开放性和便利化需求。东向构建长江经济带综合立体交通走廊，形成以长江黄金水道为依托、多种运输方式协同发展的综合物流网络。西向提质丝绸之路经济带通道，降低中欧班列（渝新欧）运输成本，将兰州至加德满都、瓜达尔港等南亚、中亚城市的国际货运铁路班列向内延伸至重庆。南向共建西部陆海新通道，打造重庆通过"渝黔桂新"连接新加坡、东南亚、中东、非洲、澳洲等地区的出海大通道。建设成渝双核间1小时快速交通廊，实现重庆至周边主要城市1小时通达。建设轨道上的主城都市区，实现主城都市区1小时通勤。加快培育建设国际消费中心城市，满足市民日益增长的高品质物质消费需求。推进国际购物、美食、会展、旅游、文化"五大名城"建设，实施国际消费载体提质、国际消费资源集聚等"十大工程"，高标准推进中央商务区提档升级、寸滩国际新城建设，持续提升夜间经济影响力。

加快城乡融合建设，带动更多农村居民共同富裕。加快农业产业化，盘活农村资产，增加农民财产性收入。深入推进农村综合改革，积极壮大村集体经济。打破村域、乡域、县域及城乡界限，探索"市级—镇级—村级"集体经济联合体，科学合理地将政府扶持资金、村集体自筹资金以及村建设用地等资源集中配置，由集体经济联合体统一运营，突破地域限制，实现发展要素互补、发展成果共享，实现集体经济组织从"小而散"向"大而强、大而集中"转型。改变农民分散经营的落后生产形式，形成规模化生产、集约化经营、市场化运作的农业发展格局。提升农民在经济市场中的对话地位，直接影响生产资料和农业产品的价格，提高生产效益。通过盘活集体资产，增加集体收入，使农民能够通过集体分红增加收入。深化农村土地制度改革。开展土地确权探索，探索农村承包地"三权分置"有效实现形式，深化完善农村土地承包经营权确权登记颁证工作；开展土地交易探索，推进宅基地"三权分置"改革试点，探索放活宅基地和农民房屋使用权的具体路径和办法，在符合现行政策的条件下，推进农村集体经营性建设用地入市，完善农村土地征收制度；开展土地调整探索，在符合规划、用途管制和尊重农民意愿的前提下，允许优化村庄用地布局，有效利用乡村零星分散存量建设用地；开展土地流转及融资探索，规范农村土地经营权流转，依法依规开展承包地经营权担保融资。着力引导农民以生产无公害、绿色、有机农产品为重点，大力发展生态农业、有机农业以及休闲观光农业；合理调整农业生产区域布局，结合地方的资源优势，发展特色农业，形成规模化、专业化、市场化的生产格局，提高农产品的商品率；通过提高农产品深加工水平和发展农产品销售、储运、保鲜等产业，拓展生产的广度和深度，提高农业综合经济效益。提高"一区两群"发展的平衡性、协调性，以"一区"带动"两群"，通过科技协作、"飞地建园"、人才流动等举措，促进资源要素无障碍流动，实现协同发展、强强联合、互惠互利。

加快公共服务建设，推进基本公共服务均等化。在幼有所育、学有所教、劳有所得、病有所医、老有所养、住有所居、弱有所扶方面不断取得新进展，让改革发展成果更多更公平惠及全体人民。建立与人口变化相适应的基本公共教育资源配置机制，推进区县义务教育优质均衡和城乡一体化发展，推动学前教育普及普惠安全优质发展。深入实施"健康中国"重庆行动，构建高质量卫生健康体系，推动优质医疗资源均衡布局。加快建设居家社区机构相协调、医养康养疗养相结合的养老服务体系，发展普惠型养老服务和互助性养老，推动养老事业和养老产业协调发展。健全社会保障制度，提高优抚对象抚恤补助标准，建立健全经济困难的高龄、独居、失能等老年人补贴制度，完善孤儿基本生活保障制度和儿童生活救助制度，建立困难残疾人生活补贴和重度残疾人护理补贴制度。扩大社会保障基金筹资渠道，建立社会保险基金投资运营制度，实现社保资金保值增值。健全国有资本收益分享机制，适当提高国有资本收益上交比例，更多用于社会保障等民生支出。

参考文献

习近平：《扎实推动共同富裕》，《求是》2021年第20期。

重庆市经济和信息化委员会：《2020年重庆工业和信息化发展形势及2021年工作思路》，载《重庆经济社会发展报告（2021）》，社会科学文献出版社，2021。

石光：《2020~2021年重庆交通发展形势分析及预测》，载《重庆经济社会发展报告（2021）》，社会科学文献出版社，2021。

B.17
重庆市域社会治理现代化形势分析与预测

罗 伟*

摘　要： 重庆全面贯彻落实中央决策部署，高站位谋划、系统推进市域社会治理现代化，不断优化完善治理制度，持续创新治理方式，着力防范化解重大风险，社会治理效能快速提升，治理效果彰显。但仍需破解统筹协调难度大、风险隐患总量大、基层治理基础比较薄弱、数字技术运用广度深度不够等治理难题。建议从强化对市域社会治理的组织领导、全面深化平安重庆建设、大力夯实基层基础、充分运用数字技术赋能社会治理四个方面推进重庆市域社会治理现代化。

关键词： 市域社会治理　治理方式　治理效能

市域社会治理在国家治理体系中具有承上启下的作用，党的十九届四中全会正式作出"加快推进市域社会治理现代化"的重大决策，党的二十大强调，"加快推进市域社会治理现代化，提高市域社会治理能力"。重庆全面贯彻落实中央决策部署，统筹发展和安全，以现代化为目标，聚焦提升市域社会治理驱动力、聚合力、效力，加强社会治理理念、手段、模式创新，着力解决市域社会治理顽症难题，持续推进超大型城市社会治理现代化。

---

* 罗伟，重庆社会科学院法学与社会学研究所副研究员，主要研究方向为人口问题、社会建设。本文相关数据，除特别说明外，均来源于中共重庆市委政法委员会。

一 2022年重庆市域社会治理现代化发展概况

2022 年，重庆市以项目化方式推进市域社会治理现代化，各试点区县全覆盖认领了社会治理体制机制现代化、防范化解"五类风险"、发挥"五治作用"三大板块，共 11 个试点项目。

（一）高站位谋划试点工作，系统推进市域社会治理现代化

坚持第一议题制度，市委率先垂范，带动全市各级各部门全面学习领会习近平总书记重要讲话精神，自觉把思想和行动统一到中央决策部署上来。把市域社会治理现代化纳入全市经济社会规划统筹谋划，将"社会治理水平显著提升"作为书写重庆全面建设社会主义现代化新篇章的六方面目标之一，将"深入推动社会治理现代化，着力建设更高水平的平安重庆"作为未来五年发展的重点举措之一。制定社会治理"十四五"规划，制发市域社会治理现代化试点工作实施方案和工作指引。把市域社会治理现代化试点列入常委会年度工作要点、全面深化改革重点任务、经济社会发展实绩考核重要内容进行部署推动。针对社会治理重点问题，市委每年列出一批重点课题，由市领导牵头调研解决。实施社会治理体制改革经验复制推广计划，充分发挥典型示范作用。

（二）不断优化社会治理制度，促进治理体制机制现代化

1. 快速完善社会治理架构

完善纵向治理架构，形成市域社会治理链条。市级成立由市委书记任组长、市长任副组长的平安重庆建设暨防范化解重大风险领导小组及市域社会治理组，加强市级统筹。区县、乡镇（街道）相应建立"一把手"任组长的平安建设领导小组，合川、沙坪坝等区县还专门成立了主要领导任组长的试点工作领导小组，强力推进组织实施。

完善基层治理网络，夯实基层治理"最后一公里"。充实基层力量，推出

在职党员"三进三服务"。坚持问需于民、问计于民、问效于民，建设人人有责、人人尽责、人人享有的基层治理共同体，创新推出北碚"楼院哨兵"、铜梁"少云志愿者"、万州"楼栋工作日"等机制。优化治理网格，构建"上面千条线，下面一张网"基层治理新格局。目前，全市已构建8.1万个网格，配备网格员14.4万名①，巴南区明确网格员24类99项工作清单。

2. 统筹推进社会治理制度建设

出台《关于深化矛盾纠纷大调解体系建设的实施意见》《重庆市加强综治中心规范化建设实施意见（试行）》《重庆市城乡社区网格化管理服务实施办法（试行）》《深化基层平安创建的指导意见》《加强诉源治理推动矛盾纠纷源头化解的具体举措》《关于加强基层治理体系和治理能力现代化建设的实施意见》《全市风险入库标准和风险评估标准（原则）》等，事关推进社会治理现代化的全局性、基础性政策制度不断完善。

3. 持续创新重点任务解决机制

针对问题突出、形势迫切的领域或工作，采取创新性、针对性解决办法。针对疫情防控，制定"1+14+1"突发规模性疫情应对处置预案，着力发挥"七个方面作用"，全面提升疫情静态管理等应急情况下的基层社会治理能力。针对重大风险，完善落实平安稳定综合研判机制，创新构建风险管理体系（将风险分为八大领域76个类别），完善防范化解重大风险的"三见三定三度"工作法。累计开展综合研判3127期，防范化解风险点2.71万个。

4. 不断创新工作管理推进机制

完善工作管理机制。细化责任分工，将试点工作实化细化为108项具体目标任务和6项负面清单，逐项分解落实到37个市级责任单位和各试点区县。坚持项目化管理，每年确定一批重点项目，明确具体措施，确保一年一个新进展。加强指导督导，制定《市域社会治理现代化试点项目指导工作方案》，成立5个项目指导组，每季度分赴17个试点区县开展调研督导、加

---

① 《迎接市第六次党代会系列述评⑨｜推进社会治理现代化 建设高水平的平安重庆》，《重庆日报》2022年5月23日。

强分类指导，压实工作责任。

完善工作推进机制。市委常委会每季度定期听取平安稳定形势，研究解决重大问题。创新建立重庆市加强和创新基层治理联席会议制度，由市委副书记任召集人，5名市领导任副召集人，及时研究解决基层治理具体问题。坚持召开推进基层社会治理暨市域社会治理现代化试点现场会，推动全市社会治理工作走深走实。

（三）不断创新治理方式，社会治理效能快速提升

1. 政治引领：充分发挥党的领导核心作用

全市坚定政治站位、战略站位，切实把党的领导贯穿基层治理全过程各方面，确保基层治理始终沿着正确方向前进。加强党的基层组织建设，全市已建立基层党组织86571个，整顿软弱涣散基层党组织2080个。规范村（居）民委员会换届选举，书记、主任"一肩挑"比例达98%，自治组织成员中党员比例达67.9%。严格落实基层治理"一把手"为第一责任人，坚持乡镇（街道）党（工）委统揽全局，基层党组织书记、党员负责人"一肩挑"，做实街道、社区党组织兼职委员制，落实基层各类组织向党组织定期报告工作制度。推动党组织建设向网格、小区、院落和新兴领域延伸，"党建+物业""党建+网格""党建+协会"等模式不断深化，党的全面领导落实到了城市"最前沿"、群众"家门口"。

2. 综治协同：全面整合市域社会治理力量

加强制度规范建设，制定综治中心规范化建设、城乡社区网格化服务管理、大调解体系建设实施意见等制度规范。加强四级综治中心规范化建设，推动以综治中心为依托，整合公共法律服务中心、矛盾纠纷调处中心等平台，与公安指挥中心、应急指挥中心、信访接待中心等联勤联动，与党群服务中心、新时代文明实践中心、政务服务中心、数字化城市管理指挥中心等协同配合，打造统筹推进社会治理、防范化解重大风险的指挥调度平台。目前，市综治中心正加快规划建设，建成区县综治中心27个（其中25个落实机构和人员编制）、乡镇（街道）综治中心887个、村级综治中心9444个。

3. 法治保障：有序推进社会治理法制保障工作

出台贯彻法治中国、法治政府、法治社会规划纲要的三个实施方案，对推进社会治理法治化作出安排。加强法制建设，制定修订《重庆市安全生产条例》《重庆市物业管理条例》《重庆市生活垃圾管理条例》等地方法规制度，推进多元化解立法调研。推进严格规范文明执法、公正高效司法，加强执法司法制约监督，落实司法体制综合配套改革各项措施，持续开展政法队伍教育整顿，推广"一镇街一法官"、"莎姐"检察官、"一标三实"、"平安重庆·法进万家"等做法。强化依法执政，"最难办事科室群众评"入选第一批全国法治政府建设示范区、示范项目，永川建立行政决策合法性审查"四个一律"工作机制。强化法治宣传教育，村（社区）"法律明白人"普遍达到3名以上，打造国家级"民主法治示范村（社区）"89个、市级2125个。加强法治服务，村（居）法律顾问实现全覆盖，南川区、綦江区探索建立社区"法律诊所"，让群众在家门口接受专业法律服务，永川区推进政法领域服务企业和群众"最多跑一次"改革，建立实体、网络、热线三大公共法律服务平台。

4. 德治教化：切实发挥德治的教化作用

推动社会主义核心价值观与社会治理有机融合，持续推进社会公德、职业道德、家庭美德、个人品德建设。弘扬正能量，大力开展各类文明创建和道德模范评选表彰活动，培育宣传了杨雪峰、杨骅、王红旭、马善祥、毛相林等一批在全国具有重大影响的先进典型。设立"德法红黑榜"，组织"德法有约大讲堂"，切实增强全民法治意识和道德自觉。加快建立覆盖城乡基层的征信系统，强化德治教化效力。推动8000余个村修订村规民约，注重发挥家庭家教家风重要作用。充分挖掘具有本地特色的传统文化的道德教化作用，丰都县打造"尚善丰都，唯善呈和"文化品牌，通过在城镇社区和农村集镇建设"善文化"主题公园，让群众在休闲娱乐中接受"善文化"熏陶。

5. 自治强基：大力推动社会治理重心下移

切实以减负增活力，出台《重庆市减轻村级组织负担具体举措》，动态调整《基层群众性自治组织依法协助政府工作事项清单》，开展基层工作报表、评选评比表彰等专项治理。探索建立"网络+实体"社会治理新模式，优化网格化服务管理，推动各类网格整合成"一张网"，开展网上网下"双网格化管理"试点。打造社会治理共同体，大力推广"五社联动"，充分调动各方参与社区治理的积极性、主动性、创造性。普遍推行积分制、"红黑榜"，激发群众参与基层治理内生动力。拓展群众参与社会治理的渠道和平台，深化基层协商，推广"三事分流""三社联动""一事一议"等自治机制，完善村规民约、居民公约，充分发挥群众在基层中的主体作用。推动基层治理专业化，积极培育和支持社会组织发展，出台《重庆市推动社会组织高质量发展工作指引》，全市登记社会组织 1.8 万余家；加强社会工作三级体系建设，培育社工专才 6.79 万人；实施"全域志愿服务"，实名注册志愿者 667 万人。

6. 智治支撑：积极推动社会治理数字化转型

把推进社会治理现代化与建设"智慧名城"结合起来，创新推出"云长制"，加快全市内部信息系统优化整合，基本构建起社会治理"管云、管数、管用"体制机制。目前，政法系统迁移上云率达 100%、系统整合率达75%，"渝快办"政务服务平台办理事项增至 1875 项、用户突破 2100 万人。扎实推进社区治理智能化网格化共治平台建设，"人、地、事、物、情、组织"六大主题数据库已具雏形，即将完成全市部署。扎实推进"雪亮工程"建设应用，整合联网 55 万路，实现重点部位全覆盖，在 10 余个领域实现视频共享。开发建设重大风险隐患排查管理系统，实现对各类风险超前识别、及时预警、主动控制。研发智能法律咨询服务平台，服务全市 450 万户家庭、1000 万余名群众。各区县在建设社会治理指挥中心，开发重点工作应用模块，开发建设社会治理热线、社会治理 App，建设社区公共服务综合信息平台等方面不断探索和深化场景应用。

（四）防范化解重大风险，社会治理效果彰显

1. 防范化解政治安全风险

围绕维护国家政治安全、制度安全、意识形态安全，深入推进工作体系和能力建设。构建维护国家政治安全"城市大脑"，建立维护国家政治安全情报、研判、协调、处置机制，安全风险监测预警和联动处置工作机制，应

急联动处置机制，持续开展依法查处境外基督教渗透专项行动，深入排查化解政治安全风险隐患，严密防控颠覆渗透风险。渝中区累计打掉邪教地下组织团伙 3 个，抓获邪教分子 59 人，捣毁邪教窝点 30 处，核查涉恐人员 565 人，取缔 8 个境外宗教组织非法活动。

2. 防范化解社会治安风险

深入开展扫黑除恶专项斗争，侦办涉黑犯罪组织 23 个、恶势力犯罪集团和团伙 261 个，常态化挂牌整治治安问题高发区域，累计 3190 个，持续整治黄赌毒、盗抢骗、食药环、涉众型经济犯罪等问题，全面加强重点人群服务管理，全市社会治安环境明显改善，全市刑事案件发案数同比下降 12.56%，群众安全感指数达 99.34%。健全社会治安防控体系，深化"雪亮工程"应用，加强智慧警务建设，深入推进社会面智能安防，强化公安武警联勤联动和社会面巡逻巡查巡防，不断提升治安防控立体化、社会化、专业化、智能化水平。

3. 防范化解社会矛盾风险

完善矛盾纠纷多元预防调处化解机制，推广矛盾纠纷化解一站式服务。完善矛盾纠纷大调解体系，加强矛盾纠纷四级联排联调，深入开展"三调联动"，深化诉源治理，在 10 个重点民生领域设立调解组织 582 个，访调、警调、诉调对接组织 534 个。完善信访制度，建立信访稳定联合调度机制，研发投用"先发"系统，推进信访"治重化积"、领导干部大走访大接访等工作，累计接待处理信访矛盾和群众困难 9 万余件。深化开展社会稳定风险评估"扩面、提质、增效"行动，近三年年均评估重大决策事项 1500 件左右，从源头上有效预防和减少矛盾纠纷。

4. 防范化解公共安全风险

持续开展安全生产和消防安全专项整治，强化"两重大一突出"集中整治，全面开展燃气安全排查整治，深入推进交通事故预防"减量控大"，完善安全生产预防预警应急机制，分区分类加强安全监管执法，强化企业主体责任落实，全市各类生产安全事故起数、死亡人数同比分别下降 10.3%、8.6%。印发《关于深入开展药品安全专项打击整治行动的方案》，出台

《关于进一步强化特殊食品安全监管工作的意见》，完善《特殊食品安全领域风险隐患排查事项清单》，组织开展特殊食品领域"守底线、查隐患、保安全"专项行动，累计排查经营者 32322 家，覆盖率 51.9%，发现问题 1329 个并督促整改到位。推进自然灾害风险普查和防治能力提升"八项工程"，提高城乡防灾减灾抗灾救灾能力。

5. 防范化解网络安全风险

持续开展"全民反诈"专项行动，构建全民反诈格局，遏制电信网络诈骗高发态势。发案数、群众财产损失同比分别下降 26.71%、22.23%。推动"双网格化"治理，营造清朗网络空间。依托实体网格，同步建设线上网格，推动宣传向网格延伸、服务在网格开展、舆情在网格化解，实现矛盾不上网、舆情不出格，有效遏制实体风险向网上传导和演化。组织开展网络安全宣传周活动，首推线上"云展馆"，线上线下结合，深入普及网络安全知识、《数据安全法》和《个人信息保护法》等网络安全法律法规，增强群众网络安全意识和防护技能。

二　重庆推进市域社会治理现代化存在的主要问题和不足

全市市域社会治理虽然取得了系列成果，但仍有一些难题亟须破解，复杂严峻的国际国内形势叠加疫情冲击提高了破解难度。

（一）推进机制有待一体化

统筹推进不到位，市域社会治理、社区治理、乡村治理、网络治理由不同部门牵头，各层级、各部门间的协调机制还不够健全，存在脱节问题。有的市级职能部门参与试点的积极性、主动性不够，资金、人员等资源优势未有效下沉基层。试点工作推进不平衡，区域上，中心城区好于其他区县；项目上，市域社会治理体制现代化、防范化解公共安全风险、发挥智治支撑作用等项目需进一步加大推进力度、创新力度。

（二）风险隐患总量大增加治理难度

敌对势力渗透颠覆破坏加剧，暴恐风险不容忽视，邪教活动时有反弹。疫情反复及经济下行压力下，经济风险向社会延展。社会稳定矛盾突出，劳资、债务、房地产、交通运输、淘汰煤矿落后产能等领域矛盾纠纷多发叠加，涉退役军人、库区移民、征地拆迁等重点群体诉求强烈。重点群体心理健康问题日益突出，学生非正常死亡快速增长，电信网络诈骗高发。道路交通、消防、地质灾害等领域防事故、保安全压力较大。各类风险交织叠加，是市域社会治理的重要挑战。

（三）基层治理基础较弱

为基层松绑减负落实不到位，导致基层干部困在不必要的事务中，基层治理负担重、自治力量不足等问题仍然十分突出。基层党组织对基层治理工作的领导作用发挥不够好，在职党员"亮身份"积极性、主动性不高。群众和社会组织参与基层治理的渠道不广、意识不强、积极性不高，社区居委会、小区物业、志愿者等尚未形成有效合力，多元共治机制仍待完善。法律服务、治保维稳、专业调处、特殊群体服务、心理危机干预等方面的社会组织和专业人才较少，基层治理的专业化仍需增强。基层基础支撑不足，综治中心建设有待规范化，部分区县综治中心实体化建设推进缓慢；网格设置有待完善，网格力量资源有待整合，缺乏社区治理智能化网格化共治平台。

（四）数字服务和治理的供给能力有待提升

与社会治理有关的信息化、智能化项目主要采用分散规划、分散建设的模式，项目缺乏统筹，部门信息系统建设"平台林立"，各自为政、分段式碎片化管理现象较突出。数据共享水平不高，与社会治理相关的人、地、物等方面的信息重复采集，耗费了较多的资源。不同部门的基础数据存在壁垒，数据汇聚较难，应用的广度和深度还不够。智慧社区建设水平低，在突发疫情等应急管理中无法依靠数字技术提高效率。

三 2023年重庆推进市域社会治理现代化的政策建议

以人民安全为宗旨、以政治安全为根本、以社会安全为保障，构建社会治理新格局。针对市域社会治理存在的短板、弱项，形成问题清单，细化工作方案，切实推进市域社会治理现代化。

（一）强化市域社会治理现代化的组织领导

1.创新领导机制

纵向上，建立完善"市、区县、街镇、村社"四级联动的市域党建引领社会治理的组织体系；横向上，加强区域化党建、行业党建、商圈党建等，实现党对市域社会治理的全覆盖领导。以党的组织体系联结各层级的职能机构、群团组织、市场主体、社会组织，形成协同治理的组织系统。分层级加强市域社会治理领导小组建设，高效统筹由不同部门分别牵头的市域社会治理、平安建设、社区治理、乡村治理、网络治理，整合资源，一体推进。

2.提升基层党组织引领能力

完善党建引领路径，加强社区党委、片区党支部、网格党小组等建设。强化基层服务型党组织建设，通过服务机制、载体、方式的变革来深入联系群众、赢得群众，以高效能服务为纽带使党真正成为领导和协调社会各方力量的核心。以完善服务机制、搭建服务平台为工作重心，为社会主体提供发展空间，激发社会成员自主形成关爱互助、环境整治、秩序维护、公益志愿等服务网络，引领市域社会提高自我管理、自我服务的能力。

（二）全面推进平安重庆建设

1.加强安全风险防范与应急管理体系建设

以风险预警、防控机制和能力建设为核心，筑牢不发生系统性风险屏障。严防意识形态渗透和暴恐活动，严控非法宗教活动开展。按照中央部署，严格落实常态化防控措施，科学精准防控疫情，切实抓好经济金融安全，高效统筹疫情防控和经济社会发展。严格落实安全生产责任制，加强生产安全、食品药品安全、交通安全监管执法，完善公共安全预警和风险评估制度，编制全市公共安全风险地图和清单。加强应急管理基层基础建设，健全突发事件应急响应和处置机制，增强应急预案可操作性。加强对公共突发事件监测信息、应急管理部门资源的整合。

2.丰富多元矛盾纠纷化解机制

健全并广泛推行重大决策社会稳定风险评估机制，畅通和规范群众诉求表达渠道，从源头上预防和化解社会矛盾。坚持和发展新时代"枫桥经验"，引导、规范和扶持调解组织发展，织密调解组织网络，完善警调、诉调、访调、复调、商调等多元解纷机制，努力将矛盾解决在基层、化解在萌芽状态。推广"一站式"社会矛盾纠纷联合调处中心建设，整合创新基层经验打造市级矛盾纠纷化解品牌。增强司法服务可及性与公正性，完善信访制度，引导群众遇事找法，坚持依法化解社会矛盾。

3.织密社会治安防护网

完善立体化智能化防控体系，加强公安派出所、公安检查站、街面警务站等建设，推动社区警务和社区政务服务融合共建，提升治安防控的整体性；弘扬新时代"枫桥经验"，坚持专群结合，畅通群防群治渠道，提升治安防控的协同性；以"雪亮工程"为牵引，加强智慧警务建设，拓展社会面智能安防，提高对各类风险隐患的预测预警预防能力，提升治安防控的精准性。深入实施"预防警务"，及时发现、预防、制止违法犯罪。常态化开展扫黑除恶斗争，紧盯影响人民群众安全感的突出问题，依法严密防范和惩治各类违法犯罪活动，清除由乱生恶、由恶生黑的土壤。

4.打好网络安全持久战

深入开展网上舆论斗争，严密防范和抑制网上攻击渗透行为，掌握网络舆论斗争主动权。加强网络空间综合治理，依法打击各种网络黄赌毒骗等突出违法犯罪，持续整治虚假、攻击、谩骂、恐怖、色情、暴力、饭圈等网络乱象，培育积极健康、向上向善的网络文化，打造清朗网络空间。推动网络舆情风险从末端处置向源头治理、从事后处置向事前预防、从被动处置向主动引导、从网上应对向网下化解"四个转变"，稳妥处置各类涉法舆情，严防重大舆情炒作事件。

（三）大力夯实基层治理基础

1. 建立基层减负长效机制

理顺各层级主体的权责关系，落实中央为基层减负的各项工作，推动基层减负工作的规范化、制度化、常态化。着力解决困扰基层的形式主义问题，纠正在政策执行过程中出现"层层加码"、执行走样等问题，切实为基层干部松绑减负，让基层干部把更多时间精力用于更好地为民服务。建立社区工作事项准入机制。确实需要基层协助办理的事项，应遵循"权随责走、费随事转"原则，给予基层工作合理的经费保障。

2. 优化多元共治基层治理机制

建立健全党建引领下的社区居委会、业委会、物业协调运行机制，加强社会组织党建联建，形成社区治理合力。完善基层民主协商制度，推动协商民主广泛、多层、制度化发展，培育公众协商议事能力，鼓励公众积极参与社区治理。重视发挥群团组织和社会组织在基层治理中的作用，畅通和规范市场和社会主体、新社会阶层和志愿者等参与社会治理的途径，全面激发社会治理合力。综合运用公私合作、购买服务、税收减免等方式，吸引更多企业、社会组织参与基层治理。

3. 提升社区自治和服务能力

加强基层群众自治性组织规范化建设。以增进民生福祉为抓手，推进公共资源和服务向基层下沉，让基层自治组织回归社区公共事务管理和社区公共服务主责主业，切实维护基层自治权利。坚持以居民为主体，坚持"由民做主"，以需求为导向，建立自下而上的居民自治议题和自治项目形成机制，自下而上形成自治议题和自治项目，尤其是做好政府实事工程与社区居民自治的结合。将基层治理与基层公共服务有机融合，研制与发展需求相适应的城乡社区服务标准体系，依托网格治理平台和系统开展精准化、精细化服务，通过服务把各类社会矛盾从根源上及时化解在基层。

4. 强化基层治理队伍专业化建设

加强基层党务工作者队伍建设，选优配强基层党支部书记。完善薪酬体系，畅通基层人员的职业发展渠道，健全从村（社区）招录公务员和事业编人员长效机制，吸引大学生或社会工作专业人才加入基层队伍。对基层人员开展定期培训，不断提升其统筹协调能力、矛盾化解能力、应急管理能力、舆情应对能力、数字化治理能力等基层治理的专业化能力和水平。大力培育和引进面向基层、面向民生、面向社会治理的社会组织提供专业服务。

（四）充分运用数字技术赋能市域社会治理

1. 持续推进信息基础设施建设

大力推进新基建，补足乡村等薄弱区域的5G网络、光网、物联网等智能化信息基础设施短板，不断完善城乡末端感知系统。织密采集数据的网络，全面汇聚职能部门掌握的数据、智能化设备监测的数据、企事业单位通过服务获得的数据、网格员采集的数据、群众反映的数据，构建支撑市域社会治理的数据池，实现对市域社会运行状态的全面感知。

2. 拓展市域社会治理领域应用场景

加强市域社会治理大数据建设的顶层规划和示范引导，纳入全市"智慧名城"建设统筹谋划，加快城市"智慧大脑"建设，搭建一体化、集约化市域大数据治理平台。完善数据治理平台功能，重点加强风险研判、矛盾化解、智慧调度、网格服务、重点人群管理等应用模块建设；以人为本，重构运用界面，为各类群体提供政务、商务、就业、卫生健康、教育、生活等多种服务。促进市域社会治理与智慧社区、智慧物业、智慧生活等的深度融合，借力大数据使市域社会治理全面延展到社会末梢。

3. 推进数据共享

完善市域数据资源的整合机制，推进党政、条块、区域和街区数据资源的全面整合，破解市域社会治理的"碎片化"困境。完善系统对接、数据共享的数据资源协调机制，推动数据平台与各有关单位联通，向区县、镇街、社区、网格延伸，为科研机构、企业、社会组织等提供整合和利用数据的机会，促进大数据的流通和开放共享。健全数字治理地方立法和规范，尤其是加强信息安全与个人隐私保护。

参考文献

《习近平谈治国理政》（第三卷），外文出版社，2020。

《沿着习近平总书记指引的方向坚定前行　推动高质量发展　创造高品质生活　奋力书写重庆全面建设社会主义现代化新篇章——在中国共产党重庆市第六次代表大会上的报告》，《重庆日报》2022 年 6 月 6 日。

陈一新：《新时代市域社会治理理念体系能力现代化》，《社会治理》2018 年第 8 期。

内陆开放高地篇

B.18
2022~2023年重庆加快建设内陆开放
高地形势分析与预测

刘晓敬*

摘　要： 2022年以来，重庆紧扣习近平总书记关于建设内陆开放高地有关重要指示批示精神，抢抓RCEP生效实施等重大机遇，积极应对严峻多变的国际环境和错综复杂的国内外经济形势，精准有力打出夯实互联互通基础、优化开放平台载体、激发开放经济动能、营造开放环境氛围、共育开放发展合力系列"组合拳"，内陆开放高地建设取得新突破，内陆开放示范引领和辐射带动能力实现新跃升，服务和融入新发展格局展现新作为。与此同时，重庆在加快建设内陆开放高地中也面临着新机遇与新挑战。2023年，重庆将全面贯彻党的二十大精神，按照市委六届二次全会精神部署要求，加快推进坚持高水平对外开放，加快构建新发展格局，着力推动高质量发展。以全面拓展开放通道综合功能为重

＊ 刘晓敬，研究员，重庆社会科学院对外学术交流中心主任、重庆中东欧国家研究中心秘书长。

点，纵深推进内陆国际物流枢纽和口岸高地建设；以推进开放平台差异化协同为重点，提升资源要素引聚能力；以加快推进制度型开放为重点，推动开放型经济稳中有升、稳中提质；以持续深化中西部国际交往中心建设和成渝地区协同开放为重点，拓展国际合作新场域新空间，蹄疾步稳推动内陆开放高地建设迈上新台阶，更好地在西部地区带头开放、带动开放，更好地在共建"一带一路"中发挥带动作用。

关键词： 内陆开放高地 改革开放新高地 重庆

2022 年是党的二十大胜利召开之年，是实施"十四五"规划关键之年，是第二个百年奋斗目标启航之年，也是落实市第六次党代会和市委六届二次全会精神开局之年。面对国外疫情持续蔓延、国内疫情多点散发，"黑天鹅""灰犀牛"事件迭出，全球格局深刻变化，不稳定性不确定性显著增强，以及国内需求收缩、供给冲击、预期转弱三重压力，重庆坚持以习近平新时代中国特色社会主义思想为指导，对标对表落实党中央决策部署，系统、整体、协同推进高水平对外开放，夯实了内畅外联基础、优化了开放平台载体、稳健了开放经济引擎、营造了开放环境氛围、紧密了开放协同纽带，内陆开放高地建设走深走实、有力有效，巴渝大地释放开放新活力，焕发开放新生机。

一 2022年重庆内陆开放高地建设总体形势

（一）内陆开放高地建设进展与取得的成效

2022 年以来，重庆紧扣习近平总书记关于建设内陆开放高地有关重要指示批示精神，抢抓 RCEP 生效实施等重大机遇，以自身高水平开放发展的确定性应对外部环境的不确定性，进一步稳住了外贸外资基本盘，进一步激发了开放效能，努力在西部地区带头开放、带动开放。1~10月，重庆外贸进出口总值达6894.9亿元，较上年同期（下同）增长7.2%，其中，出口4496.4亿元，进口2398.5亿元，分别增长9.3%、3.4%；外商投资企业进出口3259.4亿元，增长6.2%；民营企业进出口3117亿元，增长11.8%。①上半年，重庆新设外商投资企业126家，实际使用外资9.12亿美元，增长32.29%，连续8个月保持正增长。其中，到资总额5000万美元以上企业7家，增长75%。② 在渝世界500强企业增至312家。③ 经外交部批准，外国在渝设立领事机构13家，位居全国第四。④

1. 着力夯实开放基础，开放通道体系"强链接"持续拓展

出海出境大通道体系是重庆建设内陆开放高地的首要基础。2022年以来，重庆加快构建内陆国际物流枢纽，东西南北四向联通、铁公水空四式联动的开放通道体系更加完善，通道带物流、物流带经贸、经贸带产业成效更加显著。获批建设空港型国家物流枢纽，两个园区入选生产服务型国家物流枢纽，重庆成为全国唯一兼有水、陆、空、生产服务四型国家物流枢纽的承载省区市。入选"十四五"时期重点推进国际性综合交通枢纽城市。

东向，长江水道"黄金效益"持续释放。重庆港口货物吞吐量在长江上游总量中占比九成，长江上游航运中心地位进一步巩固。智慧长江物流工程持续深化，沪渝直达快线逆势上扬，上半年沪渝集装箱直达快线开行595航次，增长3.7%，航道运行时间压缩15%，运输集装箱16.1万TEU，增长28.5%。⑤ 1~10月，水路货运量1.8亿吨，增长2.3%，水路货物周转量

---

① 《今年前10月重庆外贸进出口总值达6894.9亿元》，重庆海关官网，2022年11月16日。

② 重庆市商务委党组成员、副主任李巡府就"'一促两稳'谋发展 多管齐下稳住商务经济基本盘"等相关工作接受重庆市"互联网+督查"广播热线节目《周五面对面》专访内容，2022年8月5日；《今年上半年重庆外贸保持增势 6月进出口创历史新高》，重庆海关官网，2022年7月19日。

③ 《重庆新引进一家世界500强 落户总数增至312家》，新华网，2022年6月29日。

④ 《重庆国际"朋友圈"增至"52+112" 现有国际友好城市52个，国际友好交流城市112个》，《重庆日报》2022年7月20日。

⑤ 《重庆港：2022年半年度报告》。

2023.4 亿吨公里，增长 5.2%。① 重庆珞璜与万州港"双港联动、铁水一单、干支衔接、集散转换"多式联运示范工程项目入选国家第四批多式联运示范工程创建项目。

南向，西部陆海新通道"牵头人"作用愈加彰显。开行规模方面，出台《关于重庆市"十四五"时期推进西部陆海新通道高质量建设的实施意见》，明确 24 项重点任务。截至 2022 年 8 月，西部陆海新通道铁海联运班列累计开行总量达 20000 列，作为通道运营组织中心，重庆累计开行 6500 多列，占通道沿线比重超三成。1~9 月，重庆经西部陆海新通道货运超 10.5 万标箱、货值超 191 亿元，同比分别增长 29%、46%。② 省际协作方面，西部陆海新通道省际联席会议第二次会议在重庆召开，湖南省怀化市对接融入标志着"13+2"共建新格局形成。与新疆共同推动首发德国跨境公路班车。率先联通方面，重庆实现中老铁路运营首发去程、回程、常态化运营三个全国第一。新开行至泰国、缅甸、马来西亚等运输线路。创新引领方面。重庆牵头打造的西部陆海新通道平台上线中国国际贸易单一窗口官网，可降低 50% 以上单证成本，成为首个在国家层面推广的区域"单一窗口"平台。搭建全国唯一跨境金融服务平台西部陆海新通道融资结算应用场景，入选国家区块链创新应用试点。陆海新通道运营有限公司首票签发中越铁路跨境"一单制"数字提单。目前，西部陆海新通道目的地覆盖六大洲 113 个国家（地区）338 个港口，对内辐射 16 个省（区、市）59 个城市 111 个站点，运输网络覆盖全球 107 个国家（地区）319 个港口，累计运输货物超 100 万标箱，货值超 1300 亿元，品类达 640 余种，来回程比接近 1：1，基本实现双向运输平衡，已成为中西部地区货物出海出边主通道，以及 RCEP 框架下连接中国与东盟最快捷的运输通道。重庆首发跨境公路班车（南亚班车）尼泊尔线，较海运全程时效节约 1 个月以上，加速内陆牵手"南亚经济圈"。

---

① 《2022 年 10 月公路、水路社会客货运输量及交通固定资产投资完成情况》，重庆市交通局官网，2022 年 11 月 14 日。

② 《西部陆海新通道今年已新开通线路 78 条》，《重庆日报》2022 年 11 月 21 日。

西向北向，中欧班列（渝新欧）标杆地位持续夯实。综合效益方面，中欧班列（渝新欧）在全国首先且唯一重箱折列破 10000 列，成为开行数量最多、辐射范围最广、运输货值最高、去回程最均衡、货源结构最优、带动产业最强的中欧班列。1~8 月，中欧班列（渝新欧）开行超 2000 班，至今累计开行近 11000 班，货值达 4327 亿元，量、值均居全国榜首。[①] 创新探索方面，重庆成为全国首个实现中欧班列双向运邮政策落地城市。首发全国首趟跨境电商 B2B 出口专列。率先采用商品车铁路运输专用车作为新载具。通道拓展方面，始发中欧班列（渝新欧）南通道"跨两海"班列，中欧班列（渝新欧）首趟中国—吉尔吉斯斯坦—乌兹别克斯坦公铁联运班列发车，有效丰富重庆与上合组织国家联系渠道，深入拓展辐射欧亚大陆范围。北向，渝满俄班列稳定运行。

空中，航空联通辐射拓线增效。开通重庆到新德里和孟买的国际全货运航线。恢复香港、罗马、马德里、万象、曼谷、首尔、迪拜、胡志明等 8 条国际（地区）定期客运航线，其中至罗马成为目前全国唯一直飞罗马定期客运航线。重庆国际（地区）航线已达 109 条（客运 80 条、货运 29 条），直飞航线 96 条，畅达全球 36 个国家 80 个城市。[②] 万州机场航空口岸获批对外开放，成为重庆市第二个开放航空口岸。江北机场国际货运站二期工程建成投用，可保障枢纽年国际货邮 40 万吨。1~9 月，重庆国际（地区）航空货邮吞吐量超 17 万吨，同比增长 9.8%。[③]

2. 着力优化开放载体，开放平台体系"强磁场"引力彰显

对外开放平台体系是重庆建设内陆开放高地的关键抓手。2022 年以来，重庆"战略平台+园区平台+功能平台+活动平台"体系功能更加完备，"一区两群"布局更加合理，引资聚要素磁力强劲，利用外商直接投资总额、

[①] 《重庆内陆开放高地带头带动 内陆腹地渐变为开放前沿》，《重庆日报》2022 年 10 月 10 日。

[②] 《我市新开通到马德里国际客运航线》，市政府口岸物流办官网，2022 年 6 月 29 日。

[③] 《重庆前三季度国际（地区）航空货运吞吐量同比增长 9.8%》，中国新闻网，2022 年 11 月 25 日。

外贸进出口总额、涉外经营主体数在全市总额（数）中占比分别超7成、8成、9成。1~10月，重庆综合保税区进出口4471.7亿元，增长1.2%，在同期重庆外贸总值中占64.9%。①

开放平台体系更趋协同完善。万州综合保税区（一期）通过正式验收。永川综合保税区通过市级预验收。10个自贸试验区联动创新区在重点领域、产业需求、试点经验和创新案例复制推广中推进差异化发展和互联互动，形成良好开局之势。"海关'四自一简'新型监管模式""海关先出区后报关"等广泛推行，高新区落户重庆首家跨区域全链条知识产权综合运营平台，经开区获批人行绿色金融试点。

中新（重庆）战略性互联互通示范项目实现多项新突破。金融领域首个第三方市场合作项目在泰国成功落地实施。中新（重庆）农业"双百"合作计划签约启动，为西部农特产品"出海"开路搭桥。数字人民币试点正式启动，将有力带动西部金融开放发展。新加坡航空（重庆）保税航材分拨中心揭牌运营，是全国首例"以航空公司为单元"保税航材海关监管模式的重大制度创新。中新互联互通项目"国际陆海贸易新通道"合作规划发布。成功召开中新互联互通项目联合实施委员会第7次会议和项目联合实施委员会高层工作对接会。中新（重庆）国际互联网数据专用通道加快建设，自开通以来，已为200余家企业提供服务，促成3000多人次跨国交流和合作。截至6月，中新互联互通项目累计落地政府和商业合作项目211个，总金额252.5亿美元。截至8月，中新跨境融资超180亿美元，渝新跨境结算累计近600亿美元，新加坡企业在渝设立各类金融机构超20家，渝新金融合作覆盖西部10个省份，拓展至泰国、马来西亚等东盟国家，有力辐射带动西部金融开放发展。截至目前，已为西部其他9个省份企业实现跨境融资超56.7亿美元。②

中国（重庆）自由贸易试验区制度创新成果丰硕。全面落地总体方案

---

① 《今年前10月重庆外贸进出口总值达6894.9亿元》，重庆海关官网，2022年11月16日。
② 《重庆市人民政府关于我市2022年1—6月国民经济和社会发展计划执行情况的报告》。

151 项任务，国家部署改革创新措施落实率超九成。累计培育重点制度创新成果 88 项，复制推广全国 7 项，复制推广全市 66 项。在全市比重中，新设外资企业占 20%，吸引超 35%外商直接投资，集聚超 1/4 进出口企业，贡献约 70%进出口贸易总额。信息传输、高技术服务等新兴产业企业占比超 75%。① 出台重庆自贸区"十四五"规划和推进重庆自贸区贸易投资便利化改革创新若干措施。创新举措"跨境电商零售进口商品条码应用"获批并上线运行。

两江新区"内陆开放门户"建设质效双升。入选第三轮中欧区域政策合作中方案例地区。重庆两路寸滩综合保税区调整更名为重庆两路果园港综合保税区，果园港增加规划面积 0.78 平方公里水港功能区。果园港进境肉类以及进境粮食、水果指定监管场地，分别通过海关总署验收以及重庆海关预验收。果园港发车陆海新通道长江—中南半岛国际联运班列，以及中缅新通道（重庆—临沧—缅甸）国际铁路班列。1~9 月，果园保税物流中心（B型）新增物流企业 3 家，进出口货值同比增长 236%，位列西部地区保税物流中心之首。② 中新（重庆）多式联运示范基地正式启动运营，落户 27 个项目。两江新区与中国缅甸经济合作发展促进会（缅甸）重庆代表处、重庆市科学技术研究院，以战略合作协议形式明确共建中缅产业园，共同促进中国与东盟经贸合作。1~6 月，两江新区外贸进出口总额达 1601.7 亿元，增速近 18%。服务贸易、跨境电商交易额占全市比重分别超 40%、70%。国家外贸转型升级基地（汽车及零部件）进出口总额 99.8 亿元、增长 24.2%，产业链供应链稳定。③

西部（重庆）科学城具有国际影响力的科学城建设大步向前。支持西部（重庆）科学城高质量发展意见出台实施，明确了发展建设路线图。入

---

① 《挂牌 5 年，重庆自贸试验区为重庆带来了什么？》，《重庆日报》2022 年 3 月 31 日。
② 《前三季度，重庆果园保税物流中心（B 型）进出口货值同比增长 236%》，重庆海关官网，2022 年 11 月 22 日。
③ 《两江新区：全面提升对外开放水平，打造改革开放升级版》，重庆两江新区官网，2022 年 7 月 14 日。

选 2022 年市服务业扩大开放综合试点示范区。截至 9 月，科学城核心区建成市级以上研发平台 312 个，汇聚专家学者和研发人员 1500 余名，引育科技型企业 1373 家，认定高校院所技术合同 639 项、成交额达 6.8 亿元，校地院地合作项目转化科研成果 207 项。截至 8 月，科学城核心区高新技术企业 240 家、增长 23%，高成长性科技企业 11 家、增长 57%，瞪羚企业 9 家、同比增长 50%，更是实现了独角兽企业零的突破。① 笔电和汽车整车制造产业稳定增长，笔电等智能终端设备年产量占全球近 1/4。1~8 月，核心区跨境电商进出口业务量达 121 亿元、增长 195%，其中，出口 108 亿元、增长 370%。② 西部（重庆）科学城国际交流和形象展示窗口——对外合作交流中心完工。

3. 着力激发开放动能，开放型经济体系"强引擎"稳健发力

开放型经济体系是重庆建设内陆开放高地的核心动力。2022 年以来，重庆积极应对新冠肺炎疫情和国际形势变化影响，印发推动外贸高质量发展和建设高质量外资集聚地三年行动计划，加强外贸、外资、外经"三外"稳定与联动，开放型经济规模和水平稳居中西部前列。

助企纾困解难稳"三外"。出台强化金融外汇服务支持外贸外资稳定发展的指导意见，部署 19 条具体措施。建立 100 家重点外资企业、20 家外资研发中心名录，完善市领导联系服务重点外资企业机制，建立覆盖 400 多家重点外贸企业的服务调度工作台账，优化外国领事机构和商协会常态化交流长效机制，及时协调解决疫情防控常态化背景下企业面临的物流、人员出入境、用工、用能等问题。为纾困减负出口企业，1~8 月，累计办理出口退税 160.85 亿元，同比增长 11.05%。③

用好高端会展平台拓"三外"。2022 年中国国际智能产业博览会专设新加坡国家智慧展厅，665 家来自意大利、韩国、以色列等 19 个国家和地区

① 《科技创新赋能高质量发展 西部（重庆）科学城打造科技创新策源地》，《重庆日报》2022 年 10 月 17 日。
② 《1—8 月科学城核心区跨境电商业务量同比增长 195%》，《重庆日报》2022 年 9 月 29 日。
③ 《1—8 月，重庆地区出口退税超 160 亿元助企纾困减负》，人民网，2022 年 9 月 30 日。

的国内外单位参展，线上集中签约涵盖智能网联汽车、新一代信息技术、生物医药等领域重点项目70个、投资达2121.1亿元。① 第四届中国西部国际投资贸易洽谈会吸引38个国家（地区）、25个省区市、1个特别行政区、1212家企业（机构）参展参会。其中，"跨国公司重庆行"吸引20家世界500强企业，有17家为首次赴渝实地考察。签约项目平均投资额达34亿元，较第三届西洽会增长51.8%。②

优化贸易结构助"三外"。发布服务业扩大开放综合试点首批重点任务清单和首批重点项目清单。1~10月，加工贸易、一般贸易、保税物流进出口分别为3039.3亿元、2465.5亿元、1362.4亿元，分别增长4.8%、13.3%、2.5%。1~8月，出口3139.1亿元，增长6.2%，主要商品为机电产品，如笔电、手机、汽车、摩托车等；进口857.2亿元，增长6.2%，主要商品为电子元件。1~10月，出口机电产品3861.6亿元，增长1.8%，其中，出口笔电4858.4万台，价值1554.1亿元，分别占全国出口量、出口值的33.8%、28.2%，笔电出口量、出口值均稳居全国之首；出口汽车23.6万辆，出口值175.9亿元，分别增长43.3%、72.8%，出口汽车量居全国第三位；进口集成电路、电脑及零部件、金属矿砂分别为984.7亿元、258.1亿元、159.5亿元，分别增长5%、4.5%、28.5%。③ AEO高级认证企业达79家，居西南地区首位，助力新型显示屏产业发展。智慧口岸建设取得积极成效，国际贸易"单一窗口"报关单量稳居中西部第一，全国范围内率先将业务范围延伸至服务贸易领域。外贸新业态表现亮眼，跨境电商发展迅猛，1~5月交易额197.9亿元，增长88.9%，进口额位居西部第一。④ 重庆西永跨境电商产业园（eBay园）暨渝贝跨境电商学院人才孵化基地揭牌落地。中国重庆人力资源服务产业园、重庆太极实业（集团）股份有限公司分别获批为首批国

① 《2022中国国际智能产业博览会闭幕 共创智能时代 共享智能成果》，《人民日报》2022年8月28日。
② 《第四届中国西部国际投资贸易洽谈会圆满落幕》，人民网，2022年7月27日。
③ 《今年前10月重庆外贸进出口总值达6894.9亿元》，重庆海关官网，2022年11月16日。
④ 《重庆加快推进跨境电商发展 今年1—5月交易总额已达197.9亿元》，《中国青年报》2022年7月23日。

家特色服务出口基地（人力资源）、第二批国家特色服务出口基地（中医药）。

聚焦重点区域促"三外"。重点深化与 RCEP 其他成员国、共建"一带一路"国家及发达经济体之间的合作。出台高质量实施 RCEP 行动计划，上线首个自主研发定制的"重庆自贸通（FTA）智慧服务平台"。上半年，重庆对韩国、印度进出口合计对同期进出口增长的贡献率达 32.3%，较 2021 年同期提升 27.3 个百分点。1~10 月，贸易伙伴前三位为欧盟、东盟、美国，进出口分别为 1058.4 亿元、1037 亿元、982.7 亿元，分别增长 4.9%、2%、2.5%。对 RCEP 其他成员国、共建"一带一路"国家分别进出口 2145.1 亿元、1848.4 亿元，分别增长 12.5%、5.2%。此外，重庆市贸促会驻肯尼亚代表处揭牌成立，将有力推动重庆与非洲国家的贸易往来。[1]

4. 着力营造开放氛围，开放发展环境"强保障"效能提升

对外开放环境是重庆建设内陆开放高地的必要保障。2022 年以来，重庆印发年度"渝快办"全市一体化政务服务平台优化提升工作方案，明确 31 项便企便民重点任务。印发营商环境创新试点实施方案，深入研究对接 RCEP、中欧 CAI、CPTPP、DEPA 等高标准国际经贸规则，下大力气营造市场化、法治化、国际化营商环境，取得积极成效。

市场环境更加有序。重庆全面实行外商投资准入前国民待遇加负面清单管理制度。在中西部地区首创首用外商投资企业智慧服务云平台。成为中西部首个 QDLP 试点城市。在内陆率先实现港澳投资者商事登记简化，较以往节约 80% 用时。试点营业执照智能审批，开启 20 秒完成市场主体注册登记审批高效时代。在全国首推数字化退税"税港通"服务，首发全国首张"一码通行"营业执照，获批绿色金融改革创新试验区。上半年，立案调查 2 起滥用行政权力排除、限制竞争行为，立案查处不正当竞争案件 100 件，案值 467.17 万元，释放强烈监管信号。[2]

法治环境更加健全。重庆被纳入国家公平竞争审查信息化建设试点，并

---

① 《今年前 10 月重庆外贸进出口总值达 6894.9 亿元》，重庆海关官网，2022 年 11 月 16 日。
② 《"优"无止境 重庆营商环境创新试点渐入佳境播报文章》，上游新闻，2022 年 7 月 12 日。

上线系统试运行。印发《重庆市知识产权强市建设纲要》,重庆市涉外知识产权调解中心调解境内外知识产权纠纷案件 32 件,成立中国（重庆）知识产权运营中心为创新主体提供一体化知识产权运营服务。[①] 重庆国际商事一站式多元解纷中心落成,为国内外当事人提供"一站式"法律服务。成渝金融法院落户重庆,加速金融法治建设。

人才环境更加优渥。重庆首次发布外籍"高精尖缺"人才认定标准和外国人来华工作许可计点积分地方鼓励性加分政策,鼓励和吸引外籍人才来渝创新创业。重庆英才服务港建设有序推进,推出面向高层次人才的 68 项服务。[②] 2022 年"百万英才兴重庆"国际人才线上行——全球英才云聘会启动。印发赋予科研人员职务科技成果所有权或长期使用权试点实施方案,激发人才创新活力。

城市环境更加国际化。加快建设六张城市功能新名片,全市持续推动公共场所外语标识标牌规范建设,"渝快办"新增出入境体检+疫苗接种,新增 1 个中外合作办学项目。重庆首家中外合资非营利性医疗机构中新肿瘤医院开诊。中新美陆眼科医院即将开诊,并与新加坡 Total 眼科中心开启远程诊疗服务。中西部地区首个移民事务服务中心——重庆市公安局出入境管理局移民事务服务中心揭牌成立,可提供便捷远程面签和咨询服务。举办"一带一路"主题系列展。深入推进"无废城市"建设,坚持生态优先、绿色发展,截至 9 月 5 日,空气质量优良天数 230 天,同比增加 8 天。[③]

5. 着力共育开放合力,国内外协同开放"强纽带"联动紧密

建设中西部国际交往中心和成渝地区协同开放是重庆建设内陆开放高地的重大任务。2022 年以来,重庆拓展国际"朋友圈"取得新进展,成渝联手打造区域协作开放高水平样板迎来新期盼。

中西部国际交往中心建设取得明显成效。2022 年以来,重庆积极拓展

---

① 《重庆构建多元化知识产权保护平台》,《重庆法治报》2022 年 4 月 26 日。
② 《重庆大力推进英才服务港建设 面向高层次人才推出 68 项服务》,重庆市人民政府网站,2022 年 5 月 2 日。
③ 《重庆空气质量优良天数同比增加 8 天 听听背后的故事》,华龙网,2020 年 9 月 7 日。

国际合作平台载体功能，开展丰富的国际交流活动。成功举办智博会、西洽会；欧洲重庆中心首批8个基地正式授牌，丰富全市招商引资资源要素；内陆国际物流枢纽展示中心开放；重庆国际商品展示交易中心投用；重庆工程职业技术学院与俄罗斯莫斯科国立工艺大学（斯坦金）合作举办中外合作办学机构——重庆工程职业技术学院智能制造国际学院获教育部备案通过，重庆高职院校中外合作办学机构实现零的突破；2022"一带一路"与知识产权制度融合发展论坛在重庆举行；"上合组织国家减贫与发展2022年重庆第一期研修班"开班，全领域、多视角展现重庆减贫经验和乡村振兴成功做法；积极发挥西南政法大学人权研究院、西南大学"一带一路"文化研究院、重庆中东欧国家研究中心、中国—东盟法律研究中心、重庆交通大学欧洲研究中心等智库作用，开展国际学术交流合作。重庆国际"朋友圈"持续扩容。缅甸驻重庆总领事馆开馆，外国驻渝领事机构达13家；重庆与哥伦比亚麦德林市签署建立友好城市关系备忘录，与乍得恩贾梅纳市签署建立友好城市关系协议书，截至9月底，重庆国际友好城市53个，国际友好交流城市114个；新引进全球航运巨头马士基，世界500强落户总数增至312家。重庆国际传播中心影响力攀升，截至2022年6月，iChongqing矩阵海外总用户数突破1007万，海外网络曝光量超过18.83亿，海外用户互动量突破2.63亿。①

成渝地区协同开放水平进一步提升。成渝地区双城经济圈成为全国交通四极之一。印发《成渝地区联手打造内陆开放高地方案》《建设富有巴蜀特色的国际消费目的地实施方案》《川渝自贸试验区协同开放示范区深化改革创新行动方案（2022—2025年）》等。成渝两地统一中欧班列品牌获批，两地同时发出2022年中欧班列（成渝）首趟列车，并使用该统一品牌进行宣传推广。上半年，成渝两地中欧班列共开行折算列超2000列、运输箱量18万标箱，两地累计开行中欧班列已突破2万列，占到全国中欧班列累计

---

① 《重庆国际"朋友圈"越来越大 国际友好城市52个，国际友好交流城市112个》，《重庆日报》2022年7月20日。

开行量的 40% 左右。^① 川渝自贸试验区协同开放示范区协同建设步伐加快，"一带一路"进出口商品集散中心建设稳步推进。重庆、成都共同发挥战略支点作用，合力打造西南地区高等教育对外开放桥头堡。

（二）面临的机遇与挑战

1. 世界经济形势和地缘政治格局深刻变化带来的机遇与挑战

2022 年以来，全球新冠肺炎疫情持续蔓延、俄乌冲突爆发并不断演进、美联储频繁激进加息等导致多重风险叠加，世界地缘政治关系紧张，粮食和能源安全风险激增，各国对产业链供应链的关注重心由"效率"转向"安全"，新一轮保护主义抬头，国际需求疲软、出口市场普遍乏力，全球大宗商品价格起伏强烈，金融市场动荡不安，以美国和欧洲主要经济体为主的通胀"高烧"难退，世界经济下行压力增大，新一轮科技革命和产业革命加速酝酿。就机遇而言，世界进入新的动荡变革期，维护国家战略安全极为紧迫，拥有丰富资源禀赋和超大规模市场的西部地区，作为我国最大战略纵深和回旋空间，重要性空前。而重庆作为西部大开发重要战略支点，迎来产业、创新、生态、社会稳定等全面发展新机遇。在全球经济新旧动能转换和结构重构的关键期，在全球数字治理加速变革背景下，数字经济成为重要的未来发展方向，重庆作为国家数字经济创新发展试验区，奔驰在智造重镇·智慧名城建设快车道上，迎来产业数字化、数字产业化，以及加强数字经济国际合作的春天。就挑战而言，经济仍面临需求收缩、供给冲击、预期转弱三重压力，围绕应对极端天气变化而引发的全球博弈危机，农产品、能源涨价带来保供稳供挑战。此外，重庆还面临产业结构仍需进一步优化、科技创新能力仍需进一步增强的问题，面临部分产业链供应链"卡脖子"风险、部分关键性产业转移风险，出口企业身陷原材料成本高、用工难用工贵、国外消费者信心在高通胀下受挫而影响出口等困境，企业"走出去"的合规意识、风险意识、风险防范化解能力不足等。

---

① 《中欧班列高质量开行促共赢》，《经济日报》2022 年 8 月 12 日。

2. "双循环"新发展格局加快构建带来的机遇与挑战

2022 年以来,我国持续以扩内需升温经济,以外联通优化结构,推进建设全国统一大市场,从硬联通、软联通各方面更好链接国内外市场,建构新的内外均衡格局。这其中,动中繁要在于疏通生产、分配、流通、消费各个环节的循环堵点。就机遇而言,重庆拥有区位、生态、产业和体制优势,在基础设施、改革开放、绿色发展、产业创新等方面具有良好基础,可有力支撑"双循环"重要节点作用的发挥。国家重大政策红利包和重要定位的加持,2022 年商务部与重庆市政府以部市合作协议形式明确对 12 个方面予以支持,国务院批复同意在重庆等 4 个城市开展服务业扩大开放综合试点,暂时调整实施《旅行社条例》《民办非企业单位登记管理暂行条例》,以及成渝地区双城经济圈建设进入全面提速、整体成势新阶段等种种利好,赋予了重庆加快构建创新驱动的现代产业体系、健全分配制度、建设高质量流通体系、推动消费提质增效、发展高水平开放型经济的良机。就挑战而言,开放基础设施"硬联通"和规则标准"软对接"仍有不通不畅之处,城市国际化支撑条件和保障能力还有较大提升空间。高铁里程较少、标准较低,铁路总体发展较为滞后;中欧班列面临境外通道、口岸设施瓶颈和政治风险;西部陆海新通道面临国外联通衔接不畅、口岸设施和通关效率、货物体量和货源组织有待优化提升等挑战;长江黄金水道运输面临拥堵导致时效被动拉长问题;航空面临商务航线、中转业务以及直达国际航线有待进一步丰富等挑战。重庆开放型经济结构和布局不够优,对外贸易方式仍以组装加工为主,新兴贸易方式占比偏低,贸易多元平衡水平不够高,数字化和绿色能源转型有待加强。开放主体不够多不够强,缺乏具有国际竞争力的企业和产品。开放平台能级、综合功能和协同发展水平还需提升。科研机构、创新人才、投创孵化、涉外法律、公关咨询、国际社区、国际医院、国际学校等配套不够完善。

3. RCEP 全面生效实施带来的机遇与挑战

2022 年 1 月 1 日,《区域全面经济伙伴关系协定》(RCEP)正式生效实施,涵盖了货物贸易、服务贸易、投资和人员流动等,尤其是给予了

"渐进式"零关税政策。就机遇而言，为重庆带来广阔市场空间、增加优势产品出口、扩大优质商品进口、拓展对外经贸合作、推动产业升级、深度融入全球价值链、倒逼体制机制改革、激发市场活力、提高贸易便利化水平、加速货物和服务贸易与投资融合发展等新机遇，有助于建设国际消费中心城市、内陆国际金融中心，打造数字贸易高地和推动重庆企业"走出去"。就挑战而言，其加快低端产业链外移，中高端产业面临更加激烈的竞争，重庆汽车市场面临更大压力，对重庆劳动密集型一般贸易出口造成冲击等。

二　2023年重庆内陆开放高地建设形势预测及对策建议

2023年，重庆内陆开放高地建设之路机遇与挑战共生、风险与发展并存。截至2022年7月，国际货币基金组织（IMF）连续三次下调全球经济增速预期，预计2022年和2023年分别放缓至3.2%和2.9%。疫情影响、通胀蔓延、供应链困境、能源等大宗商品价格震荡、技术进步放缓、人口老龄化加剧、大国互信不足、"小院高墙"耸立、气候危机、发展议题政治化等因素叠加，导致全球经济复苏之路崎岖，外部环境更加复杂多变，将给重庆内陆开放高地建设带来挑战和压力。与此同时，党的二十大胜利召开，必将进一步凝聚起全党全国各族人民万众一心、踔厉奋发、一往无前的磅礴力量，在全面建设社会主义现代化国家新征程上砥砺奋进、勇毅前行。重庆将全面贯彻党的二十大精神，深入贯彻习近平总书记关于对外开放的重要论述，在党中央坚强领导下，科学研判"时"与"势"，辩证把握"危"与"机"，完整、准确、全面贯彻新发展理念，实施更大范围、更宽领域、更深层次对外开放，从以下四方面确保发展安全、弥补开放短板、厚值开放优势、促进开放创新、增强开放动力，推动内陆开放高地建设步伐进一步加快，更好地在共建"一带一路"中发挥带动作用，在服务和融入新发展格局上作出更大贡献。

（一）以全面提升开放通道效率为重点，加快推进内陆国际物流枢纽和口岸高地建设

一是进一步畅达四向联通。持续发挥西部陆海新通道物流和运营组织中心"牵头人"的重要作用。依托中老铁路，持续开行至缅甸、泰国、马来西亚等国际班列，稳定开行中越直通班列，深耕RCEP其他成员国市场，拓展欧美、中东、非洲、俄罗斯市场，丰富货源组织，促进通道沿线省份扩大贸易规模。加快数字化发展，推进统一品牌建设和有序对外宣传。持续稳固中欧班列（渝新欧）第一品牌地位。跟进俄乌动态，即时应变开行计划，继续组织南通道测试班列。不断拓展新线路，增开中亚班列。加强重点区域海外仓布局，强化区域合作，提升中欧班列能级水平和综合效益。以建设长江上游航运中心为牵引，持续实施智慧长江物流工程。积极推广沪渝直达快线模式，加快布局内陆无水港和江河港项目。持续加快国际航空枢纽建设。推进江北机场与重庆新机场"一市双核"联通，加密国际客货运航线，以新加坡航空（重庆）保税航材分拨中心落成为契机，提速重庆航空基础设施、航空产业和临空经济发展。二是进一步加快"五型"口岸建设。持续增强口岸综合管理能力、协调联动能力、危机应对能力，智慧化一体推进口岸物流运输、仓库管控、检验检疫、海关监管，推进口岸运行涉及的数据流、资金流、物流"三流合一"。三是进一步加快多式联运高质量发展。加快基础设施建设提升多式联运承载能力，提高多式联运信息化、智慧化水平，推进多式联运装备升级和服务规则衔接，激发市场主体活力，优化多式联运运输结构。

（二）以统筹推进开放平台差异化协同为重点，提升资源要素引聚能力

一是统筹各平台错位发展。战略平台在"先行先试"上做文章，园区平台在"特色产业"上做文章，功能平台在"多元联动"上做文章，活动平台在"提升影响"上做文章，打造优势互补、高效高能、合作共赢的平

台体系。增强平台间的集成性、创新性、互补性、共享性和协同性。二是持续推进中新（重庆）战略性互联互通示范项目高质量发展。持续深化四大重点领域制度创新，积极开辟能源、农业、大健康、城市规划、教育等新领域"新蓝海"，继续探索在共建"一带一路"中携手开展第三方市场合作。加快推进中新（重庆）国际互联网数据专用通道建设，推动更多园区、企业接入通道并开展跨境合作。三是持续发挥战略平台作为全市对外开放制高点的优势和作用。充分发挥自贸区、两江新区、西部（重庆）科学城作为开放型经济发展先行区、国家战略和外资引进主动承载区、减税降费压力测试区的作用。四是加快各平台联通互享。优化多式联运设施项目和海关监管保税物流通道建设，推动开放平台间在交通、物流、信息、监管等方面的联通和创新试点政策在具备条件的开放平台间共享共用。五是鼓励各平台共建产业链集群。加快两江新区、海关特殊监管区域融合发展。围绕市重点产业领域，布局战略性新兴产业和创新产业集群。推进开放平台产业转移对接和联合招商等活动，积极承接沿海地区和国外的产业转移。

（三）以加快推进制度型开放为重点，推动开放型经济稳中有升、稳中提质

一是牢牢稳住外资外贸基本盘。加强 RCEP 规则培训，提高企业享惠额，广泛收集外资企业诉求并推动解决，优化重点外资企业和重大项目服务。稳住主要贸易伙伴，拓展新兴市场贸易，培育和引进高能级市场主体。建立健全风险防控体系，稳定农产品供给、加强能源和原材料储备，精准帮扶受疫情、俄乌冲突等影响的企业。二是积极对接国际高标准经贸规则。持续对接 RCEP，深入研究对接中欧 CAI、CPTPP、DEPA，聚焦数字安全、网络安全、数据要素流通等重点领域，努力打通跨境贸易壁垒。探索实施自贸试验区跨境服务贸易负面清单管理，支持探索陆上贸易规则、数字贸易规则和重庆自贸试验区政策自主创新。三是持续优化市场化、国际化、法治化营商环境。率先对标世界银行宜商环境（Business Enabling Environment，BEE）评价体系，开展知识产权证券化试点。深化"放管服"改革，确保"非禁

即入"落地到位，持续提升跨境贸易便利化水平，保护外商投资合法权益，高质量做好外企智慧云服务，推动涉外法律服务机构和人才队伍建设。四是优化外贸结构。做强一般贸易，做稳加工贸易，深化服务业扩大开放综合试点。大力引育外贸市场主体，挖掘暂未开展外贸服务企业潜力，优化外向型企业招引方式。抢抓国家赋能外贸新业态新模式和新投资政策契机，创新激发先进制造业积聚效应和外贸创造效应。加快建设跨境电子商务综合试验区。以建设西部金融中心为契机，在跨境人民币结算、跨境投融资、外汇管理和提升外汇业务便利化水平等方面积极创新。五是推进内外贸一体化。抓住全国统一大市场建设契机，着力培育建设内外贸一体化先行区、试点基地和"排头兵"企业。用好重庆既有高端会展平台，推动国际国内市场深度对接。加快推动贸易数字化，激励吸引互联网转型企业数字化赋能对外贸易。六是鼓励企业迎难而上"走出去"。强化政策保障，动态调整支持方向和领域，协助企业预判、识别和防控风险，助力企业维护海外知识产权，跟踪帮扶企业"走出去"。

（四）以持续深化中西部国际交往中心建设和成渝地区协同开放为重点，拓展国际合作新空间

一是优化国际交往软环境。加快标牌标识国际化更新，优化涉外服务体系，完善国际学校、社区、医院等国际化生活配套，加快特色外事交往、国际交往展示中心、外事重点参访等国际交往关键区域建设。加强对巴渝优秀传统文化的国际化展示，对立体城市风貌的国际化表达。进一步营造"近悦远来"的国际人才发展环境，重点在"一带一路"沿线、西部陆海新通道沿线、中欧班列沿线国家揽才聚智。举办丰富多彩的公益活动，提升市民国际化素养。二是用好合作平台、活动机制和民间力量。依托智博会、西洽会等重要国际会展活动拓展合作交流。加强西部国际传播中心海外传播，讲好中国故事，传播好重庆声音。积极争取更多国家主场外交活动、高层次国际论坛、高端国际会议、具有全球影响力的国际赛事等在渝举办。依托中国—东盟、中国—中东欧、上合组织、中俄"两河流域"等合作平台及机制，加强全方位对外合作。鼓励智库、高校、媒体、工商界、社会团体等加强国际交流合作。加快中外人文交流教育试验区建设，增强对优秀国际学生来渝留学的吸引力。三是成渝地区持续联手打造改革开放新高地。携手增强内陆通道能力和运营联通效能，共同推进多式联运，合力打造国际航空门户枢纽，加强与京津冀、长三角、粤港澳大湾区及长江中游等城市群的联系协同。携手加快内陆开放门户建设，推进川渝自由贸易试验区协同开放示范区、"一带一路"对外交往中心等高能级开放平台和高质量开放窗口建设。共同高标准建设中新（重庆）战略性互联互通示范项目。携手营造国际一流营商环境，深入实施外商投资准入前国民待遇加负面清单管理制度，推动要素市场和信用体系一体化，探索共享国际友城资源，打造世界 500 强、行业龙头企业、"隐形冠军"企业总部、国际组织办事机构落户内陆首选地。

B.19
重庆建设内陆国际物流枢纽和口岸高地研究

胡红兵*

摘　要： 近年来，重庆在口岸物流领域改革取得重大突破，出海出境大通道建设成果丰硕，国际物流枢纽网络体系建设基本成形，口岸开放与物流创新深度融合，口岸物流营商环境明显优化，现代物流业繁荣发展，内陆国际物流枢纽和口岸高地建设成效显著，为构建以国内大循环为主体、国内国际双循环相互促进的新发展格局提供了有效支撑，但也存在制约口岸物流进一步发展的瓶颈问题。为深入贯彻落实党的二十大精神，推进高水平对外开放，稳步扩大规则、规制、管理、标准等制度型开放，助力建设贸易强国，持续推动重庆口岸物流高质量发展，亟须从通道和枢纽建设、开放体系完善、营商环境优化多个维度入手，做好"通道带物流、物流带经贸、经贸带产业"的文章。

关键词： 物流通道　国际物流枢纽　口岸开放　营商环境

一　重庆口岸物流发展现状及面临的困难

（一）出海出境大通道建设情况

1.西部陆海新通道运行质效齐升

一是省际协商合作不断深化。牵头召开西部陆海新通道省际协商合作联

---

* 胡红兵，重庆市人民政府口岸和物流办公室副主任。

席会议第一次、第二次会议，通道"朋友圈"加速扩容，明确湖南省怀化市加入通道运营机制，"13+1"省际协商合作格局升级为"13+2"省（区、市）共建。印发《关于重庆市"十四五"时期推进西部陆海新通道高质量建设的实施意见》。按照"统一品牌、统一规则、统一运作"原则，扎实推进跨区域综合运营平台——陆海新通道运营有限公司建设，由重庆、广西、贵州、甘肃、宁夏、新疆等6省（区、市）8股东合作共建，并同步成立重庆、贵州、甘肃、宁夏、新疆、湛江、湖南等多个区域公司。二是通道运行效益稳步提高。2017~2021年，重庆经西部陆海新通道货运量从不到3000标箱增加至11.2万标箱，货值由5.8亿元增加至187亿元，货运量、货值分别增长37倍、31倍；货物品类从53种增加到640种，通道网络由35个国家（地区）的58个港口扩展至113个国家（地区）的338个港口。西部陆海新通道与中欧班列、长江黄金水道实现高效衔接，分别累计实现联运1万标箱和3万标箱。去回程运量比重为56：44，基本实现双向运输平衡。2022年1~9月，重庆经西部陆海新通道运输超10万标箱、货值超190亿元，同比分别增长29%、46%。三是枢纽网络体系不断拓展。市域内不断巩固"一主两辅多节点"的枢纽节点网络，形成以团结村集装箱中心站、鱼嘴站、小南垭站、涪陵西站、洛碛站和秀山站为核心的通道始发节点体系，有效服务区县特色产业等"走出去"。重庆市先后获批陆港型、港口型和空港型国家物流枢纽，成为全国唯一一个具备港口型、陆港型、空港型国家物流枢纽的城市。抢抓中老铁路开通重大机遇，实现全国首批去程、回程、常态化运营三个全国第1。发挥公路运输灵活性优势，成功发运重庆援助老挝、缅甸等东盟国家防疫物资，实现"一箱直达"。陆海新通道（重庆）无水港建设进展顺利，渝黔综合服务区重庆（万盛）无水港开工建设，引导更多贸易、分拨、结算在重庆完成。四是综合服务水平有效提升。联合沿线省区市发布西部陆海新通道首期发展指数，首期通道综合指数为101.5，表明通道整体运行呈现良好态势。积极争取将公共信息平台纳入2022年政务信息化建设清单。着力推广铁海联运"一单制"应用，创建"一次委托、一次保险、一单到底、一次结算"的全程服务模式，累计签发铁海联运

"一单制"提单1459单,为多式联运提单物权化奠定基础。跨境金融服务平台西部陆海新通道物流融资结算应用场景累计便利企业运费结算、贸易结算与融资超27亿美元。发布2021年西部陆海新通道发展指数,指数为112.9,反映2021年通道整体运行再上新台阶。针对疫情期间全球海运费普遍大幅上涨、内陆地区海运箱缺乏等突出问题,全面推动铁路集装箱"下海",累计实现铁路集装箱下海出境超3万标箱,缓解"一箱难求"问题。五是通道与经济发展加速融合。服务本地企业"走出去"并加强境外产能布局,推动重庆小康工业集团建立印尼汽车智能制造基地,宗申产业集团、长城汽车在泰国投资建厂;重庆环松工业公司将零部件出口到越南,二次采购加工后发运到美国,2021年出口货值增长1.2倍。助推知名企业加大在渝产能布局,推动长城汽车、海尔电器向重庆转移产能,万凯新材料科技公司在重庆扩能。扩大贸易规模,开通泰国、缅甸等铁公联运线路,节约运输成本近3成,泰国糯米等特色农产品市场竞争力明显提升。开行中老摩托车出口专列和钾肥进口专列,全力保障春耕供应。

2.中欧班列实现高质量发展

重庆是全国最早开行中欧班列的城市,目前,重庆中欧班列已累计开行超1.1万列、运输货值超4300亿元,累计开行量占全国中欧班列的20%以上,开行线路40条,去回程比例基本保持均衡,综合重箱率跃升至95%,开行质量大幅提升,年均增长率超70%,班列开行频次达到每周50列以上,可覆盖欧亚近百个城市节点,并在铁路双向运邮、跨境电商、笼车运输、海外仓建设、区域合作、铁路物权凭证试点、"区块链+金融"探索等领域走在前列,是全国开行数量最多、班列货值最高、货源结构最优、去回程发运最均衡、辐射能力最强、服务最优的中欧班列。2022年1~9月,重庆中欧班列实现逆势增长,累计开行2446列、运输箱量20.5万标箱,同比分别增长28%、21.3%,尤其是在2022年5~7月,重庆中欧班列开行量连续领跑全国,同比增长27%、63%、73%。一是建立跨国协同机制。建立"五国六方"铁路联席会议制度、跨国海关国际协调机制、量价挂钩机制;推动中欧"安智贸"试点和多国海关"一卡通"等机制的建立,实现沿线国家一次报关、一次查验、全程放行的绿色通关方式，降低全线铁路运价40%。二是突破国际运邮限制。率先打破国际铁路60年来禁止运邮的禁令，成为海关总署批准的国内第一个铁路运邮试点城市，构建了国际铁路运邮新规则。累计运输国际邮件超2700万件，总货值约19亿元，目的地覆盖欧洲36个国家和地区，位居全国第一也是全国唯一常态化开展运邮业务的中欧班列。三是实现"一带"与"一路"和长江黄金水道的无缝联结。在畅通欧洲与中亚方向主干线路的基础上，陆续开通了东南亚、东北亚铁海联运班列，以及至越南、老挝、泰国等地的铁铁联运和铁公联运班列，打通中南半岛市场，成为联通欧洲和东南亚市场的国际铁铁联运大通道，累计与西部陆海新通道、长江黄金水道联运货物超过5万标箱。四是积极探索铁路提单物权化。借鉴海运提单开发形成"铁路提单"，应用于国际铁路运输信用证结算。在开具首笔铁路提单国际信用证基础上，完成铁路提单的地方立法，并在国内率先通过司法判例获得国家法律支撑。获批全国中欧班列铁路物权凭证试点城市。五是开行跨境电商专列。在商务部、海关总署等国家部门的大力支持下，成功开通全国首趟跨境电商B2B出口专列。截至目前，已累计发送跨境电商货物近1.5万标箱。六是构建海外分拨体系。形成36条成熟运行线路，可辐射亚欧35个国家近100个节点城市。与德国、荷兰、波兰、匈牙利、俄罗斯等20余个欧亚国家合作，拥有全国中欧班列唯一自主产权海外仓。七是打造区域合作示范样板。形成重庆市、四川省、中铁成都局集团公司三方联席机制，实现运价、运量、品牌"三统一"，形成近、中、远"三步走"发展目标。2021年中欧班列（成渝）成功发车，是全国首个国铁集团正式批复以统一品牌运营的中欧班列。全年开行4878列、货值2000亿元，回程占比超50%。同时，也是全国五大中欧班列集结中心之一。

3. 航空通道网络逐步加密

2021年，货邮吞吐量47.7万吨、增长15.9%。其中，国际货邮吞吐量达到22.1万吨、增长46.8%，连续10年领跑西部主要枢纽机场，位居全国第8。一是促进航空货运发展。按照国际货运航班"应开全开，应接尽接"原则，全力做好国际全货机、客改货航班保障。2022年新开2条定期国际货运航线（重庆—新德里、重庆—孟买），当前在飞国际（地区）定期货运航线 17 条，每周国际货运航班超过 50 班。航线数居西部首位，运输生产恢复速度、恢复程度均位居全国主要机场前列，有力保障重庆市重点企业产业链、供应链稳定。2022 年 1~9 月，江北机场货邮吞吐量 33.3 万吨；国际航空货运在疫情冲击下仍保持增长，国际（地区）货邮吞吐量 17 万吨、同比增长 9.8%。二是优化存量物流基础设施。2022 年 1 月 25 日，江北机场国际货运站二期工程顺利建成投用，枢纽年国际货邮保障能力达到 40 万吨。利用"智慧航空物流信息平台""智能快件查验线""月台智能化管理系统""货站水位管理系统"等信息化系统，提高国际货物进出港效率，进一步提升枢纽运行保障能力。提前布局货运基础设施建设，有序推进 T3B 航站楼及第四跑道工程航空货运站项目建设，现已完成总工程量的 40% 左右，预计 2024 年全面建成投用。三是加快增量项目建设。完成南部片区基础设施建设，机场 C4 地块基础设施工程项目完成投资 2.4 亿元，重庆快件集散中心（一期）工程已建成投用 14.5 万平方米库房，累计完成投资 9.62 亿元。万科智能冷链物流产业园项目（一期）完成竣工验收，3 万平方米冷藏冷冻库房资源建成投用。普洛斯西南航空智慧物流大枢纽、顺丰西南运营总部等项目正加快建设。北部片区建成投用高端汽车零部件商贸物流市场及汽车金融服务中心。四是引进航空物流项目。厦航国旅项目、西部航空维修及模拟机训练中心项目、华夏航空维修中心项目、邮政航空快件中心项目等重点项目在空港枢纽落地，渝航翼、运满仓等国际航空货运项目落地运营，其中重庆运满仓国际物流项目总投资 2 亿元，计划开通重庆—墨西哥货运航线开展全货机国际航空货运、货代业务。4 月 11 日新加坡航空（重庆）保税航材分拨中心揭牌运营，利用江北机场公用型保税仓创新了"以航空公司为单元"的保税航材监管模式，有助于推进重庆、新加坡国际航空双枢纽建设。五是加强与其他枢纽间产业合作。2022 年 7 月重庆空港型国家物流枢纽成功纳入第一批成渝地区双城经济圈协同共建重点物流园区，推动以成渝地区重点物流园区为节点的流通体系协同发展，营造良好的口岸物流发展环境。

4. 长江黄金水道挖潜增效，黄金水道优势充分发挥

智慧长江物流工程深入推进，水运物流运行由负转正，港口货物吞吐量占长江上游总量的 90%。截至 9 月底，水路运输货物量超 1.2 亿吨；沪渝直达快线开行 881 艘次，运输集装箱 24.1 万标箱，同比增长 21.6%，与 2021 年同期相比，重箱装载率明显上升，这显示出沪渝直达快线对货运尤其是外贸集装箱运输的引领和带动作用进一步提升。

5. "水陆空"三型国家物流枢纽体系建设加快推进

一是陆港型国家物流枢纽集散分拨功能充分发挥。2022 年 1~9 月，重庆港口型国家物流枢纽区货物总吞吐量 1942.42 万吨（其中果园港吞吐量 1875 万吨，鱼嘴货运站北货场到发 67.42 万吨），同比增长 22.38%。集装箱量 70.05 万标箱（果园港完成集装箱量 69.23 万标箱，其中果园港水水中转 9.52 万标箱，铁水联运 13.94 万标箱；鱼嘴货运站北货场到发 0.82 万标箱），同比增长 112.2%。商品车到发 63.6 万辆（其中果园港发运 27.45 万辆，鱼嘴货运站北货场到发 36.15 万辆），同比增长 4.88%。二是空港型国家物流枢纽园区建设稳步推进。江北机场国际货运站二期工程顺利建成投用，枢纽年国际货邮保障能力达到 40 万吨。提前布局货运基础设施建设，有序推进 T3B 航站楼及第四跑道工程航空货运站项目建设，现已完成总工程量的 40% 左右。2022 年 7 月，重庆空港型国家物流枢纽成功纳入第一批成渝地区双城经济圈协同共建重点物流园区。三是陆港型国家物流枢纽集结发运能力显著提升。2022 年 1~8 月，重庆陆港型国家物流枢纽累计集装箱办理量 45.71 万标箱，累计开行西部陆海新通道班列 1588 列、运输集装箱 8.02 万标箱，同比均增长 23%，累计开行渝甬班列 290 列、运输集装箱 2.08 万标箱，同比增长 58%、59%。

（二）口岸发展现状

1. 口岸开放体系不断完善

重庆果园港口岸开放成功获批，是"十三五"时期长江上游唯一获批正式开放的水运口岸，重庆万州机场正式获批对外开放，全市开放口岸数量

达到 4 个，其中重庆江北国际机场航空口岸、重庆港口岸、重庆万州机场为正式开放，重庆铁路口岸为临时开放。果园港获批建设港口型国家物流枢纽，铁路口岸所在园区获批陆港型国家物流枢纽。建成国内首个铁路口岸国际邮件处理中心。同时，在全国自贸试验区中率先获批设立首次进口药品和生物制品口岸。

2. 口岸功能不断完善

重庆江北国际机场航空口岸获批设立进境肉类、冰鲜水产品、水果、食用水生动物、植物种苗综合性指定监管场地，果园港口岸获批设立进境肉类、粮食、水果综合性指定监管场地，重庆铁路口岸获批设立进境肉类指定监管场地，口岸功能达到 9 类。

3. 口岸营商环境持续优化

一是探索开展"组合港""一港通"等区域通关便利化改革。离港确认模式实现转关、转港并联作业，将水运转关手续办理时间由 1~2 天缩短至 2 小时以内，压缩 90% 以上；开行"沪渝直达快线"，将长江水运通关和物流整体运行时间控制在上水 12 天、下水 10 天左右（特殊情况除外），物流整体时效提升 40% 以上；长江航务管理局、三峡通航管理局支持优化过闸模式，实现"沪渝直达快线"定时安检、定时过闸，当日安检、当日过闸；在重庆口岸环节试点进口货物"船边直提"和出口货物"抵港直装"，可节约重庆港口作业时间 12 小时左右。二是推动与东亚地区主要贸易伙伴口岸间相关单证联网核查。重庆"单一窗口"与新加坡港（PSA）实现互联互通，共享集装箱进出新加坡港和国际海运船舶动态等 8 项关键数据，首次将国际供应链信息动态从国内段延伸到国际段；首笔中老铁路"一单制"数字提单于 2022 年 1 月在陆海新通道区块链"陆海链"上签发成功；与建设银行合作首笔基于中越铁路"一单制"数字提单融资业务于 2022 年 3 月成功办理。三是优化进出口货物查询服务。首创服务贸易真实性验核功能，将银行办理时间从 2 天缩短到 2 分钟以内，提高贸易企业结算效率 50% 以上；首创在线收付汇结算功能，上线 10 个融资产品，解决企业融资难融资贵的问题。四是实行进出口联合登临检查。联合重庆海关上线水运、铁路口岸在线预约查验功能，推动进出口企业、货代、港口、监管部门等国际贸易各业务主体高效联动，实现企业足不出户进行查验预约、调箱申请等操作，并实时掌握动态。水运口岸、铁路口岸预约查验耗时由原来的最长1天缩短至10分钟内完成，目前已实现水运口岸、铁路口岸在线预约查验100%全覆盖。

（三）重庆口岸物流发展面临的困难

一是俄乌冲突及疫情叠加影响，重庆中欧班列平稳运行受到冲击。受俄乌局势影响，欧洲整车等回程货源减少、国际邮包运输受阻等。受疫情影响，国际及国内航线和航运等影响较大，产业链和供应链及物流的畅通稳定受到较大影响。二是高地效应充分发挥和物流降本增效等方面仍有待强化。重庆市开放经济还不够强、规模还不够大、开放主体培育不多、带动能力不突出，"最后一公里"问题仍然存在、"微循环"仍然不畅、智慧化和绿色化发展不足等，需要重庆努力克服和提升改进。三是主动对接国际陆海贸易规则能力有待增强。多式联运"一单制"、铁路运单物权化、跨境金融区块链等创新工作仍然停留在试点阶段。对接RCEP不充分，物流企业跟随产业链"走出去"规模不大、成效不明显。

二　拓展出海出境大通道综合功能，优化口岸物流营商环境

（一）创新发挥组织中心作用，深化共商共建共享

一是优化物流组织。加密开行至广西北部湾港铁海联运班列，至越南、老挝国际铁路班列。常态化开行至广东湛江港、海南洋浦港铁海联运班列，至泰国、缅甸、马来西亚等国际班列，优化东盟跨境公路班车直通模式。二是深化合作共建。做大做强跨区域综合运营平台，加快推动跨区域综合运营平台对沿线省（区、市）全覆盖，同步设立区域运营公司，促进通道沿线

各类资源整合，提升规模效应，降低运营成本，避免同质化竞争。三是拓展国际合作。深化与 RCEP 国家的国际合作，协调国家相关部门支持重庆牵头会同通道沿线省（区、市）建立与 RCEP 成员国的陆海新通道沟通协调机制，构建起与东盟等国家的常态化交流合作平台。充分利用东盟博览会、泛北论坛、西洽会等平台，加强通道舆论宣传，营造社会各界关心支持西部陆海新通道建设的良好氛围，持续扩大通道国际影响力。四是加快建设西部陆海新通道公共信息平台，打通铁路、海运、公路等信息壁垒，实现数据互通、信息互认、资源共享。大力推动供应链金融服务创新应用，鼓励多式联运"一单制"金融创新，加强区块链金融服务平台西部陆海新通道融资结算应用场景的推广应用。

（二）推动中欧班列（中亚班列）扩容提质，强化第一品牌影响

一是保障班列平稳运行。密切关注俄乌局势走向，动态调整开行计划，持续推动南通道测试班列组织，降低"跨两海（里海、黑海）"开行成本。增开中亚班列，开展重庆—白俄罗斯明斯克的去程邮包运输测试，探索跨里海回程运邮。二是提升服务能力。探索推动海运和铁路集装箱共享调拨机制，提高用箱循环周转率。打造可视化信息平台，推进"区块链+跨境金融"及铁路提单物权化的创新应用，积极申报陆路启运港退税试点。三是深化区域合作。探索推进成渝海外线路招标、场站等建设工作。加强与有关国家部门、国铁集团的工作对接，积极争取在项目建设、政策保障、试点示范、产业扶持等方面的政策支持，开展 3C 类产品、笼车等运输试点。四是聚焦"衔接+互动+错位"，推动中欧班列与西部陆海新通道、长江黄金水道无缝衔接，按照近中远期"三步走"思路深入推动成渝合作，加强重庆中欧班列与其他城市战略合作伙伴关系，探索合作发展新路径。五是聚焦"基础+提升+特色"，持续推动中欧班列"补短板"建设，用好用足国家政策和资金支持，进一步提升基础设施服务保障能力，完善重庆中欧班列集拼集运、特色创新、信息化平台等功能，做优做强集结中心。

（三）实施智慧长江物流工程，加快建设长江上游航运中心

一是提升水运服务效能。加快智慧长江物流工程一期建设，压缩船舶待闸时间，提高航运时效和准点率。推广沪渝直达快线模式，探索发展散杂货、滚装、危化品等直达航线。强化130米长标准船舶推广，提升应用比例。二是强化长江上游航运中心辐射能力。强化与泸州、广元、水富等港口联动，持续推进"小改大""散改集"，加密水水中转班轮，推动长江干支联运常态化。提速无水港建设，加快在四川、云贵、甘陕等地的"无水港"布局，构建服务西部的港航网络。三是促进重点港口运营资源整合，推进组建长江上游港口联盟，推动召开长江上游航运发展合作论坛，探索发布长江上游航运发展指数。

（四）提升航空物流效能，加快建设国际航空枢纽

一是加快补齐空港枢纽对内对外多式联运基础设施短板，提升"空铁公水"无缝衔接服务能力。二是积极推进渝北洛碛服务港口铁路专用线前期工作，加快江北机场T3B及第四跑道项目配套航空货站建设，实施国际货运区1号航空货站改造项目，提升航空货运枢纽保障能级。三是抓紧推进进境肉类、冰鲜水产品、水果、食用水生动物、植物种苗综合性指定监管场地申报工作，争取通过海关总署验收，加强对进口指定货物的集中处理和统一监管。

（五）提升跨境贸易便利化水平，创造更优口岸营商环境

一是持续加大跨境电商综合服务支持力度，进一步简化小额跨境电商商品通关手续，明确报关途径，引导报关行降低报关费用，推动建立、使用更便捷、成本更低的跨境电商收汇渠道和平台。二是持续改善在通关前的监管证件审批，协调推动多部门许可证件网上审批办理和无纸化、电子化改革，提升整体联网核查和网上申办便利度。三是持续加强政策宣讲解读，提高相关企业、行业协会和专家学者对跨境贸易便利化政策的认同度，积极营造全社会知晓、支持和参与优化口岸营商环境的良好氛围。

（六）紧抓 RCEP 历史机遇，形成通道经济增长极

以国家物流枢纽、开放口岸以及保税区等开放平台为支撑，坚持"引进来"和"走出去"并重，以高水平双向投资高效利用全球资源要素和市场空间，完善产业链供应链保障机制，推动产业竞争力提升。优化国际市场布局，引导企业尤其是新能源车企，深耕传统出口市场、拓展新兴市场，扩大与周边国家贸易规模，稳定国际市场份额。推动加工贸易转型升级，深化海关特殊监管区域、贸易促进平台、国际营销服务网络建设，加快发展跨境电商、市场采购贸易等新模式，鼓励建设海外仓，保障外贸产业链供应链畅通运转。创新发展服务贸易，推进服务贸易创新发展试点开放平台建设，提升贸易数字化水平。

（七）完善国家物流枢纽体系

加强对接国家发展改革委，力争将生产服务型、商贸服务型国家物流枢纽纳入 2022 年建设名单。推进已获批港口型、陆港型、空港型补短提质增效，提升建设和运营水平。推进运输结构调整，落实提高铁路货运量占比专项行动计划，抓好博赛集团氧化铝、港务集团水铁联运、重钢建材等重点增量项目，有序兑现奖励支持政策。

B.20
重庆提升开放平台能级研究

邓　靖*

摘　要： 开放平台是坚持高水平对外开放构建新发展格局的重要载体。重庆依托开放平台全面融入共建"一带一路"和长江经济带取得了显著成效，在模式优化、制度开放、招商引资以及创新驱动等方面形成了鲜明特征，为融入新发展格局提供了路径探索，但开放平台试点权限不足、产业同质严重、政策协同偏弱、管理体制交叉等问题仍旧突出，亟须突破瓶颈约束，为系统性提升开放平台能级提供支撑。

关键词： 开放平台　新发展格局　高质量发展　产业链供应链

习近平总书记在党的第二十次全国代表大会报告中提出，坚持高水平对外开放，加快构建以国内大循环为主体、国内国际双循环相互促进的新发展格局。开放平台是优惠政策的重要集聚区，有助于释放制度红利统筹利用两个市场两种资源，更好发挥增长极作用辐射带动区域经济社会良性发展，是构建新发展格局、推动高质量发展的动力源。习近平总书记统揽全局，综合考量区位特点和发展战略，提出重庆要"建设内陆开放高地"。重庆以开放平台体系为核心载体，全面贯彻落实习近平总书记对重庆提出的系列指示批示精神，取得了显著成效，开放平台外贸总额占全市的比重超过8成，外商直接投资占全市的比重超过7成，涉外经营主体占全市的比重接近9成。为

---

　* 邓靖，重庆社会科学院研究员，主要研究方向为世界经济、流通经济等。

更加全面融入共建"一带一路"和长江经济带，在构建新发展格局中率先破题，我们对重庆开放平台开展全面深入研究，为提升开放平台能级提供参考。

一　重庆建设开放平台体系的基本状况

在国家的大力支持下，重庆已形成类型齐全、功能完备的开放平台体系，为重庆在西部地区带头开放、带动开放提供了重要支撑，其中，中新（重庆）战略性互联互通示范项目、中国（重庆）自由贸易试验区、两江新区、西部（重庆）科学城四个国家级战略平台更是重庆高水平改革开放的"主阵地"，为进一步激发主体活力，高效配置全球资源要素提供了市场空间。

（一）中新（重庆）战略性互联互通示范项目辐射范围持续扩大

一是创新资源要素跨区流动机制，为加快构建全国统一大市场提供路径探索。发挥重庆和新加坡"双核"作用，在持续拓展西部陆海新通道合作功能的基础上，推动中新（重庆）国际互联网数据专用通道、中新跨境融资通道、渝新国际航空运输通道、渝新人才培训交流通道等建设，并创新组建金融服务、国际投资贸易咨询、工程设计咨询、知识产权保护和人才培训等专业服务联盟。

二是创新金融领域合作机制，为推动金融业高质量开放提供支撑。为持续深化重庆与新加坡的金融合作，向国家部门积极争取多项改革试点创新政策，以制度红利激发市场活力，构建了开创性、全方位、宽领域的金融合作模式，成功发行南岸城建跨境债券（中西部首笔跨境发债项目），推动砂之船项目赴新交所上市［中西部首个不动产投资信托（REITs）项目］，帮助重庆易捷汇公司成功申请新加坡汇款牌照（中西部首个新加坡金融类牌照），推动建行新加坡分行与重庆分行共同完成跨境资产转让（中西部首笔跨境资产转让项目）等。截至上半年，中新跨境融资项目达192个、金额

171.6亿美元。其中，为西部其他9省份企业跨境融资56.7亿美元。

三是创新通道合作机制，为稳定国际供应链融入新发展格局提供公共产品。重庆积极协调新加坡在回程货源组织、港口转运优惠等方面给予政策倾斜，推动西部陆海新通道功能拓展；持续推动物流金融创新保障业务开展，首创铁路运单融资业务，在西部地区率先开展"出口双保通"贸易融资创新试点、"信用证结算+海铁多式联运"创新业务；与招商局集团海外部建立合作机制，成立陆海新通道国际合作工作组，依托招商局集团网络资源、海外市场及金融、贸易、产业供应链体系优势，共同推进项目合作、信息共享和人才交流合作。

四是进一步健全沟通机制，推动中新（重庆）战略性互联互通示范项目合作走深走实。为了共同抗击新冠肺炎疫情，重庆与新加坡建立了疫情信息常态化交流机制。为了确保合作项目有序推进，在中新互联互通项目管委会框架下建立了季度工作调度机制，协调解决突出问题。为了促进经贸人文交往，双方联合筹办了智博会、中新金融峰会、陆海新通道国际合作论坛、新加坡在华知名企业重庆行等重大活动，为中新企业搭建了广泛的合作交流平台。

（二）中国（重庆）自由贸易试验区逐渐成为新时代改革开放的新高地

一是彰显内陆比较优势，首创性探索陆上贸易模式。重庆依托中欧班列和西部陆海新通道，在全国率先开展铁路运单物权化、多式联运"一单制"等陆上贸易规则探索，开立全球首份"铁路提单国际信用证"，实现批量化运用。联合四川成都共同创建全国首个中欧班列合作品牌——中欧班列（成渝），协同集成了全国首创的关银"一KEY通"、多式联运"一单制"等跨区域、跨部门、跨层级制度创新机制。

二是遵循市场主导原则，差异化对接国际经贸规则。重庆对照市场化、法治化、国际化营商环境要求，通过搭建"渝快办"政务服务平台，推行审批服务"马上办、网上办、就近办、一次办"和"证照分离"改革试点等，深化"放管服"改革。通过建立"刑事、行政、民事"三审合一知识产权审判机制，"互联网+信用+监管"新型市场监管体制，行业自律、社会监督、政府监管"四位一体"社会信用体系，进一步完善社会主义市场经济体制。以服务业扩大开放综合试点为契机，多维度、多层次探索对接RCEP、CPTPP等国际高标准经贸规则的制度机制。构建"1+7+8"专利导航服务体系，建设全国唯一的区域性专利导航项目研究和推广中心，进一步完善与全球接轨的知识产权保护机制。

三是统筹谋划全局与一域，推动体制机制复制推广。重庆自主备案、自定核销周期、自主核报、自主补缴税款和简化业务核准手续的"四自一简"模式在全国推广。主导制定的国际货运代理铁路联运作业规范等3项标准已获批成为国家标准在全国适用。"铁路原箱下海、一箱到底"模式在西部陆海新通道沿线省份全面使用。水运转关"离港确认"模式在长江经济带沿线省份获得认可。成立全国首家覆盖全域、专门化的自贸试验区法院，设立西部唯一的商标审查协作中心，涉外商事诉、仲、调"一站式"纠纷解决机制成为全国实践案例。

四是紧跟全面深化改革新要求，促进改革与开放协同集成。重庆为了提升改革举措与制度开放的协调性，建立"1+X"议题审议机制，制定年度重点改革项目计划和改革经验总结计划，以项目化、事项化、清单化方式促进开放制度与改革举措有机衔接。引入战略投资者，引导重钢、力帆等企业市场化、专业化重组；全面实施外资准入前国民待遇加负面清单管理制度，建立外资企业商务备案和工商登记"单一窗口、单一表格"受理模式，落实竞争中性原则；在全国率先开展知识价值信用贷款改革试点。

（三）两江新区初步成为内陆开放门户枢纽

一是打造具有全球竞争力的产业集群，夯实开放发展的产业根基。两江新区坚持发展实体经济战略定位，一方面，围绕龙头企业，推动汽车制造、电子信息等传统支柱产业延长产业链，提升价值链地位；积极培育高端装备、生物医药、航空航天等战略性新兴产业。另一方面，深入实施产业链

"链长制"，推动产业补链、强链，重点发展金融、物流、会展等现代服务业，推动产业国际化、智能化、绿色化转型升级。2022年上半年，全区规上工业企业盈利比重仍旧超7成，高技术制造业、战略性新兴产业分别增长近50%、30%，林肯航海家、长安UNI-K、金康塞力斯华为智选等高端车型上市热销，新能源汽车、智能网联汽车产量均增长超过1.5倍；京东方、翊宝等龙头企业订单充足，集成电路、液晶显示屏、平板电脑、手机产量均明显增长；现代服务业加快恢复，两江新区直管区社会消费品零售总额、规上服务业营业收入均增长近40%。

二是依托区内开放窗口，进一步完善全方位高水平开放格局。充分发挥政策叠加优势，持续提升优化果园港、两路寸滩综合保税区、悦来国际会展城、江北嘴国际金融中心等开放窗口的承载能力，为内陆地区全方位、多层次开放提供探索。积极推动建设上合组织多功能经贸平台、国际合作产业园等合作平台，拓展内陆地区人文交流空间；高标准承办中国国际智能产业博览会、中国—上合组织数字经济产业论坛等展会活动，推动资源要素加快集聚。

三是以开放型产业集群为依托，推动构建具有全球辐射影响力的科研创新链。注重产业和科技研发双向互动，打造经济高质量发展的新动力源，以两江协同创新区、礼嘉悦来智慧园、两江数字经济产业园等为依托，吸引全球一流高校、高端研发机构、知名孵化机构来渝建设研发机构。南京大学研究院、苏州医工所等高校科研院所和北京化工大学重庆研究院等知名机构已入区发展，截至上半年已签约引进知名高校、科研院所、龙头企业和顶尖人才团队设立开放式国际化高端研发机构45家，集聚院士团队23个、科研人员超过2200人。

四是持续加大全球招商引资力度，以大项目发展提升大开放水平。两江新区注重发挥投资稳经济关键作用，加大土地、财税、用能等政策支持力度，全力引进百亿级、五十亿级大项目和行业领军企业、关键核心零部件配套企业，京东方六代线、三一重工、ABB、奥特斯三期等重大项目有序入区，进一步构建辐射全球市场的经贸网络，截至上半年，两江新区完成外贸进出口总额超过 1600 亿元，增速近 18%，服务贸易、跨境电商交易额占全市比重分别超 40%、70%，其中，与 RCEP 国家外贸额达 428 亿元，继续保持稳步增长势头，成为重庆经济发展的主战场和重要增长极。

（四）西部（重庆）科学城成为全市高质量发展新的重要动力源

一是集聚全球科技研发机构，着力破解基础科学和关键核心技术领域的研发难题。西部（重庆）科学城以空间集聚、特色鲜明为原则，瞄准基础科学和"卡脖子"关键核心技术开展研发攻关，打造具有国际影响力的科技研发创新中心，引领产出具有全球影响力的创新成果。截至上半年，西部（重庆）科学城集聚重庆大学、西南大学等高等学校，重点实验室、工程技术研究中心等平台近 100 个，R&D 人员近 16 万人；从聚焦生命健康领域的金凤实验室到聚焦生物医药和大健康产业的中国自然人群生物资源库，从科研成果竞相涌现的种质创制大科学中心到重庆市首个超瞬态实验装置，从中国科学院重庆科学中心落户到北京大学重庆大数据研究院成立等，西部（重庆）科学城具有重要影响能力的科技研发创新平台逐渐彰显。

二是营造国际化的生活城区，为吸引全球高端人才提供便利。西部（重庆）科学城发挥重庆资源本底优势，打造科学场景丰富、山水田园交融、乡愁味道浓郁的未来城区，为吸引全球高层次人才来渝发展提供支撑。目前，西部（重庆）科学城在积极推动科学公园、科学会堂、科学谷等"硬件"设施建设的同时，更加注重完善"软件"设施，"双向自适应动态绿波道路"，使曾家大道平均拥堵指数下降 8%；"金凤凰人才码"开通 28 项人才绿色服务通道，实现人才服务"网上+掌上+码上+线上"智慧办，进一步优化全球人才入区的申报程序；实现医疗机构登记和医保定点申请"双医"一窗申请、一表填报、一次办成，方便群众办事；积极结合轨道站点布局青年社区和人才公寓，推动建设国际学校、国际医院等。

三是推动产学研深度融合，打造国际化、智能化、绿色化的产业体系。西部（重庆）科学城发挥企业主体、研发机构、高等院校集聚优势，探索研发成果快速产业化运营机制。以新能源汽车产业为例，西部（重庆）科学城发挥高等院校人才优势，重点围绕汽车软件、电机等重要产业链环节开展原始研发设计，打造"车、路、云、网、图"全产业生态网络，依托长安跨越、东方鑫源等40余家业内企业打造百亿级智能网汽车产业集群，通过智能化创新推动传统主导产业转型升级，并联合拓展全球市场，2022年上半年，西部（重庆）科学城新签约项目48个，项目落地开工率达74.4%，合同投资额同比增长38.5%，到位资金同比增长35%，分别完成全年目标的65.7%和64.6%。2022中国国际智能产业博览会，又重点围绕生命健康、软件和智能网联汽车等领域签约百亿级项目1个、世界500强项目1个、成立院士工作站项目2个，综合辐射力进一步增强。

二 重庆提升开放平台能级面临的问题

开放平台上接政府政策，下联市场主体，是探索"政府有为、市场有效"发展模式的重要媒介。综合调研来看，重庆提升开放平台能级面临的突出问题主要有体制机制不顺、政策瓶颈约束、市场秩序混乱等。

（一）开放试点权限范围较窄，开放发展水平整体不高

重庆是西部唯一的直辖市，国家给予了较大的政策支持力度，以开放促改革取得了明显成效，但由于开放试点权限的不足，开放难以实质性突破。重庆虽与北京、上海、海南等沿海城市一同入围服务业扩大开放试点城市，但在物流、金融、电信等领域的实际开放程度明显偏低，主要原因在于政策实际执行层面存在"阻梗"，主要表现在：物流领域难以构建高效统筹的跨区域通关运营机制，导致流通效率不高；电信领域出于国家安全因素考虑，严格控制外商直接投资比例；文化领域市场化运营程度偏低，仍旧以文化事业体制机制参与市场运作，市场化经营的业态偏少；人民币国际化缺乏行之有效的配套措施，大范围推广面临制度约束等。

（二）产业同质明显，具有国际竞争力的产业集群不足

汽摩、电子、装备、材料是重庆的支柱产业，这些行业领域主要分布在

各开放平台，由于缺乏明确的产业布局规划，各个平台的产业结构趋同现象明显，产业链上下游延伸配套程度较低，横向竞争较为激烈，不利于进一步提升产业集群发展能力，在国际市场上处于"散打"状态。从调研反馈来看，汽车及摩托的制造及零部件生产均是两江新区和自贸试验区的主要产业，但各个企业暂无市场协同开发机制，导致在缅甸、泰国等东盟市场面临直接的市场份额竞争；匈牙利、德国、俄罗斯等欧洲地区均是西部（重庆）科学城与中新（重庆）战略性互联互通示范项目相关企业的目标市场，但由于缺乏沟通机制，在国外招标过程中难以形成合力。

（三）制度创新做法不多，重庆品牌的创新做法偏少

党的十八大以来，为了进一步支持重庆发展，探索构建陆海内外联动、东西双向互济的全面开放新格局，国家赋予重庆更多的政策优惠，制度创新的空间更大，但从调研情况来看，重庆主要的开放平台充分利用制度创新做法的力度不够，各个平台仍旧以传统模式进行招商引资为主，这在一定程度上与开放平台制度创新定位不相符合。比如，有平台仍旧沿用以前搞开发区的理念推进建设，更多的是给予企业土地、税收等优惠，局限于传统制度框架模式，依托重庆区位优势、产业基础主动对接引领最新的国际经贸规则的制度创新"零敲碎打"现象突出，贯穿全产业链的制度创新做法基本没有，开放平台的发展带动效应尚未进一步放大。

（四）多层级政策协同机制缺乏，跨区协调存在阻梗

从调研来看，开放平台尚未形成有效的发展合力，主要表现在三个层次：一是开放平台之间联动发展不足，如重庆高新区、经开区与中新（重庆）战略性互联互通示范项目、西部（重庆）科学城等重点平台项目在政策联动、信息互动、成果共享方面力度不足。二是开放平台与区县的互动不足。各个开放平台以发展产业为主，但与区县的合作偏少，带动区县产业发展的机制尚未有效建立，可能在一定程度上削弱了开放平台地区带动辐射效应。三是开放平台与四川的协同发展程度不高。在建设成渝地区双城经济圈

战略背景下，重庆和四川签订了大量合作发展协议，但意向性的条款居多，实际落地的少，且主要集中在经济领域，涉及环境保护、安全发展等方面的实际合作更少。

（五）与行政区域管理范围交叉，"多头执法"突出

重庆开放平台"散状、叠加"分布特征明显，这在一定程度上有助于发挥各个区域的比较优势，但也会导致空间位置和行政区域管辖范围重叠，在市场监管和公共服务等方面可能存在"混乱"。比如，中国（重庆）自由贸易试验区两江片区与江北、渝北、北碚、渝中、九龙坡、南岸等行政区域交叉重叠；两江新区与渝北区、江北区行政区域交叉，而两江新区是中国（重庆）自由贸易试验区、中新（重庆）战略性互联互通示范项目、重庆两路寸滩保税港区等项目所在地或实施地；西部（重庆）科学城与重庆高新区行政区域交叉。由于各个开放平台与行政板块"互相交织"，政出多头、条块分割现象明显，不利于营造统一高效便利的营商环境。

三　重庆提升开放平台能级的政策建议

开放平台是推动质量变革、效率变革、动力变革的重要支撑，不仅要兼顾经济发展和社会稳定，还要协同错位联动发展，这就需要坚持系统思维来提升开放平台的综合能级，最大限度优化经济社会发展辐射效应，为此，提出如下政策建议。

（一）争取放宽试点权限，提升改革开放的水平和层次

一是积极争取对进口医疗实验器材和新药审批程序的优化审批，探索将"入境前管制"调整为"入境备案+入境后跟踪管制"。二是紧抓中新（重庆）国际互联网数据专用通道机遇，以自贸试验区为载体，建立电信产业发展园区，探索将"外商持股比例不能高于50%"的规定调整为"在电子竞技、可视图文等电信增值领域的外商持股比例不能高于80%"。三是在健

全以分账核算体系和自由贸易账户为核心的风险管理制度基础上，以东盟市场为重点，以国际租赁、国际股票、国际信托等业务为依托，推动自贸账户增强投资功能和储值功能。四是综合采用参股、控股等方式，组建具备国际化视野和经营能力的重庆文化产业国际投资集团，持续探索文化领域市场化运作机制。

（二）完善产业协同机制，提升产业链供应链配套水平

一是搭建全球招商引资沟通机制，建立开放平台招商引资信息平台，全面梳理各个平台重点项目、政策，实行统一包装、统一宣传，共同引进全球高层级市场主体。由市级层面统筹组建开放平台联合招商团队，对来渝投资的项目根据产业类型、发展重点等综合确定平台载体。二是建立重庆开放平台与东部地区开放平台产业对接机制，通过跨行政区域的公共管理和经济合作，共同探索"飞地"模式，提升开放平台产业转移承载能力。三是根据产业发展逻辑，在全面调研基础上，考虑产业链供应链纵向延伸和横向互补，统筹制定开放平台重点产业发展规划。

（三）紧抓融入国际经贸规则机遇，推动体制机制创新

一是推动中国（重庆）自由贸易试验区与高新区、经开区、中新（重庆）战略性互联互通示范项目、西部（重庆）科学城等建设联动创新示范区，促进开放平台和区域功能互补、政策叠加、协同发展。二是推动《区域全面经济伙伴关系协定》（RCEP）在各开放平台率先落地实施；对标《全面与进步跨太平洋伙伴关系协定》（CPTPP）、《数字经济伙伴关系协定》（DEPA），围绕数字贸易、知识产权等重点领域推进制度型开放。三是健全制度创新成果培育推广机制，认真开展申报和评估工作，形成更多跨区域、跨部门、高质量制度创新成果，在全国范围内复制。四是加快推进开放平台与区县及四川建立协同开放示范区建设，联合开展一批重大制度创新试验项目，提升开放压力测试水平。

（四）构建多层级政策协同机制，提升协同发展力度

一是在现有经济合作框架基础上，进一步拓展合作深度，出台关于税收分成、检验检疫一体化等的实施意见，推动平台与区县以及四川形成以项目为主体的合作新格局。二是推动开放平台与区县及四川在中介机构、社会团体、研究机构等方面的合作，形成多层次共建共促的"经济圈"。三是推动区域市场一体化机制建设，进一步共建市场基础制度，优化平台之间流通联通的"软""硬"条件，引入更多市场化合作机制，为资金、人才、技术、数据等资源要素跨平台高效流动提供更加便利的环境。四是尝试构建平台政策协调监督机制，定期对平台政策协调的目标任务、重点项目等方面给予督促检查，确保平台协同机制有效运转。

（五）推动管理体制改革，理顺与行政区域的责权关系

一是在两江新区范围内，探索设立中国（重庆）自由贸易试验区两江新区管委会、中新（重庆）战略性互联互通示范项目办公室，与两江新区管委会合署办公、一体运行；也可在现管委会下设立专职实体机构，负责中国（重庆）自由贸易试验区、中新（重庆）战略性互联互通示范项目等平台的运营管理工作。二是由于中国（重庆）自由贸易试验区涉及较多区县，建议由市级层面统筹，各区县商务部门牵头，成立专门的专职实体机构来负责日常的经济运行，社会功能全部归口属地行政部门管辖。三是考虑到西部（重庆）科学城与重庆高新区行政区域高度交叉，可以参照其他省份"功能叠加型"模式进一步理顺体制机制，明确界定高新区和西部（重庆）科学城的职能职责，并成立专门的协调办公室负责统筹推动公共服务和市场监管。

（六）共建开放发展风险防范机制，应对不确定性挑战

一是建立开放平台共同应对市场风险的协调机制，成立风险防范委员会，并成立专门办公室，负责统筹制定各开放平台共同应对风险的相关政策

框架。二是搭建开放平台风险防范信息统一平台，在全面调研基础上，确立有效、可控的指标体系，推动各平台及时汇总各类市场信息，对于可能出现的内外部风险及时进行多级预警。三是在参考国内外防范化解各类风险挑战的基础上，制定多套应急预案，探索开放平台共同抵御国外地缘政治冲突、经济形势波动、产业结构调整等可能带来的系列风险，确保各开放平台稳健运行。

参考文献

《习近平谈治国理政》（第四卷），外文出版社，2022。

裴长洪：《中国开放型经济学的马克思主义政治经济学逻辑》，《经济研究》2022年第1期。

欧阳峣、汤凌霄：《大国发展格局论：形成、框架与现代价值》，《经济研究》2022年第4期。

王文涛：《以高水平对外开放推动构建新发展格局》，《求是》2022年第2期。

钱学锋、裴婷：《从供给到需求：贸易理论研究的新转向》，《世界经济》2022年第8期。

B.21
重庆促进开放型经济高质量发展研究

徐英俊　陈昌华　黎　源*

摘　要： 建设内陆开放高地是习近平总书记对重庆的殷切希望，是党中央
赋予重庆的重大使命，市委、市政府对此高度重视。近年来，重
庆着力提高开放型经济质量和效益，全面推动全市开放型经济持
续稳定协调发展，取得了积极成效。当前，重庆开放型经济面临
一些机遇和挑战，要积极培育重庆开放型经济新增长点，加快构
建开放型经济新体制，提升产业基础能力，培育优势创新力量，
促进畅通国内国际双循环。

关键词： 开放型经济　产业升级　重庆

开放型经济是高水平对外开放、内陆开放高地建设的重要组成部分，是
经济发展的重要推动力量，是畅通国内国际双循环的关键枢纽。习近平总书
记在党的二十大报告中强调，推进高水平对外开放，稳步扩大规则、规制、
管理、标准等制度型开放，加快建设贸易强国，推动共建“一带一路”高
质量发展，维护多元稳定的国际经济格局和经贸关系，为开放型经济高质量
发展进行了科学定向导航，提供了全面发展动力，吹响了前进的号角。

一　重庆开放型经济发展现状

（一）对外贸易稳中向好

2017 年以来，全市外贸年均增长 15.4%，在全国外贸占比由 1.62%提高

---

* 徐英俊，重庆市商务委员会规划发展处处长；陈昌华，重庆市商务委员会规划发展处副处
长；黎源，重庆市商务委员会规划发展处一级主任科员。

至 2.05%。2021 年跨越了进出口总值 8000 亿元的台阶，增长 22.8%，高于全国平均增速 1.4 个百分点，其中出口 5168.3 亿元、增长 23.4%，进口 2832.3 亿元、增长 21.7%。2022 年 1~9 月，全市外贸进出口 6259.5 亿元，增长 8.5%，其中出口 4074.5 亿元、增长 11.5%，进口 2185 亿元、增长 3.5%。

（二）双向投资总体稳定

实际使用外资触底恢复增长，2017 年以来，全市实际使用外资年均增速 1%，2020 年下降至 21 亿美元，2021 年实际使用外资 22.4 亿美元，实现恢复性增长，同比增长 6.4%。2022 年 1~9 月，全市实际使用外资 12.2 亿美元，同比增长 13.9%，连续 11 个月保持正增长。对外投资保持稳定，2017 年以来，市内企业"走出去"办企累计超过 300 家，海外资产累计近 150 亿美元，年均增长 3%。2021 年全市 65 家企业完成对外投资 11.9 亿美元，同比增长 42.8%。2022 年 1~9 月，45 家企业完成对外投资 8.8 亿美元，同比增长 11.7%。

（三）开放型产业优化升级

制造业加速向智能化转型，形成电子信息、汽摩、材料三大 5000 亿级产业集群，2021 年重庆笔记本电脑出口量位居全国第 1，摩托车、汽车出口分别位居全国第 1、第 5，电子制造业产值增长 13.7%，汽摩产业产值增长 14.2%，材料产业产值增长 25.3%。获批成为中西部地区唯一开展服务业扩大开放综合试点的省份，全面深化服务贸易创新发展试点在主城都市区全面铺开，2021 年全市第三产业增加值 14787.05 亿元，同比增长 9.0%，服务进出口 733.8 亿元，同比增长 8.7%。市场主体持续壮大，截至 2021 年外贸经营备案主体累计超过 23000 家，各类外商投资市场主体累计近 7000 户，世界 500 强企业增至 312 家。

（四）开放载体建设力度加大

开放型经济的高质量发展，离不开一批高能级的平台载体。近年来，重庆高标准实施中新（重庆）战略性互联互通示范项目，累计签约各类项目453个。推进中国（重庆）自由贸易试验区建设，累计培育重点制度创新成果88项。两江新区多平台叠加优势充分发挥，国家级高新区、经开区等平台开放创新、科技创新、制度创新持续推进，智博会、西洽会等重大活动的经贸交往功能不断强化。

（五）营商环境持续优化

一流的营商环境，是激发开放型经济高质量发展的重要动力。重庆对标国际一流水平，加快完善市场化、法治化、国际化营商环境，入选全国首批营商环境创新试点城市和世界银行营商环境评估备选城市。出台《重庆市优化营商环境条例》，构建起"1个总体方案+100个专项方案"的制度体系。全面实行外商投资准入前国民待遇加负面清单管理制度，建立外商投资全流程服务体系，健全外商投诉协调机制，投资便利化水平不断提升。推出涉公平竞争审查举报处理办法等措施，建立重庆域外法律查明服务中心，探索建设涉外法律服务创新服务园，涉外法治体系持续健全。强化产权司法保障，规范涉企执法司法行为，挂牌设立重庆知识产权法庭、涉外知识产权调解中心，知识产权保护更加有力。

二 重庆开放型经济发展存在的困难及面临的机遇挑战

（一）重庆开放型经济发展存在的困难

1. 一些地区对做好开放型经济工作的思想认识还不到位，对外开放意识不足

开放型经济工作专业性强、难度大，外加疫情影响，部分区县（开放平台）对开放型经济工作重视不够。目前，尚有12个区县（开放平台）未设立内陆开放高地建设领导小组，有10个区县（开放平台）未按照党政主

要领导"双组长"来设置，党政主要领导专题研究开放型经济工作较少，多由分管领导组织召开会议或与专题工作会议套开。2021 年外贸进出口、实际使用外资为零的区县（开放平台）分别有 1 个、14 个，2022 年 1～9 月外贸进出口、实际使用外资为零的区县（开放平台）分别有 2 个、17 个。

2. 贸易结构单一、产品竞争力不强、服务贸易规模较小

2021 年，重庆笔记本电脑出口量已达月均 650 万台，产值已达业内的"天花板"，通用发动机、汽车、摩托车等传统优势产业外贸进出口已趋于饱和，亟须培育外贸新增长点。按全球价值链参与度和位置指数（GVC 指数）测算，重庆主要贸易产品行业位置 GVC 指数仅 0.86，低于全国整体行业的 GVC 指数（0.92～0.96），整体处于全球分工价值链后端。2021 年，全市服务进出口 733.8 亿元，占全国比重为 1.4%，仅为上海的 5%。2022 年上半年全市服务贸易总额 374.2 亿美元，同比上升 28.4%，仅为同期上海的 4.7%。

3. 利用外资规模小、结构不优、来源地集中单一

利用外资规模小，2021 年全市实际使用外资 22.4 亿美元，四川为 33.6 亿美元，是重庆的 1.5 倍。制造业引资占外资比重低，2018～2021 年，全市制造业引资占外资平均比重为 20.9%，低于全国 3.4 个百分点；2022 年 1～9 月全市制造业实际使用外资比重为 11.7%，低于全国 14.4 个百分点。外资来源地比较单一，主要集中在港台地区，2021 年港台地区实际使用外资占全市总量的 82.3%，2022 年 1～9 月占 80.8%，日韩、欧美等发达国家对重庆投资严重不足。

4. 开放平台引擎作用发挥不充分

两江新区实际使用外资近年来在全市总规模下滑的情况下，其在全市的占比也从 2019 年的 48.8% 下降至 2021 年的 41.9%。西部科学城重庆高新区 2019 年、2020 年、2021 年的实际使用外资仅占全市的 0.8%、6.4%、14.1%。全市现有的重庆经开区、长寿经开区、万州经开区三个国家级经开区，2021 年外贸进出口、实际使用外资分别仅占全市的 1.2%、21.4%，新版国家级经开区考核办法规定外贸占 14%、外资占 19%，对连续 3 年有两次进入本地区最后 5 名的纳入降级名单，国家级经开区面临较大考核压力。

5. 市场化、法治化、国际化的营商环境建设还需持续用力

一些外资企业和涉外商协会反映,投资者对重庆有关市情市况和产业发展布局等的外语资料获取不便,全市涉外的教育和医疗机构相对较少、外籍员工融入水平不高。个别重点外资企业反映其在市内参与政府采购遇到差别待遇或者歧视待遇等不公平的情况;反映有关区县(开放平台)、部门存在招商引资签订协议未兑现的情况。相关行业外资企业反映,其在重庆投资绿色建筑和生态小区建设、融资担保租赁服务、小额贷款金融服务、汽油内燃机产业不能同等享受内资企业所得税15%的优惠政策。

(二)重庆开放型经济发展面临的机遇与挑战

1. 发展机遇

一是共建"一带一路"、长江经济带发展带来开放发展新机遇。当前,全球化格局深度调整,"一带一路"和长江经济带发展建设的深入推进,有助于重庆更好参与全球产业分工和世界经济大循环,增强经济辐射带动能力和资源配置能力,促进承接产业转移、导入新技术产业链,推动更多企业向全球产业链中高端迈进,培育外贸外资新增长点。二是新技术革命带来产业发展新机遇。以大数据、智能化、云计算、物联网等为代表的新技术,推动全球产业新领域、新业态、新模式加速兴起,有助于重庆加速产业升级换代、技术革新,构建布局合理、上下游联动、链条完善、具有国际竞争力的现代产业体系,激发开放型经济发展新动能。三是国家加大支持西部地区开放发展的力度带来开放发展新机遇。党中央出台《关于新时代推进西部大开发形成新格局的指导意见》,为西部地区扩大开放提供了顶层设计和制度保障,基础设施建设、产业体系构建、资源要素配置等方面投入和支持力度的加大,必将进一步提升重庆通道、平台等要素水平,增强在西部带头开放、带动开放的能力。国际消费中心城市建设、服务业扩大开放、市场采购贸易等综合试点落地重庆,有利于重庆构建完善产业链条,增强产业综合实力和国际竞争力。四是成渝地区双城经济圈建设上升为国家战略带来新发展机遇。成渝地区双城经济圈建设,为成渝地区加快重大基础设施建设、开展

先行先试改革探索等带来重大利好，有利于重庆充分发挥电子信息、汽摩、通机、医药化工、轻工食品等产业集群的规模效应，在更大空间、更广范围构建完善产业链条，增强产业综合实力、国际竞争力，在扩大开放中拓展发展空间。

2. 面临挑战

虽然重庆开放型经济发展迎来诸多机遇，但也面临一些困难和挑战：首先，当前国际环境日趋复杂，不稳定性不确定性明显增加，新冠肺炎疫情影响广泛深远，跨国投资持续低迷，经济全球化遭遇逆流，单边主义、保护主义蔓延，跨境投资审查趋严，国际经济政治格局复杂多变，世界进入动荡变革期，全球产业链供应链面临重塑，本土化、区域化、多元化趋势加强。其次，我国已转向高质量发展阶段，但区域间开放水平仍不平衡，利用外资分布不平衡，一些领域外资发展仍有障碍，营商环境仍有提升空间。最后，土地、资源等要素供求关系趋紧，成本持续攀升，资源环境承载能力到达瓶颈期，传统竞争优势逐渐弱化，国际合作和竞争新优势需加快重塑。

三 培育重庆开放型经济新增长点的路径选择

（一）加快支柱产业转型升级

立足重庆电子信息、汽车摩托车、材料、装备制造等传统优势产业，加快推动产品的提档升级，促进传统优势产业高端化、精细化发展，积极拓展国际市场，逐步提升在国际市场的影响力和竞争力。

1. 电子信息

强化与品牌企业的合作关系，积极吸引更多国际品牌企业来渝布局，进一步提升电子终端产品代工能力，加快完善本地研发体系，巩固全球计算机、手机生产基地地位。推动现有品牌企业和代工企业深化合作，保持订单规模总体稳定，积极争取基于 X86 架构服务器等产品订单，扩大国产服务器出口规模。加强智能传感互联、人机交互、屏幕折叠（弯曲）架构、低功耗长续航等手机整机集成技术研发，增加 5G 手机新品在渝订单规模，提升手机产业在全球产业链分工中的能级和地位。以计算机、手机需求为牵引，健全摄像头、电池、电路板、触控模组等关键器件（部件）本地生产体系，加大机壳、结构件所需专业化工装模具企业引育力度，积极应对全球产业链供应链重塑的挑战。

2. 汽车摩托车

顺应高端化、轻量化、节能化发展趋势，加快新车型开发，进一步完善关键零部件本地配套体系，支撑产品和品牌向上发展，重塑中国汽摩名城竞争优势，依托西部陆海新通道建设，继续做活东南亚市场，依托"一带一路"建设稳步开发中亚、中东市场。深化与国际知名品牌合作，积极引育电动摩托车整车企业，快速壮大电动摩托车生产规模，培育发展中短途智慧出行的新业态。

3. 装备制造

立足重庆装备制造产业优势，实施"整机+零部件"双提升行动，丰富整机种类，提升基础件发展水平，巩固全球通机生产基地地位。加快大型、智能化的挖掘机、装载机、矿山机械等产品开发，积极发展工程机械再制造，壮大工程机械产业规模，鼓励开拓全球新兴市场，稳步建设海外生产和研发基地。加快高性能长寿命模具、大型铸锻件、高性能齿轮及轴承等产品开发，为整机产品向上发展提供坚实支撑，巩固全球市场竞争优势。

（二）提升战略性新兴产业规模

围绕新一代信息技术、新能源及智能网联汽车、高端装备等重点发展方向，加快培育打造一批具有国际竞争力的新兴产业集群，支持高新技术企业积极参与对外合作，鼓励行业龙头企业和领军企业"走出去"，积极开拓海外市场。

1. 新一代信息技术

依托电子信息产业基础，推动人工智能、大数据、边缘计算等技术在软硬件产品中植入渗透。依托重庆电源管理芯片发展基础，加快后端功率器件发展，打造重庆半导体产业核心竞争优势。顺应柔性显示、超高清显示发展趋势，打造"硬件+内容"的新型显示产业优势，吸引全球数字科技领域创新企业来渝发展。发挥重庆在计算机、手机、白色家电等领域技术、生产能力等方面综合优势，推动传感器、通信模组、控制系统等组件在产品中植入，顺应全球电子信息产业发展趋势，扩大智能可穿戴、智能家居等产品出口规模。

2. 新能源及智能网联汽车

顺应高端化、智能化、新能源化发展趋势，推动汽车从单纯交通工具向移动智能终端、储能单元和数字空间转变，抢占全球产业链价值链中高端环节。推动现有整车企业与半导体企业、软件企业深化合作，加强智能网联技术研发，加快车用传感器、车规级芯片、车用操作系统等关键零部件及系统开发，提升汽车电子价值占比，增强整车企业国际竞争力。积极引育高效高密度驱动电机领域企业，探索新一代车用电机驱动系统解决方案，引领行业发展。

3. 高端装备

顺应装备高端化、智能化、成套化发展趋势，推动传感器、通信模组、控制系统等组件在整机中植入和应用，提升产品附加值，巩固全球市场竞争优势。加快工业机器人产品优化设计、性能评估、误差修正，积极布局海外联合实验室和研发中心，提升本地系列化、批量化设计制造能力。以重庆汽车产业为基础，进一步丰富轨道交通车辆产品谱系，构建更为完整的轨道交通配套体系，积极参与全球轨道交通重大项目建设。

（三）有序扩大服务业开放新优势

深入实施服务业扩大开放综合试点，放宽服务业外资市场准入限制，推动服务业扩大开放与国际经贸规则相衔接，促进现代服务业与先进制造业融合发展。聚焦重点领域，以推动运输、数据、资金、人员流动便利为方向，持续扩大物流、金融、科技、教育、医疗、电信、贸易和数字经济等领域开放，促进生产性服务业向专业化和价值链高端延伸、生活性服务业向高品质和多样化升级。

1. 商贸物流

以建设内陆开放高地、国际消费中心城市为目标，依托综合保税区、保税物流中心等开放平台和长江航运江海联运、中欧班列（渝新欧）、陆海新通道等国际物流大通道，加快完善境内外双向互动开放发展、满足贸易"优进优出"需求的跨境物流体系，转型发展保税物流、跨境物流、国际货代物流。

2. 金融领域

推动金融机构支持渝商企业"走出去"，优化全球授信、贸易融资、保单融资、多币种清算等金融服务。支持符合条件的外贸综合服务企业为跨境电子商务提供一站式金融综合服务。发挥外汇外贸专业机构优势，提高出口信用保险覆盖面、渗透率和保障水平，帮助企业防范汇率风险及外部冲击。积极吸引财富管理、消费金融、养老保险、健康保险等领域外资金融机构进入重庆市场。

3. 科技领域

围绕产业发展技术需求，在智能汽车、集成电路、轻金属材料、先进感知、工业大数据、生物医药、中医药等领域加强国际合作，选取若干具有全局性带动性的重大战略产品、关键共性技术或重大工程，大力推进应用基础研究。

4. 教育领域

坚持扩大开放，引进世界一流大学和高水平职业院校来渝开展中外合作办学，鼓励开展中外教育机构学分互认、学历学位互认、办学标准互通，加强高水平中外人文交流研究中心建设。鼓励职业院校建立海外教学基地，与企业赴海外联合办学，服务企业"走出去"战略。加大战略非通用语种人才培养力度，为国家"一带一路"复合型战略人才培养和储备提供保障。

5. 医疗服务

支持港澳服务提供者设立独资医疗机构，支持外资合资举办非营利性医疗机构、提供基本医疗卫生服务。积极发展中医药领域服务业，推动若干中药材的国内标准国际化，支持符合条件的单位申报国家中医药服务出口基地。支持互联网医疗发展，探索检查结果、线上处方信息等互认制度，建立健全患者主导的医疗数据共享方式和制度。

6. 电信领域

在电信服务领域，探索建立适应海外客户需求的网站备案制度。探索数据确权、数据资产、数据服务等交易标准及数据交易流通的定价、结算、质量认证等服务体系，规范交易行为。

7. 数字经济

积极承接国家在数字经济领域的重要部署，参与在通信基础设施、互联网资源、应用基础设施、互联网融合服务等领域国际数字产品贸易规则的制定，积极举办国际数字经济领域的顶尖学术交流会议和国际合作会议，不断加大重庆数字经济对外合作力度，搭建物流信息平台、物流数据库，提升服务南向通道、联动东盟经贸交流的数据信息互通能力，进一步增强重庆在国际数字经济领域的行业影响力。

四 对策建议

（一）优化开放型经济体制机制，增强开放发展意识

落实习近平总书记建设更高水平开放型经济新体制指示精神要求，加强市、区县（平台）两级议事协调机构联动，市级层面加强制度设计、政策制定，区县（平台）强化承接和自主推进，完善区县（平台）改革创新激励机制，从供需两端发力，激活区县（平台）推动开放型经济体制改革的内生动力。对为重庆开放型经济发展作出突出贡献的集体和个人进行表彰，增强区县部门、企业行业谋发展、抓开放、促改革的主动性积极性，提升建设内陆开放高地的凝聚力、战斗力。参照北京、上海、广东等省市做法，健全改革创新容错纠错机制，鼓励首创性、集成性、系统性改革探索，为担当者担当、为负责者负责、为干事者撑腰。

（二）加大产业政策支持力度，提升产业基础能力

落实习近平总书记在党的二十大报告中强调的"坚持把发展经济的着力点放在实体经济上，加快建设制造强国"的精神要求，推动将玩具制造、纺织服装、家具制造等劳动密集型产业纳入《西部地区鼓励类产业目录》《鼓励外商投资产业目录》中的重庆目录，积极承接东部沿海加工贸易产业转移，以避免有关产业向海外转移。积极争取"绿色建筑和生态小区建设、融资担保租赁服务、小额贷款金融服务、汽油内燃机"条目进入国家《鼓励外商投资产业目录》，对暂未进入目录的外资企业，按照有关规定探索实行地方所得税留存奖励政策，以推动内外资企业平等享受相关政策。主动顺应全球产业转移新趋势和跨国企业产业布局调整，瞄准美国、日本、韩国、新加坡、欧盟等发达经济体开展精准招商，着力引进投资金额大、带动作用强的产业龙头项目。聚焦产业链关键环节和核心技术，筛选培育一批主业突出、关联度高、创新能力强、市场潜力大的战略性新兴产业骨干企业。

（三）深化科技创新开放合作，培育优势创新力量

落实习近平总书记在党的二十大报告中强调的"深入实施科教兴国战略、人才强国战略、创新驱动发展战略"的精神要求，加快成渝地区双城经济圈协同创新，联合建设具有全国影响力的科技创新中心和综合性科学中心，聚焦前沿科技、未来产业领域共同开展共性关键核心技术攻关，探索科技创新政策一体化，促进科研资源、科技人才开放共享、自由流动、深化合作。积极融入全球创新网络，深度参与国家"一带一路"科技创新行动计划，深化拓展以"一带一路"为主的科技创新合作，建设"一带一路"科技创新合作中心和国际技术转移中心，争取国家支持在重庆设立国家"一带一路"联合实验室，举办"一带一路"科技交流大会。鼓励跨国公司和境外科研机构集聚平台在渝设立研发机构，支持企业以招才引智等方式引进先进技术，集聚创新资源，引进吸收再创新，加速产业融合，提升原始创新和集成创新能力，着力构建以市场为导向、企业为主体、产学研贸相结合的

创新体系。争取国家增值电信业务开放试点，探索在自由贸易试验区特定区域开放互联网数据中心（IDC）等增值电信业务，争取数字经济、数字贸易领域开放政策先行先试。

（四）提升开放平台功能，打造开放型经济新引擎

落实习近平总书记在党的二十大报告中强调的"深入实施主体功能区战略，优化重大生产力布局"的精神要求，坚持以开放促改革促发展促创新，办好重要展会活动，赋予自贸试验区更大改革自主权，支持开展国际高标准经贸规则对接先行先试，打造开放层次更高、营商环境更优的开放新高地。依托中新（重庆）战略性互联互通示范项目、西部陆海新通道、中欧班列（成渝）等建设，发挥"通道带物流、物流带经贸、经贸带产业"效应。吸引更多国家和国际组织来渝设立领事、商务和办事机构，增强国际交往能力。持续办好智博会、西洽会、中新金融峰会和"一带一路"陆海联动发展论坛、"一带一路"国际技能大赛等，搭建多元国际交往平台。加快构建类型齐全、功能完备、布局合理、优势互补的开放平台体系，打造一批国内外知名的标志性开放平台，发挥开放平台在内陆开放高地建设中的核心载体作用。充分发挥中新（重庆）战略性互联互通示范项目、中国（重庆）自由贸易试验区、两江新区、西部（重庆）科学城等战略平台的先行先试优势，用好国家赋予的更大改革自主权，加大改革创新力度，推动高端产业集聚，打造全市对外开放的制高点。

（五）深入开展全国营商环境创新试点城市建设，持续打造"近悦远来"的营商环境

落实习近平总书记培育市场化、法治化、国际化营商环境指示精神要求，完善国际学校布局，在人才引进密集区域合理布局建设有国际化特色的学校，为国际人才子女教育需求提供服务保障。规划建设若干国际医院，支持具备条件的本市医疗机构提供国际医疗服务，增加涉外医疗服务供给。深入清理外资准入负面清单外的限制性措施，保障外商投资企业公平参与政府

采购、招投标、标准制定等工作。加大外商投资企业知识产权保护力度和重大投诉案件的督办力度，切实维护外商投资企业合法权益。优化鼓励类外资项目进口设备免税确认流程，对属于《鼓励外商投资产业目录》范围的外资项目，在投资总额内进口自用设备实行免征关税政策。

B.22
RCEP背景下重庆市农业合作高质量
发展研究*

张　莉　李扬杰　万凌霄**

摘　要： 本文基于 RCEP 伙伴国与重庆市农业贸易数据，分析了重庆市与
RCEP 伙伴国农业贸易中进出口规模、进出口产品结构、贸易逆差
以及贸易集中度的现状和特征。并从降低进出口成本、减轻非关
税壁垒以及带动农业转型三个方面分析了面临的机遇，同时从产
品竞争与自身短板两个层面分析了 RCEP 框架下重庆农业贸易面
临的挑战。最后，从提高竞争力、优化合作、深化转型三个方面
提出进一步推动重庆市与 RCEP 伙伴国农业贸易发展的对策建议。

关键词： RCEP　农业合作　高质量发展

党的二十大报告指出，要推进高水平对外开放，加快建设贸易强国，维
护多元稳定的国际经济格局和经贸关系。RCEP 地区是全球重要的农产品生
产地，农产品贸易是合作的重要内容，厘清协定生效对相关农产品的影响，
有助于更好抓住协定实施带来的机遇，有助于提升我国农业国际循环质量和
水平。加入 WTO 以来，我国已经成为世界上最重要的农业贸易国家之一，

---

* 本文系重庆社会科学院研究阐释党的二十大精神专项课题"推动重庆乡村产业高质量发展研
究"阶段性成果。

** 张莉，重庆社会科学院农业农村研究所副所长、副研究员，主要研究方向为农业农村经济、
区域经济和旅游经济；李扬杰，重庆财经学院经济学院讲师，主要研究方向为生态产业化、
区域经济；万凌霄，重庆社会科学院农业农村研究所助理研究员、博士，主要研究方向为农
业产业化、农业经济理论与政策等。

2021 年，我国农产品进出口额 3041.7 亿美元，同比增长 23.2%，[①] WTO 对促进贸易自由化、减少贸易壁垒以及解决国际争端发挥了重要作用。为应对亚太贸易的各种风险、扩大国际市场以及增加贸易量，2020 年 11 月 15 日《区域全面经济伙伴关系协定》（RCEP）正式签署，并于 2022 年 1 月生效实施。RCEP 生效为我国农业贸易高质量发展营造了良好的外部环境，重庆作为我国西部大开发的重要战略支点、"一带一路"和长江经济带的连接点，扩大和优化农业合作和贸易对于建设内陆国际物流枢纽和口岸高地、内陆开放高地，加快推进高水平对外开放意义重大。

一 重庆市与 RCEP 国家农业合作现状

近年来，重庆市在深入实施乡村振兴的进程中，依托独特山地丘陵资源禀赋，坚持生态产业化、产业生态化，推进绿色兴农、质量兴农、品牌强农。2019 年初，重庆海关印发《重庆海关支持食品农产品"走出去"工作方案》，大力支持绿色、生态、高效农业发展，助推重庆各区县特色农产品出口。2022 年 7 月，出台《重庆市高质量实施〈区域全面经济伙伴关系协定〉（RCEP）行动计划》，提出推动重庆特色产品对 RCEP 成员国的出口、优化进口产品结构、提升特色消费品供给水平等多项措施，为 RCEP 落地提供了有效配套措施，有利于拓宽农业合作领域、扩大农产品贸易规模、提升本地农产品竞争力。

（一）总体情况

1. 政策支持情况

2019 年，国家发改委印发《西部陆海新通道总体规划》，重庆市是通道在内陆的主要枢纽地，为"一带一路"和长江经济带的交会点，中欧班列、长江水道都在此汇聚，具有重要战略地位和物流通道优势。随着 RCEP 生效

[①] 中华人民共和国农业农村部：《2021 年我国农产品进出口情况》，http：//www.moa.gov.cn/ztzl/nybrl/rlxx/202201/t20220127_ 6387781. htm。

实施，重庆市进一步发挥其国际交通枢纽的区位优势，推动农产品"走出去"步伐。2020 年，重庆市设立了专门部门推进跨区域的运输通道运营组织，先后开通了中老、中越铁路班列，并新增开行至泰国、缅甸、马来西亚等路线，打通与东盟地区物流运输通道，通过陆海新通道班列建设，加快农产品贸易发展。

2. 合作平台情况

2015 年，重庆市与新加坡合作推进建立中新（重庆）战略性互联互通示范项目，旨在通过农业、商务、人才培训、文旅等合作，深化我国与东盟国家的互联互通。其中，中新（重庆）农业"双百"合作计划是中新合作的重要一环，通过平台搭建，加强中新贸易合作、实现农业高质量发展。例如，重庆"忠橙"、云阳菊花等特色农产品已经常态化供应新加坡等地。

3. 农业贸易情况

农产品作为重庆市重点进出口商品，总体上呈现贸易逆差状态（见图 1）。从时间趋势看，2015~2019 年重庆市农产品进口金额呈现波动上升态势，2016 年达到波峰 86.05 亿元后开始下降，2019 年又有所回升。在此时间段内，重庆市农产品出口金额则呈现波动下降状态，2016 年达到波峰后持续下降。根据数据发现，2016 年重庆市进口金额显著上涨主要是对国外植物产品进口大幅度增加所致，而出口金额上涨则是因为对国外农食产品贸易有所增加。

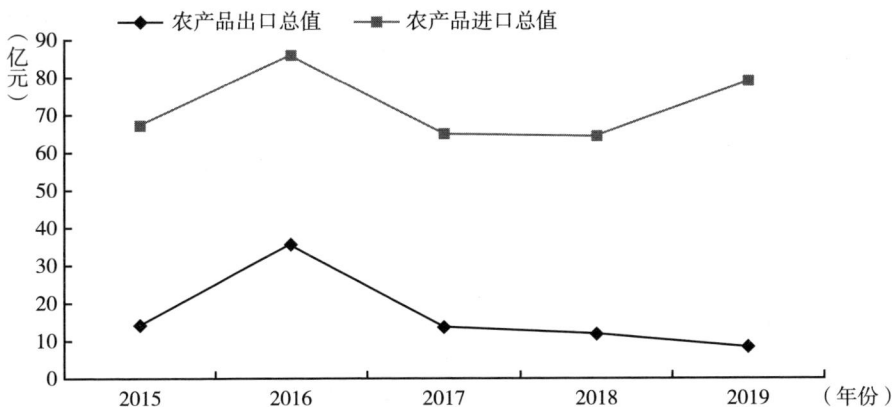

图 1　2015~2019 年重庆农产品进出口情况

表1数据显示，整体上重庆市对RCEP伙伴国进口大于出口，呈贸易逆差状态。在重庆对RCEP国家出口中，排名前五的国家分别为韩国、日本、马来西亚、澳大利亚以及印度尼西亚，出口金额分别为198.13亿元、137.57亿元、80.47亿元、69.94亿元以及66.05亿元，分别占重庆出口RCEP国家总额的24.55%、17.05%、9.97%、8.67%以及8.19%。2019年，重庆对RCEP国家进口总额为1192.64亿元，农产品进口额为22.67亿元，占其中的1.90%；而出口总额为806.95亿元，农产品出口额为2.94亿元，占其中的0.36%。能够发现，重庆市与老挝、文莱均无农产品进出口往来，而与柬埔寨则无农产品出口贸易。

表1　2019年重庆与RCEP国家贸易情况

单位：亿元，%

国家	进口额	农产品进口额	占比	出口额	农产品出口额	占比	净出口
新加坡	38.12	0.0052	0.014	65.39	0.08	0.12	27.27
老挝	0.01	—	—	4	—	—	3.99
柬埔寨	0.19	0.021	11.05	6.76	—	—	6.57
缅甸	1.47	0.0021	0.14	21.14	0.28	1.33	19.67
泰国	121.83	12.85	10.55	42.44	0.24	0.57	-79.39
菲律宾	31.48	0.020	0.064	42.9	0.19	0.44	11.42
马来西亚	226.24	0.14	0.062	80.47	0.19	0.24	-145.78
文莱	0.000015	—	—	0.076	—	—	0.076
印度尼西亚	9.71	0.11	1.13	66.05	0.38	0.58	56.34
越南	266.79	2.47	0.93	60.27	0.29	0.48	-206.52
韩国	308.32	0.023	0.007	198.13	0.58	0.29	-110.19
日本	96.30	0.27	0.28	137.57	0.66	0.48	41.3
新西兰	17.19	1.53	8.91	11.77	0.005	0.042	-5.42
澳大利亚	74.99	5.23	6.95	69.94	0.043	0.061	-5.03
RCEP国家	1192.64	22.67	1.90	806.95	2.94	0.36	-385.69

资料来源：根据中国海关总署资料整理。

（二）农业贸易特征

1.出口以日韩为主，进口主要为澳新和东盟

如表2所示，2019年重庆市除与柬埔寨、老挝和文莱无出口贸易外，对

其他 11 个 RCEP 国家均有农产品出口。按出口种类数从多到少排序,位列前三的国家分别为新加坡、韩国和日本(及马来西亚),分别为 40 种、23 种以及 20 种。而从出口金额来看,重庆市对 RCEP 国家出口金额最高的为日本,达到 6619 万元。其次为韩国和印度尼西亚,出口金额分别为 5830 万元和 3762 万元。

表 2　重庆对 RCEP 国家农产品出口种类和金额情况

单位:种,万元

国家	新加坡	印度尼西亚	马来西亚	菲律宾	泰国	文莱	柬埔寨	老挝	缅甸	越南	澳大利亚	韩国	日本	新西兰
种类	40	9	20	7	19	—	—	—	2	13	10	23	20	4
金额	796	3762	1903	1857	2429	—	—	—	2763	2889	430	5830	6619	49

注:"—"表示无进口贸易来往。

资料来源:根据 2019 年中国海关总署资料整理。

随着我国经济持续增长,国内农业经济结构矛盾凸显,消费者对海外优质食品的需求不断上升,RCEP 国家也逐渐成为重庆市进口贸易主要来源。如表 3 所示,重庆市从 RECP 国家进口来源主要为东盟国家。2019 年,除与老挝和文莱无进口贸易外,重庆市从其他 12 个 RCEP 国家均有农产品进口。从进口种类数来看,位列前三的国家为澳大利亚、新西兰和泰国,进口种类分别为 34 种、29 种以及 17 种。按进口金额由高至低排序依次为:泰国、澳大利亚、越南、新西兰、日本、马来西亚、印尼、韩国、柬埔寨、菲律宾、新加坡、缅甸。

表 3　重庆从 RCEP 国家农产品进口的种类和金额情况

单位:种,万元

国家	新加坡	印尼	马来西亚	菲律宾	泰国	文莱	柬埔寨	老挝	缅甸	越南	澳大利亚	韩国	日本	新西兰
种类	5	4	8	2	17	—	1	—	2	15	34	9	5	29
金额	52	1103	1406	199	128491	—	205	—	21	24705	52330	228	2713	15251

注:"—"表示无进口贸易来往。

资料来源:根据 2019 年中国海关总署资料整理。

2. 依托重庆资源禀赋,出口类别以山地特色农产品为主

以联合国商品贸易统计数据库《商品名称及编码协调制度》(2017 年

版）8位为基准，分析重庆与RCEP国家农产品出口结构情况。表4详细说明了除文莱、老挝以及柬埔寨外，重庆市对RCEP各国农产品出口前三排名状况。2019年重庆对RCEP各国出口产品中鲜活农产品份额较少，仅有缅甸的红茶、菲律宾的蒜头和印度尼西亚的糖食上榜。2019年，重庆市出口RCEP国家最多的农产品品类为山地特色农产品，具体包括榨菜、调味品、生态畜牧、中药材、特色水果和茶叶。其中，制作或保藏榨菜（HS：20059940）、鲜或冷藏的蒜头（HS：07032010）、调味汁及其制品（HS：21039090）、猪肉及杂碎罐头（HS：16024910）、黄连（HS：12119014）、猪鬃（HS：05021010）、红茶及其他半发酵茶（HS：09024090）、干木耳（HS：07123200）等8位数商品是重庆市出口RCEP国家的拳头农产品。

表4　重庆对RCEP国家出口金额农食产品前三名

国家	第一	第二	第三
新加坡	制作或保藏榨菜	调味汁及其制品	贝母
印尼	不含可可的糖食	猪鬃	含可可的食品
马来西亚	制作或保藏榨菜	主要作编结用的植物材料	猪肉及杂碎罐头
菲律宾	鲜或冷藏的蒜头	猪肉及杂碎罐头	鸡罐头
泰国	鲜或冷藏的洋葱	鲜或冷藏的蒜头	鲜或冷藏的胡萝卜及萝卜
缅甸	红茶及其他半发酵茶	调味汁及其制品	—
越南	鲜或冷藏的蒜头	鲜或冷藏的胡萝卜及萝卜	制作或保藏榨菜
澳大利亚	制作或保藏榨菜	蔬菜及什锦蔬菜	菊粉
韩国	制作或保藏榨菜	调味汁及其制品	制作或保藏咸薤头
日本	制作或保藏榨菜	盐水竹笋	其他制作或保藏的蘑菇及块菌
新西兰	猪肉及杂碎罐头	制作或保藏榨菜	蔬菜及什锦蔬菜

资料来源：中华人民共和国海关总署。

3. 发挥伙伴国比较优势，进口类别以畜牧产品和热带水果为主

重庆市与RCEP国家在自然地理条件和农业资源禀赋等方面的差异成为双方农产品贸易合作互补的重要因素。重庆地处温带地区，具有良好的温带作物种植基础，而 RCEP 多数成员位于热带，盛产热带作物。表 5 详细说明了 2019 年重庆对 RCEP 国家进口农食产品前三名情况。除了老挝和文莱两个国家，重庆市对其他 12 个 RCEP 国家均有农食产品的进口贸易。从 8 位数商品的品类看，重庆市对 RCEP 国家进口的商品存在较大的国别差异。如澳大利亚和新西兰是各种羊肉、牛肉及其他畜牧产品的主要进口国，主要涉及的 8 位数商品有冻带骨绵羊肉（HS：02044200）、冻去骨牛肉（HS：02023000）、其他冻杂碎（HS：02069000）。泰国、越南、马来西亚、柬埔寨是各种水果、海鲜、谷物的主要进口国，主要涉及的 8 位数商品有鲜龙眼（HS：08109030）、鲜榴莲（HS：08106000）、鲜火龙果（HS：08109080）、鲜或干的山竹果（08045030）、长粒米精米（10063020），以及其他活的对虾及活、鲜或冷的小虾（HS：03063690）。

表 5　重庆对 RCEP 国家进口金额农食产品前三名

国家	第一	第二	第三
新加坡	麦精	调味汁及其制品	粉状、粒状或其他固状乳及奶油，含脂量≤1.5%
印尼	未列名食用植物产品	燕窝	植物油、脂及其分离品
马来西亚	其他品目未列名的植物产品	燕窝	以咖啡浓缩精汁或以咖啡为基本成分的制品
菲律宾	谷物或谷物产品	—	—
泰国	鲜龙眼	鲜榴莲	鲜或干的山竹果
缅甸	用作药料的植物及其某部分	其他活、鲜或冷的蟹	—
越南	鲜火龙果	其他冻鲶鱼鱼片	除鱼肝油以外的鱼油、脂及其分离品
澳大利亚	冻带骨绵羊肉	冻去骨牛肉	冻带骨牛肉
韩国	其他无酒精饮料	以茶、马黛茶及其浓缩精汁为基本成分的制品	麦精
日本	植物油、脂及其分离品	不含可可的糖食（口香糖除外）	面包、糕点、饼干及其他焙烘品
新西兰	冻去骨牛肉	冻整头及半头羔羊肉	冻去骨绵羊肉
柬埔寨	长粒米精米	—	—

资料来源：中华人民共和国海关总署。

4. 农业贸易呈逆差态势，逆差主要来源为东盟

重庆市与 RCEP 伙伴国农产品贸易主要呈逆差态势。根据中国海关总署初步统计，2019 年，重庆市与 RCEP 国家农产品贸易总额为 25.61 亿元，其中，出口金额 2.94 亿元，进口金额 22.67 亿元，贸易逆差高达 19.73 亿元。从贸易逆差国别构成来看，泰国、越南这两个东盟国家为重庆市主要贸易逆差来源国，逆差金额分别为 12.6 亿元、2.18 亿元。而重庆市与 RCEP 伙伴国的另外两个逆差来源则主要为澳大利亚和新西兰，逆差金额分别为 0.52 亿元和 0.15 亿元。

5. 进出口市场分布不均，相对集中于少数国家

重庆市对 RCEP 伙伴国农产品出口主要集中在日本和韩国。根据中国海关总署数据，2019 年，重庆市出口日本和韩国的农产品总额分别为 0.66 亿元和 0.58 亿元，共计 1.24 亿元，占全市对 RCEP 国家出口农产品金额的 42.18%。从进口市场看，泰国则是重庆市最大的农产品进口市场。2019 年，重庆市从泰国进口的农产品总额为 12.85 亿元，占全市从 RCEP 国家进口农产品金额的 56.68%。

二　重庆市与 RCEP 国家农业合作面临的机遇与挑战

重庆作为西南地区重要的农产品出口基地，具有适宜气候、特殊山地地貌以及丰富的降水资源，使得重庆在蔬菜、水果、榨菜等特色农产品上具有较大优势。RCEP 生效后，重庆市具备的区位以及农业资源优势，能够为当地农业产业带来机遇，但也面临着挑战。

（一）RCEP 给重庆市农业合作带来的机遇

1. 降低进口成本，优化农产品供给结构

RCEP 伙伴国基本都是重庆市农业贸易的主要对象，协定生效有助于各国互惠互利，共享贸易红利。根据关税承诺表，中国将对 RCEP 其他成员国的出口关税大幅减免。RCEP 生效后我国将与多数成员国实现 90% 以上农产

品零关税（日本、韩国、缅甸、老挝为 60% 左右），进出口成本进一步降低（见表6）。比如东南亚国家的榴莲、红毛丹、火龙果、龙眼进口关税由 20% 第一年直接降到 0；番石榴、芒果、山竹果进口关税由 15% 第一年直接降到 0。东盟国家进口虾的关税由 15% 第一年直接降到 0；大西洋鲑鱼、大马哈鱼及多瑙哲罗鱼、鳟鱼、中华绒螯蟹、梭子蟹等进口关税由 14% 第一年直接降到 0。这意味着居民能够获取更加优质低价的海外食品，满足日益提升的消费需求，并助力重庆市打造国际消费目的地。

表6　中国承诺 RCEP 其他成员国平均进口税率

单位：%

国家	基准税率	第1年	第2年	第3年	第4年	第5年	第6年	第7年	第8年	第9年	第10年
东盟10国	9.8	3.2	3.0	2.8	2.5	2.3	2.1	1.8	1.6	1.4	1.1
澳大利亚	9.8	3.3	3.1	2.9	2.6	2.4	2.2	1.9	1.7	1.5	1.2
日本	9.8	7.2	6.5	5.9	5.2	4.6	4.0	3.3	2.7	2.1	1.4
韩国	9.8	6.2	5.6	5.0	4.4	3.8	3.2	2.5	1.9	1.3	0.7
新西兰	9.8	3.3	3.1	2.8	2.6	2.4	2.2	1.9	1.7	1.5	1.2

资料来源：根据 RCEP 各国关税承诺表资料整理。

2. 降低农产品出口成本，扩大特色农产品贸易规模

RCEP 签署后，重庆市农食产品出口将迎来新的机遇。一方面，RCEP 确定了成员国之间的出口补贴限制与取消政策，从根本上降低农产品出口成本，也很大限度提高了各国之间的贸易自由化水平，增加重庆市与其他国家的贸易关联度。另一方面，RCEP 伙伴国将对中国出口商品关税大幅度减免，能够进一步扩大重庆市特色农产品出口规模。基于其他伙伴国对中国承诺的平均进口税率，到第 20 年，RCEP 其他成员国对中国零关税产品（包括农食产品）将超过 80%。2019 年，重庆出口 RCEP 成员国 155 种 8 位数农食产品，共计货值 2.88 亿元，农产品出口货值排名靠前的商品有榨菜、红茶、调味品、黄连等当地现代山地特色高效农业。在此基础上，重庆市能够充分利用税率规则，积极拓展农业出口的市场空间，大力发展柑橘、榨菜、柠檬、生态畜牧、生态渔、茶叶、中药材、调味品、特色水果、特色粮油等特色高效产业，提高农业外向度。

3. 减少非关税壁垒，促进各国农业贸易公平便利

RCEP 生效后，各国将实施更加透明、一致的产地规则、技术标准、安全指标以及海关程序等，规范了区域内贸易规则，也逐步消除了贸易歧视、实现贸易公平。此外，以往贸易需要较为烦琐的通关流程，由于较为复杂、耗时长因而不适于生鲜产品的出口。RCEP 在通关流程上更加明确、高效，通过提前预判缩短通关时间、推动贸易便利化。重庆海关通过落实进口预包装食品标签改革、精简进出口食品口岸联网核查证件以及综保区进口食品实施"抽样即放行"等措施，保障农产品快速通关。2021 年，重庆市进出口整体通关时间相比 2017 年分别压缩了 73.85% 以及 96.13%。①

4. 带动农业转型，实现重庆市与 RCEP 国家投资合作多元化

近年来，我国不断倡导"绿水青山就是金山银山"，农业生产更加重视因地制宜、生态优先。重庆市具有生态农业发展的需求及潜力，协定中对于质量的要求可以使重庆市农业产业布局洗牌，从追求产量转为追求质量，为生态农业提供发展空间。此外，产业合作也是 RCEP 协定的重要环节。东盟国家、澳大利亚和日本作为世界级农业贸易大国以及农业资源大国，在育种、农业技术、农业产量等方面都优于世界大部分国家。RCEP 生效后，在先进技术、优厚资本以及良好运营环境多因素推动下，重庆市能够与这些国家迎来农业合作投资发展机会，形成多元化投资格局。

（二）RCEP 给重庆市农业合作带来的挑战

1. 农产品国际竞争力较弱

2021 年全市地理标志农产品已达 70 个，如荣昌猪、巫溪洋芋、奉节脐橙、梁平柚子、潼南柠檬、石柱黄连、永川秀芽、南川方竹笋、江津花椒、

---

① 《重庆举行中国（重庆）自由贸易试验区建设五周年新闻发布会》，http：//www.scio.gov.cn/xwfbh/gssxwfbh/xwfbh/chongqing/Document/1722391/1722391.htm。

巫山脆李等，虽在国内较为知名，但在国际市场上影响力有限，缺乏品牌竞争力。根据协定中的关税承诺表，我国对 RCEP 成员国农产品自由化水平普遍在 92% 左右，对成员国取消或削减关税将不可避免促进农产品进口增加。从进口端看，东南亚的水果、大米、海鲜，澳大利亚和新西南的牛肉、羊肉、蜂蜜等优质商品，会以更加低廉的价格大量进入重庆消费市场，可能给重庆市相近农业生产领域带来压力。从出口端看，虽然重庆市已基本构建起以"巴味渝珍"为基础的品牌体系，具备一定出口基础和潜力，但多数农产品仍然面临初级产品比重大、质量安全体系不健全、市场开拓意识淡薄的短板，难以应对激烈的国际农业贸易竞争。因此，需聚力打造若干个如涪陵榨菜般驰名海内外的优势品牌，扩大已有 RCEP 市场份额，挖掘更多 RCEP 潜在市场。

2. 农产品出口基础相对薄弱

RCEP 对农产品技术标准以及质量要求愈发严格，然而目前重庆农产品出口基础还较为薄弱：一是农产品出口品类较少，与河南、黑龙江等农产品出口大省相比，重庆农产品出口的品种相对单一，谷物类和经济作物较少，主要出口产品为果蔬类、肉类和茶叶类，且总出口量并不多。二是农产品品牌意识还需加强。一方面，加工农产品在国外进入门槛高，农产品加工技术不足已成为重庆农产品出口面临的一大难题；另一方面，重庆农产品资源丰富，却缺乏知名产品，导致农产品缺乏国际竞争力。如重庆的茶叶产量、质量较高，品种也多，但品牌不够响，与其他省市的名牌茶叶相比竞争力不足。三是农业出口企业普遍存在小、散、软的问题。缺乏出口渠道和外贸人才同样是制约重庆农业"走出去"的关键因素。

3. 山地特色效益农业道路依然艰巨

一是受限于地理条件，重庆市保供蔬菜、柑橘、榨菜、茶叶、中药材、调味品等特色产业较为分散，较难形成规模效应。二是受限于技术和资金，农产品多为初级产品，产业链条不长，产后附加值偏低。2020 年，全市农产品加工业总产值与农业总产值之比为 1.5：1，低于全国平均水平 2.3：1，仅居全国第 17 位。三是缺乏外资引入与资源开发相结合，较难有计划、有步骤地开发境外资源；缺乏人才引进与试验示范相结合，较难输入先进适用的农业技术和对外贸易的实战经验；缺乏境外生产基地建设与农业产业链发展相结合，较难占据农业链条每个环节的主动权和话语权；缺乏通道建设与物流配送相结合，较难协同西部地区辐射更多的 RCEP 国际市场。

三 RCEP 框架下推动重庆市与伙伴国农业贸易的对策建议

RCEP 是涵盖发达国家以及发展中国家的最大自贸协定，在农业领域，协定尽可能兼容并包地考虑各国差异化与多样化诉求，推进亚太区域一体化，以提升区域在全球价值链中的地位。重庆市需要抓住机遇，发挥本地优势特色，加快本地农产品"走出去"。

（一）提高农产品竞争力，强化品牌建设

一方面，要将 RCEP 的规则内化，转变为品牌建设。当前，重庆市特色高效产业总面积达到 3048 万亩，"一县一特""一村一品"的产业发展格局基本形成。下一步，要加快推进农业由增产导向转向提质导向，大力实施农业品种品质品牌建设工程，构建以"巴味渝珍"为龙头的多层次、多品类农产品品牌体系，做优做强知名品牌。另一方面，通过全产业链各环节增加产品附加值，依托重庆山地特色资源，发挥农产品比较优势。此外，须对农业企业进行统一培训，通过交流示范等带动各优势产品齐头并进。举办出口基地建设培训班、招商引资培训班、外贸孵化器培训班、外贸政策宣讲班等各类培训，切实提高农企外销人员业务素质和专业化水平，为农业"走出去"提供人才支撑。

（二）全面深化农业合作，拓展国际市场

重庆市既要从内需出发，推进农业供给侧结构性改革，又要平衡好内需与外需的协调发展。一方面，重庆市需要遵循优势互补、区域效益最大化的初衷，与成员国进行积极沟通，推动 RCEP 具体实施与落地。着力搭建政商

互动、企业抱团的农业对外合作生态，探索创新金融、物流、电商、保险等方面服务模式，畅通农产品进出口对接渠道，积极拓展国际市场。另一方面，重庆市需要全方位与 RCEP 伙伴国深入合作，拓展人文、技术等领域，分享双重红利。可在已有合作平台基础上，进一步完善与伙伴国人才交流、技术互通、文化学习等合作，全方位拓展区域农业贸易市场。

（三）调整农业产业结构，发展现代农业

RCEP 生效后，实现了要素跨区域流动，成员国大量优质低价农产品涌入本地市场，消费进一步升级，也将促使重庆市农业转型升级。因此，必须调整农业布局、调整产业机构，才能保证重庆市农业发展融入全球价值链。一是大力发展生态、绿色农业，由追求产量向追求质量转变，倡导绿色生产方式，满足消费者对营养、健康农产品的需求。二是利用本地数字经济发展优势，创新新模式、新业态发展，加速产业转型，扩大重庆市农产品出口份额。通过新型经营主体培育、社会化服务、土地整合等方式，实现农业生产规模化，降低生产成本、加速农业转型。

参考文献

陈虹：《一带一路背景下我国农产品出口贸易面临的困境及消解》，《农业经济》2021 年第 12 期。

陈雨生、王艳梅：《中国与 RCEP 成员国农产品贸易结构、效率及影响因素研究——基于细分产品的实证分析》，《世界农业》2021 年第 12 期。

程云洁、刘娴：《中国与 RCEP 国家农产品进口贸易效率及潜力研究》，《中国农业资源与区划》2022 年第 9 期。

梁滢、骆乃宁：《中国与 RCEP 伙伴国农产品贸易发展特征、挑战与对策建议》，《对外经贸实务》2022 年第 5 期。

林清泉、郑义、余建辉：《中国与 RCEP 其他成员国农产品贸易的竞争性和互补性研究》，《亚太经济》2021 年第 1 期。

B.23
中西部国际交往中心建设研究

重庆市人民政府外事办公室

摘　要： 建设中西部国际交往中心，是贯彻落实习近平总书记对重庆作出重要指示要求的具体行动，对重庆加快融入共建"一带一路"、长江经济带发展、新时代推进西部大开发和推动成渝地区双城经济圈建设等具有重要意义。"十四五"时期，重庆应着力提升国际事务参与度、经济发展外向度、城市品牌知名度、开放环境舒适度、国际交往功能保障度，积极服务国家对外战略，配合营造良好外部环境，在西部地区实现带头开放、带动开放。

关键词： 中西部国际交往中心　"一带一路"　重庆

习近平总书记在党的二十大报告中指出，当前世界之变、时代之变、历史之变正以前所未有的方式展开，世界又一次站在历史的十字路口，我国发展进入战略机遇和风险挑战并存、不确定难预料因素增多的时期，机遇更具有战略性、可塑性，挑战更具有复杂性、全局性。国际交往中心是城市国际化发展的高级形态，有利于形成共商共建共享的全球治理新秩序，有利于加快构建互利互惠的国际贸易新格局和推动形成不同文明交流互鉴的新机制，对全面提升城市国际影响力、竞争力，建设人类命运共同体具有积极作用。重庆作为中西部唯一直辖市，是西部大开发的重要战略支点、"一带一路"和长江经济带的联结点，在对外开放中具有独特的重要作用。重庆建设中西部国际交往中心，是贯彻落实习近平总书记对重庆作出重要指示要求的具体行动，是构建新发展格局、重塑国际合作竞争新优势的务实举措，是全面融入共建"一带一路"和长江经济带发展的必然要求，是完善城市功能、提升城市影响力和竞争力的现实需求，对重庆内陆开放高地建设具有重要意义。

一 中西部国际交往中心建设进展

2020年，重庆印发《重庆市建设中西部国际交往中心三年行动计划（2020—2022年）》（以下简称《三年行动计划》），明确重庆建设中西部国际交往中心的指导思想、基本原则、发展目标、重点任务和保障措施，成立由市长任组长的重庆市中西部国际交往中心建设工作领导小组，全力推动中西部国际交往中心建设，并按照"一核一轴一环多点"功能布局，围绕完善国际交往设施、增强国际交往动力、培育国际交往载体、搭建国际交往平台、优化国际交往环境等任务，明确33个市级部门71项任务、25个区县65项任务。2021年，国务院关于同意在天津、上海、海南、重庆开展服务业扩大开放综合试点的批复中批准下发《重庆市服务业扩大开放综合试点总体方案》，明确提出重庆要加快建设国际综合性交通枢纽、国际消费中心城市、西部金融中心和中西部国际交往中心，从国家管理层面明确了重庆建设中西部国际交往中心的任务。重庆在《三年行动计划》基础上进行拓展升级，印发中西部国际交往中心专项规划，为重庆在"十四五"时期建设中西部国际交往中心确立了战略目标，制定了路线图。

2020年以来，重庆牢牢把握融入共建"一带一路"、成渝地区双城经济圈建设机遇，在服务国家总体外交、强化国际资源配置、拓展国际交往合作、优化国际交往环境、提升国际传播能力等方面取得了积极成效，为推动我国形成陆海内外联动、东西双向互济开放格局做出了新贡献。

（一）积极融入国家对外开放总体布局，服务大国外交贡献度明显提升

重庆加快构建对外交往格局，明确对外交往重点方向，深度参与中

国—东盟、中国—中东欧、上海合作组织、澜湄合作以及中美、中俄等多双边合作机制，加快构建立足中西部、联通东盟、面向世界的对外交往格局。配合国家举办中国—上海合作组织数字经济产业论坛、中国—东盟特别外长会和澜湄合作第六次外长会、中国—拉美企业家峰会等系列重大外事活动，高质量完成中央交办外事任务。习近平总书记亲自向中国—上海合作组织数字经济产业论坛致贺信，刘鹤副总理作视频致辞。重庆聚焦国家赋予的战略定位，高质量办好智博会、西洽会、中新金融峰会、陆海新通道国际合作论坛等重要展会活动，积极搭建高质量对外交流及国际产业合作重要平台。

（二）积极融入国内国际双循环，国际资源配置能力有效增强

加快提升通道优势，西部陆海新通道覆盖全球 113 个国家和地区的 338 个港口，战略性、示范性、辐射性持续增强；重庆中欧班列开行线路达 40 条，覆盖欧亚近百个城市节点；渝满俄班列开行频次不断加密；长江水道航运优势进一步发挥；江北机场国际航线增至 108 条；中新国际数据通道已为 200 余家企业提供服务；获批建设港口型、陆港型、空港型、生产服务型国家物流枢纽，互联互通的综合立体开放通道体系基本形成。重庆加快完善平台体系，中新互联互通项目金融服务、航空产业、交通物流、信息通信等重点领域合作深入推进，重庆自贸试验区制度创新成果集成，两江新区内陆开放门户效应凸显，重庆高新区升级版加速打造，新获一批国家级高新区、综合保税区，形成"战略平台+园区平台+功能平台+活动平台"的开放平台体系。重庆积极参与中非合作论坛峰会、中非地方政府合作论坛机制框架下的各项活动，不断巩固与非洲国家的传统友谊，助力中非全面战略合作伙伴关系建设。积极推进与加拿大、阿根廷、巴西、墨西哥、澳大利亚等地区主要国家的合作交流，开拓发展与萨尔瓦多、巴拿马、哥斯达黎加、阿塞拜疆、坦桑尼亚、乍得等国的友好关系，鼓励有实力的企业前往以上国家投资兴业，推进在经贸、基础设施、教育、医疗、旅游等领域合作。出台一系列稳外贸稳外资稳外经政策措施，提质发展开放型经济。

（三）积极拓展各领域对外交往，国际交往活跃度稳步提升

在疫情防控常态化形势下，重庆创新开展云会见、云巡展、云签约等线上交往活动，突破地域空间限制，推动对外交往联系不断、热度不减。充分发挥领馆、友城、国际组织等桥梁纽带作用，年均开展交往活动200场以上。重庆积极拓展国际交往"朋友圈"，外交部批准在渝设立领事机构增至13家，国际友好城市和友好交流城市分别达53对和115对。通过捐赠医疗物资、派遣医疗专家组、举办疫情防控交流视频会等多种形式，重庆助力59个国家、44个国际友城抗击疫情。加强文旅体育对外交流，设立17个文化旅游境外推广中心，举办澜湄合作、上海合作组织等多次大型涉外文旅活动和重庆国际马拉松等涉外体育赛事。深化科教人才对外合作，建设国家级国际科技合作基地19个，合作国别达32个。推进国际化特色高校和特色项目建设，中外合作办学机构和项目达59个。建立海外人才联络站55个。重庆深化与港澳台地区交流合作，举办重庆市港澳顾问年会、渝港金融论坛、重庆·澳门周等系列活动。时任香港特首林郑月娥2021年成功访渝。持续开展"重庆·台湾周"活动，不断吸引台资台企融入重庆发展。积极培育打造国际合作平台，欧洲重庆中心、中国（重庆）—上海合作组织智慧旅游中心、中国南亚国家减贫与发展合作中心等一批国际合作平台落地重庆并加快建设。

（四）积极营造良好交往环境，城市国际化水平持续提升

加快完善国际交往设施，高标准建设广阳岛国际会议中心、寸滩国际邮轮母港、九龙坡艺术半岛，建成投用重庆市规划展览馆、礼嘉智慧公园，培育打造一批外事参访点。积极挖掘重庆对外交往独特历史资源，加强驻渝外国机构旧址保护利用，启动建设外交外事历史陈列馆。重庆持续优化国际营商环境，在全国首批开展营商环境创新试点，积极对接《区域全面经济伙伴关系协定》（RCEP）等高标准国际经贸规则，全面实行外商投资准入前国民待遇加负面清单管理制度，持续提升投资贸易便利化水平。持续关注中

日韩自贸区谈判，积极引进日韩高层次国际化市场主体，吸引日韩跨国公司、大型企业来渝设立综合总部、地区总部和功能总部，扩大与日韩在智能制造、数字经济、金融等领域合作。挂牌设立重庆知识产权法庭、涉外知识产权调解中心，建立重庆域外法律查明服务中心，不断健全涉外法治体系。指定11家涉外医疗服务定点医院，设立2所外籍人员子女学校，备案招收国际学生的中小学增至158所。建设中西部地区首个省级移民事务服务中心。在全国率先开展国际消费中心城市培育建设，持续满足国际化服务和消费需求。

（五）充分发挥外事历史资源优势，持续提升国际传播能力

重庆积极争取中央和国家部门支持，进一步讲好中国共产党的故事，争取国际社会对我国外交理念、发展道路的更多理解和认同。加快推进国际化社区、国际学校、国际医院建设，为外籍人士在重庆工作生活提供便捷服务，营造"近悦远来"的良好氛围。持续提升国际传播能力，突出重庆元素、中国视角、国际表达，全方位展示重庆良好城市形象。重庆加快推进西部国际传播中心建设，iChongqing"爱重庆"海外传播矩阵建设成效显著，《中国桥都》《轨道上的都市区》等宣传视频全球传播量突破10亿次，进一步唱响"山水之城·美丽之地，重庆，行千里·致广大"形象品牌。用好史迪威博物馆、二战时期外国使领馆旧址等历史资源，通过邀请外国驻华使领馆及代表机构人员来渝访问、拍摄友好交往纪录片、举办视频交流会等多种方式，深化民间友好交往。

二　中西部国际交往中心建设形势分析

当前全球新冠肺炎疫情延宕反复，国际形势复杂变化，对重庆对外交往活动造成较大冲击，加之周边城市竞相扩大对外开放，对中西部国际交往中心建设提出了新的挑战。同时，风险挑战也带来了发展机遇。

（一）中新（重庆）战略性互联互通示范项目成为新名片

中新（重庆）战略性互联互通示范项目（以下简称中新互联互通项目）是习近平总书记亲自谋划、亲自部署、亲自推动的一项旨在全面提高对外开放水平的国家战略，是中新两国共建"一带一路"的示范性重点项目，是重庆发展的重大历史机遇。中新互联互通项目积极践行政策沟通、设施联通、贸易畅通、资金融通、民心相通等理念，聚焦发挥"陆海新通道"优势，以通道带物流、物流带贸易、贸易带产业，探索出实现区域互联互通的新路径。突破传统园区模式，聚焦金融服务、航空产业、交通物流、信息通信等重点领域，不断拓展合作领域和空间，开辟了跨区域、跨领域的政府间合作新模式。广泛复制推广中新互联互通项目合作成果，帮助西部地区企业解决融资难、融资贵、物流成本高等问题，助力重庆在中国西部地区带头开放、带动开放。联合办好系列国家级展会平台，推动新加坡及东盟其他国家政府、央行、金融机构、商协会、重点企业代表定期来渝，带动更多国际资源要素、管理经验和信息技术向重庆和中国西部地区聚集，有力促进重庆内陆开放高地建设。在中新互联互通项目框架下，积极加强政策创新、体制机制和商业模式创新，出台了跨境人民币创新业务试点、外债回流试点、中新国际数据通道等60多条创新举措。以中新互联互通项目"陆海新通道"为载体，建立中国西部省（区、市）与海南省、广东湛江市、湖南怀化市"13+2"的省际联席会议机制，设立陆海新通道物流和运营组织中心，带动相关省份共同参与"一带一路"建设。依托中新互联互通项目，重庆夯实与新加坡合作基础，积极争取澜湄合作机制秘书处在重庆设立办事机构，推动陆海新通道与澜湄合作深度对接。

（二）《区域全面经济伙伴关系协定》带来新动能

2022年1月1日，《区域全面经济伙伴关系协定》（RCEP）正式生效，给身处内陆腹地、站在开放前沿的重庆带来了巨大机遇。8月4日，重庆发布了《重庆市高质量实施〈区域全面经济伙伴关系协定〉（RCEP）行动计划》（以下简称《行动计划》），明确提出将通过实施贸易促进行动、补链强链行动、引资扩能行动、"渝商出海"行动、服贸提质行动、通道增效行动、平台升级行动、环境优化行动八大行动25项重点任务，助力重庆建设RCEP高水平开放合作示范城市，引导和鼓励重庆企业扩大RCEP经贸合作朋友圈。同时，将鼓励"中华老字号""重庆老字号"等特色企业在RCEP成员国开展品牌推广，展示巴渝文化内涵，拓展国外展销市场，提升产品附加值和品牌影响力。同时，充分利用重庆整车、肉类、水果、粮食等口岸功能，加大对澳大利亚、新西兰乳制品，对日本、韩国休闲食品、日用品，对东盟国家水果、海产品、中药材等特色消费品的进口力度，满足市民高品质生活需求。积极招引贸易总代理，培育打造RCEP进口商品直销中心、RCEP商品馆，丰富RCEP成员国优质商品供给。《三年行动计划》提出，引导RCEP成员国相关知名品牌在渝开设全球性、全国性和区域性品牌首店、旗舰店、连锁店，集聚国际高端知名品牌、原创设计师品牌、高级定制品牌等在渝首发首秀新品。

（三）成渝地区双城经济圈构建新格局

川渝强化双核联动、双圈互动、两翼协同，建立四级合作机制，召开省市党政联席会议，深入推进重庆主城都市区和成都"双城"联动联建，一批重大规划、重点改革、重要协议落地，成渝中线、成达万高铁等重大项目滚动实施，毗邻地区合作平台加快建设，推出多项川渝通办事项。持续推动"五个共建"（共建国际性综合交通枢纽、共建世界级先进制造业集群、共建西部科学城、共建西部金融中心、共建现代化国际都市）取得积极成效。重庆市域内，推动"一区两群"发挥优势、彰显特色、协同发展，主城都市区龙头带动作用不断增强，渝东北三峡库区城镇群生态优先、绿色发展步伐加快，渝东南武陵山区城镇群文旅融合、城乡协同发展有力有效，区域协同联动发展的美好图景正徐徐展开。

（四）融入共建"一带一路"步入新阶段

重庆制定全面融入共建"一带一路"加快建设内陆开放高地工作规划，加快实施拓展开放型经济体系、推进高水平制度性开放、提升城市国际化水平和推动区域协同开放等六大主要任务。在强化国内国际开放合作方面，积极融入以国内大循环为主体、国内国际双循环相互促进的新发展格局，优化国内国际开放合作空间，打造联结国内国际的战略性枢纽。加强"一带一路"国际合作，积极参与构建中国—中南半岛、孟中印缅、新亚欧大陆桥、中国—中亚—西亚、中蒙俄等国际经济走廊和国际多双边合作机制；加强与东盟全方位合作；加快融入 RCEP 大市场，建设 RCEP 先行示范区，扩大与共建"一带一路"国家经贸往来；加强国际产业合作，构建安全高效、分工协作的产业链供应链网络。

三　加快推进中西部国际交往中心建设的对策建议

重庆将深入贯彻党的二十大精神，坚定拥护"两个确立"，坚决做到"两个维护"，以全面贯彻落实、对外宣介党的二十大为首要任务，以建设中西部国际交往中心为主目标，以服务国家总体外交和服务全市经济社会发展为主方向，立足中西部，建设国际化、绿色化、智能化、人文化、现代化大都市，努力实现带头开放、带动开放。

第一，以服务国家总体外交为首要任务，更好地从全局谋划一域、以一域服务全局，着力提升重庆国际事务参与度。立足国家对重庆的战略定位，充分发挥重庆区位、生态、产业、体制等独特优势，更深融入国家发展战略和对外战略，加快实施中新互联互通项目、西部陆海新通道等重大国际合作项目，高质量完成中央交办的重大外事任务，积极构建立足中西部、联通东盟、面向世界的对外交往格局。

第二，以服务经济发展主战场为重要职责，用好两个市场两种资源，着力提升重庆经济发展外向度。进一步巩固扩大重庆通道优势、平台优势、产业优势，持续做好"通道带物流、物流带经贸、经贸带产业"文章，加快推动人流、物流、资金流、信息流向重庆聚集，更好利用两个市场、配置两种资源、对接两类规则，打造连接国内国际双循环的战略支点，树立对外开放的典范。

第三，以提升城市公共外交为重要抓手，加强对外人文交流，着力提升重庆城市品牌知名度。加大城市国际宣传力度，争取更多重大外事活动、重要节会展会、重大国际赛事等在渝举办，更多国际组织、外国领事机构、商务机构、办事机构、跨国企业等来渝落户，推动外事与文、商、旅、体等融合发展，深化渝港澳台交流合作，加快提升重庆城市美誉度和国际影响力。

第四，以城市更新提升为重要契机，丰富国际化功能要素，着力提升重庆开放环境舒适度。加快建设广阳岛国际会议中心、寸滩国际邮轮母港等国际交往设施，布局打造服务元首外交的国际活动场所。深入挖掘重庆对外交往历史，加快建设外交外事历史陈列馆，延续国际交往历史文脉。加快建设国际医院、国际学校、国际标识标牌和国际化社区，持续开展国际消费中心城市培育建设，培育打造国际一流营商环境，加速提升城市国际化水平。

第五，以防范化解涉外风险为重要内容，强化智力支撑和协同联动，着力提升国际交往功能保障度。坚持统筹发展和安全，牢固树立总体国家安全观，继续筑牢"外防输入"防线，加强外事服务管理，强化海外利益保护，为国际交往提供强有力安全保障。加强国际交往能力建设，深入开展国际交往调研，加强国际交往专题培训，引育一批国际交往高端智库，加强国际交往跨行业、跨区域协调联动，持续提升国际交往质量和水平。

参考文献

梁昊光等：《北京国际交往中心总论》，社会科学文献出版社，2020。
朱新光、苏萍：《上海国际化大都市公共外交发展报告》，上海三联书店，2016。

山清水秀美丽之地篇

B.24
重庆深入打好污染防治攻坚战的
进展、问题与建议

重庆市生态环境科学研究院课题组 *

摘　要： "十三五"时期，重庆市深入贯彻落实"水十条""气十条"
"土十条"，坚决打好污染防治攻坚战，阶段性目标圆满完成，
生态环境质量明显改善，长江上游重要生态屏障更加牢固，山清
水秀美丽之地建设成效显著。"十四五"时期，进入深入打好污染
防治攻坚战阶段，重庆坚持稳中求进工作总基调，立足新发展阶
段，完整、准确、全面贯彻新发展理念，融入和服务新发展格局，
以减污降碳协同增效为总抓手，以改善生态环境质量为核心，统
筹产业结构调整、污染治理、生态保护、应对气候变化，以高水
平保护推动高质量发展、创造高品质生活，推动绿色发展，促进

* 课题组成员：唐燕秋、杨振峰、袁秋平、牛晋兰、杨春、刘婷、刘影、林玲、车智涛。主要
执笔人：唐燕秋，重庆市生态环境科学研究院环境政策与规划研究所所长，正高级工程师，
主要研究方向为环境规划与政策；杨振峰，重庆市生态环境科学研究院，助理工程师，主要
研究方向为环境规划与政策。

人与自然和谐共生，全面开启山清水秀美丽之地建设新征程。

关键词： 污染防治 长江上游重要生态屏障 重庆

良好的生态环境是实现中华民族永续发展的内在要求，是增进民生福祉的优先领域，是建设美丽中国的重要基础。党的二十大报告提出，深入推进环境污染防治，持续深入打好蓝天、碧水、净土保卫战。2021 年，《中共中央 国务院关于深入打好污染防治攻坚战的意见》要求，巩固拓展"十三五"时期污染防治攻坚成果，保持力度、延伸深度、拓宽广度，以更高标准打好蓝天、碧水、净土保卫战，以高水平保护推动高质量发展、创造高品质生活，努力建设人与自然和谐共生的美丽中国。近年来，重庆市统筹"建、治、管、改"，突出抓症结、抓关键、补短板、强弱项，坚决打好污染防治攻坚战，34 个主要指标和 206 项重点工程全面完成，生态环境明显改善，厚植了全面建成小康社会的绿色底色和质量成色。2022 年 7 月，重庆市委、市政府印发《重庆市深入打好污染防治攻坚战实施方案》，要求进一步加强生态环境保护，深入打好污染防治攻坚战，加快建设山清水秀美丽之地。污染防治攻坚战从"十三五"的"坚决打好"到"十四五"的"深入打好"，标志着全市污染防治攻坚进入"深水区"，触及的矛盾问题层次更深、领域更广、要求更高，必须保持和加强生态环境保护的战略定力，在重点区域、重点领域、关键指标上实现新突破。

一 重庆深入打好污染防治攻坚战的总体形势分析

重庆市突出深入攻坚，建立深入打好污染防治攻坚战指挥长制和项目责任制，由市委书记任总指挥，市政府市长任副总指挥，各项重点工程分管市领导任指挥长，牵头单位主要负责人任副指挥长，确保各项工作顺利推进。加强攻坚战效果追踪，建立工作台账，开展定期调度，强化成效考核及结果运用，全面保障深入打好污染防治攻坚战见成效、出战果。目前，《重庆市深入打好污染防治攻坚战实施方案》主要指标和重点工程稳步推进,重庆发展更低碳、水体更洁净、空气更清新、土壤更安全、城市更宁静、生态更良好、环境更安全,山清水秀美丽之地建设迈出坚实步伐。

(一)加快推动绿色低碳发展

一是有序推进碳达峰行动,印发实施碳达峰碳中和实施意见,加快构建碳达峰碳中和"1+2+6+N"政策体系[①],建成并上线全国首个涵盖碳履约、碳中和与碳普惠的"碳惠通"生态产品价值实现平台;组建全国首个区域性气候投融资产业促进中心,进一步深化气候适应型城市试点,两江新区成功入选全国首批气候投融资试点地方名单;在全国率先将碳排放管理纳入环评和排污许可,实现温室气体排放清单编制区县"全覆盖";在"十三五"低碳系列试点基础上,探索多领域近零碳建设,印发《重庆市近零碳园区建设指南(试行)》,启动全市近零碳园区试点工作。二是加快推进能源清洁低碳化,加快推进外电入渝,增加市外清洁能源输入,加快推动风能、太阳能就地就近开发利用,因地制宜开发水能。实施可再生能源替代行动,提高电气化水平,提高电能占终端能源消费比重。三是严把高耗能高排放项目准入关口,依法依规淘汰落后产能和化解过剩产能,稳步推进"两高"项目整改。四是努力发挥绿色发展示范作用,高起点高标准高质量推进广阳岛片区长江经济带绿色发展示范建设,围绕"长江风景眼、重庆生态岛"定位,加快打造广阳湾智创生态城,2021年,广阳岛入选"中国生态修复典型案例",广阳岛片区长江经济带绿色发展示范项目作为国内第一批生态环境导向的开发(EOD)模式试点项目典型案例在全国环境治理模式创新培训班上进行经验交流;积极推进国家级绿色工厂、绿色园区、绿色设计产品、绿色供应链和市级绿色工厂、绿色园区创建工作,战略性新兴产业增加值占规上工业增加值比重显著提升。五是严格实行生态环境分区管控,

---

① "1"即重庆市碳达峰碳中和实施意见;"2"分别是重庆市"十四五"碳达峰行动计划和到2030年的碳达峰实施方案;"6"是能源、工业、交通运输、城乡建设、农业农村、新基建等6个重点领域实施方案;"N"是科技创新、碳汇能力、统计核算、市场机制、财政金融等系列支撑保障方案。

加强"三线一单"成果在政策制定、环境准入、园区管理、执法监管等方面的应用。六是加快构建绿色生活方式，将生态文明教育纳入国民教育体系，实施垃圾分类，深化绿色创建，推动形成全民共建共享格局。

（二）深入打好碧水保卫战

2021年，全市地表水总体水质为优，Ⅰ～Ⅲ类水质占95.9%，74个国家考核断面中Ⅰ～Ⅲ类水质占98.6%。2022年1～9月，全市地表水总体水质为优，Ⅰ～Ⅲ类水质占94.8%，74个国家考核断面中Ⅰ～Ⅲ类水质占97.3%。一是进一步深化城市黑臭水体治理，印发"十四五"城市黑臭水体整治环境保护行动工作方案，推进"清水绿岸"河段治理提升，建设全国黑臭水体治理示范城市。二是持续打好长江保护修复攻坚战，聚焦不达标流域、重点河流，专班督战濑溪河等重点流域综合治理，深化日调度、周分析、月研判工作机制，开展工业集聚区污水处理设施整治专项行动，码头船舶污染物接收设施覆盖率达到100%。三是全面保障饮用水安全，持续开展饮用水水源地环境保护"回头看"专项行动，建立问题台账逐一整改销号，让老百姓喝上干净水、放心水、安全水。四是不断强化流域区域协同治理，统筹深化长江入河排污口排查整治，完成干流排污口年度整治任务；以嘉陵江流域"四川条例"+"重庆决定"形式开启川渝两省市在推进流域生态环境保护方面的首次协同立法尝试，开展铜钵河、大清流河等流域水环境治理试点示范，开展美丽河湖建设，已创建市级美丽河湖13个。

（三）深入打好蓝天保卫战

2021年，全市空气质量优良天数326天，评价空气质量6项指标均达到国家二级标准，无重污染天气。2022年1～9月，全市空气质量优良天数251天（同比增加4天），无中度及以上污染天气。一是着力打好重污染天气防范攻坚战。修订《重庆市重污染天气应急预案》，持续开展常态化督导帮扶和夏季臭氧（O_3）、冬春季细颗粒物（$PM_{2.5}$）污染攻坚行动，检查指导企业5200家次。二是着力打好臭氧污染防治攻坚战。深化工业企业挥发性有机物（VOCs）治理、重点行业企业深度治理、锅炉清洁能源改造和低氮燃烧改造，推进氮氧化物（NOx）和挥发性有机物协同减排，治理和改造430家企业。三是继续打好柴油货车污染治理攻坚战。积极开展老旧车淘汰治理、新能源汽车推广、中心城区公交车和出租车等纯电动化、机动车路检、加油站油气回收抽测、超标车辆和冒黑烟车辆查处等工作，淘汰治理老旧柴油货车15万辆，推广新增新能源汽车14万辆。四是全面加强大气面源污染治理。创建和巩固扬尘示范工地、道路1200余个（条），出台实施建设工程施工扬尘控制标准，开展建筑工地和道路扬尘污染防治专项执法行动；深化餐饮油烟、露天烧烤综合整治和露天焚烧管控，抽测餐饮油烟2500余家次；巩固主城都市区烟花爆竹禁放成效并扩大禁放范围，完成涉气中小微企业整治3万余家，新划定高污染燃料禁燃区200多平方公里。

（四）深入打好净土保卫战

2021年，全市土壤环境质量总体稳定，受污染耕地安全利用率99.1%，重点建设用地安全利用率初步核算结果为"有效保障"。一是持续打好农业农村污染治理攻坚战，加强农业面源污染监测，推动设立共建、共享的农业农村生态环境综合性监测评价平台。落实中央农村环境整治资金7200余万元，以农村生活污水、黑臭水体和饮用水水源地保护为重点，全面完成建制村环境整治年度任务。二是深入推进农用地土壤污染防治和安全利用，持续开展农用地土壤镉等重金属污染源排查整治，全面完成国家下达的农用地土壤污染防治目标任务。三是有效管控建设用地土壤污染风险，持续推进疑似污染地块土壤污染状况调查、土壤污染风险评估和污染地块治理修复工作，动态更新建设用地土壤污染风险管控和修复名录。四是稳步推进"无废城市"建设，在全国率先开展跨省域"无废城市"共建，危险废物精细化管理、"五个结合"① 构建全民行动体系、餐厨垃圾全量资源化利用、城镇污水处理厂污泥无害化处置、"一网多用"构建废弃农膜回收体系等5项经验做法入选国家《无废城市建设：模

---

① 统筹谋划与协同联动结合、普及性与典型性结合、阶段性与持续性结合、教育引导与氛围营造结合、传统模式与创新手段结合。

式探索与案例》。五是持续强化危险废物和医疗废物环境监管，固体废物污染防治大数据平台进一步完善，2022年完善危险废物产生单位、经营单位等"五个清单"，660余家重点单位实施精细化管理；与四川、云南、贵州建立危险废物跨省转移"白名单"制度；切实抓好医疗废物收运处置，构建"平战结合"的医疗废物处置体系，做到医疗机构、集中隔离点及设施环境监管与服务100%全覆盖，医疗废物、医疗废水及时有效收集转运和处理处置100%全落实。六是推动开展新污染物治理，全面落实《优先控制化学品名录》等管理要求。七是严格防控重金属环境风险，实施重金属总量替代调配，推进实施重金属重点减排项目，淘汰涉重生产线（车间）50家，促进南川、万州新建电镀园区项目落地。八是持续加强地下水污染协同防治，全市地下水环境质量保持稳定，2021年，纳入考核的22个地下水环境质量国家考核区域点位水质V类比例为13.6%，优于国家考核目标（27.3%）。

（五）深入实施噪声污染防治行动

2021年，全市声环境质量总体保持稳定，功能区声环境达标率为97.1%。2022年前三季度，功能区声环境质量达标率为96.7%。一是全面管控生活噪声，继续把广场舞（坝坝舞）噪声扰民列为整治重点，建立重点整治任务清单，针对商业经营活动类噪声开展重点专项整治，2021年创建安静居住小区38个，复查安静居住小区67个。二是深化防控交通噪声，组织开展突出交通违法专项整治行动，开展禁鸣执法，依法实施限行管控、查处机动车违法鸣笛等交通违法行为，2021年全市新建道路隔声屏5620米，建设道路降噪绿化带57.3万平方米，铺设低噪声路面170万平方米。三是严格控制建筑施工噪声，实施夜间建筑施工违法扰民问题专项整治，推进智慧工地建设，引导建设单位按标准建设施工噪声监测系统。四是深入整治工业噪声，积极化解工业噪声扰民群众投诉热点问题。五是扎实开展"严查噪声污染确保高中考环境"专项执法行动，全力营造安静良好的学习生活考试环境。

（六）切实维护生态环境安全

一是持续提升生态系统质量，在渝东北、渝东南地区开展人工造林、封山育林、退化林修复等项目建设，高质量推进水土流失综合治理，2021年全市新增治理水土流失面积913平方公里，水土保持率和水土保持生态功能持续提升。二是大力加强生物多样性保护，印发《重庆市生物多样性保护行动计划（2022—2025年）》，成立重庆市生物多样性保护委员会，上线联合国《生物多样性公约》缔约方大会第十五次会议（COP15）重庆展览馆；完成万州区、开州区、城口县等15个区县外来入侵物种野外调查以及云阳县、垫江县、秀山县区域生物多样性本底调查，有序推进巫溪阴条岭、黔江武陵山、南川金佛山和南岸广阳岛生物多样性观测站建设。三是强化自然保护地监管，持续实施"绿盾"行动，开展国家级和市级自然保护区点位核查，及时发现自然保护地违法违规问题并加快推进整改。四是严密防范环境风险，定期召开环境安全暨防范化解生态环境领域重大风险调度会议，突出抓好"以案促建 提升环境应急能力"专项活动，全面推广"南阳实践"经验，开展"两会一节""汛期""环境安全大排查大整治大执法"环境安全专项行动，与毗邻的四川、贵州、湖南、湖北4省签订跨省流域上下游突发水污染事件联防联控协议，2022年8月连晴高温天气期间，成立18个督导组对25个重点区县生态环境安全工作开展专项督导，坚决做到"三个不放过"①，严格落实"五个第一时间"②要求。全市连续15年未发生重特大突发环境事件③，牢牢守住了生态环境安全底线。五是严格确保核与辐射安全，持续开展全市辐射安全风险评估和辐射安全隐患排查三年行动。

（七）不断提升生态环境治理现代化水平

一是深入推进生态文明体制改革，坚持问题导向和目标导向，生态文明制度体系不断完善；《重庆市建设绿色金融改革创新试验区总体方案》获得

---

① 责任不落实不放过、整改不到位不放过、问题不销号不放过。
② 第一时间报告、第一时间赶赴现场、第一时间开展监测、第一时间向社会发布信息、第一时间组织开展调查。
③ 《重庆市人民政府关于近五年环境质量状况和环境保护目标完成情况的报告》（2022年7月21日在市五届人大常委会第三十五次会议上），https：//www.cqrd.gov.cn/article? id = 345765423231045，2022年10月24日。

批复，重庆成为全国首个全域开展国家级绿色金融改革创新试验的省级经济体。二是全面强化生态环境法治保障，制定出台《重庆市生活垃圾管理条例》，修正《重庆市大气污染防治条例》《重庆市环境保护条例》等地方法规，推进制定《重庆市土壤污染防治条例》《重庆市固体废物污染环境防治条例》和修订《重庆市环境噪声污染防治办法》的前期调研起草工作。三是加快健全生态环境经济政策，健全绿色金融服务体系，持续推动环境高风险领域环境污染责任保险工作，稳步推进生态环境损害赔偿工作，全面实施企业环境信用评价，加快推进环境信用体系建设。四是加快补齐环境基础设施短板，2021年，新改扩建11座城市污水处理厂，完成243座乡镇污水处理设施达标改造，建设改造1890公里城镇污水管网；完善102座港口码头船舶污染物固定接收设施建设，建成投用危险废物集中焚烧填埋设施5座、医疗废物集中处理设施25座。五是持续提升生态环境监管执法效能，全面落实"企业自查、区县检查、市级督导"机制，进一步加强生态环境"双随机一公开"监管，全面建立监督执法正面清单制度及动态更新机制。六是深化推进生态环境监测现代化，优化调整"十四五"时期水、大气、土壤、声等生态环境监测网络；开展农业面源监测技术规范、有机食品生产基地环境监测、碳监测评估试点工作，其中，碳监测评估成功纳入国家试点。七是不断强化生态环境服务型科技创新，创建重庆市绿色智能环保技术与装备技术创新中心，深化拓展一体化生态环境大数据平台，中国环境科学研究院西南分院成功落地重庆。

（八）大力推进成渝地区双城经济圈生态共建环境共保

一是共商环境管理。生态环境部、国家发展改革委、重庆市人民政府、四川省人民政府联合印发实施《成渝地区双城经济圈生态环境保护规划》，川渝两省市分年度联合制定成渝地区双城经济圈生态共建环境共保工作要点。各级各有关部门累计签订落实生态环境保护合作协议90余项，交流合作广度深度不断拓展。共同编制玻璃、陶瓷工业大气污染物排放标准和页岩气开采业水污染物排放标准，共同修订长江经济带发展负面清单实施细则。

二是共抓生态保护。联合编制"六江"生态廊道建设规划，协同推行林长制，共同设立环资司法协作巡回法庭，统筹建立成渝地区双城经济圈及周边地区"三线一单"生态环境分区管控制度，协同实施长江"十年禁渔"。三是共治跨界污染。推进跨界水体协同保护，协同立法保护嘉陵江流域生态环境，常态化开展跨界河流联合"巡河"，对跨区域、跨流域突出生态环境问题同时督察、同步交办、同标准整改。深化推进大气污染联防联控，建立水泥行业常态化错峰生产制度，协同修订重污染天气应急预案，开展蓝天保卫战联动帮扶，共享空气质量监测数据。强化联合执法力度，共同发布典型案例，共同防范区域环境风险，签订联合执法工作机制、联合执法及环境风险防范备忘录、突发环境事件联防联控合作协议，开展毗邻地区突发环境事件隐患联合排查整治工作。四是共推绿色发展，出台《成渝地区双城经济圈碳达峰碳中和联合行动方案》，发布《推动川渝能源绿色低碳高质量发展协同行动方案》，联手打造成渝地区双城经济圈绿色技术创新中心和绿色工程研究中心，推进成渝"电走廊""氢走廊""智行走廊"建设。

二 重庆深入打好污染防治攻坚战面临的困难

（一）环境质量持续改善任务艰巨

重庆市产业结构"偏重"①、能源结构"偏煤"②、运输结构"偏公

---

① 根据《中华人民共和国 2021 年国民经济和社会发展统计公报》《第二次全国污染源普查公报》《2021 年重庆市国民经济和社会发展统计公报》《重庆市第二次全国污染源普查公报》，重庆市一二三产业占比分别为 6.9%、40.1%、53.0%，全国一二三产业占比分别为 7.3%、39.4%、53.3%，重庆市第二产业比重略高于全国平均水平。重庆市工业源二氧化硫、颗粒物排放量分别为 10.49 万吨和 16.84 万吨，分别占各自排放总量的 81.4% 和 68.3%，全国工业源二氧化硫、颗粒物排放量分别占各自排放总量的 76.0% 和 75.4%，二氧化硫、颗粒物等大气污染物在重庆市工业领域尤其是重化工领域排放水平较高，且高于全国平均水平。

② 根据《中华人民共和国 2020 年国民经济和社会发展统计公报》《重庆市能源发展"十四五"规划（2021—2025 年）》，2020 年，全国发电装机容量 220058 万千瓦，其中火电装机容量 124517 万千瓦，占比 56.6%，重庆市发电装机容量 2607 万千瓦，其中火电装机容量 1663 万千瓦，占比 63.8%，高于全国平均水平 7.2 个百分点。

路"① 问题突出，生态环境保护结构性、根源性问题短时间内难以根本改变，制约生态环境质量进一步提升。"十四五"时期，国家下达环境质量考核目标对重庆提出了更高要求。随着污染物浓度的降低，污染治理的边际效应逐步凸显，要在较高水平上进一步改善环境质量，需要更尖端的科技支撑、更强有力的举措和更高昂的成本。大气环境方面，区域性大气污染特征明显，在特定气象条件下，往往容易形成区域性连片污染，交通污染成为大气污染的主要来源之一，臭氧污染日益突出，空气质量持续改善压力极大。水环境方面，全市国家考核断面数量由 42 个增至 74 个，全市水环境质量改善成效还不稳固，部分河流水质不能稳定达标，水质容易反弹，水资源利用与保护仍有差距，水生态保护与修复亟须加强，水生态安全保障面临诸多挑战，全市水生态环境保护与恢复任务依然繁重。②

（二）污染防治短板亟须加快补齐

城市污水管网、乡镇及农村污水处理设施建设等还有短板，中心城区雨天生活污水溢流等基础设施"底板性"问题还需深入整治。全市危险废物利用处置设施结构不平衡，工业固体废物集中处置缺口大，固体废物处置能力存在短板。土壤、地下水和农业农村生态环境保护基础相对薄弱，农村污染防治设施、饮用水水源地保护措施等长效运行维护问题尚未解决，农业面源污染防治工作起步较晚，历史欠账多，缺乏系统的农业面源监测评估体系和精准的防治目标，还未完全从内部治理转向生态环境系统保护。③ "重建

---

① 根据《中华人民共和国 2021 年国民经济和社会发展统计公报》《2021 年重庆市国民经济和社会发展统计公报》，2021 年，全国公路、铁路、水路货运量分别为 391.4 亿吨、47.2 亿吨、82.4 亿吨，分别占比 75.1%、9.1%、15.8%；重庆市公路、铁路、水路货运量分别为121185.16 万吨、1592.82 万吨、21461.83 万吨，分别占比 84.0%、1.1%、14.9%，重庆市公路货运量占比高于全国平均水平 8.9 个百分点。

② 《重庆市水生态环境保护"十四五"规划（2021—2025 年）》，http：//sthjj.cq.gov.cn/zwgk_ 249/zfxxgkml/zcwj/qtwj/202206/t20220614_ 10812955.html，2022 年 6 月 14 日。

③ 《重庆市人大常委会调研组关于重庆市农业面源污染防治工作情况的调研报告》（2021 年 7 月 26 日在市五届人大常委会第二十七次会议上），https：//www.cqrd.gov.cn/article？id＝312391，2021 年 10 月 11 日。

设、轻维护"现象仍存在,污染防治设施不正常运行等现象尚未完全杜绝,导致设施未能充分发挥环境效益。

(三)生态环境风险防控压力较大

全市较大及以上环境风险企业多,风险防控压力大。煤矸石、冶炼废渣、磷石膏、赤泥等大宗工业固体废物遗留存量较大,长期堆存造成较大环境风险。全市 24 个工业园区位于"三江"沿岸,1 公里范围内有化工企业 32 家(当前正常生产 25 家),水环境风险防范压力大。① 垃圾焚烧厂、污水处理厂、固体废物处置设施、通信基站等项目建设引发的"邻避"现象时有发生。生态环境问题投诉举报量大,噪声和大气污染占投诉案件的 90%以上。② 公众对生态环境质量的敏感性日益增强,对环境风险的容忍度越来越低,环境维权行为普遍增多,环境污染引发的社会矛盾成为社会不稳定因素之一。

(四)保障支撑水平还需继续提高

在"双碳"目标引领的背景下,生态环境治理的思想观念、工作方式亟须加快转变,推进绿色低碳发展、推动减污降碳协同增效的重点、方式、抓手亟须系统明确。生态环境科技创新还处于蓄势阶段,科研体制机制仍需研究完善,创新平台建设、创新成果转化等需要高起点谋划、高标准落实。生态环境投融资、市场交易等市场化政策机制还需进一步健全,生态环境保护督察、监测、执法、智慧化监管等能力建设还有明显弱项,系统加强监管能力建设的任务依然较重。

---

① 《重庆市水生态环境保护"十四五"规划(2021—2025 年)》,http://sthjj.cq.gov.cn/zwgk_249/zfxxgkml/zcwj/qtwj/202206/t20220614_10812955.html,2022 年 6 月 14 日。

② 根据《2021 年重庆市生态环境状况公报》,2021 年全市共受理生态环境污染投诉案件 60313 件,同比上升 14.2%。其中涉及噪声污染 36904 件,同比上升 22.3%,大气污染 17613 件,同比上升 8.0%;噪声和大气污染投诉案件占比 90.4%。

三　2023年重庆深入打好污染防治攻坚战的对策建议

（一）深入攻坚聚焦，加快补齐短板

聚焦关键目标抓攻坚，加力督促开展流域系统治理、综合治理、源头治理，持续打好长江保护修复攻坚战和农业农村污染治理攻坚战；强化臭氧和颗粒物污染协同控制，从源头上分类施策、精准防治，切实降低污染物浓度；加快推动产业结构、能源结构、交通运输结构、用地结构调整。聚焦重点任务抓推动，加强深入打好污染防治攻坚战调度通报和评估考核，推动各项任务打表落实。深入推动成渝地区双城经济圈生态共建环境共保，推进全域"无废城市"建设和成渝地区双城经济圈"无废城市"共建、危险废物利用能力共建共享、生物多样性保护等重要专项工作。聚焦突出问题抓整治，做好生态环保督察整改工作，加强专项督察、日常督察、暗查暗访，严格销号管理，提升整改质效；督促加快解决锰渣场和铅锌矿整治、中心城区生活污水溢流治理等重点难点问题，督促妥善解决涉自然保护地问题，扎实抓好农业面源污染防治工作，举一反三解决各类突出生态环境问题，持续消化存量、严控增量、防止变量。

（二）构建创新体系，激发改革动能

围绕"双碳"目标，组织专门力量，就推动绿色低碳发展、推动减污降碳协同增效开展系统研究，系统明确工作新模式、新机制、新措施。突出抓好生态环境科技创新，开展重点治理领域科技攻关和科技创新，实施科技帮扶，提高科学治污、精准治污能力。加快环境治理模式创新，积极争取更多 EOD 试点。加快推动将生态文明纳入教育体系，加强生态文化传播方式创新，引导形成敬畏生态、崇尚绿色、保护环境的良好社会风向。以问题为导向，健全生态环境政策研究工作体制、强化能力建设，提高生态环境政策研究的统筹度和有效性。抓好生态环境监测能力建设，协同强化市和区县监测网络、监测领域、监测人才、监测效能、监测保障体系建设，持续提高监测辅助决策的水平。抓好智慧监管能力建设，推动大数据应用、智能化管理由"形似"到实用、管用、好用转变。

（三）健全投资机制，强化资金保障

进一步加强深入打好污染防治攻坚战实施与财政规划、年度预算、政府投资计划的衔接协调，推动财政性资金优先投向深入打好污染防治攻坚战确定的重大任务和重大工程项目。建立多元化融资渠道，发挥市场机制配置资源的基础性作用，支持深入打好污染防治攻坚战项目进行设备融资、发行企业债券和上市融资等。加快深入打好污染防治攻坚战建设项目市场化、产业化进程，保障资金投入与深入打好污染防治攻坚战任务相匹配。健全环境治理市场体系，培育环保产业，依法保护各类市场主体，完善资金投入机制，引导各类资本参与环境治理投资、建设、运行，完善"污染者付费+第三方治理"、排污权、绿色基金等生态环境经济政策，完善市场化多元化生态保护补偿机制。

（四）加大监管力度，保障环境安全

坚持以人民为中心，紧盯污染防治重点领域和关键环节，集中力量攻克老百姓身边的突出生态环境问题，确保生态环境质量改善的速度能够追赶上群众对生态环境质量要求提高的速度。做好环保宣传和舆论监督引导，及时化解"邻避"问题、妥善处理环境投诉问题。有机整合各区县队伍、物资、装备等数据信息，强化环境应急资源信息共享，加强环境应急人才队伍建设，加大社会团体、应急专家以及人民群众参与环境应急工作力度，挖掘社会参与潜力。强化自然保护地、生态保护红线等监管，加大生态破坏问题监督和查处力度，建立生态保护红线生态破坏问题监督机制，深入推进"绿盾"行动，守住自然生态安全边界。全面建立"事前、事中、事后"全过程、多层级环境风险防范和应急处置体系，推进重点化工园区有毒有害气体及重点流域区域水生生物毒性预警体系建设。构建完善例行督察、专项督

察、日常督察和驻点督察"四位一体"督察工作体系，加强生态环保督察突出问题整改落实，强化督察结果运用和跟踪问效。健全环境治理监管体系，加强系统监管和全过程监管，构建集污水、垃圾、固体、危废、医废处理处置和监测监督能力于一体的环境基础设施体系。

参考文献

《习近平在中国共产党第二十次全国代表大会上的报告》，2022年10月16日。

《2021年重庆市生态环境状况公报》。

《中华人民共和国2021年国民经济和社会发展统计公报》。

生态环境部、国家统计局、农业农村部：《关于发布〈第二次全国污染源普查公报〉的公告》，2020年6月8日。

《2021年重庆市国民经济和社会发展统计公报》。

重庆市第二次全国污染源普查领导小组办公室：《重庆市第二次全国污染源普查公报》，2020年9月。

《重庆市人民政府办公厅关于印发重庆市能源发展"十四五"规划（2021—2025年）的通知》（渝府办发〔2022〕48号）。

《重庆市生态环境局关于印发〈重庆市水生态环境保护"十四五"规划（2021—2025年）〉的函》（渝环函〔2022〕347号）。

《重庆市人大常委会调研组关于重庆市农业面源污染防治工作情况的调研报告》（2021年7月26日在市五届人大常委会第二十七次会议上）。

《重庆市人民政府关于近五年环境质量状况和环境保护目标完成情况的报告》（2022年7月21日在市五届人大常委会第三十五次会议上）。

B.25
重庆三峡库区腹心地带生态保护修复
进展与展望

重庆市规划和自然资源局

摘　要：　"保护好三峡库区和长江母亲河""筑牢长江上游重要生态屏障"
是党中央、国务院赋予重庆的重大历史使命。重庆把贯彻落实习
近平总书记的殷殷嘱托摆在首要位置，坚持山水林田湖草沙一体
化保护修复和系统治理思路，"十四五"期间，以实施三峡库区
腹心地带生态保护修复为抓手，统筹推进长江左右岸、干支流、
槽谷地带、山上山下协同治理，协同重庆中心城区国家工程试点
成效，持续提升三峡库区水源涵养、水土保持、水质净化、固碳
增汇、生物多样性保护等生态服务功能，进一步筑牢长江上游重
要生态屏障，助力重庆市加快建成山清水秀美丽之地。

关键词：　三峡库区　山水林田湖草沙　生态修复

以习近平同志为核心的党中央高度重视长江经济带特别是重庆三峡库区
生态保护修复。总书记于 2016 年、2018 年、2020 年三次在长江经济带座谈
会上做重要讲话，每次都强调"要把修复长江生态环境摆在压倒性位置，
共抓大保护，不搞大开发"。2016 年和 2019 年两次视察重庆，强调"保护
好三峡库区和长江母亲河，事关重庆长远发展，事关国家发展全局"。《长
江保护法》要求"加强三峡库区消落区的生态环境保护和修复，加强库区
水土保持和地质灾害防治工作"。重庆强化"上游意识"，勇担"上游责
任"，扎实开展生态文明建设，努力在推进长江经济带绿色发展中发挥示范

作用。"十三五"期间，重庆把实施重大生态修复工程作为推动长江经济带发展的优先选项，统筹山水林田湖草系统治理，大力实施山水林田湖草国家试点工程、国土绿化提升行动、蓝天碧水净土保卫战等一系列重点项目，推动生态质量提升，在生态发展之路上迈出坚实步伐。"十四五"期间，重庆继续在三峡库区中心位置开展山水林田湖草沙一体化保护修复，协同三峡库区库首和库尾山水林田湖草国家试点工程成效，进一步增强三峡库区生态系统稳定性，确保三峡库区生态功能稳定高效发挥。

一　三峡库区腹心地带概况

三峡库区位于"三区四带"中的长江重点生态区，涉及三峡库区水土保持、武陵山区生物多样性与水土保持两个国家重点生态功能区，是我国最大的淡水资源战略储备库，维系全国35%的淡水资源涵养和长江中下游3亿多人的饮水安全，也是南水北调中线工程重要的补充水源地，为全国约一半人口提供用水，关系国家总体生态安全。

三峡库区腹心地带位于库区中间段，处于北纬29°21′~31°4′、东经106°56′~109°14′之间，是低山向中山过渡地带，包含涪陵区、丰都县、忠县、万州区、云阳县、石柱土家族自治县6个区县，辖区面积15067平方公里，涉及长江干流338公里。以长江为主干，拥有大小支流574条，包括长江一级支流38条、二级支流45条，水资源总量145.47亿立方米，约占三峡库区的27%。长江两侧山体屏障呈带状分布，南北两侧逐渐向长江河谷倾降，峡、沱、岛、半岛、湾、沱等特色地貌丰富，涪陵坪西坝、忠县皇华岛和忠县石宝岛3处江心岛常年出露。林地资源丰富，约占54.77%，具有针叶林多、阔叶林少、纯林多、混交林少的特点，树种类型包括马尾松、柏木、杉木、柳杉、竹林、桉树等，以马尾松林为主，林地结构简单。沿江宽缓地带农业耕作集中，占比33.50%，集中分布于长江以北低山区以及方斗山与七曜山间的槽谷地带，以缓坡耕地为主，陡坡耕地占比高于毗邻的四川省、云南省、贵州省等，陡坡耕作现象普遍。

三峡库区腹心地带经济人口沿江集聚，资源环境承载压力较大。2020年常住人口 480.51 万人，占全市的 14.99%，其中移民人口约 70 万人，占库区移民总人口的比例高达 53%。2020 年 GDP 为 4085.72 亿元，占全市的 16.34%，人均地区生产总值 6.9 万元。万州、涪陵、云阳等 6 个区县城区均沿江分布，约 93.6% 的乡镇（街道）分布于长江干流及其一级、二级支流沿线，约 75.3% 的建设用地分布在长江、乌江、龙河等重要河流，江城、江镇、江村、江景交相辉映。历史人文底蕴厚重，"抗战文化""井盐文化""忠文化"历史悠久，"水下碑林"白鹤梁、北岩点易洞、丰都鬼城、"江上明珠"石宝古寨、"千年古道"西沱古镇等珍贵自然遗产丰富。良好的山水人文禀赋客观上对生态环境要求非常之高，同时也是践行"绿水青山就是青山银山"的坚实基础。实施生态保护修复和综合利用，改善库区生态环境，盘活历史人文资源，以生态修复带动生态旅游、绿色康养、库区特色农副产品品牌等生态产业发展，调整生产力模式，促进"红色资源"转化为"绿色经济"，也是推动移民县人民安稳后加快富起来的最优解。

二　三峡库区腹心地带面临的主要生态问题

三峡库区腹心地带总体存在生态系统敏感脆弱、稳定性差等问题，具体表现为水土流失分布广、局部石漠化问题突出、消落区稳定性和生态功能低、小流域面源污染风险大、生物多样性降低等，直接威胁三峡库区整体水环境质量和水生态安全。

（一）水土流失量大面广

2020 年，三峡库区重庆段水土流失面积 1.57 万平方公里，相比 1995年减少了 48.53%，水土保持综合治理取得了显著成效，但当前水土保持能力仍不理想，水土流失问题依然突出，是长江经济带水土流失最为严重的区域之一，受长期坡地农业生产、城镇开发建设与降水量显著增加影响，水土流失防治压力严峻，水土流失导致大量泥沙持续不断地淤积于库区，直接威胁三峡库区生态环境质量安全。

根据市水利局土壤侵蚀遥感调查数据，区域内水土流失总面积 5442.93 平方公里，占总面积的 36.12%，高于全国平均水平（28.15%），远高于长江流域平均水平（18.81%），是长江经济带水土流失最为严重的区域之一。中度及以上土壤侵蚀面积达到 1694.04 平方公里，万州、云阳境内水土流失问题尤为严重。

（二）消落区稳定性和生态服务功能低

三峡水库 175 米蓄水后，季节性水位涨落，形成高差约 30 米的消落区，在长期水体浸泡和雨水冲刷下，库岸地下水位显著抬高，水体压力变大，岩体稳定性大幅度下降。加之河床长期受冲刷、切割侵蚀，部分库岸变形破坏强烈，诱发崩塌、滑坡、泥石流等地质灾害。据统计，消落区影响范围内地质灾害隐患点达 1026 处，是威胁库区城镇安全的重大隐患，易造成房屋、耕地和设施损毁，以及河道堵塞，形成险滩与涌浪碍航断航，危及库周群众居住与航运安全。

消落区尚未自然演替形成成熟的生物群落，除部分平缓地带在低水位出现季节性草本植被，其余地区多为裸露地表，使得水质净化、水生生境构建、生物多样性维育等生态功能低。同时，平缓的消落区普遍存在被季节性利用的现象。根据区域内遥感监测和实地调研发现，区域内长江沿岸近 13.6% 的消落区湿地存在农业种植、生产占用等问题，加剧了三峡库区面源污染风险。

（三）面源污染风险大

蓄水以来，三峡库区水面加宽、流速放缓，水体自净能力下降，种植污染、零散居民点生活污染和畜禽污染等面源污染风险日益突出，严重威胁三峡库区国家战略性淡水资源安全。

根据市生态环境局公布数据，受面源污染影响，库区一级支流 72 个断面中 25% 的断面呈富营养化。其中，忠县黄金河卫星桥（国控）断面受沿岸农业陡坡耕作影响,平时水质稳定为Ⅱ类,但一旦遭遇夏季强降雨,迅速下降为Ⅲ类水质,水质超标明显;受城区居民生活与工业生产影响,石柱县龙河胡海场(国控)、丰都县渠溪河木瓜洞(国控)等断面水质不稳定,2021年60%以上的时间为Ⅲ类水质,水污染风险加剧;长江清溪场(国控)和苏家(国控)断面在6~9月受降雨影响,污染物汇聚,水质由平时的Ⅱ类下降为Ⅲ类,水质不稳定。

腹心地带北部以缓坡丘陵为主,耕地分布集中,是重庆市重要粮食产区,分布有大量的玉米、水稻、榨菜、桑树、柑橘等主要粮经作物,生产过程中对化肥需求较高。据2020年统计年鉴,区域内化肥施用量18.58万吨,占全市的20.40%,农药使用量4378吨,占全市的26.47%。根据叠加分析,区域内长江及其一级、二级支流沿线500米范围内有耕地629平方公里,并以15°以上坡耕地为主,集中分布于北部汝溪河、干井河等流域。在高强度集中降雨的影响下,坡耕地中未被利用的氮、磷、钾等物质极易随地表径流进入水域,导致面源污染,水质下降。

(四)生物多样性受到威胁

三峡水库蓄水运行后,区内水文条件变化部分生物原生生境丧失,生物种群数量减少,高等维管束植物种类减少近50%。此外,1000余处河流生态通道被切断,50余种外来物种入侵等问题直接威胁生物多样性保护。

相较原生的常绿阔叶林丰富的乔、灌、草植被体系,自蓄水运行后,区域周边生态环境发生变化,区域内人工针叶林生产能力低,能够提供给野生动物栖息的空间和食物有限,生物多样性维育水平低。此外,区域全域属于松材线虫病疫区,发生面积211.07万亩,发生率47%,威胁森林资源安全,直接影响生物多样性维育功能。

外来物种入侵防治形势严峻,三峡库区至今已有一枝黄花、紫茎泽兰、豚草、香根草、蓖麻等50余种入侵植物,外来物种入侵已严重影响三峡库区生物多样性资源,局部改变了物种原有的空间分布格局,甚至造成一些土著种濒危灭绝。例如,紫茎泽兰通过抑制土著植物种子萌发和幼苗生长,竞争排挤和取代土著植物，形成的单种优势群落破坏或改变了乡土植物格局。此外，松材线虫、松纵坑切梢小蠹等外来物种对生态影响巨大，如果持续蔓延，将对森林生态系统造成毁灭性影响。

（五）地质灾害易发频发

区域内地质灾害易发性强、风险高、危害大，是重庆市地质灾害最严重的区域之一。通过持续实施的地质灾害防治，一大批滑坡、崩塌、危岩体和移民迁建区高切坡得到有效治理，但受脆弱地质结构，以及工程建设和采矿等人类活动的影响，地质灾害时有发生，直接威胁人民群众生命和财产安全。

区内地质灾害高易发区 3623.59 平方公里，占总面积的 24.05%，高于全市 16.22% 的高易发区占比。地质灾害隐患点 3657 处，以滑坡和崩塌为主，占比 91.11%，集中分布于长江干流及支流沿线。受自然条件限制，城镇空间多临江、临崖分布，地质灾害风险高，约 75% 的城市建设用地与地质灾害高易发区重叠。高强度开发建设，采用深挖、高切等不合理建设方式破坏地质环境，易诱发新生地质灾害。沿岸、沿江农村居民点建设、乡村道路建设普遍缺乏护坡措施，使滑坡、崩塌等地质灾害时常发生，尤其乡村道路沿线地质灾害发生比例高达 55% 以上。

区域内现有受矿山开采影响形成的地质灾害隐患 313 处，受威胁群众 23900 余人。露天矿山开采形成的高切坡、深坑，以及矿石废渣堆放，易造成边坡不稳，在降雨及其他外力作用下，极易产生滑坡、崩塌及泥石流等地质灾害。部分井下开采矿山，改变了地下岩石应力，易造成地表形变和塌陷，对区域生态环境造成严重破坏。

三 三峡库区腹心地带生态保护修复

（一）保护修复思路

以保障三峡库区水环境质量安全为总体目标，以三峡库区水土保持、武陵山区生物多样性与水土保持两个国家重点生态功能区为重点，按照"山水林田湖草是生命共同体"理念，协同推进长江左右岸、干支流、槽谷地带、山上山下综合治理，分单元部署实施重大工程，针对性地解决水土流失、石漠化及消落区生态功能退化等问题，维护三峡库区水资源、水环境、水生态安全，持续提升区域生态系统质量和稳定性，进一步筑牢长江上游重要生态屏障。

（二）主要目标

通过治理攻坚，区内水土保持、水源涵养与生物多样性保护功能得到有效提升，面源污染得到有效治理，河流连通性显著增强，消落区得到整体保护，保障长江干流Ⅱ类水质稳定达标，确保三峡工程水环境质量安全，进一步筑牢长江上游重要生态屏障。同时，保护好皇华岛、石宝寨、独珠半岛等生态资源和历史文化遗产，提高特色农产品、历史人文资源等生态产品的供给能力，推进绿水青山向金山银山转化，助推地区产业发展和乡村振兴。

（三）工程部署

以长江为轴，突出山上山体屏障区水源涵养功能、山下宽缓农业区水土保持功能、长江左右岸滨江廊道区生态缓冲功能，结合生态本底特色，兼顾自然地理单元完整性、生态系统关联性、生态问题差异性，依据全国及重庆市"双重"规划等，在腹心区域上游、中游、下游三个分区中划定修复单元，统筹部署治理工程，系统推进上中下游、山上山下、左右岸、干支流综合治理，实现整体保护与系统修复。

上游，部署2类工程。其中，武陵山区石漠化综合防治工程，协同实施水土流失与石漠化综合治理、森林防火与林业病虫害防治等6个子项目，提升三峡库区山体屏障区水源涵养功能。长江滨江地带（涪陵段）面源污染防治工程，协同实施长江江心岛—坪西岛生态保护修复、土地综合整治、水环境综合治理等6个子项目，降低面源污染风险，提升长江流域水环境质量。

中游，部署 4 类工程。其中，渠溪河—碧溪河流域土地综合整治工程，协同实施土地综合整治、国土绿化行动、水污染治理、矿山生态修复，降低农村生产生活对环境的影响，改善渠溪河、碧溪河水环境，促进乡村地区人水和谐，巩固提升长江一级支流水体自净能力。干井河—汝溪河流域面源污染防治工程，协同实施面源污染治理、水污染防治、矿山生态修复、林业病虫害防治，整体增强流域水体自净能力，降低对三峡库区水环境的负面干扰。龙河流域水源涵养修复工程，协同实施龙河国家湿地自然保护区保护修复、水生态修复、国土绿化行动等，持续提升龙河流域生态环境质量，增强水系连通能力，提升水生态功能，保障三峡库区水质安全。长江滨江地带（丰都忠县段）消落区综合治理工程，协同实施长江江心岛屿及湿地保护修复、消落区综合治理、岸线综合治理、沿岸绿化提升等，稳步提升三峡库区滨江地带生态隔离功能。

下游，部署 2 类工程。其中，七曜山水土流失综合治理工程，协同实施水土流失综合治理、国土绿化行动、土地综合整治等，强化七曜山水土保持能力，提升三峡库区山体屏障功能。长江滨江地带（万州—云阳段）水土流失综合治理工程，协同实施水土流失综合治理、受损岸线生态修复、水环境综合治理、沿岸绿化提升等，有效降低水土流失率，巩固三峡库区滨江地带水土保持和生态缓冲功能。

同时，为加强科技支撑和工程技术体系研究，在三峡库区腹心地带山水林田湖草一体化保护和修复区部署一体化保护修复能力提升工程，实施全过程监测评价，为工程考核评价及推广应用提供科学支撑。

四　前景展望

（一）夯实绿色生态本底

加大长江重点生态区保护力度，提升三峡库区水生态、水安全功能；强化库岸生态稳定，维护山体生态屏障功能，改善生态环境品质；构筑长江上游重要生态屏障，保障三峡库区和长江中下游生态安全，确保一江碧水向东流。预计可削减化学需氧量 2.31 万吨、氨氮 0.21 万吨，提升森林植被年固碳量约 600 万吨，森林涵养水源量约 0.19 亿立方米，森林固土量约 5500 万吨。

（二）提升居民生活福祉

改善区域生态系统质量，提升区域防灾减灾能力，缓解生态环境恶化对当地人民生命财产的危害，提升人民生态文明意识；促进自然资本增值，推动绿色产业转型升级，皇华岛、鸡公咀、独珠半岛、西沱古镇有望成为三峡库区绿色发展新名片；通过优化产业结构和社会经济结构，统筹生态与生计，有利于推动库区人口、经济、社会、生态、资源的和谐发展，增加老百姓创业就业服务供给，提升老百姓经济收入，助推乡村振兴，维护社会稳定发展。

（三）促进生态产品价值实现

增加以特色农产品为代表的供给服务类产品，增加以优质森林为代表的调节服务类产品，增加以生态旅游为代表的文化服务类产品，合理延伸发展生态种养、生态旅游、绿色康养，让生态环境的优势转化为经济和发展的优势，促进长江经济带绿色发展的内涵更丰富、功能更多元。预计可实现森林横向生态补偿 8 亿元，有效提升区内生态旅游、绿色康养、农业观光等产业的吸引力，新增旅游 50 万人次/年，10 年累计可增加收益约 45 亿元。

五　下一步建议

实施山水林田湖草沙一体化保护修复，须打破行政区划、部门管理、行业管理和生态要素等之间的界限，统筹考虑各要素保护需求。为保护好三峡库区和长江母亲河，进一步筑牢长江上游重要生态屏障，需加快构建以规划为引领、标准为指导、工程为基础的生态保护修复工程实施体系，统筹推进生态系统整体保护、综合治理、系统修复。

一是以规划为引领，强化空间管控。以国土空间规划为依据，突出"三线"管控作用，严格保护江、湾、沱、岛、半岛、湿地等特色生态景观，限制开发建设活动，培育建立稳定的社会—经济—自然复合生态系统。加快推进"1+N"国土空间生态保护修复规划编制，印发省级国土空间生态保护修复规划，全面启动市内各区县生态保护修复规划编制，打破生态保护修复中的行政区划、部门管理、行业分割和生态要素等之间的界限，科学确定项目布局、任务和时序，分区、分片、分年度滚动实施。

二是建立健全生态保护修复标准体系，规范项目建设。现行的单一行业要素的规范标准不统一，缺少综合性的生态保护修复标准规范，不足以指导区域性、规模性的生态保护修复。为更好地统筹落实自然恢复提供科学指引，重庆出台了河流、岛屿、森林、矿山等系列生态修复工程生态效益评价技术导则，建立了重庆市矿山生态修复调查、规划设计、施工、验收等全流程的技术规范，制定了重庆首个露天矿山近自然植被恢复植物推荐指南，未来还需持续推动近自然生态修复系列标准的制定。

三是持续推动重大生态修复项目，强化示范带动。推进以长江、嘉陵江、乌江等为核心的六江生态廊道建设，着力构建人与自然和谐共生的绿色生态廊道，将生态优势资源转化为绿色发展势能。持续开展全域土地综合整治项目，优化乡村"三生"空间格局，保护和提升乡村生态环境，充分挖掘自然资源利用潜力，促进城乡自然资本增值，以点带面推动乡村振兴。持续探索拓宽生态地票功能、以矿山生态修复为主的社会资本参与配套激励政策等，构建生态修复市场机制，鼓励依托重大生态修复项目促进生态产业发展，为生态修复长远发展注入活力。

参考文献

王夏辉、何军、牟雪洁等：《中国生态保护修复20年：回顾与展望》，《中国环境管理》2021 年第 5 期。

唐军：《加快建设山清水秀美丽之地——对筑牢长江上游重要生态屏障的思考与建议》，《当代党员》2020 年第 19 期。

罗明忠：《共同富裕：理论脉络、主要难题及现实路径》，《求索》2022 年第 1 期。

刘星卫、吴悠：《关于新发展阶段生态修复高质量发展的思考》，《自然资源情报》2022 年第 11 期。

李萍、司洪涛、彭小东：《城市山水林田湖草生态系统修复的重庆探索》，《中国土地》2022 年第 8 期。

B.26
"双碳"目标下区域碳交易市场发展趋势及政策建议*

吕　红**

摘　要： 碳交易市场是实现碳减排目标的有效工具之一。包括中国在内的各个国家（地区）逐步探索建立了基于不同运行机制的碳交易市场，并积累了丰富的运行经验。以重庆为代表的我国碳排放权交易试点市场为全国统一碳交易市场的建立运行积累了地方经验，目前主要面临全国碳市场制度下自身的功能定位和如何进一步发展完善的问题。本文提出继续做好与全国碳交易市场的有效衔接与补充，创新完善试点碳交易市场的政策支持、创新完善试点碳交易市场的交易机制、充分发挥自愿减排市场作用以及基于成渝《应对气候变化合作框架协议》发挥成渝碳交易市场协同作用等建议。

关键词： 双碳　碳交易市场　碳减排

习近平总书记在党的二十大报告中提出"要加快发展方式绿色转型，实施全面节约战略，发展绿色低碳产业，倡导绿色消费，推动形成绿色低碳

---

* 本文系重庆市社科规划项目"氢能产业发展趋势及重庆应用对策研究"（项目编号：2022ZDZK31）、重庆市科技局技术预见与制度创新课题"'双碳'目标下重庆推动能源电气化发展政策研究"、国家社科基金西部项目"长江上游地区生态产品价值市场化实现路径研究"（项目编号：19XJY004）阶段性成果。

** 吕红，管理学博士，研究员，重庆社会科学院生态与环境资源研究所副所长、碳中和青年创新团队负责人，主要研究方向为资源环境、绿色低碳、公共政策等理论和对策。

的生产方式和生活方式"。近几十年来,随着温室气体浓度的不断增大,气候变化及伴生的极端气候事件频发,对人类的生存和健康造成重大影响。[①]为达成减碳目标,除了在能源、工业、建筑、交通等重点领域进行节能减排改造外,借鉴排污权交易等环境经济政策,中国碳排放权交易市场应运而生。碳排放权交易市场,简称碳市场,是利用市场机制控制和减少温室气体排放、推动形成生产生活绿色低碳方式的一项制度创新,也是落实我国碳达峰目标和碳中和愿景的重要工具。《中共中央关于制定国民经济和社会发展第十四个五年规划和二〇三五年远景目标的建议》提出"推进排污权、用能权、用水权、碳排放权市场化交易";生态环境部2021年度、2022年度工作报告中提出"推进全国碳市场制度体系建设""加快全国碳市场建设"。区域碳市场建设方面,各试点碳市场继续探索完善市场交易体系和管理制度。[②] 当前,我国碳市场呈现全国统一碳交易市场和区域碳交易市场建设齐头并进的发展态势。

一 主要碳交易市场建设运行情况

(一)世界主要碳交易市场

目前,世界范围内尚未形成统一的碳交易市场。全球主要的碳交易市场包括芝加哥气候交易所(CCX)、欧盟碳交易体系(EU ETS)、区域温室气体倡议(RGGI)等(见表1),随着2021年中国全国性碳交易市场的建立,全球碳市场配额总量超过75亿吨。[③]

---

① IPCC报告阐述了气候变化带来的海平面上升导致死亡和疾病增加、食品安全、内陆洪灾、农村饮水和灌溉困难等八大灾难性风险,并提出气候变化已经不是未来的挑战,而是眼前的威胁。
② 如《重庆市国民经济和社会发展第十四个五年规划和二〇三五年远景目标纲要》《重庆市人民政府工作报告(2021)》提出"培育碳排放权交易市场""完善排污权、碳排放权交易机制"目标等。
③ ICAP:《全球碳市场进展2021年度报告》。

表 1 全球主要碳交易市场

交易体系	启动时间	配额发放方式
芝加哥气候交易所	2003 年	免费发放+拍卖
欧盟碳交易体系	2005 年	免费发放+拍卖
区域温室气体倡议	2005 年	拍卖为主
西部气候倡议	2007 年	免费发放+拍卖
新西兰碳排放交易体系	2008 年	免费发放为主
印度履行、实现和交易机制	2009 年	免费发放+拍卖
中国试点交易市场	2011~2016 年	免费发放+拍卖
澳大利亚碳排放交易体系	2012 年	免费发放+拍卖
美国加州碳排放交易体系	2012 年	免费发放+拍卖、双重拍卖机制
韩国排放权交易市场	2015 年	免费发放+拍卖

1. 欧盟碳交易市场

欧盟环境交易系统（EU ETS）于 2005 年启动。该系统基于《京都议定书》框架下帮助欧盟各成员国实现各自的减排承诺，在统一规则下运行且具有体量巨大的特点，该交易系统在全球市场中发挥风向标作用，并对后续碳排放交易体系起到了一定引领作用。从实施情况看，欧盟环境交易系统的整体运行有三个特点：第一，欧盟环境交易系统建设采用阶段性、"摸着石头过河"的方式稳妥推进，控排力度逐步增加。一是行业范围逐渐扩大，首期覆盖电力、石化、钢铁等行业，二期纳入了航空业等服务业；二是碳交易配额发放逐步由免费发放向拍卖转化，免费配额由最初 95% 下降到 90% 再到 43%[1]，以时间换成本，避免因减排成本变化对行业乃至经济发展产生较大冲击。第二，欧盟环境交易系统根据市场建设情况配套合理的修正机制并有效应对。如交易系统受到碳排放配额无法结转的刚性约束、2008 年金融危机影响碳配额价格等导致价格持续下跌等情况发生时，通过适时引入配套机制达到稳定碳交易价格的效果。第三，欧盟环境交易系统坚持市场化原则推进温室气体减排，实现成员国的减排承诺兑现。采用碳税制时，政府设

---

① 《欧盟碳排放权交易体系（EU ETS）研究报告》。

定碳价，让市场决定总排放水平；采用碳交易机制时，政府决定总排放水平，让市场决定碳价，减排成效显著。

2. 美国碳交易市场

美国区域温室气体倡议（RGGI，又称美国碳市场）重视市场配置资源的作用，以"自下而上"的模式进行推广，具有典型的多元化、市场化特征。美国碳市场是在产业转型过程中由企业家和地方政府自发推动形成的，并在多个州和地区建立了区域性碳交易市场。其中，区域温室气体倡议是最知名的碳交易市场，于 2005 年启动，目前由 10 个州区域碳市场组成。据统计，RGGI 2019 年的交易量为 2.93 亿吨二氧化碳，交易额占世界碳排放总额的 0.84%。[①] RGGI 主要采取分散交易模式，由参与州分别设立交易所进行配额拍卖，企业拍卖获得的配额可以在 RGGI 框架下所有交易所进行交易。RGGI 在设立之初将碳排放权的拍卖配额设定为总量的 90%，是第一个以市场为基础的强制性总量限制交易协议。此外，RGGI 是单行业交易体系，仅对火电行业进行碳排放限制，在市场效率上体现出较大优势，但对碳排放总量的约束力有限；另外，系统重视市场化发展模式，在市场设立之初就具备较高的金融化程度。

3. 对我国碳交易市场建设运营启示

综合各国碳市场发展经验，可以得出：第一，政府在碳市场发展中发挥了主导作用。通过出台有效的监管和激励政策，一方面引导资金、技术等资源流向碳市场，促进碳交易市场的快速高效发展，另一方面不断规范交易秩序，实现碳市场的有序健康发展。第二，在碳市场的发展过程中，应充分发挥市场在资源配置中的决定性作用，防止监管过度造成市场失灵。第三，碳交易市场本质上是一个金融市场，通过有效交易市场推动碳价充分反映减排成本，发挥好碳价的激励约束作用。

（二）我国碳交易试点市场运行情况

2011 年 10 月，国家发改委发布《关于开展碳排放权交易试点工作的通

[①] 李继峰、张亚雄、蔡松峰：《中国碳市场的设计与影响：理论、模型与政策》，社会科学文献出版社，2017。

知》，正式批准北京、天津、上海、重庆、湖北、广东和深圳开展碳排放权交易试点，开启我国碳排放权交易市场的试点探索。2012 年，北京环境交易所推出国内首个自愿减排标准，以及有色金属、石化、化工等行业的节能减排方式方法和政策。2013~2014 年，试点地区政府陆续发布了碳排放管理实行办法，初步规定碳排放配额分配、允许纳入试点的企业条件等。2014~2016 年，各试点城市相继建成碳交易注册登记系统，出台配套行政法规、配套细则与技术标准，初步建立了碳排放交易法律法规，至此，我国碳交易政策框架体系和交易制度基本完成。2018 年，四川、福建碳排放交易市场开市。从 2013 年至 2021 年 6 月我国碳交易试点情况来看，自试点以来，我国共完成碳交易总量 24130.91 万吨，其中碳交易市场于 2017 年达到交易峰值 4900.31 万吨。在交易额方面，自试点起我国碳交易市场交易总额约为58.66 亿元。在交易额变化趋势上，2013~2020 年，我国碳交易市场碳交易额呈现增长趋势，其中在 2020 年碳交易额达到新高，约为 12.67 亿元，为各区域碳减排目标发挥了重要作用。①

我国碳交易试点省（市）在配额总量设定方面，均通过基于碳排放强度的配额分配方法，结合有偿分配方式提供给企业单位产品的碳排放量。其中，上海、广东和湖北设定了年浮动配额总量，采用浮动配额总量在一定程度上可减少碳市场对当地经济发展的影响，到配额发放方式上，上海和广东通过免费配额和有偿配额方式给试点企业分配配额，有偿配额通过竞价方式获得，北京市和湖北省试点企业的配额为免费配额，当企业配额量小于实际排放量时，企业均需要通过当地碳交易平台购买补足，同时可使用 CCER 项目或当地其他减排类项目抵冲。

我国碳排市场整体还处于发展阶段，还未形成统一完善的碳交易市场。各试点省市的减排目标、配额总量设定、履约规则等方面都存在较大的差异，各省市的碳排放权资产不能异地交易，碳排放权作为企业资产权还未形成完善的市场化配置机制；目前全国碳交易市场和区域碳交易市场处于同步

---

① 东吴证券：《2021 年碳交易市场行业研究报告》。

运营阶段，还未确定全国碳排放权交易总量与各省配额方案以及相应的激励约束机制，各试点碳市场需在自身市场建设以及与全国碳市场的进一步衔接方面继续探索。

（三）全国碳交易市场运行情况

习近平总书记提出"30·60"目标后，全国碳市场建设步伐明显加快。2020 年 12 月，生态环境部公布《碳排放权交易管理办法（试行）》，印发《2019—2020 年全国碳排放权交易配额总量设定与分配实施方案（发电行业）》，2021 年 7 月，全国碳排放权交易市场（以下简称碳市场）开市交易，第一个履约周期共纳入发电行业重点排放单位 2162 家，年覆盖二氧化碳排放量约 45 亿吨，也是全球覆盖排放量规模最大的碳市场。

《关于加快建立健全绿色低碳循环发展经济体系的指导意见》提出全面实行排污许可制，推进排污权、用能权、用水权、碳排放权市场化交易，《中共中央　国务院关于加快建设全国统一大市场的意见》明确提出培育发展全国统一的生态环境市场，依托公共资源交易平台，建设全国统一的碳排放权、用水权交易市场，实行统一规范的行业标准、交易监管机制。未来全国碳市场除发电行业外，还将纳入建材、钢铁、有色、石化等 7 个行业，配额总量将从目前的 45 亿吨扩容到 70 亿吨，将覆盖全国二氧化碳排放总量的 60% 左右。

二　重庆碳交易市场运行情况

重庆市作为全国 7 个碳排放权交易试点省市之一，也是西部地区唯一的试点碳市场。2014 年 4 月，《重庆市碳排放权交易管理暂行办法》《重庆市碳排放配额管理细则（试行）》等制度性文件出台，2014 年 6 月，重庆碳排放权交易市场（以下简称"重庆碳市场"）正式运营。重庆碳市场交易品种为碳配额，交易方式包括公开竞价和协议转让两种。碳排放配额分配采取基于总量控制的申报制，纳入门槛为 2008~2012 年任一年度排放量达到

2 万吨二氧化碳当量（综合能源消费量约 0.77 万吨标准煤），主要涉及化工、建材、冶金、电力等高耗能行业。重庆碳市场运行初期共纳入 242 家企业，纳入交易企业碳排放总量约 1.06 亿吨，占全市排放总量接近 50%。碳市场设置统一碳排放权交易平台，有力支撑重庆市碳排放权交易体系的顺利运行。2020 年以来累计成交 687 万吨，成交 1.27 亿元，成交均价 18.48 元/吨。①

（一）参与全国碳市场联建方面

为推动全国碳市场的顺利建设，从 2016 年开始，全国开展八大行业企业碳排放报告、核查和数据上报工作，为全国碳市场建设提供基础数据支撑，重庆市共筛选出符合要求的八大行业企业约 110 家，碳排放总量约 1.85 亿吨。2017 年 12 月，重庆市与国家发改委签订《关于全国碳排放权注册登记系统建设和运维工作的合作原则协议》和《关于全国碳排放权交易系统建设和运维工作的合作原则协议》，成为参与全国碳市场联建的九省市（北京、天津、上海、江苏、福建、湖北、广东、重庆、深圳）之一，也是西部地区唯一的联建省市。

（二）地方碳市场建设运行方面

重庆碳市场建设内容包括：一是建立完善的政策制度体系。制定出台了《重庆市碳排放权交易管理暂行办法》（渝府发〔2014〕17 号）等"1+3+N"系列文件，规范碳市场碳排放报告、核查、交易、履约等工作。二是在全国率先开展配额绝对总量控制探索。重庆碳市场采用历史总量法对配额进行免费分配，配额总量按全市碳减排目标逐年下降，目前配额总量已由 2013 年的约 13000 万吨下降到 9000 万吨左右。三是对工业企业碳排放重点约束。重庆市将年碳排放量达到 2 万吨以上的工业企业纳入碳市场进行碳排放配额管控，主要涉及化工、建材、冶金、电力等高耗能、高碳排放行业，

① 资料来源：重庆市生态环境局、重庆碳排放交易中心数据。

碳市场初期共纳入 242 家工业企业，其排放量约占全市碳排放总量的 50%。四是加强控排企业履约管理。通过加大宣传培训力度、点对点帮扶、严格不履约企业惩戒等方式，目前履约率接近 100%，碳排放权指标交易呈量价齐升态势。

（三）自愿减排碳交易市场方面

2021 年，重庆市共有 197 家企业被纳入碳排放权交易试点企业名单，这些企业需要为其承担的排放量上缴配额进行履约。除政府发放的配额外，重庆碳市场允许企业使用一定数量的国家核证自愿减排量（CCER）"抵消"额度履约。抵消机制的合理应用可以大幅降低碳交易体系的整体履约成本，同时有助于支持和鼓励未被覆盖行业排放源参与减排行动，产生积极协同效应。根据《重庆市碳排放权交易管理办法》，重庆市鼓励控排企业使用林业碳汇项目等产生的 CCER 抵消配额进行履约，数量不超过年度排放量 8% 的 CCER 抵消配额进行履约；减排量项目范围为 2010 年 12 月 31 日后投入运行的除水电外的减排项目。在减排量产生的地域上未设置限制，未来，重庆碳市场抵消机制可优先考虑成渝地区双城经济圈及川渝毗邻地区的核证减排项目产生的 CCER，促进成渝地区双城经济圈联建机制的建立。

（四）重庆碳交易市场建设趋势

在全国碳市场制度下，地方试点碳市场承担了对非大型排放单位的碳排放管控、促进实现区域碳总量减排目标、降低区域碳减排社会成本等功能，是地方政府调控区域经济发展方式、促进实现碳减排目标的重要抓手。未来，重庆市碳市场建设主要面临全国碳市场制度下地方试点碳市场的功能定位如何进一步发展和完善的问题。

一是地方试点碳市场不再是国家相关部门的重点建设对象。地方试点碳市场自 2011 年 10 月陆续启动，为全国统一碳市场的建设运行积累了宝贵经验。2021 年 7 月全国碳市场启动后，相关部门的工作重点已转向全国碳市场的优化完善。对于地方试点碳市场提出"在现有基础上进一步深化，同时做好向全国碳市场过渡的相关准备工作"的发展方向，但目前尚未明确过渡时间、过渡方式以及全国和地方两个层面碳市场在规则制度等方面如何有效衔接。

二是全国碳市场制度下地方试点碳市场面临配额总量急剧萎缩状况。全国统一碳市场将 2162 家发电行业重点排放单位作为首批纳入对象，随后将分阶段实现覆盖八大高排放行业的重点排放企业，预计全部建成后将覆盖我国碳排放总量的约 80%，留给地方碳市场的覆盖范围将大幅减少，且主要集中在交通移动源和建筑面源，对重庆市碳市场进一步发展产生重大影响。更进一步，试点碳市场在地方实现碳减排碳中和目标中将发挥什么作用亟待系统思考和决策。

三　重庆碳交易市场主要问题

重庆碳市场自 2014 年 6 月开市以来，在全国 7 个试点碳市场中发展较为缓慢，存在碳市场规模小、交易价格低、市场活跃度不高等问题，碳市场降低碳减排社会成本、激活碳资产金融属性、促进实现区域碳减排目标等功能未能充分发挥。

（一）碳市场政策体系有待完善

一是重庆碳市场政策体系以国家和重庆市"十二五"控制温室气体排放工作方案为基础，包括《重庆市碳排放权交易管理暂行办法》等"1+3+N"系列政策，已不符合重庆市经济社会发展现状下的碳排放情景、碳减排目标以及碳市场功能定位的要求，在运行中存在市场覆盖面窄、配额分配欠合理、政策效力低、履约约束弱等问题。二是还存在上位法缺失，对不履约企业约束力不强；多方参与、协同监管的市场机制尚未完善；与碳市场配套的财税、价格、金融政策尚待协同等碳市场建设运营中需解决的共通性问题。

（二）碳市场支撑体系有待加强

一是碳核算和监测体系有待完善。碳排放核算和监测标准不统一、测算结果存在较大差异，MRV 体系具体规则仍有待细化，还未出台 MRV 制度管理办法。碳市场能力建设有待加强，各级政府部门、监管执法队伍、控排企业、第三方服务机构等碳能力建设仍亟待加强。二是配额总量目标需重新制定。重庆市 2015 年后新增企业和原有排控企业扩容生产的排放量未覆盖在内，对这部分未管控企业碳排放缺乏约束力。三是配额分配方法有待优化。重庆市对 2015 年以前的配额实行免费分配，目前面临如何平衡碳排放指标历史配额与新增配额、有效激励企业碳减排行为、发挥好碳市场作用等问题。

（三）碳金融支持基础仍然薄弱

一是碳交易相关法律法规不健全、财会处理机制缺乏、市场流动性不足、缺乏社会资金支撑、与企业碳履约行为关联的绿色金融联动机制不健全，碳金融市场参与度较低，碳金融总体还处于起步阶段。截至 2021 年，重庆碳排放指标累计融资额度 2.2 亿元，在地方试点碳市场中处于较低水平。二是以自愿减排交易为主的抵消机制运行不畅，2020 年底，全国 CCER 累计成交 2.68 亿吨，除重庆外，其余试点碳市场均有成交量。

四 完善重庆碳交易市场的政策建议

（一）做好与全国碳交易市场的有效衔接和补充

找准地方碳市场的功能定位，积极主动做好与全国碳市场的制度衔接。一是继续开展碳排放核查管理等行业标准、企业标准和地方标准的探索制定，为未来纳入全国碳市场标准体系做好制度对接。二是继续探索碳交易、碳履约联动补充机制，发挥试点碳市场对区域碳排放指标的价格发现和引导作用，为全国碳市场碳排放指标价格制定提供有效参考。三是扩大地方试点碳市场在非重点行业、领域的覆盖范围，在降低排放单位的市场准入门槛、技术方法标准和制度方面继续探索，持续发挥多层次碳市场体系试点作用。

（二）创新完善试点碳交易市场的政策支持

一是优化配额分配制度。兼顾效率和公平原则，建立碳排放配额"无偿分配+有偿拍卖"制度，实现一级市场和二级市场交易价格挂钩、发挥碳市场价格发现和联动市场的功能。无偿分配以基准法为基础，发挥碳交易机制淘汰落后产能和节能减排目标，加快推动重庆市工业企业低碳绿色转型；预留一定比例的储备配额，制定政府储备及发放配额细则，保障配额储备及分配的公开、公平和公正。二是加强 MRV 管理体制建设。完善碳排放核算标准体系、开展碳排放源普查、建立碳排放大数据体系监管平台，实现企业碳排放全过程数字化监管。加强部门间的统筹协调机制建设，确保各部门共享 MRV 体系的基础数据，保障 MRV 体系的稳定准确运行。加强对第三方核查机构的认证管理，提升碳排放核查数据质量。三是完善气候投融资支持政策。制定金融体系支持绿色投融资领域的引导和激励政策，推动金融机构积极参与碳金融及相关衍生品的开发经营。推动气候投融资参与主体多元化发展。完善绿色金融支持产品的认证评估、遴选、信息披露等标准建设。

（三）创新完善试点碳交易市场的交易机制

一是以《碳排放交易权管理办法（试行）》和碳排放权登记、管理和结算规则为指导，制定碳排放交易管理相关办法，制定配额分配、评估、能力培训等实施细则。完善主管部门牵头、多部门参与、责权明确的碳市场协同管理机制。建立政府监督、第三方机构监管、舆论监督的监管机制，提振企业参与碳交易信心，提升碳市场的稳定性和可预期性。二是开展碳排放权交易工具创新。开展碳期货、碳期权、配额质押融资等碳金融创新业务，探索碳资产证券化和指数化的碳交易产品，推进债券与票据、债券、证券、贷款、租赁等业务品种的相互补充，扩展碳排放权的资产、金融属性，协同碳排放权交易放量增效。三是完善以"碳惠通"为代表的碳普惠交易体系，建立覆盖生产、生活、生态的全领域、多行业、多主体和多产品的补充交易机制。

（四）发挥成渝碳交易市场协同作用

一是以《应对气候变化合作框架协议》《关于建立区域环境准入协商机制合作协议》为基础，推动战略规划协同、共同争取国家支持、推动共建区域性碳排放权交易市场、深化减污降碳合作、推动创新示范协同、加强能力建设合作。二是依托已有的碳排放权交易体系，共同探索推进川渝两地碳排放权交易市场建设，支持全国碳市场能力建设成都、重庆中心创新发展，共同打造西部碳市场能力建设服务高地，开展碳普惠机制调研，探索相互认可的核证减排量。三是在减污降碳方面，协同开展温室气体监测分析，推动数据共享；协同开展甲烷等非二氧化碳温室气体管控合作，协同推动做好页岩气开采甲烷泄漏治理；研究发布成渝地区双城经济圈应对气候变化机会清单，探索开展两地一体化降碳效益评估等。

（五）充分发挥自愿减排市场作用

一是在配额交易的基础上，开发碳汇、CCER等交易潜力，建立项目储备库，完善碳市场自愿减排机制。二是推动"碳惠通"平台建设，发挥"碳惠通"丰富碳市场交易主体、充分发挥自愿减排、促进碳交易作用。三是积极开展自愿减排交易产品创新，应用区块链、人工智能、大数据与云计算等信息化技术，推动碳信用体系建设。

参考文献

李佐军：《中国碳交易市场机制建设》，中共中央党校出版社，2014。

李继峰、张亚雄、蔡松峰：《中国碳市场的设计与影响：理论、模型与政策》，社会科学文献出版社，2017。

段茂盛、吴力波主编《中国碳市场发展报告——从试点走向全国》，人民出版社，2018。

〔美〕威廉·诺德豪斯：《气候赌场：全球变暖的风险、不确定性与经济学》，梁小民译，中国出版集团东方出版中心，2019。

汪惠青：《碳市场建设的国际经验、中国发展及前景展望》，《国际金融》2021年第12期。

张锐：《欧盟碳市场的运营绩效及对中国的启示》，《决策与信息》2021年第11期。

王科、李思阳：《中国碳市场回顾与展望（2022）》，《北京理工大学学报》（社会科学版）2022年第2期。

成渝地区双城经济圈建设篇

B.27

2022年成渝地区双城经济圈建设
成效及下一步政策举措

米本家*

摘　要： 2022 年以来，重庆以习近平总书记重要讲话精神为根本遵循，
认真学习贯彻党的二十大精神，牢固树立一盘棋思维和一体化发
展理念，努力克服疫情多点散发、高温干旱少雨极端天气等超预
期因素带来的严重冲击，稳步推进成渝地区双城经济圈建设。下
一步要认真贯彻落实党的二十大精神，牢牢把握成渝地区双城经
济圈建设战略位势提升的重大机遇，强化与四川全方位合作，全
力争取中央政策支持，携手唱好"双城记"、共建经济圈，加快
打造带动全国高质量发展的重要增长极和新的动力源。

关键词： 成渝地区双城经济圈建设　稳步推进　区域协作高水平样板

---

* 米本家，重庆市发展和改革委员会副主任。

习近平总书记高度重视川渝两地发展，2022年6月亲临四川视察，充分肯定成渝地区双城经济圈建设取得的成效，对做好下一步工作提出明确要求。党的二十大报告在区域重大战略板块明确提出，"高标准、高质量建设雄安新区，推动成渝地区双城经济圈建设"，为做好下一步工作指明了方向、明确了任务。一年来，重庆牢记习近平总书记殷殷嘱托，牢固树立一盘棋思维和一体化发展理念，从全局谋划一域、以一域服务全局，认真落实《成渝地区双城经济圈建设规划纲要》和2022年工作要点，推动成渝地区双城经济圈建设全面提速、整体成势。2022年前三季度，川渝两地克服疫情多点散发、高温干旱少雨极端天气等超预期因素带来的严重冲击，持续推动各项政策措施落地见效，成渝地区双城经济圈经济总量5.52万亿元、同比增长2.2%，带动全国高质量发展的重要增长极和新的动力源特征初显。

一　提高政治站位，全面贯彻中央决策部署

（一）深入全面学习贯彻

召开市委常委会会议、市政府常务会议等，深入学习贯彻落实习近平总书记关于推动成渝地区双城经济圈建设重要讲话精神，切实把思想和行动统一到党中央决策部署上来。党的二十大胜利召开后，第一时间召开市委常委会（扩大）会议、领导干部会议，深刻领会党的二十大精神的核心要义和精神实质，深刻领会把握成渝地区双城经济圈建设战略位势提升的重大意义，进一步树牢机遇意识、进取意识，加快把国家重大决策部署转化为川渝高质量发展的具体行动。召开市第六次党代会，将奋力书写成渝地区双城经济圈建设新篇章作为书写重庆全面建设社会主义现代化新篇章必须突出抓好的三项重大任务之一，提出了未来5年双城经济圈建设的思路目标。

（二）共同推动政策协同

不断完善规划政策体系，协同编制重点规划，科技创新中心、生态环境

保护等 15 个年度要点明确的规划（方案）已印发实施，截至目前，配合国家部门编制的 7 个规划（方案）已出台 6 个、两省市共同编制的 13 个规划（方案）已出台 9 个。将规划目标任务细化为年度工作安排，配合国家发展改革委编制《2022 年成渝地区双城经济圈建设工作要点》，制定两省市共同工作要点和重庆市年度工作任务表。加强政策标准衔接统一，联合印发经济区与行政区适度分离改革、优化营商环境等方案，推动两批次 43 项双城经济圈便捷生活行动措施全部实现，实施三批次 311 项"川渝通办"事项，日均办理达 2 万件次。

（三）加快实施重大项目

全面落实省市领导联系重大基础设施项目工作机制，按照"聚焦重大项目、突出示范引领、遵循循序渐进"的原则，两省市"四套班子"领导双牵头，"一项目一专班一方案"推动成渝中线高铁等 8 个标志性引领性重大项目建设。出台实施重大项目管理工作指引，创新建立跨省域重大项目协调调度推进机制，做好建设用地、资金等要素保障，截至 2022 年 9 月，160个重大项目累计完成投资 1657 亿元，达年度计划的 90.3%、超时间进度15.3 个百分点。

（四）提速打造合作平台

把川渝毗邻地区融合发展作为探索经济区与行政区适度分离改革的重要抓手，印发实施城宣万革命老区振兴发展示范区、合广长协同发展示范区、资大文旅融合发展示范区建设方案，推进高竹新区、遂潼川渝毗邻地区一体化发展先行区等毗邻平台在基础设施、产业发展、公共服务等方面取得实质性进展，万达开川渝统筹发展示范区、川南渝西融合发展试验区 2 个平台建设方案已报国务院。各合作平台立足自身资源要素、特色禀赋和发展定位，创新重点领域合作共建工作举措，形成了一批具有重要示范作用的阶段性成果，为成渝地区加快打造区域协作高水平样板提供了有力支撑。

（五）持续深化合作机制

2022 年以来，重庆牵头在中心城区召开 1 次党政联席会议，召开 1 次常务副省市长协调会议，召开 5 次联合办公室主任调度会议，研究审议特色消费品产业高质量发展、推动市场一体化建设等政策文件，联合举办共建巴蜀文化旅游走廊等重大活动，统筹推动解决重大问题。印发调整推动成渝地区双城经济圈建设联合办公室组织架构的通知，调整完善双核联动、国际消费目的地建设、城乡融合发展等 10 个专项工作组，出台工作要点、加强经验总结，通过主任调度会议等加强合作平台、专项工作组的建设调度，有力推动各个领域重点任务落细落地。新派 100 名优秀干部交流挂职，促进两省市常态化、高效率协作。

二 落实重点任务，推动双城经济圈建设全面成势

（一）抓双核引领，区域发展格局持续优化

强化双核联动、双圈互动、两翼协同，着力构建成渝地区双城经济圈发展新格局。建立重庆成都双核联动联建工作机制，召开重庆成都双核联动联建会议，明确工作机制和第一批 34 项合作项目事项，重庆、成都组团入围首批国家综合货运枢纽补链强链城市（群），国家首批气候投融资试点落地重庆两江新区、四川天府新区，前三季度成都、重庆主城都市区分别实现地区生产总值 14929.7 亿元、16022.0 亿元。印发实施重庆、成都都市圈发展规划，广安全域纳入重庆都市圈，重庆西扩、成都东进态势强劲。加快万达开川渝统筹发展示范区、川南渝西融合发展示范区、明月山绿色发展示范带、内荣农业高新技术示范区等毗邻地区融合发展，推动川东北渝东北、川南渝西两翼协同发展。优化全市空间区域布局，将"一区两群"协调发展作为重庆推动成渝地区双城经济圈建设的重要载体，"一区""两群"协调发展的美好图景正徐徐展开。

（二）抓互联互通，基础设施网络织密建强

在"外联"和"内畅"上双管齐下，加快构建互联互通、管理协同、安全高效的现代基础设施网络。江北机场 T3B 航站楼和第四跑道主体工程启动建设，重庆新机场、万盛机场等前期工作加快推进，上半年重庆机场旅客吞吐量位居全国第 2，国际航空门户枢纽功能进一步显现。轨道交通网络不断织密，渝西高铁、渝宜高铁、渝湘高铁黔江至吉首段等前期工作加快推进，成渝中线高铁建设全面启动，渝万高铁、成达万高铁已实质性开工。省际高速公路通道集群加快打造，梁平至开江等 4 条在建高速公路项目加快实施，建成及在建川渝间省际高速公路通道达 20 条。长江上游航运枢纽加快建设，长江朝天门至涪陵段、渠江等航道整治加快推进，嘉陵江利泽航电枢纽船闸建成通航，乌江白马、涪江双江枢纽主体工程、万州新田二期工程全面开工，铁公水联运枢纽型港口集群基本形成。能源安全保障水平持续提高，印发实施川渝电网一体化建设方案，启动川渝一体化电力调峰辅助服务市场建设，"疆电入渝"新疆配套煤电项目和川渝特高压交流工程均获得批复并开工建设。

（三）抓协同创新，科技创新高地加快建设

不断优化创新空间格局，成渝综合性科学中心和西部科学城加快建设，两江协同创新区加快发展。持续深化科技合作，召开川渝科技协同创新专项工作组第四次会议，联合印发《成渝地区建设具有全国影响力的科技创新中心总体方案》《科技协同创新专项工作组 2022 年工作要点》，开展川渝高竹新区外籍人才工作许可互认试点，联合出资 6000 万元实施川渝联合项目 45 个。持续加强创新平台建设，中科院重庆科学中心加快建设，重庆金凤实验室首批 9 个科研团队入驻，启动南岸广阳湾实验室、沙坪坝五云实验室前期论证，西永微电园公司与电子科技大学共建微电子产业技术研究院揭牌，累计引进国内外知名高校、科研院所 106 家，建设研发机构 66 家。加速建设重大科技基础设施，超瞬态实验装置建设总体规划设计初步完成，中国自然人群生物资源库和种质创制大科学中心一期投用、二期启动建设，长

江上游种质创制科学装置加快建设。创新激励机制不断健全，国家科技成果转移转化示范区和国家级知识产权运营中心获批建设，双城经济圈科研院所联盟、大学科技园协同创新战略联盟签约成立，开展职务科技成果权属混合所有制改革，通过赋权改革累计完成 201 项知识产权转化，全市技术合同交易额累计 666.8 亿元。

（四）抓补链强链，现代化产业体系提档升级

聚焦建基地、强链条、聚要素，加快形成高效分工、错位发展、有序竞争、相互融合的现代产业体系。推动制造业高质量发展，细化落实汽车、电子信息、装备制造、工业互联网等重点产业高质量协同发展实施方案，合力打造成渝氢走廊、电走廊、智行走廊，重庆被列入国家首批新能源汽车换电模式应用试点，川渝间已建成 11 条省际高速公路"电走廊"。成渝地区电子信息先进制造集群纳入全国第三批先进制造业集群，获批国家超高清视频创新中心，成渝电子信息创新创业园、量子通信网络"成渝干线"加快建设。推动数字经济创新发展，共建国家数字经济创新发展试验区、国家新一代人工智能创新发展试验区，国家超级计算成都中心、中新（重庆）超算中心等创新数据和算力相互开放共享，累计共建 5G 基站超 13.5 万个，推动川渝 144 个部门单位数据实现互挂共享，共同组建川南渝西七市区大数据产业联盟、成渝地区区块链应用创新联盟等。推动现代服务业蓬勃发展，深入推进服务业扩大开放综合试点，获批国家中医药服务出口基地、国家人力资源服务出口基地，积极推进共建西部金融中心，全国第三家金融法院——成渝金融法院挂牌，成渝地区获批全国首个跨地区外债便利化试点，获批开展区域性股权市场制度和业务创新试点及合格境内有限合伙人（QDLP）试点，两省市银行业、保险业、证券业金融机构分别达 345 家、164 家、747 家，新增境内外上市企业 18 家。推动现代高效特色农业带加快建设，两省市粮食播种面积达 9500 万亩，粮食总产量突破 710 亿斤，油菜籽产量达 338 万吨，新创建国家级农业现代化示范区 9 个、新入选国家现代农业产业园 4 个，加快建设国家重点区域畜禽基因库、西南特色作物种质资源库。

（五）抓特色品牌，消费市场活力加速释放

不断提升巴蜀消费知名度、美誉度、影响力，打造富有巴蜀特色的国际消费目的地。城市品牌加快打造，培育建设国际消费中心城市，推动渝中区、沙坪坝区等国家文化和旅游消费示范城市、试点城市建设，提档升级中央商务区、寸滩国际新城等传统商圈、特色街区（步行街），做"靓""不夜重庆、美食之都、山水旅游、生态康养、户外运动、文化消费"六大名片，在做好疫情防控前提下，策划开展形式多样的主题消费促进活动2000余场，重庆"两江四岸"夜间经济核心区、13个夜间经济示范创建集聚区加快培育，重庆连续3年位居中国十大夜经济影响力城市榜首。巴蜀文化旅游走廊串珠成链，印发实施巴蜀文化旅游走廊建设规划，开展为期半年的"川渝一家亲——景区惠民游"活动和巴蜀文化旅游走廊十大主题游，扎实推进长征国家文化公园（四川段、重庆段）重点项目建设，推动大足石刻研究院、安岳石窟研究院共建石窟寺保护利用机制。消费环境不断优化，实现重点商标品牌、高价值专利、优质地理标志协同保护和企业信用报告同步互认、"红黑名单"共享互查，在食品安全、广告监管、打击传销等方面开展交叉检查、联合执法，推动国际消费配套设施不断完善，消费服务标准和规范更加健全，国际消费环境安全度、经营者诚信度和消费者满意度持续提高。

（六）抓重点突破，内陆改革开放高地携手共建

认真落实海关总署出台支持成渝地区双城经济圈建设的12条举措，加快提升内陆开放门户功能。对外开放大通道全面畅通，西部陆海新通道成功开行中泰、中缅铁公联运班列，线路辐射全球113个国家（地区）335个港口；2022年前三季度，中欧班列（成渝）开行超4000列，运输线路可覆盖欧亚近40个国家超100个节点城市，运输货值、重箱率等主要运营指标继续保持全国前列。畅通东向开放通道，开通广安—重庆、南充—重庆集装箱班轮航线，稳定开行泸州港、宜宾港至重庆港"水水中转"班轮，宜宾、泸州至果园港"小改大"航线逐步加密。对外开放平台提能升级，推进川

渝自贸试验区协同开放示范区建设，创新推出"关银一KEY通"川渝一体化等一批便利化措施，中新（重庆）战略性互联互通示范项目、"一带一路"对外交往中心和进出口商品集散中心等加快建设，协同打造重庆陆港型国家物流枢纽、成都国际铁路港等首批12个重点物流园区，不断提升成渝合作对外开放能级。打造一流营商环境，建立川渝工商联民营经济联席会议机制和川渝民营企业家联盟，健全完善"市场准入异地同标"便利化准入机制，推进成渝两地新经济包容审慎监管创新试点，实现两地企业信用信息互认共享。加快探索经济区与行政区适度分离改革，推动重庆都市圈、川渝毗邻地区等区域先行先试，第一批27项创新举措和经验做法已上报国家发展改革委。

（七）抓协同治理，生态环境保护扎实开展

坚持生态优先、绿色发展，全面加快生态文明建设，人与自然和谐共生的格局加快形成。推动生态共建共保，建立长江流域川渝横向生态补偿机制，印发长江经济带发展负面清单实施细则，共同划定两省市生态保护红线，完成长江上游生态屏障（重庆段）山水林田湖草生态保护修复工程国家试点，营造"两岸青山·千里林带"136.3万亩，重庆城口县和宜宾市长宁县等14地入选第六批国家生态文明建设示范区、"绿水青山就是金山银山"实践创新基地。加强污染跨界协同治理，出台川渝大气污染防治联动工作方案，开展火电、钢铁等行业超低排放改造和工业炉窑行业深度治理，联合开展铜钵河等跨界流域治理，全域开展"无废城市"建设。绿色低碳发展扎实推进，实施碳达峰碳中和联合行动，重庆市"碳惠通"生态产品价值实现平台建成投用，中国环境科学研究院西南分院落户重庆，开展重庆广阳岛长江经济带绿色发展示范，创建重庆绿色金融改革创新试验区，联手打造成渝地区双城经济圈绿色技术创新中心和绿色工程研究中心。

（八）抓共建共享，公共服务水平提标提质

就业服务水平持续提升，举办双城经济圈就业创业活动周、川渝高校毕

业生专场招聘会等系列线上线下就业服务活动，提供就业岗位超 18 万个，建设毗邻地区人力资源服务产业园。教育文体资源共建共享，推进 22 所高校 65 个优势特色学科结对共建"双一流"学科，双向本科招生计划投放名额均同比增长 4 个百分点，举办第 56 届世乒赛和滑雪、武术等赛事。卫生养老事业互促互认，综合类国家医学中心、国家儿童区域（西南）医疗中心、国家临床重点专科群加快建设，开通跨省直接结算住院定点医疗机构、普通门诊医药机构分别达 5760 家、5.66 万家，医疗检查检验结果跨省互认超 160 万例次，跨省直接结算服务群众超 251 万人次。应急联动合作不断深化，省市级救灾物资储备信息互通共享，网络安全、通信保障等应急联动机制不断优化，警用数字集群系统互联互通，毗邻地区建立 110、120 协作服务机制。便捷生活行动不断拓展，成渝高铁日均开行列车 120 余对，跨省城际公交累计服务超 127 万人次，实现跨省级行政区域固定电话通信资费一体化，办理住房公积金异地转移接续 2.29 万人次、发放异地贷款 19.08 亿元。

（九）抓系统改革，城乡融合发展取得突破

积极推进国家城乡融合发展试验区建设，重庆西部片区聚焦 11 个方面深入探索，南岸、垫江等市级城乡融合发展先行示范区加快建设。推动城乡要素高效配置，推动都市圈内户籍准入年限同城化累计互认、累计受理四川籍群众户口迁入重庆 3.5 万人次，推动农民土地所有权、承包权和经营权确权颁证，基本完成集体资产股份合作制改革和村级集体经济登记赋码，制定乡村振兴青年贷、农村产权抵（质）押融资风险补偿等政策，发起支农产业子基金 6 支、规模近 30 亿元。持续优化城乡公共资源均衡配置，水电路气讯基础设施实现城乡全覆盖，推行义务教育阶段教师"县管校聘"、全科医生"乡管村用"和科技特派员制度，累计建成宜居村庄 1239 个。推动城乡产业协同发展，建成 8 个国家现代农业产业园、60 个市级农民工返乡创业园区，累计培育高素质农民 22.2 万名、家庭农场 3.3 万个、农民合作社 3.7 万个。深入推进以县城为重要载体的新型城镇化建设，推动特色小镇规范健康发展，出台《重庆市促进特色小镇规范健康发展的实施方案》，公布

《2022年度重庆市特色小镇清单》，正式命名荣昌安陶特色小镇、忠县新立柑橘特色小镇，其中荣昌安陶特色小镇建设经验获全国推广。

三　存在的问题

一年来，成渝地区双城经济圈建设虽然取得积极成效，但综合实力和竞争力与东部发达地区仍有较大差距，对标《规划纲要》目标定位仍存在一些困难和问题。一是顶层设计和战略谋划有待加强，京津冀、粤港澳大湾区、长三角等区域均成立由中央有关领导任组长的领导小组，在国家发展改革委配置专门工作力量负责日常办公，成渝地区双城经济圈依托国家城镇化工作暨城乡融合发展工作部际联席会议制度兼顾指导，重大改革、政策、项目的支持力度还需强化。二是争取资金支持有待落实，国家区域重大战略地区均安排了中央预算内投资，成渝地区政府财力相对薄弱、基础设施建设等投入成本较高，但暂无中央预算内投资或财力性补助资金支持，重大项目建设资金来源有较大缺口。三是两省市行政体制机制存在差异，同时又肩负着探索经济区与行政区适度分离改革重大任务，要破除行政壁垒实现要素自由流动，亟须争取国家层面在要素保障、税收统计等方面放权赋能。

四　下一步政策举措

深入学习贯彻党的二十大精神，全面落实习近平总书记关于推动成渝地区双城经济圈建设重要讲话精神，聚焦《规划纲要》目标定位，强化战略协作、政策协同、工作协调，机制化、政策化、项目化、事项化推动各项重点任务落实落地，携手唱好"双城记"、共建经济圈，全力打造区域协作高水平样板，推动成渝地区双城经济圈建设在新时代中国式现代化新征程上奋力书写新篇章。

一是进一步携手抓好全方位合作。携手主动对接国家城镇化工作暨城乡融合发展部际联席会议机制，推动多层次全方位区域协作。认真落实好成渝地区双城经济圈建设重庆四川党政联席会议、常务副省市长协调会议、联合办公室、专项工作组四级合作机制,办好第六次党政联席会议和常务副省市长协调会议,发挥好各专项工作组职能职责,抓好重点领域专项工作,全面推动双城经济圈建设走深走实。

二是进一步突出双核联动联建。健全完善双核联动工作机制,优化重庆主城都市区和成都市极核功能,促进交通基础设施、现代产业体系、科技创新资源、城市服务功能和社会公共政策等互联互通,不断深化和拓展双方合作层次和领域。提升双核带动能力,促进周边市州、区县共同发展,加快构建双核引领、区域联动新格局,推动成渝地区双城经济圈建设成为国家区域发展新高地和对外开放新支点。

三是进一步推动毗邻地区合作共建。以重点功能平台建设带动毗邻地区深度融合,加大规划统一管理、政策协同联动、财税利益共享力度,聚焦基础设施、产业协作、改革创新、公共服务等重点领域,研究制定细化举措。以毗邻地区合作促进全域协调发展,加快成渝中部地区协同发展、渝东北川东北地区一体化发展、川南渝西地区融合发展,促进双圈互动、两翼协同。

四是进一步强化项目引领支撑作用。进一步加大抓项目促投资力度,落实好两省市领导联系重点项目工作机制,强化土地、能源、资金等要素保障,做实项目前期工作,强化重大项目储备,以高能级项目投资拉动成渝地区双城经济圈高质量发展。将交通基础设施建设作为扩大有效投资、促进开放合作的重要基础和先行领域,扎实抓好铁路、公路、航空、航运等重大项目建设,共同构建互联互通立体交通网。

五是进一步探索改革开放联动。共同推进区域市场一体化进程,协同深化经济区与行政区适度分离、要素市场化配置等改革,实施市场准入"异地同标"行动,推进税收征管一体化,合力打造西部陆海新通道、中欧班列(成渝)等出海出境大通道,建设川渝自由贸易试验区协同开放示范区,共建西部金融中心,更好地融入和服务全国统一大市场,加快建设内陆改革开放高地。

B.28
川渝毗邻地区合作共建功能
平台成效、困难及对策

"川渝毗邻地区合作共建功能平台"课题组

摘　要： 川渝毗邻地区合作共建功能平台是川渝两省市相向发展、融合发展的重要载体，是推动成渝地区双城经济圈建设的"先手棋"。目前，川渝合作共建功能平台10个，合作机制初步建立，建设方案陆续获批，支撑作用明显。但由于毗邻平台建设尚处于起步阶段，需进一步增强产业协同，在建链强链上做贡献；加强改革集成，在先行示范上做样板；提高政策势能，在精准施策上做探索；提升合作效能，在统筹协同上做示范；强化考核督查，在平台建设上做标杆。

关键词： 成渝毗邻地区　区域发展功能平台　产业协同

党中央、国务院作出推动成渝地区双城经济圈建设重大决策部署后，两省市办公厅联合印发《川渝毗邻地区合作共建区域发展功能平台推进方案》，要求川渝毗邻地区合作共建一批各具优势和特色的区域发展功能平台，探索经济区与行政区适度分离，促进要素自由流动，提高资源配置效率，率先在规划统筹、政策协调、协同创新、共建共享等方面取得实质性突破，为成渝地区双城经济圈高质量发展提供重要支撑。目前，川渝毗邻地区已相继设立10个区域发展功能平台（以下简称毗邻平台），合作机制初步建立，建设方案陆续获批，支撑作用开始显现，为推动成渝地区双城经济圈"双核引领、双圈互动、两翼协同"的新发展格局提供了坚实保障。

一 川渝毗邻平台建设进展

（一）渝东北川东北地区

1.万达开川渝统筹发展示范区

平台以生态优先绿色发展样板、统筹发展制度创新试验区、全国综合交通物流枢纽、川渝东北地区重要增长极为发展定位，持续深化毗邻合作。出台市区领导联系示范区重点项目工作机制和月调度机制，共同谋划实施年度重点工作，有效保障各项任务顺利推进。目前，万州机场改扩建跑道正式运行、达州金垭机场正式运营，开州通用机场完成选址。郑渝高铁全线通车，渝西高铁可研报告获批，成达万高铁华蓥山先期隧道段开工加快建设，渝万高铁前期工作基本完成，达万铁路扩能改造开展预可研编制，新田港铁路集疏运中心完成总工程量的90%。推动"万达开智能制造示范园区"建设中，三地企业配套发展，形成配套产业链，万达开智能制造示范园区1~9月产值预计超7亿元。

2.城宣万革命老区振兴发展示范区

该平台于2022年1月正式获批，明确将打造革命老区振兴发展样板区、巩固拓展脱贫攻坚成果同乡村振兴有效衔接示范区、川东渝北连接关中平原的重要门户作为发展定位。城口至万源高速、城口至宣汉高速公路等三地毗邻道路升级改造工程持续推进，万源至城口天然气长输管道开工建设，截至9月，城口段工程量已完成75%。宣汉红三十三军纪念馆改造、万源保卫战战史陈列馆迁建项目及城口红三十三军庙坝指挥部旧址修缮工作全面完工。正式签署《共建大巴山国际旅游度假区联合宣言》，大巴山国际旅游度假区建设列入川渝两省市共同推进的重大项目清单。

3.明月山绿色发展示范带

该平台于2021年10月正式获批，围绕绿色一体化制度创新试验田、生态经济创新发展试验区、人与自然和谐发展示范区发展定位，共谋重大项目建设、共促产业协同发展。纳入 2022 年度川渝共建重大项目清单的明月山国家储备林建设等 19 个项目进展积极,梁平至开江高速全面开工,已形成 20 余亿元的投资量,明月山环山旅游健康道路(垫江段)完成投资 6.3 亿元。以生物医药、新材料、智能制造、电子信息、环保建材、消费品工业、新能源等为主导产业的川渝东北绿色制造业基地建设进展良好。川渝东北电子信息产业园入驻平伟、川环等龙头企业。投资 50 亿元的重庆首个智能装配式建筑产业园建成投产。大竹川渝合作产业园建设稳步推进,2021 年以来累计完成投资 71 亿元。中国西部预制菜之都建设进展迅速、反响热烈。成功举办首届明月山生态旅游文化节,带动消费超 5 亿元。举办"绿色中国行——走进美丽明月山"系列活动及大型电视访谈节目《绿色中国大讲堂》,弘扬生态文明,传播绿色理念,共建美丽明月山。

(二)成渝中部地区

1. 川渝高竹新区

该平台于 2020 年 12 月正式获批,紧扣经济区与行政区适度分离改革试验区、产城景乡融合发展示范区、重庆中心城区新型卫星城的发展定位,在"领导小组+管委会+国有公司"三级管理创新机制的推动下,取得系列成果。目前,正加快推进南北大道三期及连接线,川渝路二期启动用地组件报征,启动渝广铁路、合广长高速、水高长快速通道等前期工作,包茂高速高竹互通预计 2022 年底前建成通车。正式出台工业、服务业、总部经济"黄金政策 30 条",加快推进川渝科创基地等项目,产业创新中心一期建成投用,成功引进重庆工职院高竹校区、东本摩托等 38 个项目,协议投资达 333 亿元。目前,新区 6 平方公里建成区内,已入驻企业 175 家,在谈储备项目近 40 个、总投资超过 400 亿元。按照"能放则放、应放尽放"原则,广安市首批授权或委托新区行使地市级经济管理事权 134 项,邻水县下放事权 159 项,正在争取两省市人大和政府下放行政权力事项清单。全国首个跨省共建的税费征管服务中心正式运行,入选四川省 2021 年重大改革案例,并被中宣部选定为庆祝党的二十大"奋进新时代"主题成就展之一。按照规划、建设、服务、政策"四统一"标准保电供气，2022 年 6 月 16 日建成投运跨省一体化的新区"供电服务中心"，正逐步整合渝广两地燃气资源，逐步实现水电气要素同城同价。

2. 遂潼川渝毗邻地区一体化发展先行区

该平台于 2020 年 12 月正式获批，明确将打造联动成渝的重要门户枢纽、川渝毗邻地区一体化制度改革试验地、成渝中部地区现代产业集聚地、成渝地区双城经济圈高品质生活宜居地作为发展定位。两地围绕基础设施一体化目标，推动重庆至遂宁城际铁路等重大项目纳入双城经济圈交通运输规划，加快构建成渝双核 1 小时交通圈、遂潼半小时通勤圈。2022 年前三季度，遂潼快捷通道双江至米心段完工，渝铜安高速（潼南段）完成总工程量的 62%，潼南双江航电枢纽工程完成总工程量的 40%，渝遂高速扩能（潼南段）通过部级行业审查和市级可研审查。围绕产业发展一体化，两地高新区获批双城经济圈产业合作示范园区，潼南获批国家智能终端基地，遂宁获批国家基础电子元器件基地。围绕机制创新一体化，联合印发《成渝地区双城经济圈经济区与行政区适度分离改革遂潼实施方案》《成渝地区双城经济圈体制机制改革创新遂潼实施方案》等政策文件，共同编制产业发展等专项规划，建立"筹委会+平台公司"的遂潼涪江创新产业园区管理机制。围绕同城旅游一体化，推动共享景区票价减免等待遇，加快文化旅游产业发展。前三季度，仅潼南区接待游客达 1052 万人次以上，实现旅游综合收入 68.4 亿元以上。

3. 合广长协同发展示范区

该平台于 2022 年 1 月正式获批，以成渝地区先进制造业高水平协作配套区、重庆中心城区非核心功能疏解承接区、成渝地区高品质生活宜居地为发展定位。加快推动一批铁路、通道建设先期工作，持续深化港口航运协作，有序推进嘉陵江沿线武胜东西关、桐子壕等水利枢纽改造提升工程。2022 年，联合推动 16 个项目纳入当年川渝合作共建项目，年度计划投资82.63 亿元，2022 年 1～9 月完成投资 42 亿元，完成年度投资计划的50.82%。广安、长寿区等地景区联合打造精品旅游线路 3 条，合川联合武胜、岳池沿渠江、嘉陵江共建蔬菜加工产业带，长寿联合邻水大力推进大水面生态养殖，培育发展大洪湖有机鱼品牌，实现年销售额近亿元。长寿"柚橘鱼蛋"四大主导产业产量稳居重庆市区县前列，禽蛋和有机水产品产量保持重庆市第1。

4. 资大文旅融合发展示范区

该平台于2022年2月正式获批，锚定世界石刻文化遗产保护利用示范、巴蜀特色文化旅游目的地、全国知名文化创意产业基地的发展定位开展合作共建。将资大文旅融合发展示范区建设纳入两地"十四五"规划，共同谋划29个文旅项目、估算总投资超1000亿元。2022年6月24日召开示范区建设第一次领导小组会议，吹响了示范区建设的集结号。两地共同谋划争取将石刻文创园区、川渝石窟寺保护传承与科技创新项目、大足安岳成渝现代高效特色农业带粮药合作示范园区纳入两省市2022年重大项目名单，估算总投资224.64亿元，年度计划投资19.45亿元，逐步形成"一轴两区两带"的示范区空间发展格局。

（三）川南渝西地区

1. 内荣现代农业高新技术产业示范区

该平台于2021年11月正式获批，致力于打造国家畜牧科技创新高地、全国生猪种源基地、数字农业发展样板区、丘区现代农业示范区。国家畜牧科技城纳入西部（重庆）科学城"一城多园"建设。两地共建全国首个、目前唯一的畜牧单品种国家级大数据服务平台——国家生猪大数据中心内江运营中心建成投用，"荣易管""荣易养""荣易贷"等数字应用平台实现两地共享。积极推进内荣农高区2022年重点项目建设，计划共推基础设施建设、农产品物流枢纽、农业科技创新主体和平台等五大类共71个项目，预计总投资约847.2亿元、年度投资约93.3亿元。荣昌传化"公路港"物流项目、荣昌猪产业集群项目、永川至荣昌至自贡高速公路（荣昌段）前期工作进展顺利，长江上游晚熟柑橘示范带清流、直升基地建设有序推进，完成玉米种业基地3250亩品种选育和标准化种植区。

2. 泸永江融合发展示范区

该平台于 2021 年 10 月正式获批，以川渝滇黔接合部经济中心、成渝"双核"重要功能配套区、成渝地区南向开放合作门户、长江经济带绿色发展示范区为发展定位。绵泸高铁内自泸段通车运营，渝昆高铁泸永江段、江泸北线高速、泸永高速四川段、古金高速等项目建设加快推进。联合实施了泸永江融合发展示范区 100 万亩优质粮油及稻田综合种养产业带二期 69 万亩、50 万亩长江中上游晚熟龙眼荔枝产业带二期 35 万亩、60 万亩优质茶叶产业带二期 56 万亩等 3 条现代高效特色农业产业带建设。2022 年重点合作任务共 67 项，已完成 13 项，年度计划投资 128.52 亿元（因市交通局对江泸北线高速、三环高速陈食—油溪段、渝叙筠高速等 3 个交通基础设施项目年度计划投资分别调减了 6.8 亿元、4 亿元、10 亿元，因此重大项目年度实际计划投资相应调减 20.8 亿元，为 111.52 亿元，实际年度计划投资相应调减为 128.52 亿元），已完成 94.32 亿元，已完成年度计划的 73.39%。其中，重大平台 4 个，年度计划投资 17 亿元，已完成 8.6 亿元，完成年度计划投资的 50.59%；重大项目 17 个，年度计划投资 111.52 亿元，已完成 85.72 亿元，完成年度计划的 76.87%。

3. 川南渝西融合发展试验区

平台将共同打造西部地区高质量发展重要支撑带、跨区域产业融合发展示范区、成渝地区对外开放合作重要门户、长江上游高品质生活宜居区。共同争取綦江工业园、荣昌高新区、宜宾三江新区、自贡高新区等 9 个园区纳入首批成渝地区双城经济圈产业合作示范园区。共同组建川南渝西大数据产业联盟、成渝地区双城经济圈高新区协同创新战略联盟、"泸州·永川·江津"装备产业联盟，助推产业协同发展。成功组建川南渝西文化旅游联盟，串联起江津四面山、永川乐和乐都、大足石刻、荣昌万灵古镇、綦江古剑山—老瀛山、万盛黑山谷、内江大千纪念馆、宜宾蜀南竹海、泸州国窖景区、自贡江姐故里及"盐龙灯"等代表性景区景点，促进文旅资源互动融合。基础设施建设进一步加快，绵泸高铁（内自泸段）建成通车，渝昆高铁（川渝段）、成自宜高铁加快建设，成渝中线高铁正在加快项目初步设计和站房概念设计，隆黄铁路隆叙段扩能改造开工，重庆至自贡至雅安铁路规划研究报告编制完成。永泸高速公路永川段、大内高速（重庆段）建成通车（四川段正加速推进，2022年1~9月完成投资7.7亿元，年度投资完成率达172%），江津至永川至泸州高速公路北线加快推进，资中至铜梁等高速公路开工建设，江津经泸州至宜宾、自贡至永川、内江至富顺至南溪等高速公路前期工作有序推进。

二 川渝毗邻平台建设取得的主要成效

（一）共铸美好愿景，打造区域合作新品牌

10个毗邻平台所涉市区（县）建立机制、统一思想、共担费用，联合制定总体方案、发展规划。其中，万达开川渝统筹发展示范区与川南渝西融合发展试验区建设方案已联合上报国务院待批复，其余8个毗邻平台总体方案均获批印发。各毗邻平台在编制过程中强化"一家亲"意识、树牢"一盘棋"思想、坚持一体化理念，共同设计区域发展路径，共同探索区域改革试点，共同打造区域合作品牌，万达开、川南渝西、高竹、遂潼等已成为川渝合作的新名片，社会关注度高，媒体高频引用。百度搜索显示相关结果（时间截至2022年5月），万达开接近2000万个、高竹超370万个、川南渝西接近300万个、遂潼超100万个。

（二）共促产业融合，孕育区域经济新成果

毗邻区县共同打造产业链，完善供应链，不断打破行政壁垒、区域壁垒，产业呈现补链、延链、强链趋势，一二三产业融合发展成果持续涌现。川渝高竹新区获批首批成渝地区双城经济圈产业合作示范园，在川渝地区率先建立跨省统一的招商引资体系，产业创新中心一期建成投用，快速推进川渝科创基地、桂花田园综合体、粮经复合特色产业园等项目建设，加快打造以自然生态为本底的高品质城市新区。内荣现代农业高新技术产业示范区共

建国家畜牧科技城，建成国家首个、目前唯一的畜牧单品种国家级大数据服务平台——国家生猪大数据中心，重庆荣昌—内江隆昌合作园区获批首批成渝现代高效特色农业带合作园区，荣昌高新区、隆昌经开区成为首批成渝地区双城经济圈产业合作示范园。泸永江融合发展示范区组建川南渝西大数据产业联盟，加快推进现代农业合作示范园建设，建成优质粮油及稻田综合种养产业带 28 万亩、花椒产业带 57.3 万亩，合江江津新材料产业示范园区入选首批成渝地区双城经济圈产业合作示范园。遂潼一体化发展先行区分别获批国家智能终端基地、国家电子元器件基地，建成优质蔬菜生产带示范基地 1 万余亩；联合 9 个市区（县）组建国际柠檬产区联盟，建立遂潼涪江创新产业园，协同建设遂潼天然气产业园，推出红色文化、涪江风情游等旅游线路。合广长协同发展示范区共建沿渠江、嘉陵江蔬菜加工产业带，共同推进渝西川东北优质粮油产业集群建设，主动服务配套成渝双核，打造跨省域协同发展示范样板。资大文旅融合发展示范区联合开展川渝石刻（窟）文物保护和研究，协同创建世界知名研究院，争创川渝石窟寺国家遗址公园，共同打造巴蜀石窟文化旅游走廊联盟、巴蜀世界遗产联盟，联合推出石刻艺术游等精品线路 10 余条。联合制作大足石刻、安岳石窟纪录片《镌刻千年的巴蜀印记》和《我们的故事》被中国国家图书馆永久馆藏。资阳高新区、大足高新区获批首批成渝地区双城经济圈产业合作示范园。城宣万革命老区振兴发展示范区推动大巴山国际旅游度假区建设，协同打造渝东北川东北特色高效农业生态经济走廊，实现红色资源、文旅康养、特色效益农业等产业价值转化提质。明月山绿色发展示范带推动形成明月山山脉绿色发展廊道，共建践行"绿水青山就是金山银山"的新样板。

（三）共创协同机制，实现区域改革新突破

毗邻平台自觉承担改革任务，通堵点、接断点、攻难点。跨行政体制管理方面，川渝高竹新区创新建立"领导小组+管委会+国有公司"三级管理体制，加快建设"跨省域一体化发展试验区"，推进"水电气"供给侧改革，逐步实现要素同价，首个跨省共建的税费征管服务中心、供电服务中

心、公安政务服务中心正式运行；万达开川渝统筹发展示范区健全并常态化运行"三地三级"工作机制，定点在万州集中办公；组建跨区域税收分析团队，建立税务数据交换通道，实现四大类22项信息共享，在产业发展、公共服务等领域探索协作开放创新机制；泸永江融合发展示范区实施毗邻平台轮值制度，推动平台建设工作实体化、联合化、清单化运行。跨区域联合管理方面，川南渝西融合发展试验区坚持生态环保联防联治，联合印发大气污染防治工作方案；遂潼一体化发展先行区率先启动社保卡"一卡通一码通"试点，实现景区购票、借书等场景应用；协同实施河长制，加强涪江流域联防联控，推动涪江、琼江出川断面水质持续稳定达标；川南渝西融合发展试验区组建教育共同体、乡村教育联盟、公共图书馆联盟。

（四）共推惠民举措，引领民生工作新亮点

川渝群众生活便捷化水平不断提升，改革红利带来实实在在的获得感。资大文旅融合发展示范区全量认领"川渝通办"事项，统一人力资源服务许可等事项清单，实现异地参保人员缴费年限互认、医保无障碍转移；川南渝西融合发展试验区举办数字经济人才双选会，建立公积金中心实现信息快速协查、互认互贷，开通跨省公交7条；遂潼一体化发展先行区共推遂潼商务快客、跨省农村客运和2条跨省城际公交，累计发送乘客40余万人次；共建23个医疗专科联盟，推动21项医学检验结果互认；城宣万革命老区振兴发展示范区实现住院、普通门诊、药店购药等业务异地直接结算，畅通毗邻医院及卫生院重危病人转诊绿色通道；建立三地边界学校义务教育招生联动机制，实现391名学生跨省就近入学。

三　川渝毗邻平台建设面临的困难

虽然川渝两地在推动平台建设中取得了一定成绩，但由于成渝毗邻地区平台建设推进的时间不长，平台建设中也面临一些困难，需要进一步协同研究和解决。

（一）跨区域治理体制机制仍需进一步优化

一是平台顶层设计尚未健全。如万达开川渝统筹发展示范区建设方案还在报批，印发实施尚未确定，导致示范区在项目管理、空间规划、财税支持等方面缺乏顶层指导。川渝高竹新区发展规划尚处于修改完善阶段，国土空间规划因自然资源部尚未出台全国"十四五"国土空间规划而处于等待报审阶段，新区国土空间短时间内无法批复。二是川渝两地审批管理权限下放不一致。如高速公路审批权限下放层级不同，四川省内的审批权限在省一级，重庆市将市内高速公路审批权限下放至区县，导致不能同步开展项目可行性研究等前期工作，影响项目进展。用地审批权限不同，四川省获得国务院授权的永久基本农田以外的农用地转为建设用地审批权，重庆市获得包含永久基本农田转为建设用地和国务院批准土地征收审批事项权限（委托），导致土地利用不同步。川渝高竹新区虽然获得广安市和邻水县分别授予的经济管理权限134项、159项，但目前新区行政主体资格和两省市政府行政审批权限下放均还未明确。三是川渝两地政策供给标准不一致。川渝两省市在用地、税收、资金补助、上下游配套、人才引进等方面，同类政策差异较大，尤其在数据互联互通、打破政策壁垒等方面亟待创新突破。比如，四川和重庆的资源税税率有明显差异，四川原煤资源税为2.5%、砂石资源税为4.5%，重庆原煤资源税为3%、砂石资源税为5%，但对开采尾矿免征资源税。两地信息系统不统一导致通办事项无法实现网上通办，天府通、渝快办数据互通不畅，业务办理除了部分行业专网可以网上通办外，其他事项只能以线下代收代办的形式办理。

（二）资源要素保障仍需进一步加强

一是财政对示范区建设支持力度不够。两省市财政对示范区建设无专项支持，万达开在重大项目、专项改革、公共服务、产业协同等方面无明显优于其他区域的财政支持。二是部分平台土地利用难度大。如高竹新区在建拟建的各类基础设施、产业项目用地需求大，但由于全国"三区三线"划定规则，高竹新区国土空间规划短时间内无法批复，导致开发边界、规模指标、现状基数无法确定。加之新区地处跨省交界处，限制性开发条件高度集中，85%以上的土地涉及永久基本农田、四山管制等限制性因素而无法有效利用，严重制约项目落地建设。

（三）产业协作共兴仍需进一步探索

成渝毗邻地区平台建设仍存在产业协同发展合力不强、产业升级难度大等现象，需进一步探索解决。如万达开川渝统筹发展示范区产业协同发展合力不强。万达开地域相邻、人文相近，三地发展路径相似，同质化竞争客观存在；同时，三地产业多以传统制造业为主，企业智能化水平不高、创新能力不强、产品附加值低，缺乏区域带动力强的龙头企业。川渝高竹新区产业升级难度大。高竹新区确立了以智能网联新能源汽车及核心零配件为主攻方向的产业目标，但高竹新区现有企业规模不大、实力不强、研发能力较弱，加之镇级基础起步的公用配套现状短时间无法改变，园区骨干道路、水电气管网等基础设施建设较为滞后，缺乏核心竞争力和吸引力，制约了大项目、大企业落地。

（四）基础设施建设仍需进一步加强

成渝毗邻地区交通基础设施建设仍比较薄弱，缺少骨干交通，制约了平台流通效率提升。如万达开三地交通基础设施区域内部衔接不畅，快速通道密度不够，立体交通网络尚未形成。对外缺乏南北向铁路，开州尚无建成铁路，对内沿江铁路、货运专线铁路等支撑能力不足，示范区互通货运铁路仅有一条达万铁路，运输效率低，无法形成有效的通道能力，离打造全国综合交通物流枢纽的定位还有较大差距。高竹新区虽然与重庆主城空间距离较近，但通达时间较长，存在"近而不快"的现状。目前南北大道三期渝北段用地指标未获批，川渝路推进难度较大，同时缺乏大运量的轨道交通和骨干路网支撑，对高竹新区融入重庆中心城区、建设新型卫星城影响较大。

四 提升川渝毗邻平台先行示范水平的对策建议

（一）狠抓任务落实，在贯彻执行上做表率

一是对标对表规划纲要。凡是规划纲要中能够落地毗邻平台的任务要不折不扣地落实，这既是工作要求，又是工作抓手，如发挥白酒品牌优势、建设特色消费聚集区等。

二是聚焦聚力工作要点。按国家、两省市年度工作重点任务要求，制定毗邻平台年度工作要点，做到条条对应，按时完成，严格与上级工作同步。

三是率先落实已出台政策。两省市已印发的文件和出台的政策，凡是毗邻平台具备落地条件的，要优先予以落地落实，如"跨省通办"、便捷生活行动、示范园区建设等。

（二）增强产业协同，在建链强链上做贡献

一是努力构建分工协作体系。把产业协同放在更加突出的位置，支持各毗邻平台加快构建高效分工、错位发展、有序竞争、相互融合的现代产业体系，如培育特色消费品产业集群，打造西部职教基地，共建巴蜀文旅走廊，以及依托文旅走廊打造数字文化产业链、文化装备产业链等。

二是扎实推进共建产业园区。发挥两江新区、天府新区、西部科学城龙头带动作用，在毗邻地区选择一批条件较好的园区，共建集生产、研发、居住、服务、生态、消费等多功能于一体的新型产业园区，创新"一区多园""飞地经济"等建园方式，推动各类开发区和产业集聚区政策叠加、服务体系共建，把毗邻平台产业园区建设成为成渝地区双城经济圈先进制造业集群的重要载体。

三是提高产业承载能力。支持各毗邻平台承接成渝双核产业外移、融入产业链。引导重庆、成都市内高校、医疗等优质资源和功能设施向毗邻地区转移，鼓励毗邻平台积极争取成为重庆中心城区、成都市非核心功能疏解

区。提升各毗邻平台基础设施水平，如加快推动渝西高铁东径路、西径路同步建设，新增大足至安岳公路等。发挥毗邻平台职教优势、人力成本优势、改革优势，吸引更多先导型、牵引性重大产业项目落地，引导人口和产业向毗邻平台集聚。

（三）加强改革集成，在先行示范上做样板

一是打造"两区分离"改革先行区。聚焦经济区与行政区适度分离改革，在毗邻地区集成各项政策措施，鼓励各地区率先探索示范，持续推出一批在全国有影响力的改革，如推动毗邻地区率先取消高速公路收费站；建立跨行政区财政协同投入机制，推广税收征管一体化；探索毗邻平台共建、新设企业等跨区域合作的成本分担和利益共享机制等。

二是打造生态价值实现示范区。率先在生态优良的毗邻地区开展生态产品价值实现机制试点，优先开展碳汇交易、林票交易；将铜钵河、明月江流域纳入川渝流域生态保护补偿试点；支持大巴山生物多样性保护与利用工程等。

三是打造要素一体化试验区。探索在毗邻地区推行要素价格同质同价，支持发电企业参与大用户直供交易；支持毗邻地区共同开发利用能源资源，如建设万达开天然气锂钾资源开发利用集聚区，推动大数据等新兴技术与天然气锂钾综合开发利用产业深度融合等。

（四）提高政策势能，在精准施策上做探索

一是提高政策靶向水平。突出"一区一策"，对毗邻平台精准输入政策，支持毗邻平台探索创新，如可参照长三角生态绿色一体化发展示范区人大依法授权模式，推动两省市人大授权毗邻平台相应的省级事权管理权限试点，为跨省域一体化发展提供法理依据和法治保障。

二是增强平台发展动能。整合川渝两省市资源，对平台发展予以必要的政策要素倾斜，在资金分块、环境容量、试点先行方面"高看一眼、优待一分"，如细化政策支持清单、建立专项资金池，创建毗邻平台基金、发行

债券等。围绕各平台自身特色，因地制宜，引导更多省市级试点落地毗邻平台。帮助争取国家级试点落地毗邻平台，如国家数字化绿色化协同转型发展综合试点、生产服务型国家物流枢纽承载城市等。

三是加大部门协同指导力度。市区行业部门对毗邻平台，要靠前调研指导，帮助毗邻平台挖根源、查症结、开方子，策划项目、配备政策，把毗邻平台建设工作纳入本部门年度重点任务之中，川渝联动共创示范。

（五）提升合作效能，在统筹协同上做示范

一是加强平台学习交流。各毗邻平台加强相互交流学习，取长补短，共同研究补链、强链、延链等问题。主动研究借鉴先进地区成功合作经验和改革举措，找差距、抓落实、谋突破。

二是健全完善合作机制。已有合作机制的，要巩固优化，避免各自为政、多头议事、议而不决；尚未建立合作机制的，要加强督办、责任到位、限时完成；对多主体（大于两个）共建的毗邻平台，推广实施轮值工作机制，提升议事、办事、督事效率。

三是加强与非毗邻地区合作。有条件的地区，要将合作领域拓展到非毗邻地区，整合区域资源，在产业协作上互帮互助，在公共服务上共建共享。

（六）强化考核督查，在平台建设上做标杆

一是建立完善考核指标体系。将市级部门年度工作要点支持毗邻平台政策情况纳入年度考核，将毗邻平台落实国家、两省市、部门年度工作要点纳入年度考核，将毗邻平台规划编制、项目推进、机制创新、要素保障等方面年度推进情况纳入考核。

二是加大督查考核力度。市级督查部门深度参与毗邻平台建设督查，并针对年初目标制定、推进落实情况等，实时开展联合督查并定期通报。

B.29
成渝地区双城经济圈合力建设现代
基础设施网络的成效及展望

陈耿宣　蓝定香*

摘　要： 党的二十大报告指出："优化基础设施布局、机构、功能和系统
集成，构建现代化基础设施体系。"现代基础设施网络建设是成
渝地区双城经济圈建设的重要任务。一年来，四川省、重庆市倾
力合作，共同推进现代基础设施网络建设，成效显著。同时，也
面临地理条件限制、发展基础薄弱、外部环境挑战等制约。因
此，应充分发挥信息技术的牵引作用，进一步加大力度推进现代
基础设施网络协同建设，进一步强化组织领导和实施保障。

关键词： 成渝地区双城经济圈　现代基础设施网络　成效及展望

　　党的二十大报告指出："优化基础设施布局、机构、功能和系统集成，
构建现代化基础设施体系。"毫无疑问，现代基础设施网络建设是成渝地区
双城经济圈建设的重要任务。《成渝地区双城经济圈建设规划纲要》（以下
简称《纲要》）提出，成渝两地要提升内联外通水平，强化门户枢纽功能，
加快完善传统和新型基础设施，构建互联互通、管理协同、安全高效的基础
设施网络。为推进《纲要》实施，2021 年 12 月，中共重庆市委、中共四川
省委、重庆市人民政府、四川省人民政府联合印发了《重庆四川两省市贯

---

　*　陈耿宣，四川省社会科学院经济研究所副研究员，主要研究方向为中国经济改革、数字经济
　　等；蓝定香，四川省社会科学院产业经济所所长、研究员，主要研究方向为工业经济管理、
　　国企改革。

彻落实〈成渝地区双城经济圈建设规划纲要〉联合实施方案》（以下简称《联合方案》），指导两地共同开展工作。

一 成渝地区双城经济圈合力建设现代基础设施网络取得的成效

为合力建设成渝地区双城经济圈现代基础设施网络，四川省、重庆市接力出台《共建成渝地区双城经济圈 2022 年重大项目名单》（以下简称《2022 年重大项目》）等各项文件，签订各项合作协议 14 项，重点是强化规划、建设、管理、运营、服务全方位协同对接，打破行政分割和市场壁垒，推动跨区域政策协调、资源整合、平台共享、市场统一等。《2022 年重大项目》名单中共有标志性重大项目 160 个，总投资超过 2 万亿元，涵盖六大类别。其中，在合力建设现代基础设施网络方面的项目投资规模最大，涉及 40 个项目、总投资 13461 亿元。截至 2022 年 6 月底，《2022 年重大项目》的 160 个重大项目开工 152 个，完成投资 4382 亿元；2022 年以来完成投资 1069.8 亿元、年度投资完成率 58.3%，实现"时间过半、任务过半"。① 两地共同推动成渝地区双城经济圈基础设施建设的效果显著。

（一）交通基础设施建设的成效

1. 机场建设

一是机场数量。2021 年，成渝地区双城经济圈四川区域内有机场 7 个，分别是双流国际机场、天府国际机场、宜宾五粮液机场、泸州云龙机场、绵阳南郊机场、南充高坪机场、达州河市机场。重庆有机场 5 个，分别是重庆江北机场、万州五桥机场、重庆巫山机场、黔江武陵山机场、重庆仙女山机场。成渝机场群共有机场 12 个，而京津冀经济区共有机场 9 个，长三角大湾区共有机场 24 个，粤港澳大湾区共有机场 7 个。

---

① 资料来源：国家发改委网站，https://www.ndrc.gov.cn/fggz/dqjj/sdbk/202208/t20220822_1333475.html？code=&state=123。

二是机场吞吐量。机场吞吐量是指一定时期内飞机起降次数和旅客运送数量，该指标可反映机场规模和旅客运送能力。笔者根据《2021年全国民用运输机场吞吐量排名》文件整理了成渝地区双城经济圈机场吞吐量和起降情况（见表1）。

表1 成渝地区双城经济圈机场吞吐量和起降情况

机场	旅客吞吐量（人次）		货邮吞吐量（吨）		起降架次（次）	
	2021年完成	排名	2021年完成	排名	2021年完成	排名
成都/双流	40117496	2	629422.2	7	300862	4
成都/天府	4354758	47	19853.7	49	37103	65
宜宾/五粮液	1543792	73	6372.1	73	15815	104
泸州/云龙	2100833	59	6001.8	75	24555	81
绵阳/南郊	2980409	50	7347.3	67	188894	13
南充/高坪	923789	99	3154.3	84	17394	94
达州/河市	558207	125	884.0	125	8305	137
重庆/江北	35766284	4	476723.1	8	280577	6
万州/五桥	1149138	90	1227.0	112	13754	110
重庆/巫山	89414	214	12.2	211	1466	224
黔江/武陵山	364059	153	710.0	133	4344	176
重庆/仙女山	47433	229	1.0	229	602	236

注：2021年我国共有运输机场248个。

资料来源：交通运输部，《2021年全国民用运输机场生产统计公报》，2022年3月。

由表1可知，就旅客吞吐量而言，成都双流机场和重庆江北机场排名进入全国前10位，且名次靠前，分别居第2位与第4位；成都天府机场、绵阳南郊机场排名进入全国前50位；宜宾五粮液机场、泸州云龙机场、南充高坪机场、万州五桥机场排名进入全国前100位；达州河市机场、重庆巫山机场、黔江武陵山机场、重庆仙女山机场排名均在第100位之外，其中重庆巫山机场和重庆仙女山机场排名在第200位之外。就货邮吞吐量而言，成都双流机场和重庆江北机场排名进入全国前10位，名次较为靠后，分别居第7位与第8位；成都天府机场排名进入前50位；绵阳南郊机场、宜宾五粮液机场、泸州云龙机场、南充高坪机场排名进入前100位；其余均在第100

位之外，其中重庆巫山机场和重庆仙女山机场排名第 200 位之外。就起降架次而言，成都双流机场和重庆江北机场排名进入全国前 10 位，分别居第 4 位与第 6 位；绵阳南郊机场进入前 20 位，居第 13 位；成都天府机场、泸州云龙机场、南充高坪机场排名在第 100 位之内。其余均在第 100 位之外，其中重庆巫山机场和重庆仙女山机场排名在第 200 位之外。由表 2 可知，成渝机场群旅客吞吐量在城市群机场中排名第 2，仅次于长三角机场群，货邮吞吐量排名第 4。

表 2　2021 年全国四大经济区机场旅客与货邮吞吐量

机场群	旅客吞吐量(万人)	货邮吞吐量(万吨)
京津冀机场群	8126.3	181.7
长三角机场群	16765.2	624.5
粤港澳大湾区(珠三角九市)机场群	8724.1	366.2
成渝机场群	8985.9	115.2

资料来源：交通运输部，《2021 年全国民用运输机场生产统计公报》，2022 年 3 月。

三是在建项目。《纲要》明确提出要打造成渝世界级机场群。据此，《2022 年重大项目》列出 6 项机场建设项目，这些项目正在建设中（见表 3）。建成之后，其机场的运输服务能力将显著提升。

表 3　成渝地区双城经济圈机场建设项目

序号	项目名称	建设地址
1	重庆江北国际机场 T3B 航站楼及第四跑道工程	渝北区
2	万州五桥机场航站楼扩建项目	万州区
3	重庆璧山机场	璧山区
4	乐山机场	乐山市
5	阆中机场	南充市
6	南充高坪机场三期改扩建项目	南充市

项目 1/2/3 的建设地址在重庆市内。项目 1（重庆江北国际机场 T3B 航站楼及第四跑道工程）已于 2020 年 11 月 25 日正式开工。该工程将新建

T3B 航站楼、第四跑道及相关配套设施。项目建成后，江北机场将形成 4 条跑道、4 座航站楼布局，能满足年旅客吞吐量 8000 万人次、飞机起降 58 万架次、货邮吞吐量 120 万吨的需求。项目 2（万州五桥机场航站楼扩建项目）包括新建设 2800 米跑道和 8000 平方米航站楼及配套设施，预计 2022 年完工。① 项目 3（重庆璧山机场）于 2022 年正式开始建设，预计在 2029 年完工。项目建在璧山区正兴镇，位于重庆中心城区西侧，也称为"正兴机场"。该机场定位为重庆国际航空枢纽的重要组成部分、区域枢纽机场，并承担货运枢纽功能，旅客吞吐量 7000 万 ~ 8000 万人次，拥有 3 ~ 4 条跑道。值得注意的是，璧山机场是 4F 级别机场，属于机场等级中最高的一种，终端保障能力为年旅客吞吐量 7000 万人次、货邮吞吐量 350 万吨。璧山机场将会成为集航空、高铁、轨道于一体的综合性交通枢纽，同时机场及多条高铁、城际铁路的建设还会带动整个渝西的发展。

项目 4/5/6 的建设地址在四川省内。项目 4（乐山机场）是由乐山机场投资发展（集团）有限公司建设的一座机场，按照规划将建成国内支线旅游机场。该项目预计的跑道长度为 2800 米，宽 50 米，总占地 7128 亩。在建的乐山机场也是军民合用机场，是民用军航、支线航空、通航、货运"四位一体"的机场。据预测，2030 年乐山机场的年旅客吞吐量将达到 180 万人次，远期（2050 年）的年旅客吞吐量将达到 380 万人次。项目 5（阆中机场）位于四川省东北部的阆中市，定位为国内 4C 级民用机场，预计跑道长 2600 米、宽 45 米，修建站坪机位 8 个。该项目的旅客吞吐量预计为 65 万人次，航站楼总体建筑面积为 7000 平方米。该项目于 2020 年 1 月开工，预计 2023 年上半年建成通航。② 项目 6（南充高坪机场三期改扩建项目）建成后，预计能满足 2030 年国内旅客吞吐量 340 万人次的使用需求，以及预

① 《重庆未来 5 年的机场规划：3 个项目计划完工，第二机场选址定了》，新浪网，https：// k. sina. com. cn/article_ 6497235780_ 18343f34400100tygi. html？ sudaref = cn. bing. com&display = 0&retcode = 0，2021 年 8 月 7 日。

② 阆中市交通运输局：《阆中机场建设有限公司面向社会公开招聘运营保障岗位工作人员公告》，2022 年 7 月 6 日。

留国际旅客吞吐量 10 万人次的需求。①

6 个项目共计投资约 908.56 亿元。待这 6 个项目完工之后，机场的吞吐量有望得到极大提升。之后，成渝地区双城经济圈将拥有 4 个 4F 级机场，即重庆江北机场、重庆璧山机场、成都双流机场和成都天府机场。机场建成之后，有利于成渝地区双城经济圈提供高质量的机场运营服务，同时提升运营服务的保障能力，还有利于优化成渝地区双城经济圈的空域结构，提升空域资源配置使用效率。目标项目建成之后，成渝地区双城经济圈得以成功打造国际航空枢纽，提升基础设施水平。

2. 高速铁路项目

川渝地区建设东西畅达、南北贯通的高速铁路，有利于高效衔接国家的综合立体交通网，是主动融入国家重大发展战略的重要举措之一。成渝地区双城经济圈处于内陆腹地，更需要便捷、快速的铁路设施来打造开放高地，带动区域经济的进一步发展。当前，两地合力在建的高铁项目情况如表 4 所示。

表 4 成渝地区双城经济圈高铁建设项目

序号	项目名称	建设地址
1	成渝中线高铁	成都市、资阳市、大足区、铜梁区
2	成达万高铁	成都市、遂宁市、南充市、达州市、开州区、万州区
3	渝西高铁	安康市、达州市、广安市、开州区、万州区
4	渝昆高铁(川渝段)	江津区、永川区、泸州市、宜宾市

项目 1 在 2021 年 9 月 26 日全面启动，为国家"八纵八横"高铁网的重要组成部分，也是成渝地区双城经济圈双核间最顺直、最高效的直连通道。成渝中线高铁项目全长 292 公里，重庆段长 101 公里，四川段长 191 公里。估算总投资 693 亿元，总工期 5 年。成渝中线高铁建成后，将因为"设计速度 350 公里/小时、预留 400 公里/小时"的建设标准，成为我国建设标准最

① 《南充高坪机场三期改扩建项目今年 9 月开建》，《南充日报》2021 年 7 月 19 日。

高、运行速度最快的高等级高速铁路。①

项目 2 在 2020 年 12 月 24 日启动了开工动员大会，动员大会在四川、重庆同时举行，标志着成达万高铁建设进入工程实施阶段，预计建设工期 5 年。成达万高速铁路是连接四川省成都市、南充市、达州市和重庆市万州区的高速铁路，属于京蓉高铁中的一段，已纳入国家《中长期铁路网规划》和《四川省"十三五"综合交通运输发展规划》。线路全长 486.4 公里，其中新建铁路 432.4 公里；全线设 13 座车站，其中新建 7 座车站。②

项目 3 在 2022 年 1 月正式进入实施阶段。渝西高铁具有较高的战略定位，不仅是国家"八纵八横"高铁通道的重要组成部分，也是成渝地区双城经济圈连接丝绸之路经济带、联通京津冀协同发展区的纽带，还是长江经济带协同黄河流域生态保护和高质量发展的重要高铁通道。由国家发改委〔2022〕17 号的批复可知，渝西高铁全长 567 公里，新建线路长度为 537 公里。该项目的总投资达 1237 亿元，计划工期 6 年。高铁建成后，既能促进成渝地区双城经济圈发展，还能加强川渝地区和关中平原城市群的联系。③

项目 4 的建设正在有序推进中。渝昆高铁是贯彻落实新时代推进西部大开发形成新格局、推动成渝地区双城经济圈和西部陆海新通道建设等发展战略的重要举措，是全国高铁网"八纵八横"之一京昆通道的重要组成部分，是一条以服务长途客流为主、兼顾城际客流的高速客运专线铁路。全长 699 公里，设计时速 350 公里。④ 渝昆高铁的川渝段位于艰险山区，地质条件极其复杂、地质问题多种多样，其重点工程正按进度有序推进，渝昆高铁川渝段建成后，会成为西南地区新的重要通道，能够进一步全面加强成渝城市群

---

① 《成渝中线高铁建设全面启动！全国建设标准最高、运行速度最快的高铁，系成渝间第四条铁路大通道》，四川在线，https://sichuan.scol.com.cn/ggxw/202109/58293037.html，2021 年 9 月 26 日。

② 四川省发展和改革委员会：《成都至达州至万州高铁可研报告获得国家发展改革委批复》，2020 年 11 月 4 日。

③ 《渝西高铁终于批了！未来重庆 3 小时到西安，6 小时到北京》，腾讯网，https://new.qq.com/rain/a/20220114A08I8H00，2022 年 1 月 14 日。

④ 《国社@四川｜渝昆高铁川渝段建设正酣》，新华网，http://sc.news.cn/content/2022-08/24/c_1128941539.htm，2022 年 8 年 24 日。

与滇中地区各领域交流，催化成渝区域协同发展，极大改善川渝段沿线群众的出行条件，促进地方经济发展。

成渝地区双城经济圈的高速铁路项目建设正在有序进行中，其目的不仅仅是方便区域内部人民的日常生活，或者强化区域内的交通体系，更是加强成渝两地与周边省市的联系，畅通外部的铁路建设，更加快速地融入全国高铁网，以此支持成渝地区双城经济圈的高质量发展。

3. 高速公路项目

2020年6月2日，四川省交投集团、重庆高速公路集团签署合作备忘录，共同推进成渝地区双城经济圈建设，将在高速公路项目投资建设和营运管理领域深化合作，实现优势互补、资源共享、信息互通。在川渝之间，一张越织越密的高速公路网正呼之欲出。① 《成渝地区双城经济圈交通一体化发展三年行动方案（2020—2022年）》中明确提出，到2022年，出渝出川高速公路大通道将达24条，川渝间高速公路将达到16条。在强化彼此联系的同时，高速路网也推动巴蜀大地实现陆路交通由"扇形开放"向"360度全方位开放"转变。成渝地区双城经济圈合力在建的高速公路情况如表5所示。

表5　成渝地区双城经济圈高速公路建设项目

序号	项目名称	建设地址
1	南充至潼南高速公路	南充市、遂宁市、潼南区
2	内江至大足高速公路	内江市、大足区
3	资中至铜梁高速公路（铜梁至安岳高速公路）	内江市、铜梁区、资阳市
4	江津至泸州北线高速公路（G93泸渝高速扩容）	江津区、泸州市
5	泸州至永川高速公路	泸州市、永川区
6	开江至梁平高速公路	达州市、梁平区
7	渝武高速扩能（重庆段）	北碚区、合川区

① 《成渝地区双城经济圈织密"高速网"》，新华网，http://www.cq.gov.cn/zt/cydqscjjq/chscjjhjjq/202105/t20210521_ 9313562.html，2021年5月21日。

续表

序号	项目名称	建设地址
8	重庆经叙永至筠连高速公路（重庆至贵州赤水至四川叙永高速公路）	巴南区、江津区、綦江区、泸州市、宜宾市
9	渝遂高速繁忙路段扩能改造	北碚区、铜梁区、潼南区、遂宁市
10	万达直线高速公路	万州区、开州区

下一步，川渝两地将继续努力建设重庆—成都双核多层、内陆最具竞争力和影响力的国际交通枢纽，着力构建成渝双核超大城市之间1小时通达、成渝双核至周边主要城市1小时通达、成渝地区双城经济圈相邻城市1小时通达、成渝主城都市区1小时通勤4个"1小时交通圈"。不仅如此，在成渝两地开展合作的事项清单中，处于首位的是"共同探讨在成渝高速扩能项目中引入智慧高速、新基建理念"。由此可知，在高速公路项目中，成渝地区双城经济圈不仅会大力合作，还会在合作中添加"智慧"元素，用"智慧高速"理念打造成渝间高速公路大通道、建设高速公路"超级服务区"。①

（二）健康高效水资源系统建设的成效

2020年5月21日，《成渝地区双城经济圈水利合作备忘录》正式签订，约定川渝两地共同支持重大能源水利项目的建设工作，合作开展长征渠引水工程规划等，携手开创两地的水利改革高质量发展。此外，《联合方案》中也涉及川渝两地的水资源建设系统，覆盖引水、供水、用水、应急、防涝等方面。其中，明确提到要加强现代化水利基础设施建设，推动成渝地区双城经济圈水网融入国家水网。

为实现建设高效水资源系统的共同目标，川渝两地均做出了较大努力。例如，2021年12月23日，重庆历史上投资最大、涉及面最广、受益人口最多的重大民生项目——渝西水资源配置工程全线开工。该工程总投资

---

① 《成渝高速扩容打造"智慧高速"》，《四川日报》2020年6月30日。

143.45 亿元，总工期 54 个月，建成后将有效改善渝西地区缺水状况，惠及人口近 1000 万人。渝西地区位于成渝城市群主轴线上，是成渝地区双城经济圈的重要组成部分，受地理环境制约，区域内水资源短缺问题突出，人均拥有水量仅 581 立方米，远低于重庆市（1882 立方米）和全国平均水平（2187 立方米）。[①] 又如，2022 年 4 月 20 日，四川省 2022 年重点水利工程 12 个项目集中开工，包括城乡供水一体化工程、黄河干流若尔盖段应急处置工程等，涉及 11 个市（州），总投资近 268 亿元，项目建成后总库容及年均供水能力 7 亿立方米，将新增和改善灌溉面积 154 万亩，受益人口 517 万人。[②]

（三）能源保障体系建设的成效

四川盆地天然气资源丰富，是国内最具潜力的天然气勘探开发盆地，其总量达 66 万亿立方米，约等于鄂尔多斯、塔里木、柴达木三大盆地天然气资源量的总和。《人民日报》报道显示，截至 2021 年 6 月，已探明储量有 6.17 万亿立方米，且探明率仅 9.3%。[③] 除了天然气，川渝两地的电力能源也发挥着重要作用，不仅保障该地区的用电需求，还连接华中、西北等地的电网，在能源的输送上也起到"交通要塞"的重要作用。

《联合方案》明确提到，川渝两地要依靠良好的自然资源基础，构建安全高效的能源保障体系。主要包括：第一，有序推进风能、太阳能、生物质能等新能源开发利用，建设国家优质清洁能源基地。第二，研究论证疆电入渝工程。第三，加快推进川渝电网一体化，推动建设川渝电网特高压交流主网架，加快成德眉资同城化电网发展，优化重庆都市圈 500 千伏目标网架。第四，推动四川水电在川渝两地就近消纳，完善四川水电外送方式。第五，推

① 《重庆史上最大水利工程全线开工》，中国新闻网，https：//www.chinanews.com.cn/cj/2020/12-23/9369296.shtml，2020 年 12 月 23 日。
② 《加快大中型水利工程建设保障经济社会高质量发展四川省 2022 年重点水利工程集中开工彭清华宣布开工黄强讲话》，川观新闻，https：//www.sc.gov.cn/10462/c105962/2022/4/20/2190bd59d6e84a2fa62c013a342362f2.shtml，2022 年 4 月 20 日。
③ 《川渝加快建设天然气千亿产能基地 打造中国"气大庆"》，人民网—四川频道，http：//qjd.sczwfw.gov.cn/art/2021/6/23/art_47866_147177.html，2021 年 6 月 23 日。

进成渝地区双城经济圈氢能产业发展。第六，大力提升天然气、页岩气勘探开发力度，加快建设国家级页岩气示范区，建设天然气千亿立方米产能基地。

在自然资源丰富、发展目标清晰的背景下，成渝经济圈将合力建设天然气、电力、石油、清洁能源等能源保障项目（见表6）。

表6　成渝地区双城经济圈能源保障体系建设项目

序号	项目名称	建设地址
1	川渝千亿方天然气基地	四川有关市州、重庆有关区县
2	川渝特高压交流工程	成都市、甘孜州、雅安市、乐山市、眉山市、资阳市、内江市、铜梁区、潼南区
3	中国航油西南战略储运基地	长寿区
4	丰都栗子湾抽水蓄能项目	丰都县
5	华能两江燃机二期项目	重庆两江新区

四川、重庆两地为了推进项目1的顺利进行，当前正着眼全局，统筹各项自然资源，计划总投资近9900亿元的20个重大能源项目正在加速落地。其中，将有7100亿元的投资用于天然气大开发，旨在建成千亿立方米天然气（约合油气当量8000万吨）的产能基地，如果项目顺利进行则意味着四川盆地将继续刷新国内天然气产能纪录。[①]

项目2（川渝特高压交流工程）的静态总投资为254.7亿元，动态投资为260.5亿元。其建设内容包括：甘孜1000kV变电站、天府南1000kV变电站、成都东1000kV变电站、铜梁1000kV变电站共4个变电站，以及甘孜—天府南、天府南—成都东、天府南—重庆（铜梁）1000kV输电线路工程。该项目建成之后，可实现雅砻江、大渡河新增水电可靠送出，保障成渝负荷中心用电需要；优化西南电网网架结构，提升西南电网整体供电能力和运行可靠性。该项目预计在2023年建成。[②]

[①] 《川渝加快建设天然气千亿产能基地 打造中国"气大庆"》，人民网—四川频道，http://qjd.sczwfw.gov.cn/art/2021/6/23/art_47866_147177.html，2021年6月23日。

[②] 《「特高压」国家电网计划600亿投资建设3条特高压工程规划简况揭晓》，网易新闻，https://www.163.com/dy/article/H0NPG1NS05371ZRE.html，2022年2月21日。

项目 3（中国航油西南战略储运基地）总投资约 13.7 亿元，占地约 300 亩，主要建设内容包括：中转油库工程，新建 6×20000 立方米航煤库容、4034 平方米综合业务用房、3098 平方米生产值班用房，配套建设公路收发油及其他设施，功能定位为保障重庆地区的航煤供应，规划总库容约 28.3 万立方米；输油管道工程，建设中转油库至江北机场的输油管道，管线全长约 60 公里，沿线设 4 座监控阀室；新建冯家湾化工码头至中转油库航煤管道 2 条，长约 6.5 公里。中航油公司将按照"一次规划、分期实施"原则实施项目建设，预计 2023 年 12 月竣工投运，全部投运后预计年收入约 17 亿元。①

项目 4（丰都栗子湾抽水蓄能项目）位于重庆市丰都县栗子乡，总装机量 140 万千瓦，总投资 101.64 亿元，设计年发电量为 8.07 亿千瓦时，计划于 2030 年 12 月建成投产。项目投产后，每年可节约标煤 31.62 万吨，减少二氧化碳排放 80 万吨，可有效促进生态环境保护、节能减排和经济可持续发展，助推川渝电网一体化清洁低碳发展。②

项目 5（华能两江燃机二期项目）于 2022 年启动，总投资将达到 42 亿元，规划建设 3×700 兆瓦（H 级）燃气—蒸汽联合循环机组，建成投产后年发电量约 84 亿千瓦时。两江燃机扩建项目建成后，总装机规模将达到 300 万千瓦，年发电量可以达到 100 亿千瓦时以上，可大幅提升市内电源"兜底保供"的能力。力争 2023 年内建成投产。③

川渝两地正紧抓成渝地区双城经济圈建设的战略机遇，建设交通体系、保障水资源供应、着力优化能源结构，把做好碳达峰、碳中和工作摆在突出位置，推动经济社会发展全面绿色转型，迈向高质量发展之路。

---

① 《中国航油西南战略储运基地项目开工》，长寿新闻网，http://www.cqcs.gov.cn/zwxx_164/zsdt/202109/t20210918_9732905.html，2021 年 9 月 18 日。
② 《丰都栗子湾抽水蓄能电站项目启动计划 2030 年底建成》，腾讯网，https://new.qq.com/rain/a/20211215A07DX500，2021 年 12 月 15 日。
③ 《重庆两江新区燃机发电二期项目即将启动》，国际在线—重庆频道，http://cq.cri.cn/n/20211216/ee588ef8-9c80-54e7-ffb0-ac0d2f115573.html，2021 年 12 月 16 日。

（四）新型基础设施建设的成效

新型基础设施是以新发展理念为引领，以技术创新为驱动，以信息网络为基础，面向高质量发展需要，提供数字转型、智能升级、融合创新等方面基础性、公共性服务的现代化基础设施体系，主要包括第五代移动通信（5G）、物联网、数据中心、人工智能、卫星通信等。加快成渝地区双城经济圈经济社会高质量发展，新型基础设施是成渝两地合力建设现代化基础设施网络的重要组成部分（见表7）。

表7　成渝地区双城经济圈新型基础设施建设项目

序号	项目名称	建设地区
1	重庆猪八戒知识产权大数据服务运营中心项目	成都市
2	国家级重庆(荣昌)生猪大数据中心	荣昌区、内江市、自贡市
3	川渝5G网络覆盖建设项目	重庆市、四川省
4	蚂蚁集团助力成渝地区双城经济圈线上消费平台建设	南岸区
5	区域性中小企业数字化转型综合体项目	垫江县、广安市、达州市
6	德阳光控特斯联人工智能城市项目	德阳市
7	重庆腾龙5G产业园	巴南区
8	重庆腾讯云计算数据中心（二期）	江北区、重庆两江新区
9	雅安大数据产业基地项目	雅安市
10	璧山先进计算产业创新中心GPU项目	璧山区

两年来，川渝两地联手打造国家西部算力调度中心、数据流通中心、"数据靶场"、国际数据门户。无论是共建大数据中心，还是推进5G网络项目建设，都是成渝两地携手深入推进成渝地区双城经济圈新型基础设施建设的举措。近年来，川渝两地已经建成一张以重庆大坪、新牌坊、水土三个核心节点和四川三个核心节点为主的区域省际波分传输网络。这张大网已经在市民生活通信、行业数据处理等多个领域发挥着重要作用。目前，川渝数据

中心规模合计达到 89 万机架，位列中西部第一。截至 2021 年底，两地累计建设 5G 基站超 13 万个，川渝 5G 覆盖迈入全国第一方阵。[①]

二 成渝地区双城经济圈合力建设现代基础设施网络面临的问题

（一）地理条件限制

成渝地区双城经济圈地理条件比较复杂，既有川东平行岭谷，也有川中丘陵，这样的地形条件形成了两大中心城市联系的地理屏障，导致成渝两地倾向于"背向发展"。而且成渝地区双城经济圈两大中心城市成都与重庆之间的地理距离较远，直线距离达到 360 公里左右。对比长三角三大中心城市之间的直线距离最短只有 180 公里（上海—杭州），最长也只有 300 公里（上海—南京）。地理条件的复杂与距离的长度增加了成渝地区双城经济圈的基础设施建设难度，也导致建设用地的碎片化，从而影响成渝地区双城经济圈的一体化发展。

（二）发展基础薄弱

相比于四川省其他老工业城市而言，作为中心城市的成都、重庆，其经济总量、行政地位以及经济实力都是其他城市难以企及的。而且一些老工业城市还面临规划布局不合理、基础设施老化、环境保护和安全生产压力大等一系列发展困难。与中心城市相比，无论是发展水平还是公共服务水平都存在很大差距。因此，短期内老工业城市很难与中心城市形成一体化的发展格局，增加了成渝地区双城经济圈一体化发展的难度。

（三）外部环境挑战

当今世界正经历百年未有之大变局，宏观环境不稳定性、不确定性明显增

---

① 《川渝基础设施"一张网"越织越密高位推进、系统谋划、携手合作，60 余个重大共建项目加速推进》，《重庆日报》2022 年 1 月 5 日。

加，新冠肺炎疫情影响广泛深远，成渝地区双城经济圈建设现代基础设施网络面临更加复杂的外部环境。同时，当前也是碳达峰的关键期、窗口期，需要城市基础设施更加注重绿色低碳发展。以人为核心的新型城镇化建设进程逐步深入，对城市基础设施的规划、建设、管理质量和水平都提出了更高要求。而且现代基础设施建设面临的资金压力加剧，影响项目实施推进的力度和节奏。

三　成渝地区双城经济圈合力建设现代基础设施网络的前景展望

（一）充分发挥信息技术的牵引作用

当前，以数字化、网络化、智能化为主要特征的新产业革命势不可挡。成渝地区双城经济圈可借助产业优势，围绕互联网、人工智能、5G、大数据中心、云存储、区块链等信息技术，协同推动新型基础设施与传统基础设施融合发展。例如，加强人工智能技术在基础设施领域的应用，加快形成适应智能经济和智能社会需要的基础设施体系。又如，加强基础设施风险管控、安全评估和安全设施设备配套，提升基础设施水平、增强应对自然灾害的能力，以保障川渝人民群众生命财产安全。总之，应当充分发挥信息技术的牵引作用，积极应对成渝地区双城经济圈基础设施建设中各种困难挑战，强化资源共享、空间共用、互联互通。

（二）进一步加大力度推进现代基础设施网络协同建设

进一步做好成渝地区现代基础设施网络规划、设计、建设、运行维护、更新等各个环节，推进基础设施系统化发展。在统一规划的前提下，提升基础设施建设的协同性。统筹安排交通、能源、水资源等设施建设：加强城市道路、地下管线、轨道交通等工程的统筹建设与有效衔接；系统提升城市供水、燃气、供电、照明等基础设施供给能力和服务质量；同时提高水资源集约利用安全水平，推进城市污水处理提质增效，巩固城市水体治理成效，提高现代基础设施协同建设的系统化程度和运行水平。

（三）进一步强化组织领导和实施保障

在基础设施网络建设过程中，细化项目任务，分解落实责任，有关部门应按照职责，进一步努力推进并确保项目的落地实施。此外，还要进一步完善建设过程中的项目考核，实行挂图作战、节点管控和清单管理，建立健全重大项目问题清单、责任清单、进度清单以及问责机制。加大力度争取中央资金、国家专项基金、地方债券、专项债等用于成渝地区双城经济圈的重大基础设施建设，争取设立基础设施建设的专项资金。进一步加强资金、资源、资产的统筹和管理。鼓励采用多元化市场融资方式拓宽融资渠道，积极引导社会资本参与基础设施建设。进一步加强规划衔接，有效预留资源，优先保障交通、水资源、能源三项重点项目建设的用地需求。

参考文献

中共中央、国务院：《成渝地区双城经济圈建设规划纲要》，2021年10月。

《共建成渝地区双城经济圈2022年重大项目总投资超2万亿元》，2022年2月8日。

四川省人民政府办公厅：《四川省加强成渝地区双城经济圈交通基础设施建设规划》，2022年7月1日。

《2021年全国民用运输机场生产统计公报》，2022年3月1日。

阆中市交通运输局：《阆中机场建设有限公司面向社会公开招聘运营保障岗位工作人员公告》，2022年7月6日。

四川省发展和改革委员会：《成都至达州至万州高铁可研报告获得国家发展改革委批复》，2020年11月4日。

B.30
成渝地区协同建设现代产业体系
分析及建议

易小光*

摘　要： 产业是经济之本，《成渝地区双城经济圈建设规划纲要》明确提出
　　　　　"协同建设现代产业体系"，推进产业协作是高质量建设成渝地区
　　　　　双城经济圈的重中之重。成渝地区是我国西部人口最密集、产业
　　　　　基础最雄厚、创新能力最强、市场空间最广阔、开放程度最高的
　　　　　区域，具备建设现代产业体系的基础条件，但也面临产业协同发
　　　　　展水平不高、"竞争大于合作"难题。本文通过梳理成渝地区现代
　　　　　产业协同发展基础条件，深入分析面临的产业统筹推动不够、产
　　　　　业协作水平不高、产业政策协同不足等问题，并提出共谋产业规
　　　　　划、共建产业集群、共筑产业生态、共享产业政策等对策建议。

关键词： 成渝地区　现代产业体系　协同发展

一　成渝地区现代产业协同发展基础条件

成渝地区产业基础良好、门类齐全、体系完整。近年来，两地以推动成
渝地区双城经济圈建设重大战略为契机，加快促进产业链上中下游协同、一
二三产业齐兴，现代产业协同发展取得积极成效。2021 年，川渝两地一二
三产业增加值分别达 7583.9 亿元（重庆 1922.03 亿元、四川 5661.9 亿元）、

---

* 易小光，重庆市综合经济研究院院长、研究员，主要研究方向为区域经济、产业经济学等。

31086.3 亿元（重庆 11184.94 亿元、四川 19901.4 亿元）和 43074.6 亿元（重庆 14787.05 亿元、四川 28287.5 亿元），占同期全国三次产业比重分别为 9.1%、6.9% 和 7.1%，三次产业结构调整优化为 9.3∶38.0∶52.7。

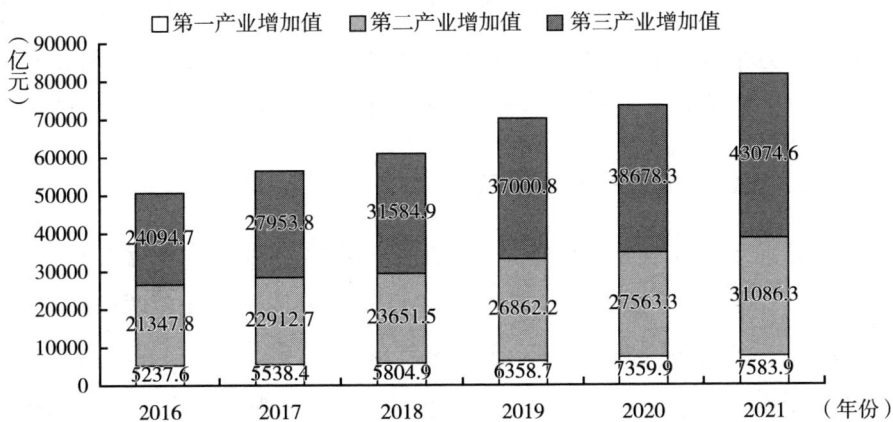

图 1　2016~2021 年川渝两地三次产业增加值变化走势

资料来源：重庆市和四川省统计局发布的 2016~2021 年国民经济和社会发展统计公报。

（一）数字经济加快培育壮大

产业规模效应渐显。2021 年，川渝两地数字经济增加值突破 2.5 万亿元，占地区 GDP 比重达到 30.5%；其中，重庆数字经济增加值达 7580 亿元、同比增长 16%，四川数字经济增加值达到 1.8 万亿元、同比增长 12%。在国家工业信息安全发展研究中心发布的《全国数字经济发展指数（2021）》报告中，重庆和四川是仅有的两个排名跻身前 10 的中西部省市，分别居第 6 位和第 10 位。数字园区平台加快构建。两江数字经济产业园、中国智谷（重庆）科技园、渝北仙桃国际大数据谷、成都人工智能大数据中心、德阳天府数谷数字产业园、中国雅安大数据产业园等一批数字经济战略平台建设显效，聚集了包括腾讯、阿里巴巴、百度、科大讯飞等众多国内数字经济头部企业在内的大数据智能化企业超过 2.3 万家，产业平台能级显著提升。数字基础设施日趋完善。截至 2021 年底，川渝两地建成 5G 基站 15 万个，其中四川和重庆分别建成 7.7 万个、7.3 万个，分别居全国第 6 位和第 7 位，主要城区和重点区域实现 5G 网络全覆盖。"东数西算"工程确定成渝地区为全国一体化算力网络国家八大枢纽节点之一，中新（重庆）国际超算中心、成都超算中心纳入国家超算中心体系。数字赋能持续增强。截至 2021 年底，重庆打造了宗申忽米网、阿里飞象等十大工业互联网平台，累计服务企业"上云" 8.7 万余户、连接设备 150 万余台，建成 105 个智能工厂和 574 个数字化车间；四川建成近 40 个省级工业互联网平台，推动超过 21 万户企业上云上平台。

（二）先进制造业不断集聚成群

汽车产业集群效应显著。成渝地区是全国六大汽车产业基地之一，拥有汽车整车企业 45 家、规模以上汽车零部件企业 1600 家，2021 年两地汽车产量 272.5 万辆，全国占比超过 10%，产值超过 6000 亿元。重庆已形成以长安系为龙头、十多家整车企业为骨干、近千家零部件企业为支撑的"1+10+1000"产业集群，四川聚集了以一汽大众、一汽丰田等为代表的车企 400 余家。新能源汽车增势迅猛，2021 年川渝两地新能源汽车产量 21.4 万辆，其中重庆和四川分别为 15 万辆、6.4 万辆，分别同比增长 252%、106.5%。电子信息产业规模持续扩大。2021 年，川渝两地电子信息产业营业收入达到 2.4 万亿元，占全国比重为 14.2%。重庆笔电产量超过 1 亿台，产值逾 4000 亿元，连续 8 年位居全球第一，集聚了惠普、宏碁、华为、京东方等品牌商和富士康、广达、长虹、九洲等骨干企业。装备制造产业竞争力增强。2021 年，川渝两地装备制造产业营业收入突破 1 万亿元，初步形成了"整机制造+零部件配套+系统集成"的智能装备全产业集群。四川东方电气发电设备产量居全国首位、水电居全国第一，重庆单轨车辆、风电整机装备等装备制造产品的技术和产量在全国位居前列。消费品工业实现量质齐升。2021 年，川渝两地消费品工业产值近 1.7 万亿元，基本形成以白酒、食品饮料、造纸、调味品、纺织服装等领域为主体的产业体系。打造了五粮液、剑南春、泸州老窖、江小白等品质白酒品牌，以及涪陵榨菜、江津花椒、眉山藤椒、郫县豆瓣等知名加工食品品牌。先进材料、生物医药等战略性新兴产业蓬勃发展。2021 年，川渝两地材料工业产值超过 1.1 万亿元，四川钒钛磁铁矿、稀土等战略资源储量处在全国前列，重庆建成新型铝合金、镁合金等国家级新材料基地。两地医药产业产值超过 2000 亿元，重庆国际生物城、成都天府国际生物城等重点产业园区规模效应渐显，集聚了太极集团、重庆智飞生物、四川科伦药业等制药名企。

（三）现代服务业发展活力增强

金融业发展水平西部领先。2021 年，川渝两地金融业增加值 6078.5 亿元，占两地 GDP 比重达 7.4%，其中重庆和四川金融业增加值分别为 2459.8 亿元、3618.7 亿元，分别居全国第 8 位和第 13 位。各类金融机构超过 4000 家，金融机构总数、金融租赁企业数量、外资机构数量等均位居中西部第一。在中国社会科学院金融研究所发布的《中国金融科技燃指数报告（2022）》中，成渝金融科技"燃指数"排名位居前三。软件及信息服务快速发展。2021 年，川渝两地软件业务收入达到 7058 亿元，其中重庆和四川分别为 2503 亿元、4555 亿元，分别同比增长 24.6%、15.2%，总量分别居全国第 11 位和第 7 位。成都获封"中国软件名城"，重庆大学和电子科技大学成功创建国家首批特色化示范性软件学院。现代物流体系加快形成。2021 年成渝两地社会物流总额达到 13.8 万亿元，其中重庆和四川分别达 36752 亿元、101075.7 亿元，分别同比增长 15.6%、12%。成功创建港口型、陆港型、空港型、商贸服务型国家物流枢纽 6 个。西部陆海新通道通达 107 个国家（地区）、315 个港口，中欧班列（成渝）开行量和货值货量均稳居全国首位，"渝新欧"获全国 70 余个中欧班列品牌唯一中国驰名商标。现代商贸持续扩容增效。2021 年，川渝两地社会消费品零售总额达到 38100.9 亿元，其中重庆和四川分别为 13967.7 亿元、24133.2 亿元，分别同比增长 18.5%、15.9%。解放碑、春熙路等大型商圈商业活跃度持续提升，重庆连续 3 年位列中国十大夜经济影响力城市榜首，成都首店落户总数稳居全国主要城市前三。文化旅游业健康有序发展。2021 年，川渝两地实现旅游收入近 1.2 万亿元，累计成功创建国家 A 级旅游景区 26 个、国家文化和旅游消费示范（试点）城市 10 个和国家级旅游度假区 5 个，重庆、成都分别被评为"世界十大旅游目的地"和"全球十大快速成长旅游目的地"。

（四）特色效益农业持续提质

粮油作物保持稳产丰产。2021 年，川渝两地粮食播种面积 9556.4 万亩、产量 934.9 亿吨，花田稻米、金佛山贡米、金满仓、福瑞喜等品牌效应不断提升。两地油料种植面积 2900 万亩、产量 470 万吨，涌现红蜻蜓等一批"重庆好粮油"优秀企业，"天府菜油"连续多年被业内评为中国粮油影响力品牌。种植业实现量质齐升。2021 年，川渝两地柑橘种植面积 985 万亩、产量 800 万吨，奉节脐橙、眉山青神椪柑等品牌价值居全国前列。两地柠檬种植面积 85 万亩、产量 84 万吨，重庆潼南区柠檬出口量占全国柠檬出口份额的一半以上，四川安岳县成为全国柠檬商品生产基地县、单一品种规模最大生产基地。两地蔬菜播种面积 3417 万亩、产量 7218 万吨，"艳椒"辣椒、四川莴笋、羊肚菌等特色产品享誉全国。两地茶叶园区面积 669.8 万亩、产量 39.2 万吨，形成了永川秀芽、天府龙芽等一批知名品牌。两地中药材种植面积 1087 万亩、产量 805 万吨，重点中药材品种、中药材资源蕴藏量均列全国前茅，石柱黄连、川芎等特色道地药材品质全国领先。养殖业生产能力稳步提高。2021 年，川渝两地生猪出栏 8121.7 万头，猪肉产量 602.5 万吨，重庆合川建成全国第一个现代化 AI 种猪场，四川成功创建国家（绵阳）生猪育种创新中心。两地牛出栏、羊出栏分别达 350.3 万头、2220.9 万只，牛肉、羊肉产量分别达 51 万吨、39 万吨，重庆丰都成功创建国家肉牛科技园区、国家级出口牛肉质量安全示范区。两地水产养殖面积 417 万亩、水产品产量 220 万吨、渔业产值 498 亿元，重庆建成全国休闲渔业示范基地 13 个，四川有 11 个品种养殖产量居全国前五位。

二 面临的主要问题

（一）产业统筹推动不够

一是顶层设计有待加强。尽管目前成渝地区针对产业协同发展联合出台了一些指导意见或实施方案，但大多仅涉及汽车、电子信息等部分细分行业领域，缺少全局性、统筹性和整体性产业协同发展总体规划，相比京津冀三省市制定了京津冀产业协同规划，对整体产业协同发展作出统筹部署，成渝地区推动步伐滞缓。二是协调推进机制亟须完善。尽管成渝地区成立了区域协同发展领导小组推动区域产业合作工作，但常态化的产业协同发展专项领导工作机制尚未建立，尤其是在产业重大项目、招商引资协同等方面协同机制仍不够健全，大多停留在两地党政联席会议和务虚协商决策层面，制约产业协同发展。三是区域利益协调机制不健全。受地方行政体制、行政区经济考核等因素制约，城市间"本位主义"、利益藩篱尚未完全破除，跨区域产业协同发展成本共担利益共享机制处于探索阶段。一些合建产业园区在经济指标统计、用地占补平衡、税收分成等成本与利益关系处理上，尚缺乏一套各方认可、行之有效的制度性安排，明显滞后于京津冀等地区。譬如，北京、河北两省市合建的中关村海淀园秦皇岛分园，建立了"4∶4∶2"利益分配机制（北京市海淀区和秦皇岛市两地政府各占40%，共同设立的产业发展基金占20%）。

（二）产业协作水平不高

一是产业链衔接不够。两地要素禀赋相似、经济发展阶段相同，受行政区划和地域限制，两地产业规划布局基本处于"各自为战"状态，产业链专业分工合作机制尚未形成。上下游产业配套和供应链过于专注本地区域，自成体系、自我配套、自我循环等特征明显，产业链条短、重复投入多、同质化竞争现象突出。譬如，两地汽车、电子显示等工业产品的相似度高、互相协作配套率低，基本布局在各自的行政辖区。二是产业协同创新能力不强。两地创新合作效应弱于竞争效应，创新主体、创新平台协作程度不高，产学研用协同创新体系尚未形成，协同创新水平明显低于长三角、粤港澳等城市群。譬如，相比长三角G60科创走廊建设，成渝地区"两极一廊多点"创新体系建设仍处于起步阶段；两地国家重点实验室数量相对较少，分别仅相当于长三角城市群和京津冀城市群的13%、10%左右。三是产业区域布局亟须优化。两地优势产业集群布局主要集中在重庆都市圈和成都都市圈的"双核"，核外区域产业相对薄弱、布局分散、结构单一和集中度低，"核内"与"核外"产业互动不够紧密，产业发展梯度不够合理，不利于产业良性互动，在一定程度上制约区域产业协调发展。四是产业开发开放平台对接不紧密。川渝两地搭建的产业开发开放平台多仅限于服务本行政区域，跨区域辐射带动不够，制约溢出效应释放。譬如，中欧班列（成渝）、西部陆海新通道等的基础设施共建、信息共享不够，两地自贸试验区改革探索互动互补不足，中新（重庆）战略性互联互通示范项目对四川乃至更大范围的带动作用发挥不充分。

（三）产业政策协同不足

一是市场制度规则不统一。受行政壁垒和市场分割等影响，两地人力资源、资本、技术、土地、产权交易等各类要素流动依然受阻，在市场准入、资质认定、环境保护、安全监管、信用评价、知识产权、交通物流、土地使用等领域产业政策和执行标准尚有差异，数据共享难、人才互通难、业务协同难等问题依然突出，制约人流、物流、资金流、信息流跨区域有序自由流动，不利于产业协同发展。相较于京津冀、长三角等地区要素制度改革突破仍有不少差距，如北京和河北两省市对共建的生物医药产业园区内跨区域转移医药企业允许保留北京注册地身份，上海、江苏和浙江两省一市对长三角生态绿色一体化发展示范区内专业技术人才职业资格、职称等实行等同化互认。二是产业招商协同机制不完善。长期以来，由于川渝两地产业定位趋同，在招商引资政策上存在区域性差异且竞争性强、协同效应弱，"内卷式"招商引资现象较为突出，拼资源、拼价格、拼土地、拼优惠政策等招商引资恶性竞争尚存，资源互补、分工协作、市场一体的产业协同政策体系尚未形成。相比北京、天津和河北联合建立了京津冀产业链引资合作"三方协同"工作机制，成渝地区推动力度不够。

三　对策建议

（一）加强统筹协调推进，共谋产业规划

一是强化产业协同规划。建立健全统一编制、联合报批、共同实施的产业规划管理体制，加快制定出台成渝地区产业协同发展的总体规划或专项规划，梳理及编制成渝地区双城经济圈产业发展路径图、链主企业布局图、重点产品链图，形成产业图谱体系，并分行业分阶段明确短中长期产业协同发展思路、方向、目标、重点和路径。加强两地产业发展规划对接，联合发布产业导向目录和产业转移指导目录，共同争取更多国家级重大产业项目、重大产业创新平台、重大产业基地布局及产业转移，加快构建纵向贯通、横向协同的产业规划协同体系。研究建立统一的产业协同发展指标和统计监测体系，实时跟踪产业协同发展动态。二是健全统筹推进长效机制。成立成渝地区双城经济圈产业协同发展专项领导小组，建立产业协同发展联席会议制度，定期召开专题联席会议，共同研判产业发展趋势，研究重大产业规划、重大政策制定和重点招商、重点园区、重点企业、重点项目建设等事项，协调解决产业发展中出现的新情况和新问题。三是建立多方协同联动机制。推动市、区县和开发区深度对接，建立结对合作关系，共同谋划和推进产业合作项目。联合两地高校院所、企业、行业协会和专家智库等组织机构，在产业细分优势领域组建产业发展联盟，搭建招商引资与产业促进服务平台。

（二）聚力重点优势领域，共建产业集群

一是建强先进制造业集群。推进两地汽车产业在整车研发设计、关键零部件配套、检测服务平台建设等方面深度合作，协同开展集成电路、新型显示、智能终端等电子信息关键技术攻关与高端产品制造应用，提升两地航空航天、轨道交通装备、智能制造装备等优势装备制造市场竞争力，联合打造汽车、电子信息、装备制造三大世界级产业集群。大力发展生物医药、新材

料等战略性新兴产业，合力打造西部大健康基地、全国重要新材料产业基地。提升川渝特色消费品工业供给体系质量，打造全国重要消费品产业制造高地。二是发展壮大数字经济。推动数字产业化、产业数字化，促进互联网、大数据、人工智能和实体经济深度融合，联合建设国家数字经济创新发展试验区和国家数字服务出口基地。布局完善新一代信息基础设施，加快建设全国一体化算力网络成渝国家枢纽节点。协同共建成渝地区工业互联网一体化发展示范区，构建全国领先"5G+工业互联网"生态。三是推动现代服务业提质扩容。加快共建西部金融中心，一体化发展区域金融市场，共同打造中国（西部）金融科技发展高地。整合两地铁、公、水、空等资源，共同争创多类型国家物流枢纽，加快构建"通道+枢纽+网络"的内陆国际物流枢纽。创新发展软件及信息服务、研发设计、科技服务等服务业，推进成渝地区工业互联网一体化发展示范区建设，共创国家级工业设计中心。提质升级解放碑、春熙路等大型商圈，合力培育一批消费新地标，共建国际消费中心城市。整合和串联川渝文化旅游资源，建设具有国际影响力的巴蜀文化旅游走廊。四是共建现代高效特色农业带。聚焦粮油、生猪、中医药、蔬菜、柑橘、柠檬等优势特色农产品，强化农业科技支撑，推进农产品精深加工，大力拓展农产品市场，共建一批国家级高效特色产业带，共同打造国家农业高新技术产业示范区、全国现代农业高质量发展示范区。

（三）科学合理分工协作，共筑产业生态

一是完善产业链协同体系。围绕两地优势产业重点领域，坚持"大产业、细分工"产业协作模式，细化各市、区县优先承接发展产业目录和引导优化调整产业目录，强化产业链合理布局、分工协作和融合拓展，加快构建区域协同、分工合理、鲜明特色、优势互补的产业链体系。鼓励企业延伸链条配套协作招引，以企业为核心主体建立产业链联盟和链长制，开展补链延链强链产业协作，加快补齐关键短板。二是携手推进产业集聚发展。以重庆都市圈、成都都市圈为重点，布局高端制造、研发设计、现代金融、总部经济等产业链环节，共同打造具有全球竞争力的高端现代产业聚集地。推动

成渝中部地区、渝东北川东北地区和川南渝西地区融合一体化发展，重点发展制造配套产业、资源型工业、现代旅游业和特色效益农业，联合创建一批功能共建型、产业共建型、产业配套型、资源开发型、飞地经济型等产业合作示范园区。三是推动产业协同创新。依托两江新区、天府新区等重大产业发展平台，以及两地科学城、国家级高新区等重大功能平台，联动布局大科学装置、国家重点实验室、国家制造业创新中心等重大科技基础设施，联合争取一批大平台、大团队、大项目等"国字号"创新资源落户川渝。鼓励两地龙头骨干企业牵头组建创新联合体，整合产业链上下游优势企业、科研机构、高等院校等创新要素，携手制定技术攻关"路线图"，集中力量突破一批制约产业发展的"卡脖子"技术、关键共性技术、前沿引领技术。四是合力提升产业开放能级。以统一品牌、统一规则、统一运作为路径，加强两地西部陆海新通道、中欧班列（成渝）、自由贸易区等开放通道和平台共建共享，充分发挥中新（重庆）战略性互联互通示范项目优势，合力促进大通道、大平台带动产业大开放，共同发展壮大开放型经济。

（四）完善利益分享机制，共享产业政策

一是建立利益联结机制。探索经济区与行政区适度分离改革，在同城化地区、毗邻地区，以及合建园区、"飞地园区"等重点区域开展先行先试，采取"存量不动+增量分成"利益分享模式，建立产业协同发展成本分担和利益共享机制。完善财政协同投入机制，建立成渝地区双城经济圈产业发展基金，用于支持产业转移、承接和结构升级。优化税收分享机制，对于跨省市、跨城市产业合作项目带来的新增增值税、所得税等地方留成部分，可按一定比例在合作城市之间分成共享。完善 GDP 分计制度，制定产业转移的企业创造增加值分享统计办法，允许产业转移项目在不同合作城市之间按一定比例分享 GDP 的指标数。二是加强政策协同。破除行政壁垒和市场分割，强化财税、土地、金融等政策及各类标准体系衔接协同，健全两地企业资质的互通互认机制，消除两地在税收返还、土地租金、工商登记等方面的差异，促进各类产业要素的跨区域自由流动。研究制定统一的产业协同招商政

策，联合建立产业招商项目库和资源库，促进招商资源共享，共同围绕产业链薄弱环节、新兴领域开展招强引大，争取更多优势项目落户落地。促进人才共引共享共用，加快建设成渝地区双城经济圈建设专家服务团、人力资源服务产业园联盟等服务平台，建立成渝地区紧缺急需高技能人才目录，推进"重庆英才服务卡"和"天府英才卡"、人社信息、招聘求职、职称认证、人事档案、养老保险、社保卡等人才保障服务互通互认，探索试点外国专业人才工作许可互认，吸引国内外高层次人才集聚。

参考文献

《构建现代产业体系要抓好重点任务》，《重庆日报》2021 年 10 月 24 日。

《着力推进成渝地区双城经济圈现代产业体系互联互通》，《重庆日报》2022 年 7 月 7 日。

周跃辉：《加快推动成渝地区形成有实力、有特色的双城经济圈——〈成渝地区双城经济圈建设规划纲要〉解读》，《党课参考》2021 年 11 月 15 日。

陈民恩：《加快长三角产业一体化发展的探索与建议》，《宁波经济（三江论坛）》2021 年第 10 期。

B.31

成渝地区公共服务共建
共享成效与展望

康 健*

摘　要： 推动公共服务共建共享是成渝地区双城经济圈建设规划的重点任务，也是提高成渝地区民生水平的重要内容与环节，区域公共服务共建共享对于推动区域共同富裕具有重要意义。本文分别回顾了成渝地区公共服务共建共享的政策演进与建设成效，重点分析了教育、医疗、社会保障等公共服务的共建共享现状。分析发现，当前成渝地区存在区域公共服务非均等、共建协同机制待健全、共享成效水平待提高等问题，结合发展目标，需要从凝聚思想共识、创新供给模式、统一服务标准、强化财政保障、推进数字转型和加强人才队伍建设等方面持续推进公共服务共建共享。

关键词： 成渝地区　公共服务　共建共享

成渝地区的经济发展与城市规划水平位于西部地区前列，是我国西部地区发展水平最高、发展潜力较大的区域，在带动周边乃至整个西部地区发展方面发挥着巨大作用。2020年，中央提出要推动"成渝经济圈"建设并将其定位为国家重大战略目标，成渝两地政府就经济、政治、文化、民生、科技等方面迅速开展了交流与合作。2021年，《成渝地区双城经济圈建设规划

* 康健，电子科技大学公共管理学院讲师、博士，主要研究方向为公共服务均等化、政府治理与绩效。

纲要》指出要强化公共服务共建共享，扩大民生保障覆盖面，提升公共服务质量和水平，不断增强人民群众获得感、幸福感、安全感。因此，推动成渝地区公共服务共建共享，不仅是推动成渝经济圈一体化发展的重要任务，也是实现成渝两地区域协作和协同发展的必然要求。本报告通过国内外文献整理、国家政策文本梳理、统计数据比较分析，评估成渝地区公共服务共建共享成效，分析形成公共服务共建共享局面所面临的问题，借鉴其他地区发展经验进一步提出成渝地区公共服务共建共享的发展目标，为成渝地区公共服务共建共享规划提供对策建议。

一 成渝地区公共服务共建共享情况

自2020年1月习近平总书记主持召开中央财经委员会第六次会议指出要建设"成渝地区双城经济圈"以来，中央及川渝两地政府先后出台了数项政策，为成渝地区公共服务共建共享局面的形成提供了良好的政策环境。

（一）成渝地区公共服务共建共享政策演进及落地情况

1.政策演进情况

2020年10月，中国共产党中央委员会政治局召开会议审议《成渝地区双城经济圈建设规划纲要》，指出要将成渝地区建设成具有全国影响力的重要经济中心、科技创新中心、改革开放新高地、高品质生活宜居地，打造带动全国高质量发展的重要增长极和新的动力源。2021年1月，四川与重庆两地政府联合推出《成渝地区双城经济圈便捷生活行动方案》，提出推动实施以交通通信、户口迁移、就业社保、教育文化、医疗卫生、住房保障等为重点的便捷生活行动，并且用2年时间基本建立川渝标准统一、相互衔接的公共服务政策体系。2021年10月，中共中央、国务院正式印发《成渝地区双城经济圈建设规划纲要》（以下简称《纲要》），指出以更好满足人民群众美好生活需要为目标，强化川渝两地公共服务共建共享，要求川渝两地推进基本公共服务标准化便利化，共享教育文化体育资源，推动公共卫生和医疗养老合作，健全应急联动机制。同年 12 月，川渝两地政府就《纲要》的指示精神，联合出台《重庆四川两省市贯彻落实〈成渝地区双城经济圈建设规划纲要〉联合实施方案》（以下简称《联合实施方案》），根据推动公共服务共建共享的要求，细化分解出提升公共服务便利化水平、推动教育资源共享、共同繁荣文体事业、共建高水平医疗养老服务体系和强化公共安全保障等五个方面的具体任务。2022 年 1 月，《成渝地区双城经济圈优化营商环境方案》落地，指出要建立人才跨区域流动服务机制，统一人才评价标准，共同打造"智汇巴蜀""才兴川渝"人才招聘等特色品牌。同月，川渝两省市政府办公厅联合发布《成渝地区双城经济圈便捷生活行动事项（第二批）》，进一步针对交通通信、身份认证、就业社保、教育文化、医疗健康、住房保障、"一卡通"、应急救援等方面提出 2022 年底前需实施到位的任务事项。2022 年 8 月，《支持成渝地区双城经济圈市场主体健康发展的若干政策措施》正式印发，进一步要求四川省政府和重庆市政府各部门提升政务服务效能，深化拓展政务服务"川渝通办"，推进川渝公共资源交易平台一体化发展。同月，《建设富有巴蜀特色的国际消费目的地实施方案》出台，对川渝两地构建现代公共文体服务体系进一步提出了要求。

2. 政策落地情况

自"成渝地区双城经济圈"概念提出以来，成渝地区聚焦民生"急难愁盼"事项和跨区办理高频事项，积极开展成渝地区公共服务便民利民建设，推动实施以交通通信、户口迁移、就业社保、教育文化、医疗卫生、住房保障等为重点的便捷生活行动，先后发布三批《川渝通办事项清单》，初步建立便捷生活事项清单化管理制度和更新机制，于 2022 年底实现工作项目化、项目清单化与清单责任化，公共服务共建共享水平迅速提高。

两年来，成渝地区深入开展公共服务领域合作，迅速开展一系列公共服务一体化改革，公共服务共建共享成效初见。2020～2022 年，两地协同深化"放管服"改革，截至 2022 年 9 月共推出 311 项"川渝通办"事项，累计办件超过 1000 万件；采取"政府端菜+群众点菜"方式，成功推出第三批事项清单，拟纳入 83 项高频政务服务事项，涵盖税务、交通、公安、司法、人社、文化旅游等 16 个行业领域；成功实现跨省市户口迁移"一站式"办理，使川渝两地老百姓迁移户口可就近办理、立等可取，率先在成渝客专沿线各车站间推行"公交化"票制，重庆中心城区和成都主城公共交通实现"一卡通""一码通乘"，18 条"省际公交"线路跨越两地，日常每天有 85 对城际动车在成渝之间往来穿梭；取消川渝两地间座机通话长途费，推出异地补卡、销户、投申诉等 8 项跨区通信服务，进一步深化川渝两地通信一体化；同时，成渝两地参保人员跨省异地就医直接结算 49.28 万人次、同比增长 193.7%。

（二）公共服务供给现状

《纲要》指出，要在建立基本公共服务标准体系上下功夫，以标准化促进均等化、普惠化、便利化。可以说，成渝地区基本公共服务均等化程度是判断成渝地区双城经济圈公共服务共建共享水平的有效依据。本文以《纲要》划分的"成渝地区双城经济圈地理范围"为数据统计范围，基于数据可得性①，收集四川地区 15 个市与重庆地区 19 个区县的公共服务数据作为数据分析依据，使用人均指标或相对比值作为地区公共服务的衡量指标。

1. 人均公共支出

整体水平来看，四川人均公共预算支出为 9887.29 元，略低于重庆人均公共预算支出（10516.90 元），表明四川地区在公共预算支出方面有待提高（见图 1）；细化到各个公共服务层面，四川地区的人均文化体育、社会保障和就业支出略高于重庆地区，人均医疗卫生支出略低于重庆，但两地区之间的差值均控制在 100 元以内，而人均教育支出方面两地区出现了较大差异，重庆人均教育支出（1876.20 元）远超过四川（1619.75 元），同时重庆地区最高值为荣昌区（2970.20 元），也远远高于四川地区最高值宜宾市（2027.19 元）（见图 2）。

---

① 经济圈规划范围包括重庆市的中心城区及万州、涪陵、綦江、大足、黔江、长寿、江津、合川、永川、南川、璧山、铜梁、潼南、荣昌、梁平、丰都、垫江、忠县等 27 个区县以及开州、云阳的部分地区，四川省的成都、自贡、泸州、德阳、绵阳（除平武县、北川县）、遂宁、内江、乐山、南充、眉山、宜宾、广安、达州（除万源市）、雅安（除天全县、宝兴县）、资阳等 15 个市。本文的资料来源于四川、重庆 2020 年统计年鉴，由于无法获取"开州、云阳的部分地区"的统计数据，故本文将这部分地区排除统计范畴之外。

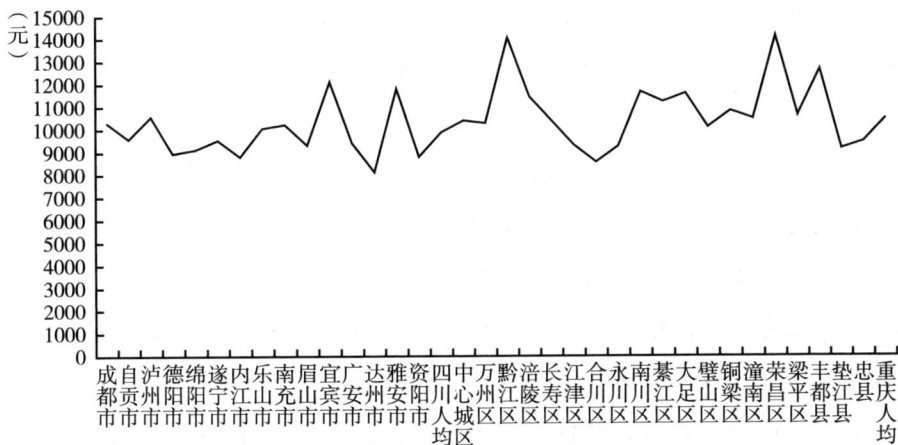

图1　成渝地区双城经济圈人均公共预算支出

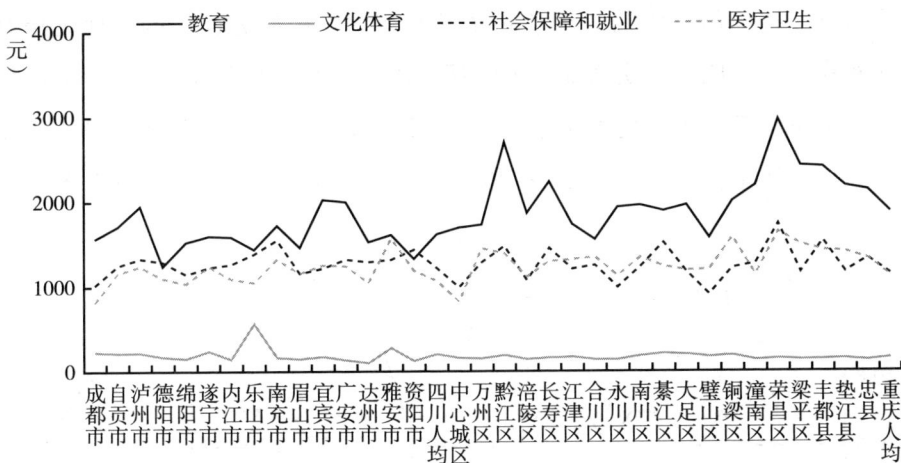

图2　成渝地区双城经济圈基本公共服务人均支出情况

　　内部差异来看，两地区内部的不均等化程度均处于较高水平，而重庆市内各地区之间的不均等化状况更为严重。例如人均公共预算支出方面，重庆地区的极差①为5483.98元，高于四川地区（3981.77元）；再如人均教育支

①　极差等于区域内最高值与最低值之差。例如本处的极差是指重庆荣昌区人均教育支出（最高值）与璧山区人均教育支出（最低值）之差。

415

出方面，重庆地区最高值荣昌区为 2970.20 元，比最低值璧山区高出 1395.12 元，而四川地区的极差控制在 1000 元以内。

2. 教育服务供给

在基础教育服务部分，经济圈中成渝地区教育服务供给水平整体相近，但川渝两地内部各地区之间差距较大，基础教育水平非均等化现象明显。

小学师生比方面，四川地区与重庆地区的小学师生比均值为 0.6，说明两者小学教育服务供给水平整体相近。四川地区的小学师生比极差为 0.1，重庆地区极差为 0.3，说明重庆地区小学教育服务供给较四川地区更不均衡。其中，重庆长寿区、綦江区、丰都县、垫江县小学师生比均在 0.8 以上，而四川没有市县的小学师生比超过 0.8。

中学师生比方面，四川地区的中学师生比均值为 0.8，略高于重庆地区的中学师生比均值（0.7），说明在中学教育服务供给方面，四川地区相对优于重庆地区。四川重庆两地的中学师生比极差均为 0.3，表明两地的中学教育服务供给都处于不均衡状态。其中，四川地区有 9 个市县中学师生比在 0.8 以上，而重庆地区仅有长寿区和綦江区 2 个区县中学师生比在 0.8 以上（见图 3）。

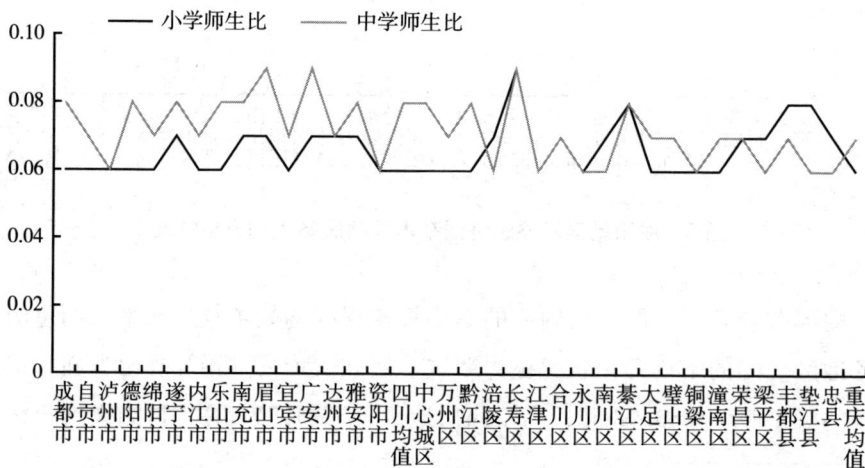

图 3　成渝地区双城经济圈中小学师生比

3. 医疗服务供给

在基本医疗服务部分，四川地区医疗服务供给均优于重庆地区，人均拥有床位数和人均拥有卫生人员数均有较大差异，且两个地区的医疗服务不均等化程度均较高。

从平均水平来看，人均拥有卫生机构数方面，四川地区相较于重庆地区每万人多拥有 3 所医疗机构；人均拥有卫生机构床位数方面，四川地区每万人拥有卫生机构床位数 78.11 张，远超过重庆地区每万人拥有卫生机构床位数（65.01 张）；人均拥有卫生人员数方面，四川地区每万人拥有卫生人员数 99.52 人，同样远超重庆地区（78.35 人）。

从内部差异来看，两个地区内部医疗服务水平差异均较高，例如人均拥有卫生机构床位数，四川地区差值为 28 张，重庆地区差值为 30 张，说明重庆地区的医疗卫生服务资源供给不均等化程度略高于四川地区，两个地区内部的医疗卫生服务均等化程度均有待提高（见图 4）。

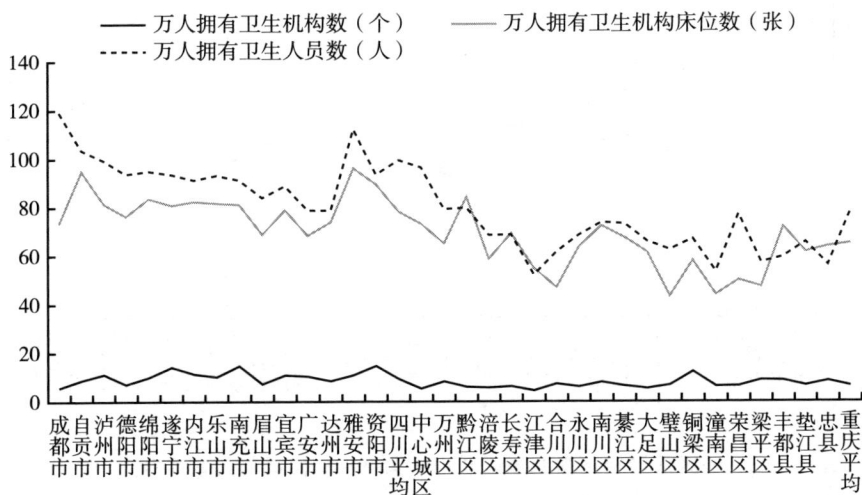

图 4　成渝地区双城经济圈基本医疗服务情况

4. 社会保障水平

在社会保障部分，两地区之间最低生活保障平均标准均有较大差异，且重庆地区内部的不均等化现象更为严重一些。

城市方面，四川地区所提供的最低生活保障占人均消费支出之比（0.31）略高于重庆地区（0.28），表明四川地区的城市社会保障服务供给略优于重庆地区；四川地区最高值为自贡市、南充市、雅安市和资阳市，均为0.34，最低值为成都市（0.26），四川整体极差为0.08，而重庆地区最高值为黔江区（0.34），最低值为涪陵区（0.23），重庆整体极差为0.11，说明在城市社会保障服务供给方面，重庆地区内部不均等化程度更高。

农村方面，重庆地区所提供的最低生活保障占人均消费支出之比（0.43）远超过四川地区（0.36），表明重庆地区在农村社会保障服务供给方面处于较优状况；但从极差来看，重庆地区的极差（0.18）远高于四川地区（0.13），说明重庆地区的农村社会保障服务供给同样存在不均等化程度较高的问题（见图5）。

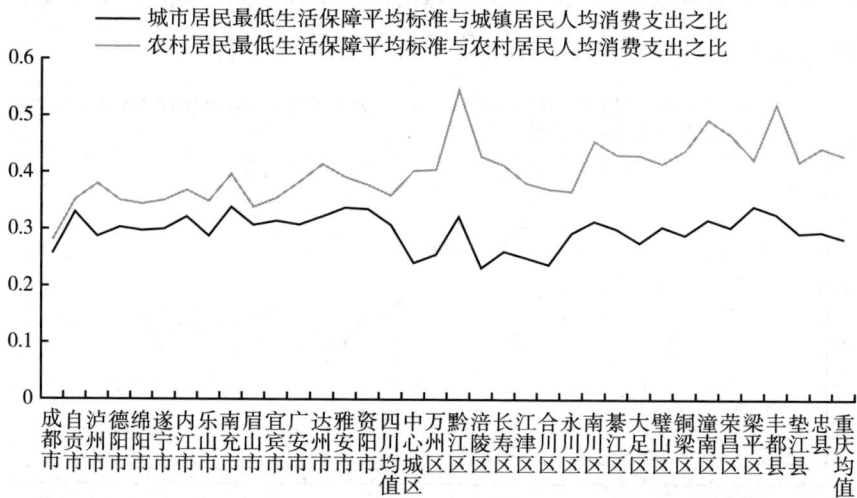

图5　成渝地区双城经济圈城乡最低生活保障平均标准与人均消费支出之比

二　成渝地区公共服务共建共享面临的问题

自成渝地区双城经济圈提出以来，特别是公共服务共建共享任务提出后，川渝两地在公共服务领域迅速开展交流合作，在公共服务供给、民生事项共办、文化品牌打造等公共服务共建共享领域取得了新成果和新突破。与此同时，成渝地区双城经济圈公共服务共建共享过程中也面临诸多问题与挑战。

（一）区域公共服务非均等

受制于地区之间的经济发展水平和大城市、大农村的区域发展结构，成渝地区双城经济圈公共服务供给和财政支出差距较大，使得区域内的公共服务不均等化更为严重。在进行成渝地区双城经济圈公共服务现状分析时发现，川渝两地在医疗服务、社会保障等方面存在较大差距，此外两个地区内部的公共服务资源不均等化现象较为严重，以2020年人均公共预算支出为例，成渝地区双城经济圈人均公共预算支出最高的地区为重庆市荣昌区，人均支出金额为14151.99元，最低的地区为四川省达州市，人均支出金额为8135.53元，两者之间的差距较大。

（二）共建协同机制待健全

从衔接来看，实现公共服务共建共享目标需要建立强效的区域协同机制，区域协同机制的建立可以进一步提升区域之间的协作能力，从而克服某一区域内公共服务资源短缺和不平衡的问题。成渝地区双城经济圈建设过程中，区域协同薄弱主要表现在以下几个方面。

首先，虽然川渝两地政府在国家政策支持下开展多部门联动合作，但尚未针对公共服务共建共享成立专门的领导小组，同时缺少监督协调机构，在联动合作交流过程中，往往只注重公共服务的整体供给水平，而忽视了公共服务的均等化问题。其次，构建统一的基本公共服务标准也是促进公共服务共建共享的重要前提。目前成渝地区双城经济圈内尚未建立统一的基本公共服务评判标准，缺少衡量公共服务共建共享的硬性指标，在合作治理和绩效评估过程中协调监督往往流于形式，对协同合作的质量未能形成良好的评估反馈机制。最后，部分公共服务领域尚未建立常态化沟通渠道，在出台涉及川渝两地协同发展方面的公共服务政策时，难以做到信息共享、政策共商，从而造成"协而不同"。

（三）共享成效水平待提高

横向比较来看，相较于京津冀、粤澳港大湾区、长江三角洲地区，成渝地区双城经济圈公共服务共建共享广度和深度都有待提高，公共服务一体化建设还有较大的发展潜力。例如与京津冀区域相比，目前三省市基本实现了城乡居民养老保险制度名称、政策标准、经办服务、信息系统"四统一"，而成渝地区仍然处于规划阶段；与粤港澳大湾区相比，大湾区建立联席会议制度，形成了相对稳定的联席会议举办机制和针对具体合作项目的专项小组制度，在口岸合作、中医药产业、青年交流、教育、旅游等方面取得了突出进展；与长三角地区相比，长三角地区在教育和社保领域频繁开展合作，例如优质教育资源建立异地校区、师资互派培训学习，南京都市圈城市签订人社领域一体化协议、皖江联合信用联盟成立，以及签订长三角区域工伤康复、失业保险、异地养老保险资源认证共享协议等。

三 成渝地区公共服务共建共享前景展望及对策建议

2025年成渝地区公共服务协同发展机制将有效运转，联合制成基本公共服务标准，公共服务共建共享取得积极成效。为了更好、更快地实现目标，针对当前存在的问题，本文提出一些对策建议。

（一）成渝地区公共服务共建共享前景展望

贯彻国家战略发展要求，"有纲有领"唱好"双城记"。短期来看，成渝地区近期应做好政策规划工作，保证公共服务共建共享政策衔接顺畅的同时，建立成渝地区公共服务协同发展机制，缩小成渝地区公共服务供给差距，促进区域整体公共服务均等化，在2025年实现成渝地区公共服务协同发展机制有效运转，联合制成基本公共服务标准，公共服务共建共享取得积极成效；长期来看，成渝地区要通过公共服务共享共建机制进一步开展公共服务领域合作，并将建设成果辐射到周边地区，进而到2035年实现区域公共服务供给标准化、公共服务一体化和均等化，供给和配置优质公共服务资源，更好满足人民群众美好生活需要。

公共服务便利化水平提高，协同发展渠道通畅。民生领域财政投入力度持续加大，公共服务供给规模和公共服务水平进一步提升，两地公共服务便利化水平达到新高度。到2025年，成功打造"智汇巴蜀""才兴川渝"人力资源品牌，保证两地就业方式和就业服务灵活通畅，基本建成居民异地办理政府业务系统，在两地范围内成功推广社保卡"一卡通"的服务管理模式，实现公共服务共享平台基本建设。

教育文体事业高质量发展，加快优质资源共享进度。教育文体资源共享能提升成渝地区双城经济圈的公共服务质量和水平，进一步增强人民群众的获得感、幸福感。到2025年，经济圈区域内要提供多样化的优质教育资源，实现两地之间优质教育资源有序流动，建立12年义务教育体系，区域内义务教育巩固率与义务教育均衡县比例达到100%，缩小区域与区域之间、城市与农村之间的教育差距；实现公共图书馆互联互通，公共文化体育场所"一卡通"服务全面开通，使两地居民凭借"一卡通"共享两地优质文体资源，两地社区体育运动设施、文化服务设施覆盖率达到100%；全民健身局面基本形成，区域内国民体质综合达标率超过90%。

医疗卫生资源共享，合作打造康养服务。整合两地医疗资源，共同打造川渝两地养老服务体系。到2025年，依托四川大学华西医院、重庆医科大学附属医院等优质医疗资源建成国家医学中心，基本建成国家儿童区域医疗中心；全面开通在线医疗服务，两地区域内"异地就医""定点医疗机构互认"服务覆盖率100%；共同建设养老机构，初步形成川渝两地养老服务设施共建共享格局。

公共安全水平达到新高度，应急能力全面提升。到2025年，全面建成公共安全与医疗卫生的联动机制，重大灾害事件预防处理和紧急救援联动机制基本建成，成功打造国家西南区域应急救援中心以及物资储备中心，在区域内实现"2小时应急救援"畅通无阻；合作交流公共安全基础设施建设经验，建立统一的应急设施标准。

（二）对策建议

加强理论指导，凝聚思想共识。一是深入学习习近平新时代中国特色社会主义思想，全面践行以人民为中心的发展思想和发展理念，针对成渝地区双城经济圈公共服务共享共建领域开展理论研究，将《成渝地区双城经济圈建设规划纲要》文件精神落到实处。二是两地政府要建立规划配套体系，以"成渝地区双城经济圈建设"为契机，比照京津冀、大湾区等示范区域，研究编制成渝地区双城经济圈教育资源、医疗卫生、社会保障、文化旅游、公共安全等主要领域的专项规划，确定公共服务共建共享的范围、清单和标准。三是破除思想壁垒，尽快构建统一的公共服务共建共享领导小组，完善协同领导机制，设立公共服务共建共享区域协调联席机制，定期举办联席会议，专设成渝地区公共服务一体化发展办公室作为常设机构，同时根据需要设立若干项目专责小组，联合开展成渝地区双城经济圈公共服务共建共享工作。

打破传统方式，创新供给模式。单一供给主体对政府财政要求较高，同时使财政能力强的地区拥有更高的基本公共服务供给水平，从而进一步加剧区域间的基本公共服务不均等化。因此，通过制定公平竞争的市场规则并营造和谐的环境，引导企业和各类社会组织积极参与基本公共服务供给，鼓励多类主体共同承担基本公共服务供给责任，积极将 ABO、BOT、EPC+投资人等项目开发模式推广到公共服务领域，实现供给模式多元化，把推进基本公共服务均等化与发展现代服务业有机结合起来，共同探索成渝地区公共服务共建共享推动共同富裕的创新模式。

实现政策联动，统一服务标准。一是两地政府要共同优化政策方针，大力推行有关公共服务协同发展的规章制度，适度打破地区行政壁垒，加强人社保障、教育资源、医疗养老设施等公共服务领域的政策衔接，让两地居民能够同时均等享受到高质量的公共服务。二是尽快制定统一的公共服务标准并动态调整，积极构建两地公共服务资源互认体系，在公共服务领域积极寻求双边和多边合作，以此全面提升成渝地区双城经济圈的民生水平，实现区域内高质量、均等化的公共服务供给。

强化财政保障，缩小区域差距。首先，在中央政府的支持和两地政府的平等协商下，成渝地区要建立平行的转移支付制度，加大向薄弱地区财政转移支付力度，促进基本公共服务财政投入和公共服务资源配置优先向公共服务资源匮乏地区倾斜。其次，建立健全基本公共服务项目资金收支平衡机制，对新增项目或拟提高服务标准的项目予以稳定的资金支持，对社会保险等缴费型基本公共服务要建立精算制度，保持适度的保障待遇以及适度的参与者缴费压力。最后，建立跨行政区的长期性财政协作机制，进一步梳理细化两地开展公共服务共建项目的合作清单并予以审批和资金扶持，为公共服务项目的有序开展提供资金保障。

优化信息对接，推进数字转型。信息化有助于提高服务精确度，降低服务供给成本，实现优质资源高效共享。一方面，建立基本公共服务信息对接机制，促进城市群人口、资本、技术等要素合理流动和聚集，保证两地公共服务类信息互联互通，支持开通区域内医疗、教育、文体等便民"一卡通"服务功能，大力推动两地基本公共服务领域资质互认；另一方面，支持通过"互联网+公共服务"技术搭建统一的公共服务数字信息平台，实现部门间信息数据共享，优化经办服务流程，提高基本公共服务部门和经办服务机构的办事效率，运用信息技术强化对公共服务共建共享目标实现过程检测。

打造人才队伍，提升服务能力。一是加强基础和一线公共服务专业人才队伍建设，分类分级制定公共服务人员能力素质结构和职业要求，通过岗位补贴、人才引进等政策吸引更多公共服务类人员参与投入成渝地区的公共服务建设当中。二是完善人才培养机制，鼓励成都地区高校开展教育、社工、医疗等公共服务类专业的合作交流，围绕成渝地区的公共服务需求培养相关人才并输送年轻血液，鼓励现有单位公共服务人员开展在职培训和专业进修活动，使成渝地区的公共服务人才队伍职业化、专业化、长效化。

参考文献

杨健：《京津冀基本公共服务共建共享：理论逻辑、实践经验与发展路径》，《天津行政学院学报》2020 年第 5 期。

姜晓萍、康健：《实现程度：基本公共服务均等化评价的新视角与指标构建》，《中国行政管理》2020 年第 10 期。

康健：《基本公共服务均等化与共同富裕的关系耦合、功能定位和作用机制》，《上海行政学院学报》2022 年第 2 期。

董文杰、吕伟豪：《成渝地区双城经济圈基本公共服务共建共享财政保障机制探析》，《财政科学》2021 年第 7 期。

本书编委会：《成渝地区双城经济圈建设研究报告（2022）：共筑中国经济第四增长极》，社会科学文献出版社，2022。

刘云刚、侯璐璐、许志桦：《粤港澳大湾区跨境区域协调：现状、问题与展望》，《城市观察》2018 年第 1 期。

赵一航、王郁：《选择性合作：长三角区域治理中的地方政府公共服务供给》，《上海行政学院学报》2022 年第 4 期。

何文炯：《共同富裕视角下的基本公共服务制度优化》，《中国人口科学》2022 年第 1 期。

B.32

共建共享：成渝地区双城经济圈
公共服务高质量发展

黄　进　曹栩豪*

摘　要： 经过川渝两地两年多的积极推进，成渝地区双城经济圈的公共服务建设初见成效，顶层设计日益成熟，合作机制日臻完善，在政务服务、社会服务、公共安全服务方面取得积极进展。面对现阶段双城经济圈公共服务建设的优势、劣势、机遇与挑战，建议强化公共服务共建共享，推进公共服务高质量发展：加强统筹协调，突出公共服务高质量发展；着力改善民生，优化配置公共服务资源；激发市场活力，吸纳社会主体参与一体化服务建设；重视科技赋能，提升成渝公共服务信息化水平。

关键词： 成渝地区双城经济圈　公共服务　共建共享

成渝地区双城经济圈建设，是推动西部地区高质量发展的重大决策部署。2020年1月，习近平总书记作出推动成渝地区双城经济圈建设的战略部署后，川渝两地积极响应。2021年10月，中共中央、国务院印发《成渝地区双城经济圈建设规划纲要》，提出"双核引领，区域联动""改革开放，创新驱动""生态优先，绿色发展""共享包容，改善民生""统筹协同，合作共建"等五项原则，并用专章规划"强化公共服务共建共享"，进一步推动圈域内公共服务的协作共建。本报告首先梳理了2020年以来川渝两地

---

* 黄进，四川省社会科学院研究员；曹栩豪，四川省社会科学院硕士研究生。

推进圈域公共服务共建共享的过程和初步成效，然后运用 SWOT 方法分析当前面临的境况，最后提出对策建议。

一 共建共享公共服务的初步成效

公共服务是指以政府为主体的公共部门依据法定职责，为了满足公共需求，维护公共利益，与国有企事业单位和相关社会组织等分工合作，为全体公民提供的产品与服务。根据《成渝地区双城经济圈建设规划纲要》的精神，本报告把公共服务的范围界定为：政务服务、社会服务和公共安全服务。自成渝地区双城经济圈建设开展以来，在两地党委、政府的领导下，成渝地区加快推进公共服务共建共享，目前已经取得初步成效。

（一）开展顶层设计，建立合作机制

通过一系列协商，川渝两地签订了多个合作协议，初步建立起省级、省级部门、市级的合作机制。在省级层面，建立了推动成渝地区双城经济圈建设重庆四川党政联席会议制度，截至 2022 年 6 月，已召开 5 次会议。有关公共服务的政府部门也建立了联席会议制度，至少每年召开一次联合会议，形成联合办公机制、联席会议机制、信息分享机制、项目合作机制、两地通办机制等。在党委、政府的支持下，川渝两地的社会实体单位也合作开展了相关项目与活动。

2020 年 11 月到 2022 年 8 月，川渝省市政府及其办公厅联合发文 26 个①，大部分都与公共服务有关。在此基础上，省市级相关部门联合发布了关于公共服务合作的文件，发挥了顶层设计的重要作用（见表 1）。

---

① 参见四川省人民政府网站的川渝联合发文，https：//www.sc.gov.cn/10462/cylhf/stt_list.shtml。

表1 成渝地区双城经济圈共建共享公共服务的重要文件（部分）

服务类型	文件名称	时间	主要目的	相关主体
政务服务	《关于印发川渝通办事项清单(第一批)的通知》	2020年11月	提升政务服务便利化水平	重庆市人民政府办公厅、四川省人民政府办公厅
	《关于印发成渝地区双城经济圈便捷生活行动方案的通知》	2021年1月	推动建立川渝标准统一、相互衔接的公共服务政策体系	重庆市人民政府办公厅、四川省人民政府办公厅
	《关于印发〈成渝地区双城经济圈优化营商环境方案〉的通知》	2022年1月	优化成渝地区双城经济圈营商环境	重庆市人民政府办公厅、四川省人民政府办公厅
教育	《推动成渝地区双城经济圈建设教育协同发展框架协议》	2020年4月	推动成渝地区双城经济圈教育协同发展	重庆市教育委员会、四川省教育厅
	《成渝地区双城经济圈教育协同发展行动计划》	2021年11月	共享教育资源，提升教育质量	重庆市教育委员会、四川省教育厅
	《共建成渝地区双城经济圈教育协同发展试验区合作协议》	2022年7月	打造教育协同发展新样板	重庆市教育委员会、四川省教育厅、广安市人民政府
劳动和社会保险	《共同推动成渝地区双城经济圈建设川渝人力资源和社会保障合作协议》	2020年4月	提高就业政策共享水平，逐步缩小两地政策差异	重庆市人力资源和社会保障局、四川省人力资源和社会保障厅
	《重庆市社会保险事业发展"十四五"规划（2021—2025年）》	2021年12月	推动实施失业保险参保关系及参保年限互认，失业保险待遇异地申领	重庆市人力资源和社会保障局、四川省人力资源和社会保障厅
	《2022年度就业重点事项合作协议》	2022年7月	打造高质量就业试点，共同推进西部就业发展	重庆市人力资源和社会保障局、四川省人力资源和社会保障厅
医疗卫生	《推动成渝地区双城经济圈建设川渝卫生健康一体化发展合作协议》	2020年4月	推进川渝合作组建跨区域专科联盟和医疗联合体建设	重庆市卫生健康委、四川省卫生健康委
	《川渝地区卫生专业技术人才"双百"培养项目工作方案》	2021年4月	共享优质资源，培养青年医疗卫生骨干人才	四川省卫生健康委、重庆市卫生健康委

续表

服务类型	文件名称	时间	主要目的	相关主体
文化与体育	《推动成渝地区双城经济圈建设战略合作协议》	2020年4月	推动构建成渝地区双城经济圈建设文化和旅游工作机制	四川省文化和旅游厅、重庆市文化和旅游发展委员会
	《成渝地区双城经济圈革命旧址纪念馆合作发展协议》	2022年6月	携手推进文物保护项目建设	四川省文化和旅游厅、重庆市文化和旅游发展委员会
	《推动成渝地区体育公共服务融合发展框架协议》	2020年4月	推动构建"成渝体育圈"	重庆市体育局、四川省体育局
	《成渝地区双城经济圈体育产业协作协议》	2021年10月	推动体育公共服务融合发展合作平台	重庆市体育局、四川省体育局、成都体育学院
公共安全	《深化战略合作 协同打造"四个共同体"助推成渝地区双城经济圈建设框架协议》	2020年5月	统筹两地法治资源,凝聚法治力量,推进成渝地区双城经济圈一体化法治建设	重庆市司法局、四川省司法厅
	《关于发挥重庆主城都市区和成都市双核作用推动成渝地区双城经济圈法治建设重点项目合作协议》	2020年10月	构建公共法律服务一体化构建总体思路	重庆市司法局、成都市司法局
	《四川省公安厅重庆市公安局服务成渝地区双城经济圈建设22条》和《四川省公安厅重庆市公安局服务成渝地区双城经济圈建设警务合作运行机制》	2020年4月	构建成渝地区双城经济圈建设警务合作机制	四川省公安厅、重庆市公安局
	《四川省公安厅重庆市公安局服务成渝地区双城经济圈建设警务合作框架协议》	2020年11月	深化两地在公安政务服务、社会治理、打击犯罪、执法办案、警务资源等方面的合作	四川省公安厅、重庆市公安局
	《川渝省际高速公路交通管理协作机制》	2021年5月	构建两地毗邻路段跨辖区执法联动和违法打击一体化协作机制	重庆市公安局交巡警总队、四川交警总队

服务类型	文件名称	时间	主要目的	相关主体
公共安全	《川渝救灾物资协同联动保障协议》	2021年12月	提升两地重特大自然灾害救助物资保障能力	四川省应急管理厅、重庆市应急管理局、四川省粮食和物资储备局

资料来源：根据《四川日报》《重庆日报》等资料整理。

（二）优化政务服务，提高效能

政务服务是指各级政府及其相关部门根据法律法规，为公民个人、企事业单位、社会组织提供的许可、确认、裁决、奖补等行政服务，是公共服务的重要内容，也是行政权力的重要表征，是最容易形成行政区划壁垒的领域。但是，川渝两省市在全国高频政务服务"跨省通办"事项清单基础上，进一步拓展了"跨省通办"范围和深度，梳理形成了川渝通办事项清单。2020年11月，两省市办公厅印发《川渝通办事项清单（第一批）》，对95个事项实行"一地认证、全网通办"。截至2022年8月，两省市办公厅先后发布了三批《川渝通办事项清单》，共计311项与两地群众、企业密切相关的服务事项，实现了线上"全网通办"、线下"异地可办"，其中252项实现"全程网办"，让全省（市）"最多跑一次"事项占比达99.6%。[①] 截至2021年底，两地办件总量超391万件，平均每天办理约1.5万件，极大地方便了两地居民和企业，有效推进了政务服务一体化。[②]

为优化营商环境，提高政务服务效能。2021年1月，两省市办公厅发布了《关于协同推进成渝地区双城经济圈"放管服"改革的指导意见》，按照深化"放管服"改革优化营商环境有关工作要求，打破行政区划壁垒，协同推进政务服务标准规范统一，实现数据平台共享互通，高频事项"跨

---

① 《"川渝通办"已发布落地3批次共311项通办事项252项事项实现"全程网办"》，《四川日报》2022年9月1日。

② 《川渝已累计实现206项政务服务事项通办，日均办件量约1.5万件，第三批"川渝通办"事项拟年内发布》，《四川日报》2021年10月13日。

省通办"。2022 年 8 月,川渝两地营业执照实现互办互发,市场准入异地同标,促进 1.28 万个市场主体在川渝两地异地兴办企业。①

(三)提升社会服务水平,增强获得感

社会公共服务是指政府通过权力介入或公共资源投入采用非市场化方式直接满足公民生活需求而提供的产品和服务,包括教育、医疗卫生服务、文化体育、就业与社会保险等,这是公共服务的传统范畴,成渝地区开展了一系列具有代表性的公共服务共建共享工作。

1. 共建共享教育服务

2020 年 4 月,重庆市教育委员会与四川省教育厅共同签署了教育协同发展框架协议,建立成渝地区双城经济圈建设教育协同发展联席会议制度,截至 2022 年 7 月已经召开 4 次会议,在农民工子女教育、建立教育协同发展试验区、校际对接等方面强化了合作关系。②

2021 年 7 月,江津区与泸州、永川、荣昌教育主管部门签订了渝西川南教育共同体框架协议,统筹解决毗邻地区进城务工人员子女就读义务教育学校问题,全面建立四地的教育协调联络机制,确保随迁子女享受同等教育权利,真正做到"同城同待遇"。③

2022 年 7 月 6 日,四川省教育厅、重庆市教育委员会与广安市政府、雅安市政府、永川区政府等分别签署了教育协同发展试验区、职业教育协同发展战略、职业高级中学专业实训基地共建共享等 6 个合作协议。其中,《共建成渝地区双城经济圈教育协同发展试验区合作协议》的签订,标志着

① 《"川渝通办"已发布落地 3 批次共 311 项通办事项 252 项事项实现"全程网办"》,《四川日报》2022 年 9 月 1 日。
② 《四川省教育厅与重庆市教委在渝签署框架协议 推动川渝两地教育协同发展》,川观新闻,https://baijiahao.baidu.com/s? id=1665114218119675886&wfr=spider&for=pc,2020 年 4 月 27 日。
③ 《江津与泸州永川荣昌三地携手成立渝西川南教育共同体》,重庆市江津区教育委员会网站,http://www.jiangjin.gov.cn/bm/qjw_69001/dt_81485/202107/t20210727_9509180.html,2021 年 7 月 24 日。

广安市正式启动成渝地区双城经济圈教育协同发展试验区建设，开创了两个省级教育主管部门共建一个区域教育试验区的先河。①

2. 共建共享公共卫生和医疗服务

2020年4月，重庆市卫生健康委与四川省卫生健康委签署了川渝卫生健康一体化发展合作协议，双方在协同推进健康中国行动、健全"互联网+医疗健康"服务体系、推动共建医疗服务区域等12个方面开展合作，为两地群众提供更加优质、更加高效、更加便捷的卫生健康服务。2021年，两地卫健委又联合印发了卫生健康一体化发展工作方案，进一步明确了工作重点。

在协议基础之上，两地医疗部门积极推进电子健康卡信息互通，超过50家二级以上公立医疗机构已经实现"扫码互认"；在医疗人才培养方面，两地联合培育首批成渝"双百"卫生人才40名，并充分利用四川大学华西医院的医疗资源，加强健康养老的科研合作。② 此外，两地积极探索跨省域医保服务协同新模式，川渝高竹新区医保服务站是对协同新模式的探索。服务站的建成，实现了新区内川渝医保业务"一站通办"，打通服务企业和群众的"最后一公里"，为深化川渝医保协同发展提供全新载体。③

3. 共建共享文体服务

在文化旅游方面，2020年4月，四川省文化和旅游厅、重庆市文化和旅游发展委员会签订《推动成渝地区双城经济圈建设战略合作协议》，建立健全两地联动机制，推动文化旅游资源开放共享，协同打造巴蜀文化旅游走廊，共同培育巴蜀文化旅游品牌。自2020年起，四川省文化馆与重庆市群众艺术馆携手打造"成渝地·巴蜀情"区域文化品牌，加快推动川

---

① 《建设"双圈"教育协同发展试验区　打造新时代教育区域合作新样板》，广安在线，http：//www.gazx.org/content/2022-07/08/content_ 116838.html，2022年7月8日。

② 《川渝两地将以更大力度推进公共服务共建共享》，《重庆日报》2021年10月29日。

③ 《川渝高竹新区医保服务站正式揭牌运行》，中国网，http：//anjian.china.com.cn/html/zhaq/xxzx/20220718/53721.html，2022年7月18日。

渝两地群众文化事业繁荣发展。截至 2021 年 10 月，两地文旅部门签订行政执法、公共文化服务、文旅推广协作等合作协议 52 个，开展展览展示、研讨会、文旅推介等多种形式活动 118 个，发起成立文化旅游合作联盟 11 个，共同推动巴蜀文化旅游走廊重点工作 65 项。[①] 从事经营性互联网文化活动审批、演出经纪机构从事营业性演出活动审批两个事项，已实现川渝通办。此外，图书馆作为公共文化服务的一部分，川渝两地打造巴蜀亿万民众共有的"城市书房"，两地群众可在四川省图书馆、重庆图书馆、成都图书馆享受"零门槛、免办证，随身带、方便用"的多样化阅读服务。[②]

在公共体育服务方面，2020 年 4 月，川渝省市体育部门共同签署了《推动成渝地区体育公共服务融合发展框架协议》，两地共建国家体育旅游示范区和体育公共服务融合发展合作平台。2020 年，川渝两地共同举办了"成渝双城铁人三项挑战赛""成渝瑜伽大赛""青少年体育交流活动"等100 余场（次），参与活动的人数近 200 万。[③] 2021 年 10 月，重庆市体育局与四川省体育局、成都体育学院共同签署了《成渝地区双城经济圈体育产业协作协议》，成立了川渝路跑赛事联盟，联合举办了川渝线上马拉松、首届"巴山蜀水 运动川渝"体育旅游休闲消费季等活动，发布了 2021 年川渝体育旅游精品项目。[④]

4. 共建共享就业和社会保险服务

2020 年 4 月，重庆市人力资源和社会保障局与四川省人力资源和社会

---

① 《川渝联合整治文旅市场、图书馆通借通还 2021 年巴蜀文旅走廊建设取得这些成效》，四川省文化和旅游厅网站，http://wlt.sc.gov.cn/scwlt/hydt/2021/12/16/af535c179c314 e018d22 4373fa6792f1.shtml，2021 年 12 月 16 日。

② 《"川渝阅读'一卡通'"项目提档升级 覆盖两地 13 家图书馆》，《重庆日报》2022 年 4 月 23 日。

③ 《川渝首次联合发布一批体育旅游精品项目 重庆这些精品线路入选》，上游新闻，https://baijiahao.baidu.com/s？id=1713663485227376056&wfr=spider&for=pc，2021 年 10 月 15 日。

④ 《川渝两地携手发起组建成渝体育产业联盟 2021 年川渝体育旅游精品项目正式发布》，四川省体育局网站，http://tyj.sc.gov.cn/sctyj/tycy/2021/10/18/bec985baeb094239b8ed4c4ec5 60cdf6.shtml，2021 年 10 月 18 日。

保障厅签订了《共同推动成渝地区双城经济圈建设川渝人力资源和社会保障合作协议》。截至 2022 年 6 月，川渝人社合作联席会议举行了 7 次会议，每年都联合发布了川渝人社合作重点工作任务清单。

在协议签订的基础上，两地人社部门通力协作，打通了两地人社数据共享通道，通过建设统一的社会保险公共服务平台，开设川渝人社服务专区，实现了人社信息化"两地通"、求职招聘"一点通"、两地社会保障卡服务"就近办"、流动人才人事档案"零跑路"、养老保险待遇资格"就地认"等民生实事的便捷办理。在协议签订后的两年时间内，两地人社部门累计签署合作协议 95 个，开展重大活动 35 场；川渝互签电子社保卡 7.6 万人次，互办企业职工养老保险关系转移 3.7 万人次，互办待遇资格认证 4.5 万人次。①

（四）共建共享公共安全服务

2020 年 11 月，四川省公安厅和重庆市公安局签署了《服务成渝地区双城经济圈建设警务合作框架协议》，先后召开了 3 次联席会议。双方不断加强情报信息互通共享、交界区域精细治理，建立统一执法标准体系和同步调整机制，完善异地执法协作机制，联手打击重大犯罪案件，努力提高两地警务一体化运行水平。

2020~2021 年，永川区公安局先行先试，与合江县公安局率先组建了川渝首个治安联调室，与泸县公安局率先组建了川渝首个交通安全武装检查站，与泸县公安局和合江县公安局率先构建了"一键可达、一体处警"的"110"跨区域接处警新机制，对川渝两地共同构建跨区域公共安全联动网进行了探索。经过 2 年多的实践，"民转刑、刑转命"案件实现"零发生"，交界区域道路交通安全事故同比下降 47%，群众安全感、满意度显著提升。2021 年 1 月，重庆市公安局将"110"接处警新机制推广到川渝毗邻地区广泛施行；永泸两地依托"110"接处警新机制联手侦破首例跨川渝地区特大

---

① 《人社部与川渝"联手"开展人力资源社会保障区域协作》，中国新闻网，https：//baijiahao.baidu.com/s？id=1708408037046302333&wfr=spider&for=pc，2021 年 8 月 18 日。

非法处置危险废物案，获最高人民检察院、公安部、生态环境部全国打击危险废物环境违法犯罪"表现突出集体"称号。[①]

2020年5月，重庆市司法局与四川省司法厅签署了合作框架协议，一体化推进成渝地区双城经济圈法治建设。2021年9月，成都市、德阳市、眉山市和资阳市四地司法局共同召开公共法律服务工作同城化建设推进会，助力成德眉资打造具有全国影响力的区域性公共法律服务中心，为成渝地区公共法律服务一体化建设提供有效经验。

2020年7月，川渝两地保护消费者权益委员会签订了战略合作框架协议书，推动川渝两地消费者"足不出户"异地投诉维权机制的形成。截至2022年9月，共受理川渝跨区域消费投诉859件，解决842件，为两地消费者挽回经济损失501.39万元。[②]

2021年12月，四川省应急管理厅、重庆市应急管理局与四川省粮食和物资储备局召开了川渝救灾物资协同联动保障会议，共同签署《川渝救灾物资协同联动保障协议》，建立川渝救灾物资协同联动保障机制。2022年6月，重庆市通信管理局、四川省通信管理局在重庆市渝北区龙兴镇联合举行"应急通信2022·川渝联合演练"，共同提升川渝两地信息通信业协同应对自然灾害、突发事件等处置能力。

二 共建共享公共服务的 SWOT 分析

针对成渝地区双城经济圈共建共享公共服务的现状，本文使用 SWOT 方法进行分析，以全面和准确把握成渝地区双城经济圈共建共享公共服务面对的情景和态势（见表2）。

[①] 《永川泸州打造"3个率先"，共同构建公共安全联动网》，永川公安公众号，2022年7月26日。

[②] 《喜迎二十大，重庆：全链条保护消费者合法权益》，中国消费网，http://news.hexun.com/2022-09-21/206803176.html，2022年9月21日。

表 2　共建共享公共服务的 SWOT 分析

	优势（Strengths）	劣势（Weaknesses）
内部能力	①川渝一家亲的历史 ②城市群建设打下良好基础 ③产业基础厚实 ④自然环境良好	①发展不充分不平衡十分明显，公共服务资源总量不充足、分布不平衡 ②区域合作形式松散，联通机制不畅，隐形壁垒仍然存在
	机遇（Opportunities）	挑战（Threats）
外部因素	①国家对成渝地区双城经济圈的高度重视 ②国家对公共服务高质量发展的大力支持 ③东部经济圈的经验借鉴	①起步较晚，落后于沿海经济区 ②区域经济中心之间竞争激烈、吸引力不强 ③优质科教资源少

（一）优势

川渝两地山相依、水相连，自古以来一家亲，数千年的人文交流让蜀文化和巴文化相互交融，形成了颇具特色的巴蜀文化，消除了协同发展过程中的文化隔阂。川渝地区城市群的打造为提升双城经济圈公共服务能力提供了良好的基础条件，比如成德眉资同城化建设、万开云同城化建设、重庆都市圈建设等，都得益于成都和重庆两座中心城市向外辐射和带动周边的发展格局。[①] 成渝地区承东启西、连接南北，拥有优良的自然资源和先天的地理区位优势。对外连接欧亚，对内与长江经济带互联，是丝绸之路经济带的重要节点，是全国重要的城镇化区域，也是中国西部地区人口最密集、生产要素丰富、产业资源雄厚的发展腹地。全国 40 个工业大类中，双城经济圈就拥有 39 个，在电子信息、工程机械、生物医药等领域优势突出，这有利于形成以信息技术为引领的现代化产业，并能有效带动创业和就业。另外，川渝地区农业颇具优势，其中四川是中国的农业大省，也是重要的优势农产品基地，粮食和生猪生产等在全国具有显著地位。2021 年四川全年粮食产量716.4 亿斤，比上年增产 10.9 亿斤，居全国第 9 位。[②] 在自然环境方面，川

---

①　李月：《成渝地区双城经济圈协同创新发展研究》，《现代经济信息》2020 年第 6 期。

②　《全省粮食增产 54.7 万吨　再创历史新高》，《四川日报》2022 年 1 月 18 日。

渝地区森林覆盖率高，自然环境优美。依托天然的旅游资源，双城经济圈具有打造农村康养等新型旅游业的基础。[①] 在促进旅游产业发展的同时，也能让双城经济圈成为宜居之地。

（二）劣势

成渝地区总体发展不充分，还滞后于东部地区，公共资源的人均量还远低于东部经济圈。例如，城市化率不及全国平均水平，尚有近 4000 万农村常住人口，特别是四川，除了成都之外经济圈中 14 个地市的城市化率均只有 50%。[②] 同时，公共服务资源分布的差异较大，且明显向大城市集中，重庆和成都的主城区汇集了大部分公共资源。各地经济发展水平不同，公共服务标准不一，社会政策有差异，导致公共资源分配不均，形成了"双核共振、中部塌陷"的局面。[③] 此外，两地产业资源相似，比较优势不突出，产业定位趋同，同质化竞争问题突出。[④] 虽然地区间的显性市场和行政壁垒正在削弱，但隐性壁垒仍然存在，具体表现在公共服务一体化的实践成果还不多、互联互通不完全通畅、市场准入标准不同、地方保护政策、人才市场条块分割等方面。[⑤] 在风险应急方面，两地任务艰巨，成渝地区双城经济圈地处盆地和丘陵地带，由于自然地理条件等先天因素，易发生自然致灾现象，[⑥] 例如干旱、火灾、地震等。

[①] 张宁：《推动成渝地区双城经济圈建设中"三农"重点工作的思考》，《乡村振兴》2020 年第 9 期。

[②] 黄进：《一体建设 增强公共服务便利性可及性》，《四川日报》2021 年 11 月 29 日。

[③] 刘蓉、晋晓姝：《支持成渝地区双城经济圈建设的财税制度优化》，《税务研究》2021 年第 3 期。

[④] 马燕坤、王喆：《成渝地区双城经济圈科学高效治理：现实透视与体制机制创新》，《经济体制改革》2021 年第 4 期。

[⑤] 陈国富：《成渝地区双城经济圈公共服务一体化助推民营经济高质量发展》，《重庆行政》（公共论坛）2021 年第 5 期；马燕坤、王喆：《成渝地区双城经济圈科学高效治理：现实透视与体制机制创新》，《经济体制改革》2021 年第 4 期。

[⑥] 许婷：《风险社会视野下成渝地区双城经济圈社区公共服务供给创新研究》，《内蒙古科技与经济》2021 年第 7 期。

（三）机遇

国家对川渝地区的建设历来高度重视。在"三线"建设时期，川渝地区就成为整体布局的重中之重。2005 年 10 月，国家"十一五"规划就把成渝地区列为国家"十一五"重点发展区域之一。2011 年 5 月和 2016 年 4 月，国务院先后批复同意《成渝经济区区域规划》和《成渝城市群发展规划》。2020 年 1 月 3 日，在中央财经第六次会议上，习近平总书记作出推动成渝地区双城经济圈建设的战略部署。可见，成渝地区一直居于国家重大战略部署和国家区域发展的总体布局之中。[①] 人力资源和社会保障部、文化和旅游部作为主要力量，主动参与到川渝公共服务建设中，这显示出国家对成渝地区双城经济圈公共服务建设的高度重视。同时，走在成渝地区双城经济圈前面的京津冀城市群、长三角城市群、粤港澳大湾区，为成渝地区公共服务建设提供了一些宝贵的经验，比如京津冀的三地异地就医、长三角的城乡义务教育公办学校标准化建设、粤港澳的人才双向流动机制等。[②]

（四）挑战

由于成渝地区双城经济圈的起步晚于其他三个经济区，虽然成都和重庆的国内生产总值规模较大，然而与长三角、粤港澳和京津冀经济区的国内生产总值相比仍有较大差距。地处西南地区的双城经济圈面临公共服务发展相对落后的问题。此外，成渝地区"双核带动"的模式不同于长三角和珠三角的"大都市圈+城市群"模式，使得成渝地区内部各单元空间功能发挥不足，区际空间联系较弱。[③] 同时，国家中心城市之间、区域经济中心之间仍然存在较强的竞争，由于西部地区经济发展滞后、科研条件比东部差，西部

[①] 周跃辉：《加快推动成渝地区形成有实力、有特色的双城经济圈——〈成渝地区双城经济圈建设规划纲要〉解读》，《党课参考》2021 年第 22 期。

[②] 董文杰：《以基本公共服务均等化推进成渝地区双城经济圈建设》，《当代党员》2020 年第 11 期。

[③] 王林梅、乔丹：《成渝地区双城经济圈城乡融合发展水平测度与优化策略研究》，《中国西部》2022 年第 4 期。

地区仍然存在人才流失的现象。成渝地区优质科教资源少，"双一流"大学仅有 10 所，而长三角地区拥有 35 所，京津冀地区则有 41 所；成渝地区的国家重点实验室仅有 22 家，国家工程技术中心只有 26 家，均只有长三角城市群的 1/3 和京津冀城市群的 1/4。① 这不仅影响优质公共服务资源的供给，而且影响公共服务的创新。

三 推进共建共享公共服务高质量发展的对策

成渝地区双城经济圈担负着推动西部高质量发展的重要使命，在前两年积极探索公共服务共建共享的基础上，要进一步推动公共服务高质量发展，强化公共服务共建共享，持续推进公共服务一体化、均等化、便利化，不断提升群众获得感、幸福感、安全感。

（一）加强统筹协调，突出公共服务高质量发展

党委、政府是推进国家治理体系和治理能力现代化的领导力量和重要组成部分，要充分发挥各级党委在成渝地区双城经济圈公共服务建设过程中的统筹协调作用，在取得初步成效的基础上，继续坚持"川渝一盘棋"思维，打破行政区划壁垒，加强民生政策协同对接，做到统一谋划、一体部署、相互协作、共同实施，联手打造西部公共服务高地，推动圈域公共服务高质量发展。进一步强化顶层设计，加大公共资源供给，加强制度创新和机制创新，拓展合作空间。推动双方的框架协议落地落实，服务重心向基层下移，补齐农村公共服务短板，助力乡村振兴，加大对圈域周边的支持，努力消除公共服务的不均衡性。遵循先易后难的原则，联合建立基本公共服务标准体系。可以在教育、医疗、养老、社会保险、社会救助、就业服务、社区治理等领域尝试分别选取一两个双方比较接近的服务项目制定统一的标

---

① 《云访两会 | 如何推动高端人才积极到西部（重庆）科学城创新创业？史浩飞建议这样做》，上游新闻，https：//baijiahao.baidu.com/s？id=1693647177895 462765&wfr=spider&for=pc，2021 年 3 月 8 日。

准，然后总结经验，再推广到更多的公共服务领域，形成标准体系。特别是四川与重庆共建、结对的市（区）县可以先行启动试点，试点成熟后，共同发布一些重要的服务标准，既服务于双城经济圈，又以示范作用带动周边地区。

（二）着力改善民生，优化配置公共服务资源

资源是公共服务的第一要素，共享资源是降低成本、减少重复建设、提高效率的最佳选择，这是共建双城经济圈的最大红利。成渝地区应当梳理各自的优势公共服务资源，共同制定共享政策和方案，发挥优势互补、强强联合的聚合效应，特别是在教育、文化、体育、医疗领域的资源共享方面有着广阔的前景。不断提升公共服务的可及性，合理调节中心城市与周边城市、跨行政区域和不同群体间的公共服务资源分配。例如在优化人才资源分配方面，要进一步完善教育、人才、资金、技术、数据等要素配置。在优化社会保障方面，要完善跨区域的最低社会生活保障制度举措，形成普惠性、基础性、兜底性的民生建设，让两地广大人民群众共享发展成果。在优化公共卫生和医疗服务方面，要建立更高水平的医疗保险制度，充分彰显社会分配的公正性，统筹两地城乡基本养老保险制度，在双城经济圈稳步发展的同时，逐步提高保障水平。在优化基础公共服务方面，以一体化协同发展为基础，积极发挥两地核心城市的优势，并形成中心城市带动周边城市及乡村协同发展联动机制。在优化教育资源配置方面，要形成教育一体化发展模式，完善学前教育、特殊教育和普及义务教育保障机制，不断提升两地高等教育和职业教育水平。

（三）激发市场活力，吸纳社会主体参与一体化服务建设

成渝地区公共服务资源总量不足，引入民营企业和社会组织参与一体化服务建设，可以有效缓解财政负担，弥补政府服务能力之不足，满足两地人民多层次多样化需求，扩大服务覆盖面和提升服务质量。但是由于公共服务领域利润低、投资周期长，需要良好的营商环境才能吸引大量企业和社会组

织参与。因此，需要不断优化两地营商环境，进一步激发社会主体活力。两地需要建立统一的市场准入标准，便利市场准入，保障市场公平。同时，推动构建一体化企业服务体系，进一步了解市场主体需求，为两地的市场主体提供便捷的开办服务，完善企业退出制度，建立健全人力资源服务机制，鼓励两地创新创业发展，保障各类市场主体平等参与竞争。保障成渝地区市场主体的健康发展，进一步让成渝地区双城经济圈形成公平竞争的市场环境、高效廉洁的政务环境、公正透明的法治环境、开放包容的人文环境。

（四）重视科技赋能，提升成渝公共服务信息化水平

顺应数字化时代的发展趋势，用好数字化发展红利，在成渝地区创建数字化公共服务体系。利用数字技术联结两地协同发展相关数据，推动两地优质信息共享，科学分析各类数据，打通两地服务平台，优化资源配置，提高处理问题的效率。信息化技术赋能公共服务建设，助力两地公共服务的跨界协同；数字技术能推动政府决策科学化、公共服务高效化，也能提高公共服务的精准化程度，创新行政管理和服务方式，提升公共服务的数字化智能水平。所以，要让数字时代的先进技术成为成渝地区公共服务建设的重要工具。在公共服务体系高质量发展的基础上，数字经济才能稳步发展，数字化红利才能惠及两地人民群众。

参考文献

陈国富：《成渝地区双城经济圈公共服务一体化助推民营经济高质量发展》，《重庆行政》（公共论坛）2021年第5期。

董文杰：《以基本公共服务均等化推进成渝地区双城经济圈建设》，《当代党员》2020年第11期。

黄进：《一体建设　增强公共服务便利性可及性》，《四川日报》2021年11月29日。

李月：《成渝地区双城经济圈协同创新发展研究》，《现代经济信息》2020年第

6 期。

刘蓉、晋晓姝：《支持成渝地区双城经济圈建设的财税制度优化》，《税务研究》2021 年第 3 期。

马燕坤、王喆：《成渝地区双城经济圈科学高效治理：现实透视与体制机制创新》，《经济体制改革》2021 年第 4 期。

王林梅、乔丹：《成渝地区双城经济圈城乡融合发展水平测度与优化策略研究》，《中国西部》2022 年第 4 期。

许婷：《风险社会视野下成渝地区双城经济圈社区公共服务供给创新研究》，《内蒙古科技与经济》2021 年第 7 期。

张宁：《推动成渝地区双城经济圈建设中"三农"重点工作的思考》，《乡村振兴》2020 年第 9 期。

周跃辉：《加快推动成渝地区形成有实力、有特色的双城经济圈——〈成渝地区双城经济圈建设规划纲要〉解读》，《党课参考》2021 年第 22 期。

B.33
川渝共建全国有影响力的
科技创新中心的对策建议

江薇薇*

摘　要： 建设全国有影响力的科技创新中心是《成渝地区双城经济圈建设规划纲要》提出的一项重要战略任务。川渝地区作为西部经济发展水平较高、产业门类齐全、基础设施完善、政策优势突出的区域，完全具备成为全国有影响力科技创新中心的基础条件。2021年以来，两地全力推动中央赋予的这一战略使命并取得显著成效，但也面临诸多亟待突破的瓶颈。本文在分析共建具有全国影响力的科技创新中心现状、问题的基础上提出加快构建创新共同体的相关建议。

关键词： 成渝地区双城经济圈　科技创新中心　西部大开发

一　川渝共建全国有影响力科技创新中心的成效

（一）制造业高质量协同发展深度推进

作为全国重要的制造业基地，川渝地区具有良好的工业基础，在数字化、网络化、智能化与制造业不断融合的背景下，两地大力实施以大数据智

---

* 江薇薇，重庆社会科学院产业经济研究所研究员，主要研究方向为产业经济与企业发展、创新战略与政策。本报告数据来源于重庆市统计局、重庆海关、重庆市知识产权局、重庆市科技局等，以及《重庆日报》和学习强国转载的相关报道。

能化为引领的创新驱动发展战略,持续推动产业链各环节协同融合,积极创新产业分工协同机制,智能网联与新能源汽车、数字文创、软件设计、航空航天等新兴产业迅速发展,合力打造制造业高质量发展增长极。

川渝地区电子信息产业规模占全球1/3,在"芯屏器核网"全产业链发展思路指导下,已成为两地创新实力最强、产业基础最好、渗透范围最广、经济增长贡献最多的万亿级支柱产业,"十三五"末,两省市电子信息产业规模突破2万亿元,双方协同打造世界级新型显示产业生态圈和智能终端产业基地,是中国电子信息产业名副其实的"第四极"。川渝地区是我国六大汽车产业集群之一,2021年汽车年产能占全国汽车年产能的10.3%,形成了集整车制造、核心关键零部件研发与制造、后汽车市场于一体的汽车产业体系,本地配套率超过70%,年综合产能400万台。两地以新能源与智能网联汽车为主攻方向,以联合技术攻关、国家智能网联汽车试点示范区建设等为抓手,协同推动汽车产业转型升级。在成渝地区双城经济圈建设背景下,两地深入推进产业合作示范园区共建,实施工业互联网一体化,协同打造汽车产业、电子信息产业、装备制造产业3个万亿级产业集群,为创新链产业链深度融合奠定了良好基础。

(二)高端科技创新资源加速集聚

以西部(重庆)科学城、西部(成都)科学城为核心,以各级高新区、开发区和特色产业园区为载体,重大科技基础设施、国家重点实验室等高能级平台加速向川渝两地集聚,新型研发机构、技术创新中心、工程技术中心和科技领军企业等产业创新力量蓬勃发展。截至2021年,两省市共有国家重点实验室28个,省级重点实验室347个,国家制造业创新中心1个,国家级企业技术中心129个。两地本科院校数量79家,院士数量82个。2021年以来,川渝地区充分发挥科技创新项目的牵引作用,推动新能源与智能网联汽车、新一代电子信息、生物医药等近50个产业科技联合创新项目落地,重庆创建首个国家"一带一路"实验室,一大批知名创新机构、研发机构等加速建设。

（三）创新创业要素强度显著增强

两省市研发投入资金与人才两大要素不断增长。2021 年，四川省研发经费投入为 1214.5 亿元，全国排名第 7，占地区生产总值（GDP）比例为 2.26%，比上年提高 0.09 个百分点，投入强度在全国的排位由 2020 年的第 12 位提升到第 11 位。2021 年，重庆市研发经费投入总量为 603.8 亿元，较 2020 年增加 77.0 亿元，占地区生产总值（GDP）比例为 2.16%。川渝地区研发投入总量持续增长，逐步形成以企业为主体的多层次研发创新投入体系。近年来，重庆市和四川省创新创业人才持续增长，陆续出台各类人才引进计划，如成都"天府高端引智计划"、重庆"英才计划计划"、"塔尖"和"塔基"人才政策等，为打造西部创新人才高地提供了有力支撑，国内外顶尖科学家团队、创新型企业家、技能型人才向川渝地区汇聚。2021 年，重庆市 R&D 人员 20.2 万人，较上年增长 21.8%。截至 2021 年，两省市技能人才总量 1516.4 万人，高技能人才 367 万人，占比 24.20%。

（四）创新协同合作力度持续提升

抢抓成渝地区双城经济圈建设战略机遇，两省市深入推进跨区域协同创新。联合共建国家（重点）实验室、技术创新中心等重大科技创新平台，推动国家"一带一路"联合实验室、成都超算中心、中国自然人群生物资源库等重大科技基础设施跨区域共建共享。2021 年，两省市联合建设重点实验室 5 个，联合实施川渝科技创新合作计划，川渝科技资源共享服务平台建成上线，共享科研仪器设备万余套，整合两地创新资源总价值约 122 亿元，共享专家资源 8000 余名。近年来，川渝联合发布政策、签署协议 24 项，专项、关联、配套要素及共性政策达到 148 项。两地人才卡、高端人才工作许可等多项服务内容对等互认。通过搭建成渝地区双城经济圈技术转移联盟、天府国际技术转移中心、重庆环大学创新生态圈等高能级成果转化与双创平台，举办科技成果进区县、科技成果对接推荐会等互动活动，深度探索创新科技成果跨区域转移转化机制。

二 川渝地区共建全国影响力科技创新中心面临的挑战

（一）创新投入总量不足

2021 年，重庆市与四川省 R&D 经费内部支出合计金额为 1818.3 亿元，两省市合计低于北京市（2629.3 亿元）、江苏省（3005.93 亿元）、浙江省（1819.8 亿元）及广东省（4002.2 亿元）。重庆、四川的研究与试验发展经费投入强度分别为 2.16% 和 2.26%，均低于全国 2.44% 的平均水平，较北京、天津、上海、江苏、浙江、广东等京津冀、长三角、粤港澳大湾区等经济圈中重要省市有较大差距（见表 1），也低于同处西部的陕西省（2.35%），川渝地区创新资金投入总量还有待提高。值得关注的是，尽管重庆市企业研发资金投入的占比处于较高水平，但作为制造重镇，重庆市与四川省规模以上工业企业 R&D 人员投入、项目数与其他重点工业省市相比差距较大，需进一步加大制造业研发投入。2021 年，两省市规模以上工业企业 R&D 人员全时当量合计为 179495 人/年，合计数为江苏省的 29.3%、浙江省的 37.23%、广东省的 25.31%、山东省的 51.38%。规上工业企业 R&D 项目数两省市合计为 46442 项，仅为江苏省的 40.91%、浙江省的 37.2%、广东省的 31.62%、山东省的 53.02%。

表 1　重庆与四川 R&D 经费内部支出/投入强度与其他省市对比（2021 年）

单位：亿元，%

地区	R&D 经费	R&D 经费投入强度
全国	27956.3	2.44
北京	2629.3	6.53
天津	574.3	3.66
上海	1615.69	4.21
江苏	3005.93	2.95
浙江	1819.8	2.94

续表

地区	R&D 经费	R&D 经费投入强度
安徽	1006. 1	2. 34
湖北	1160. 2	2. 32
湖南	1028. 9	2. 23
广东	4002. 2	3. 22
重庆	603. 8	2. 16
四川	1214. 5	2. 26
陕西	700. 6	2. 35

资料来源：根据《2021 年全国科技经费投入统计公报》整理。

（二）科技创新资源有待充实

各类重点研发平台、机构、基地拥有量是有影响力的科技创新中心建设的重要指标之一，尽管川渝地区的高等院校和科研院所、国家级重点实验室、国家级工程技术研究中心、高端创新机构等科技创新资源在西部地区领先，但与京津冀、长三角、粤港澳等城市群相比还有较大差距。代表较强科技实力的国家重点实验室，川渝地区数量仅相当于长三角城市群的 12.5%、京津冀城市群的 10%。2022 年 1 月，国家发改委公布纳入新序列的 191 家国家工程研究中心，重庆市、四川省分别纳入 2 家、3 家，不仅远远落后于北京、上海、广东，也落后于中西部的湖北、安徽、陕西等。国家重点实验室重庆有 10 个，成都有 13 个，在全国 44 个主要城市的排名分别为第 13 位、第 9 位，落后于武汉 27 个（第 4 位）、西安 23 个（第 5 位）。

（三）企业创新能力亟待增强

创新型企业主体规模还需壮大。截至 2021 年，重庆市、四川省有效国家高新技术企业数分别为 5066 家、10247 家，较 2020 年分别增加 1802 家、3813 家，新增数量在全国排第 17 名、第 12 名。两省市有效国家高新技术企业数合计为北京的 55.48%、上海的 76.43%、江苏省的 41.39%、广东省的 25.52%。截至 2021 年，两省市"专精特新"企业总量为 1506 家，仅为山东省的16.84%、广东省的40.45%、上海市的42.03%、安徽省的50.90%、浙江省的49.28%。此外，川渝两地规上工业企业创新产出还有较大提升空间，与工业强省企业的创新能力差距较大。2021年，重庆市与四川省规上工业企业有效发明专利数合计为73286件，两省市合计数仅为江苏省的30.23%、浙江省的60.63%、广东省的14.32%、山东省的70.87%。

（四）科技成果协同转化水平不高

2021年，重庆市与四川省技术市场成交额为1573.31亿元，其中，重庆市仅为184.52亿元，重庆市技术市场成交额出现了与其他省市差距巨大的情况，两省市合计数也仅为北京的22.45%、上海的61.80%、江苏的60.37%、广东的38.37%，与中西部的湖北、陕西相比也尚有差距。两省市的"双创"示范基地、科技企业孵化器、众创空间等还存在孵化企业数量质量不高、发展模式可持续性不强、获得风险投资等资金支持严重不足等问题。此外，川渝地区缺少专业化、市场化运作的成熟科技成果转化机构，两省市之间以及省市内部知识产权交易平台上的信息与资源重复配置、信息相互割裂，知识产权及其服务资源在跨业务、跨区域的调动力、执行力上缺乏有效统一和协同。出于地方利益、部门利益，各个平台难以将知识产权交易信息等核心资产进行集中梳理、展示和发布。缺乏一批具有公信力的专业科技成果评估机构以及独立的监督监管机构，对评估标准、评估方法、评估内容等问题还缺乏相关指导性政策文件予以明确，特别是对成果交易起决定性作用的价格评估机制发展较为落后，这在很大程度上影响和制约了具有市场前景的科技成果快速交易转化。

三 新形势下川渝共建全国有影响力科技创新中心的对策建议

（一）着力夯实科技协同创新基础能力

一是积极建设科技基础设施集群。持续布局建设重大科技基础设施，重点围绕深空探索、集成电路、量子信息、基因与生物技术、临床医学与健康、脑科学与类脑研究等科技前沿领域，协同谋划建设空间集聚、学科方向关联、功能相互支撑的重大科技基础设施集群，完善科研基地与实验室体系，提升产创融合新型研发机构建设水平，实现更多源头创新和科技瓶颈突破。协同推动大科学装置建设，积极联合参与大国重器、大国工程建设，加快推进超瞬态实验装置项目建设，采取"一事一议"政策支持方式推动两省市联合争取国家实验室（基地）和国家重大科技基础设施在本区域落地。加大重大科技基础设施等协同创新重点项目的支持力度，开通用地手续"绿色通道"，全额保障用地指标。二是加大科技创新投入力度，优化投入结构。共同提高研发投入规模，促进科技创新经费在企业、科研机构、高等院校之间，在基础研究、试验发展、应用研究之间，向更加合理的比例优化调整，提升科技创新经费配置效率。加大涉及国计民生的相关研究支持力度，特别是对原创性基础研究、"卡脖子"技术的研究给予充分的资金、政策支持。

（二）持续强化协同创新发展格局

优化协同创新空间布局。重庆进一步以西部（重庆）科学城、两江协同创新区、广阳湾智创生态城为引领，以各类高新区、经开区、特色工业园区等创新平台为抓手，构建多层次、强辐射、特色化的科技创新空间格局。四川省重点推进成渝（兴隆湖）综合性科学中心和西部（成都）科学城建设，构建成都、德阳、眉山、资阳同城化都市圈科技创新体系。两省市共同推动川渝毗邻地区融合创新发展带和以成渝中线高铁为主轴的科创大走廊建设，通过规划体系、基础设施、生态环保、产业集群、管理服务、政策支持的一体化设计，形成成渝国家战略性科技创新中心的独特协同创新空间体系。在强化成都、重庆中心城市的创新发展极核带动作用的同时，围绕新一代电子信息技术、新能源与智能网联汽车、高端装备制造、新材料、消费品工业等产业集群，规划建设以成渝中线高铁为主轴的科创走廊，搭建先进制造业、现代文旅、大健康、生态环保等创新链与产业链融合发展载体，形成"2个'极核'城市+N个区域中心城市+若干县级城市"的城市发展格局，以产业资源与创新资源的高效流动促进川渝地区资源统筹整合，以成渝创新走廊轴带为核心支撑成渝科创中心建设。

（三）着力培育协同创新创业生态

一是协同打造重点优势产业集群。积极落实《川渝科技资源共享合作协议》，支持两地企业开展技术创新合作，大力培育一批以高新技术企业为主的科技型企业。支持两省市企业建设新兴产业发展联盟和产业技术创新战略联盟，实施补链强链专项行动计划，重点提升汽车制造、电子信息、装备制造、生物医药四大优势产业集群。加大"专精特新"企业培育力度，积极支持产业链"链主"企业与龙头企业跨区域实施关键核心技术联合攻关，联合参与、申报国家重点研发计划应用类重点专项和科技创新 2030—重大项目。二是协同打造科技服务载体。鼓励各级开发区、特色园区发展众创空间、大学科技园、科技企业孵化器等创业服务平台提档升级，构建公共技术服务平台，联合设立科技创新发展基金、创业投资基金、产业投资基金，完善融资、咨询、培训、场所等创新服务。三是协同推动科创人才共育共享。学习京津冀地区联合规划编制"人才一体化发展规划"，提出川渝地区人才发展的目标与具体举措。建立人才合作示范区，在示范区内围绕人才流动、人才评价、认定与激励、科技成果转移转化体制机制改革等先行先试，制定统一政策。完善跨区域人才服务体系，携手打造顶尖人才高地，建立人才自由流动制度，促进科技创新人才区域一体化，在制度和机制上防止内部人才恶性竞争。

（四）完善科技创新共同体服务体系

一是搭建互联互通的科技资源共享平台。以现有科技资源共享平台为基础，以云计算、大数据、移动互联网等新一代信息技术为支撑，采用统一的数据交换和接口标准，搭建以一个数据库、一个总平台、若干个子平台为体系的科技资源共享服务平台。利用科技资源共享服务平台，整合现有大型科学仪器设备资源和分析测试资源信息，规范、高效提供科技信息、科技咨询、技术交易、成果转化、科技创业等科技服务，推动创新资源互通共享。二是推动科技成果交易业务同城化办理。积极争取科技部、国家知识产权局指导，加快整合财政投资的服务平台资源信息，双方各平台资源与数据对接川渝共建的西部知识产权运营中心，逐步推动股权变更、产权交易、交易鉴证等相关技术产权交易业务同城化办理，通过"信息交流和数据发布口径统一、服务流程与程序统一、服务收费标准统一、收益分配水准统一、管理规制统一"打通川渝两地知识产权创造、运用、保护、管理的跨区域全链条服务。三是推动各行业建立跨行政区域的知识产权保护联盟，构建川渝汽车、电子信息、装备制造产业专利池，聚焦川渝两地战略性新兴优势产业，整合运营平台信息，由两地科技局与经信委协同定期发布专利密集型产业目录和发展报告，为双城经济圈打造世界级产业集群提供产业高价值专利布局的信息支撑。四是建立互联互通互认的科技创新黑名单制度和知识产权信用评价制度，对以高科技、新基地、大投资为名义占用资源、套补贴、骗扶持的个人、团队、企业和平台予以定期通报。

（五）探索跨区域科技成果利益共享机制

一是探索跨区域科技成果转移转化利益共享机制。以川渝两地国家级科技成果转移转化示范区建设为抓手，争取科技部指导，由重庆市政府和四川省政府牵头召集财政、税收、商务、统计等部门，针对川渝科创一体化建立"科学合理""权责相应"的区域利益分配体系并出台利益分享指导意见，积极打造科技成果转移转化特别合作示范区，在科技成果转化收益、项目创造产值税收、重点项目共招共推等方面通过专利归属、税收分成、股权配置等不同方式构建一套科学合理的跨行政区域利益协调和分配机制并予以试点。二是建立定期沟通协商机制和利益纠纷化解机制。充分发挥成渝地区双城经济圈建设的现有沟通协商渠道与机制，将科技成果利益共享政策制度纳入重点协商内容清单，解决协同过程出现的职能交叉、权责不明、分配纠纷等问题。遵循市场规律，在合理的利益成本核算制度基础上构建一套以第三方机构为主的利益纠纷化解机制。三是启动"成渝地区双城经济圈科技成果交易信息联合发布机制"。认真贯彻落实国务院办公厅印发的《关于完善科技成果评价机制的指导意见》中"建立全国技术交易信息发布机制"工作要求，定期召开川渝科技成果交易博览会，为创新主体提供交流共享机会。建立"川渝科技成果转化项目库"，完善信息评价和发布标准，推动科技成果在川渝地区转化。四是强化区域科技成果转化的资金保障机制。充分利用西部金融中心建设契机，争取科技部支持，会同两省市人民政府共同出资，成立"成渝创新走廊科技成果转化基金"，首次启动资金 20 亿元，以后每年递增，增长幅度不低于财政收入增长幅度。科技成果转化基金兼顾营利性和公益性，以专业金融团队市场化运营方式，助推更多科技成果向现实生产力转化。

（六）拓展协同创新开放合作空间

川渝地区应切实推动国际、国内科技合作向纵深拓展，积极推进"一带一路"科技创新行动计划，通过举办"一带一路"科技交流大会、产业科技博览会等方式加强科技合作关系，加快"一带一路"科技交往中心建设。主动加强与科技强国、创新型国家的高校、科研院所、创新企业的合作，联合开展重大科学计划和大科学工程，突破技术合作以"交易合同"为主的瓶颈。加大国际合作园区、技术转移中心、国际联合研究中心等建设力度，加强知识产权保护协作，提升川渝地区科技开放水平。继续推动与京津冀、长三角、粤港澳等区域的科技创新合作与联合攻关，引导项目、技术、人才向川渝地区高效流动。通过跨区域长效合作机制，加强与北京、上海、深圳等科技创新中心在成果对接、平台共建、资源共享等方面的合作。

参考文献

《深入推动创新发展　加快打造具有全国影响力的科创中心》，《重庆日报》2022 年 6 月 7 日。

《中国科技统计年鉴 2021》，中国统计出版社，2021。

《加快建设具有全国影响力的科技创新中心》，《重庆日报》2021 年 12 月 24 日。

张波：《建设具有全球影响力科技创新中心的路径探索——基于上海浦东 30 年科技创新实践的分析》，《科学管理研究》2022 年第 2 期。

陈强、王浩、敦帅：《全球科技创新中心：演化路径、典型模式与经验启示》，《经济体制改革》2020 年第 3 期。

杨丹辉：《应加快建设具有全球影响力的科技创新中心》，《人民论坛·学术前沿》2020 年第 6 期。

社会科学文献出版社

皮 书

智库成果出版与传播平台

✤ 皮书定义 ✤

皮书是对中国与世界发展状况和热点问题进行年度监测，以专业的角度、专家的视野和实证研究方法，针对某一领域或区域现状与发展态势展开分析和预测，具备前沿性、原创性、实证性、连续性、时效性等特点的公开出版物，由一系列权威研究报告组成。

✤ 皮书作者 ✤

皮书系列报告作者以国内外一流研究机构、知名高校等重点智库的研究人员为主，多为相关领域一流专家学者，他们的观点代表了当下学界对中国与世界的现实和未来最高水平的解读与分析。截至2022年底，皮书研创机构逾千家，报告作者累计超过10万人。

✤ 皮书荣誉 ✤

皮书作为中国社会科学院基础理论研究与应用对策研究融合发展的代表性成果，不仅是哲学社会科学工作者服务中国特色社会主义现代化建设的重要成果，更是助力中国特色新型智库建设、构建中国特色哲学社会科学"三大体系"的重要平台。皮书系列先后被列入"十二五""十三五""十四五"时期国家重点出版物出版专项规划项目；2013~2023年，重点皮书列入中国社会科学院国家哲学社会科学创新工程项目。

皮书网

（网址：www.pishu.cn）

发布皮书研创资讯，传播皮书精彩内容
引领皮书出版潮流，打造皮书服务平台

栏目设置

◆关于皮书

何谓皮书、皮书分类、皮书大事记、
皮书荣誉、皮书出版第一人、皮书编辑部

◆最新资讯

通知公告、新闻动态、媒体聚焦、
网站专题、视频直播、下载专区

◆皮书研创

皮书规范、皮书选题、皮书出版、
皮书研究、研创团队

◆皮书评奖评价

指标体系、皮书评价、皮书评奖

◆皮书研究院理事会

理事会章程、理事单位、个人理事、高级
研究员、理事会秘书处、入会指南

所获荣誉

◆2008年、2011年、2014年，皮书网均
在全国新闻出版业网站荣誉评选中获得
"最具商业价值网站"称号；
◆2012年，获得"出版业网站百强"称号。

网库合一

2014年，皮书网与皮书数据库端口合
一，实现资源共享，搭建智库成果融合创
新平台。

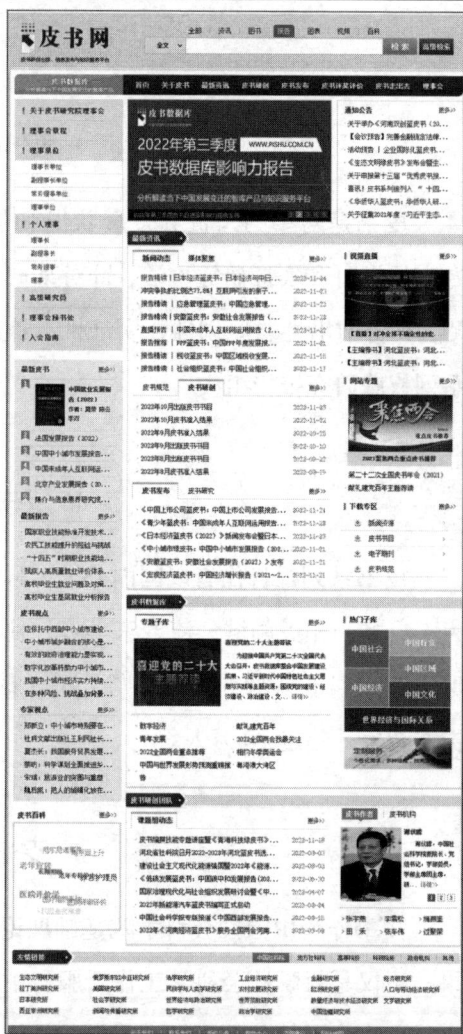

皮书网

"皮书说"
微信公众号

皮书微博

权威报告·连续出版·独家资源

皮书数据库
ANNUAL REPORT(YEARBOOK)
DATABASE

分析解读当下中国发展变迁的高端智库平台

所获荣誉

● 2020年，入选全国新闻出版深度融合发展创新案例

● 2019年，入选国家新闻出版署数字出版精品遴选推荐计划

● 2016年，入选"十三五"国家重点电子出版物出版规划骨干工程

● 2013年，荣获"中国出版政府奖·网络出版物奖"提名奖

● 连续多年荣获中国数字出版博览会"数字出版·优秀品牌"奖

皮书数据库　　"社科数托邦"
　　　　　　　　微信公众号

成为用户

登录网址www.pishu.com.cn访问皮书数据库网站或下载皮书数据库APP，通过手机号码验证或邮箱验证即可成为皮书数据库用户。

用户福利

● 已注册用户购书后可免费获赠100元皮书数据库充值卡。刮开充值卡涂层获取充值密码，登录并进入"会员中心"—"在线充值"—"充值卡充值"，充值成功即可购买和查看数据库内容。

● 用户福利最终解释权归社会科学文献出版社所有。

数据库服务热线：400-008-6695
数据库服务QQ：2475522410
数据库服务邮箱：database@ssap.cn
图书销售热线：010-59367070/7028
图书服务QQ：1265056568
图书服务邮箱：duzhe@ssap.cn

社会科学文献出版社　皮书系列
SOCIAL SCIENCES ACADEMIC PRESS (CHINA)

卡号：257768311547
密码：

S 基本子库
UB DATABASE

中国社会发展数据库（下设 12 个专题子库）

　　紧扣人口、政治、外交、法律、教育、医疗卫生、资源环境等 12 个社会发展领域的前沿和热点，全面整合专业著作、智库报告、学术资讯、调研数据等类型资源，帮助用户追踪中国社会发展动态、研究社会发展战略与政策、了解社会热点问题、分析社会发展趋势。

中国经济发展数据库（下设 12 专题子库）

　　内容涵盖宏观经济、产业经济、工业经济、农业经济、财政金融、房地产经济、城市经济、商业贸易等 12 个重点经济领域，为把握经济运行态势、洞察经济发展规律、研判经济发展趋势、进行经济调控决策提供参考和依据。

中国行业发展数据库（下设 17 个专题子库）

　　以中国国民经济行业分类为依据，覆盖金融业、旅游业、交通运输业、能源矿产业、制造业等 100 多个行业，跟踪分析国民经济相关行业市场运行状况和政策导向，汇集行业发展前沿资讯，为投资、从业及各种经济决策提供理论支撑和实践指导。

中国区域发展数据库（下设 4 个专题子库）

　　对中国特定区域内的经济、社会、文化等领域现状与发展情况进行深度分析和预测，涉及省级行政区、城市群、城市、农村等不同维度，研究层级至县及县以下行政区，为学者研究地方经济社会宏观态势、经验模式、发展案例提供支撑，为地方政府决策提供参考。

中国文化传媒数据库（下设 18 个专题子库）

　　内容覆盖文化产业、新闻传播、电影娱乐、文学艺术、群众文化、图书情报等 18 个重点研究领域，聚焦文化传媒领域发展前沿、热点话题、行业实践，服务用户的教学科研、文化投资、企业规划等需要。

世界经济与国际关系数据库（下设 6 个专题子库）

　　整合世界经济、国际政治、世界文化与科技、全球性问题、国际组织与国际法、区域研究 6 大领域研究成果，对世界经济形势、国际形势进行连续性深度分析，对年度热点问题进行专题解读，为研判全球发展趋势提供事实和数据支持。